경찰관직무집행법

김재광 저

도서출판 學林

머 리 말

최근 들어 경찰을 둘러싸고 있는 환경이 많이 변화하였다. 무엇보다도 획기적인 변화는 경찰이 수사권의 주체성을 인정받았다는 점이다. 물론 이를 둘러싸고 경찰과 검찰 간에 본질적인 갈등이 계속되고 있지만, 경찰의 수사주체권 확보는 국민여론에 의해 강력히 지지되었다는 점이 결코 간과되어서는 안 될 것이다.

경찰의 수사주체권 확보는 한편으로는 진정한 국민의 경찰로서 재탄생하는 계기가 되면서도 다른 한편으로는 경찰로 하여금 엄중한 책임을 안겨주는 것이기도 하다.

그런 측면에서 경찰은 경찰의 직무인 ① 국민의 생명·신체 및 재산의 보호, ② 범죄의 예방·진압 및 수사, ③ 경비·요인경호 및 대간첩작전 수행, ④ 치안정보의 수집·작성 및 배포, ⑤ 교통의 단속과 위해의 방지, ⑥ 기타 공공의 안녕과 질서의 유지에 최선의 노력을 다하여 '국민의 경찰'로서의 엄중한 책임을 다하여야 할 것이다.

「경찰관직무집행법」의 저술은 이러한 변화하는 경찰상황 속에서 일선 경찰관들이 직무수행과 관련하여 경찰관직무집행법의 주요내용들을 정확히 숙지할 수 있도록 도움을 주고자 함에 1차적인 목적이 있다. 2차적인 목적으로는 법과대학(법학과와 경찰행정법학과)이나 경찰행정학과에 재학

하면서 장차 경찰공무원을 꿈꾸고 있는 학생들에게 경찰관의 직무집행에 대한 정확한 이해를 제공하여 그들이 경찰관이 되었을 때 경찰관직무에 대한 심층적인 이해를 토대로 하여 훌륭한 경찰관이 되기를 바라는 바람에서이다.

이 책은 경찰행정법학자님들의 선행연구에 힘입은 바가 매우 크다. 깊이 감사드린다. 이 책의 출간을 계기로 경찰관직무집행법에 관한 보다 심층적인 연구서들이 계속하여 나오기를 기대한다. 아울러 독자 여러분들의 많은 질책과 격려를 바란다.

이 책의 특징은 다음과 같다. 첫째, 종래의 우리나라 경찰관직무집행법 관련 연구서들은 법률에 규정된 순서대로 경찰작용들을 서술하는 평면적인 방식을 취하였다. 그러나 본서는 경찰작용의 성질에 따라 유형별로 분류하여 서술하는 입체적인 방식을 취하였다는 점이다. 둘째, 일본과 독일의 경찰관직무집행법을 함께 연구대상으로 삼았다. 그 이유는 우리나라의 경찰관직무집행법이 일본의 경찰관직무집행법을 참고하여 제정하였기 때문에 일본의 학설, 판례 및 실무의 현황은 우리나라에도 적지 않은 참고사항이 될 수 있기 때문이고, 독일의 경찰관직무집행법은 우리나라 경찰관직무집행법에 흠결되어 있는 ① 일반수권조항, ② 경찰책임, ③ 집행원조, ④ 경찰강제, ⑤ 손실보상·구상·배상청구 등을 포함하고 있는 거의 완비된 법률이기 때문에 앞으로 우리가 경찰관직무집행법을 정비할 때 유용하게 참고할 수 있을 것이기 때문이다. 실제로 최근 국회에 제출되고 있는 경찰관직무집행법개정안을 보면 이러한 경향이 상당히 농후한 것이 사실이다. 셋째, 경찰관직무집행법 분야의 최신 판례들을 비롯해 주요 판례들을 최대한으로 소개하고자 하였다. 이 분야는 법이론 못지 않게 판례도 매우 중요하기 때문이다.

이 책의 출간과 관련하여 감사드려야 할 분들이 있다. 먼저 저자의 은사이신 경희대학교 법학전문대학원의 박균성 교수님(현: 한국공법학회 고문, 입법이론실무학회 회장)의 학은에 깊이 감사드린다. 이 책이 절차탁마(切磋琢磨)의 학문의 길을 몸소 보여주시는 은사님의 고명에 누가 되지 않기만을 바랄 뿐이다. 그리고 우리나라 경찰법학의 토대를 다져 오시면서

"독일경찰법" 저서들을 번역을 통해 국내에 소개함으로써 후학들의 경찰법학 공부에 지대한 도움을 주신 국립경찰대학의 서정범 교수님께 진심으로 감사를 드린다.

그리고 저자가 경찰청 교통관리관실 및 경찰청 자체평가위원회 평가위원으로 활동하는 동안 경찰법실무와 경찰정책에 관해 이해할 수 있도록 깊은 배려와 격려를 해 주신 경찰청장님을 비롯한 경찰청 관계자들께 깊이 감사드린다. 아울러 畏友인 경찰청의 박영수 경정께도 감사드린다.

또한 저자의 법대 동료교수님들께 감사드리며 특히 김홍식 교수님과 곽관훈 교수님께는 특별한 감사를 드리는 바이다.

그리고 본서의 교정작업을 도와주고 학문적 반려가 되고 있는 제자들인 석사과정의 김경민 군과 박사과정에 진학하는 문치웅 법학석사에게도 감사의 마음을 표하며 학문적 대성을 기원한다. 또한 고향집을 홀로 지키고 계신 어머님, 한결같고 깊은 이해심으로 학문할 수 있도록 배려해 주는 사랑하는 아내(김미라)와 작년 12월에 서울시 교육청 과학영재로 선발되어 큰 기쁨을 준 믿음직한 아들 민준을 비롯한 가족들에게도 고마움을 전한다.

마지막으로 좋은 책이 되도록 편집과 교정에 수고를 아끼지 않으신 편집자님께 감사함을 전하며 어려운 출판환경에도 불구하고 본서의 출간을 적극 권유하시고 격려해 주신 도서출판 학림의 이원일 사장님께 깊이 감사드린다.

2012. 1

불암산방(佛岩山房)에서 저자 씀

차 례

제 1 장 경찰관직무집행법의 의의

제 1 절 경찰관직무집행법의 의의 ······ 3

제 2 절 경찰관직무집행법의 제 · 개정 주요내용 ······ 6

1. 1953년 12월 14일 제정 ······ 6
   (1) 제정이유 / 6 (2) 주요내용 / 7
2. 1981년 4월 13일 개정 ······ 7
   (1) 개정이유 / 7 (2) 주요내용 / 7
3. 1988년 12월 3일 개정 ······ 8
   (1) 개정이유 / 8 (2) 주요내용 / 8
4. 1989년 6월 16일 개정 ······ 9
   (1) 개정이유 / 9 (2) 주요내용 / 9
5. 1991년 3월 8일 개정 ······ 9
   (1) 개정이유 / 9 (2) 주요내용 / 9
6. 1996년 8월 8일 개정 ······ 10

7. 1999년 5월 24일 개정 ···· 10
(1) 개정이유 / 10 (2) 주요내용 / 10
8. 2004년 12월 23일 개정 ···· 11
9. 2006년 6월 21일 개정 ···· 11
(1) 개정이유 / 11 (2) 주요내용 / 12
10. 2011년 8월 4일 개정 ···· 13
제 3 절 경찰관직무집행법의 구성 ···· 13
제 4 절 현행 경찰관직무집행법의 특징 ···· 14

제 2 장 우리나라의 경찰관직무집행법

제 1 절 경찰개념과 종류 ···· 19
1. 형식적 의미의 경찰 ···· 20
2. 실질적 의미의 경찰 ···· 21
(1) 의 의 / 21 (2) 행정경찰과 사법경찰의 구별 / 22
3. 행정경찰의 개념상 특징 ···· 24
(1) 경찰의 목적 / 24 (2) 경찰의 수단 / 24
(3) 경찰권의 기초 / 24
4. 경찰의 종류 ···· 24
(1) 예방경찰과 진압경찰 / 24 (2) 평시경찰과 비상경찰 / 25
(3) 국가경찰과 자치경찰 / 25
제 2 절 경찰관직무의 범위 ···· 25
1. 직무규범과 수권규범의 구분 ···· 25
2. 현행법상 직무의 범위 ···· 27
(1) 국민의 생명 · 신체 및 재산의 보호 / 29
(2) 범죄의 예방 · 진압 및 수사 / 30

(3) 경비 · 요인경호 및 대간첩작전수행 / 32
(4) 치안정보의 수집 · 작성 및 배포 / 33
(5) 교통의 단속과 위해의 방지 / 34
(6) 그 밖의 공공의 안녕과 질서의 유지 / 34

제 3 절 경찰권 발동의 근거 ······ 37

1. 독일 경찰법상의 일반수권조항 ······ 37
2. 우리나라 경찰관직무집행법 제 2 조 제 6 호의 일반수권조항 여부 ······ 39
   (1) 일반수권조항의 인정문제 / 39 (2) 경찰권 발동의 요건 / 42
3. 개별적 수권조항 ······ 46
4. 일반수권조항과 개별적 수권조항의 관계 ······ 47

제 4 절 경찰권의 한계 ······ 48

1. 경찰권의 한계론의 형성 ······ 48
2. 경찰권 행사의 한계 ······ 48
   (1) 경찰비례의 원칙 / 49
   (2) 소극목적의 원칙: 권한남용금지의 원칙 / 52
   (3) 경찰공공의 원칙: 권한남용금지의 원칙 및 비례의 원칙 / 52
   (4) 국민의 생명, 신체 및 재산의 보호의무 / 55
   (5) 경찰책임의 원칙 / 55
3. 경찰권의 한계론의 평가 ······ 65

제 5 절 즉시강제에 해당하는 조치 ······ 66

1. 소지품검사 ······ 66
   (1) 소지품검사의 의의 / 66
   (2) 소지품검사의 성질 / 69
   (3) 소지품검사의 진행단계와 허용범위 / 70
   (4) 소지품검사의 한계 / 70
   (5) 소지품검사와 신체의 수색 / 72
   (6) 소지품검사와 적법절차 / 73
2. 보호조치 ······ 74
   (1) 보호조치의 의의 / 75 (2) 보호조치의 요건과 대상 / 76

(3) 보호조치와 적법절차 / 83 (4) 범죄수사와의 관계 / 85
(5) 임시영치의 기간 / 85 (6) 보호실 / 86

3. 위험발생의 방지조치 ········· 86

(1) 의 의 / 87 (2) 위험발생의 방지조치의 종류 / 87

4. 위험방지를 위한 출입 등 ········· 90

(1) 의 의 / 91 (2) 긴급출입 / 92
(3) 대간첩작전을 위한 검색 / 93
(4) 출입 · 검색시의 증표제시 등 / 94
(5) 주거출입과 주거수색 / 94
(6) 위험방지를 위한 퇴거명령 여부 / 97

5. 범죄의 제지 ········· 98

(1) 의 의 / 99 (2) 범죄의 제지의 요건 / 99
(3) 범죄의 제지의 대상 / 100

6. 경찰장비의 사용 ········· 101

(1) 경찰장비의 의의 / 101
(2) 경찰장비의 종류 / 102
(3) 일반적 및 구체적 사용기준 / 102
(4) 물포 사용문제 / 106

7. 경찰장구의 사용 ········· 107

(1) 경찰장구의 의의 / 107 (2) 사용요건 및 한계 / 107

8. 분사기 등의 사용 ········· 108

(1) 의 의 / 109
(2) 분사기 및 최루탄사용의 요건 / 110
(3) 한 계 / 110

9. 무기의 사용 ········· 111

(1) 무기사용의 의의 / 112
(2) 각국의 총기사용 매뉴얼 실태 / 113
(3) 무기의 개념과 무기사용의 요건 / 114
(4) 무기사용의 한계 / 125

제 6 절 명령의 성질을 가진 권한 ········· 130

1. 위험한 사태에 있어서 관리자 등에 대한 조치명령 ········· 130

2. 공개장소에의 출입요구 …… 131

제 7 절 국민에게 사실상의 불이익을 줄 수 있는 임의활동 …… 133

1. 임의활동과 경찰관직무집행법 …… 133

(1) 행정기관의 활동과 개별법률의 근거 / 133
(2) 임의활동을 법률에서 규정하는 의미 / 133

2. 불심검문 …… 134

(1) 불심검문의 의의 / 135
(2) 시민법전통 주요국가의 불심검문 / 137
(3) 미국에서의 Stop & Frisk / 154

3. 임의동행 …… 166

(1) 임의동행의 의의와 법적 성질 / 166

4. 미아 · 병자 · 부상자 등의 보호조치 …… 173

(1) 보호조치의 대상 / 173 (2) 보호조치의 방법 / 174
(3) 긴급구조요청의 거부금지 / 175

5. 사실의 확인 등 …… 175

(1) 의 의 / 175 (2) 사실조회 및 직접확인 / 176
(3) 출석요구 / 176

6. 경찰의 정보활동 …… 177

(1) 의 의 / 177
(2) 경찰정보활동의 유형 / 179

7. 위험발생에 있어서 경고 …… 184

8. 범죄의 예방을 위한 경고 …… 185

제 8 절 유치장 …… 186

1. 유치장의 의의 …… 186

2. 유치장의 수용사 …… 186

3. 유치장 수용요건 …… 187

4. 수용기간 …… 187

5. 유치장 수용과정에서의 신체수색행위 …… 188

6. 유치장 감찰 …… 190

(1) 의 의 / 190 (2) 유치장 감찰의 대상 / 191
(3) 유치장 감찰의 내용과 한계 / 191

제 9 절 사용등록의 보관 192

제10절 벌 칙 192

제11절 경찰관직무집행법의 개선방안 193

1. 개 설 193
2. 단기적인 개선방안 194
(1) 직무범위 / 194 (2) 불심검문 / 195
(3) 임의동행 / 199 (4) 보호조치 / 201
(5) 위험방지를 위한 야간출입 / 202 (6) 유치장 / 202
(7) 무기사용 / 203 (8) 벌 칙 / 204
3. 장기적인 개선방안 205
(1) 경찰작용에 관한 일반법의 제정방안 / 205
(2) 통합경찰법의 제정방안 / 212

제 3 장 일본 · 독일 · 미국의 경찰관직무집행법

제 1 절 개 설 217

제 2 절 일본의 경찰관직무집행법 218

1. 연혁 및 입법체계 218
2. 적용범위 220
3. 구체적 내용 222
(1) 법률의 목적과 경찰비례의 원칙 / 222
(2) 질 문 / 226
(3) 보 호 / 233
(4) 피난등의 조치 / 237
(5) 범죄의 예방 및 제지 / 239

(6) 출 입 / 240
(7) 무기의 사용 / 242
(8) 다른 법령에 의한 식권직무 / 244

제 3 절 독일의 경찰관직무집행법 ······ 244

1. 연혁 및 입법체계 ······ 244

2. 적용범위 ······ 247

3. 모범초안의 주요내용 ······ 253

(1) 직무와 총칙 / 253 (2) 경찰의 권한 / 266
(3) 집행원조 / 288 (4) 강 제 / 291
(5) 손실보상, 구상, 배상청구 / 302 (6) 종결규정 / 308

4. 모범조안개정시안의 주요내용 ······ 310

(1) 경찰의 직무 / 310
(2) 다른 행정청과 관계 / 311
(3) 정보수집 / 311
(4) 공개행사, 집회 및 다중집합에 대한 정보수집 / 312
(5) 특별한 정보수집방식 / 313
(6) 경찰의 감시 / 315
(7) 감식조치 / 316
(8) 정보의 보관, 변경, 이용 / 317
(9) 선례관리와 문서보관 / 318
(10) 정보교부 / 319
(11) 자동정보검색절차 / 321
(12) 정보대조 / 322
(13) 특수한 정보대조방식 / 322
(14) 정보의 정정, 삭제, 차단 / 323
(15) 등재대상의 작성 / 325

제 4 절 미국의 경찰관직무집행법 ······ 326

1. 연혁 및 입법체계 ······ 326

2. 적용범위 ······ 329

3. 주요내용 ······ 330

(1) 법집행관에 의한 협력의 요청 / 330

(2) 정 지 / 331

제 5 절 소 결 334

부 록 337

Ⅰ. 우리나라의 경찰관직무집행법 / 339

Ⅱ. 일본의 경찰관직무집행법 / 380

Ⅲ. 독일의 경찰관직무집행법 / 384

Ⅳ. 미국의 경찰관직무집행법 / 430

찾아보기 439

1 장

경찰관직무집행법의 의의

제 1 절 경찰관직무집행법의 의의
제 2 절 경찰관직무집행법의 제 · 개정 주요내용
제 3 절 경찰관직무집행법의 구성
제 4 절 현행 경찰관직무집행법의 특징

CHAPTER 1

경찰관직무집행법의 의의

제 1 절 경찰관직무집행법의 의의

Jellinek는 “그것 없이는 국가를 생각할 수조차 없는 권한이 존재하는 바, 경찰이 바로 이에 속한다”고 하였다.[1)]

사회생활을 영위하는 인류가 최초로 출현하였을 때부터 경찰제도는 이미 존재하였다고 보는 것이 일반적인 견해이다. 그것은 시대를 초월하여 한 집단, 한 국가에 있어서 법과 질서의 유지는 집단이나 국가행정구조의 추석을 이루기 때문이다. 따라서 국가는 불가결한 제도의 하나로서 반드시 상설의 경찰조직을 두고 있다.[2)]

공공의 안전과 질서를 유지하기 위해서 일반통치권에 기초하여 국민에게 명령·강제하고 자연적 자유를 제한하는 행정작용을 경찰(警察)이라 한다. 이와 같은 작용으로서 발동되는 권력을 경찰권(警察權)이라 한다.

1) Jellinek, Verwaltungsrecht, 3. Aufl., 1931(Neudruck, 1966), S. 427. 서정범, “경찰법에 있어서의 공공의 안녕의 개념”「공법학연구」 제 9 권 제 2 호, 346쪽에서 재인용.

2) 경찰이라는 말은 그리스어의 politeia(국가관리)로부터 라틴어의 politia, policia를 거쳐 프랑스어의 police를 통하여 독일어의 Polizei가 되었다고 한다. 경찰은 행정법의 가장 오래된 제도이고 경찰개념의 내용은 국가관의 변천에 따라 크게 변화하여 왔다.

공공의 안녕과 질서유지라는 이념을 구체화하는 것으로서의 경찰개념과 이를 보장하기 위한 유효한 기관을 의미하는 제도로서의 경찰은 한 국가의 정부 및 통치구조의 정신(spirit)과 질(quality)을 시험하는 시금석으로 되어 있다.

오늘날 경찰행정의 양상은 정보화·세계화가 급속도로 진전됨에 따라 경찰의 역할과 기능에 대한 국가·사회적 요구가 계속 확대되고 있으므로 경찰활동의 근거가 되는 경찰작용법의 정비가 시급히 요청된다.

또한 경찰활동은 활동범위가 다양할 뿐 아니라 그 권한의 발동으로 인해 국민의 자유와 권리가 크게 제한되므로 그 발동의 한계를 엄격하게 할 필요가 있다.

경찰관직무집행법은 1948년에 제정된 일본의 경찰관직무집행법을 모델로 하여 1953년 12월 14일 법률 제299호, 전문 9개조로 제정되었다. 1953년의 경찰관직무집행법은 국민의 생명, 신체, 재산의 보호와 범죄의 예방, 공안의 유지 그 밖의 법령집행 등의 직무를 충실히 수행하기 위하여 필요한 조치를 규정함을 목적으로 하여 불심검문(제 2 조), 보호조치(제 3 조), 위험발생의 방지(제 4 조), 범죄예방과 제지(제 5 조), 위험방지를 위한 출입(제 6 조), 무기의 사용(제 7 조) 등을 규정하였다.

1981년 4월 13일에 제 1 차 개정이 이루어졌다. 개정법률은 전문 13개조로 확대되었다. 그 주요내용으로는 경찰관의 직무범위를 명시하여 구체화하였고(제 2 조), 범죄예방을 위한 가택방문·계도(제 6 조 제 2 항), 사실의 확인(제 8 조), 유치장(제 9 조), 장비의 사용(제10조) 등을 새로이 신설하였으며, 정신착란자, 미아, 주취자 등의 보호조치에 관해, 제정 당시에 규정하였던 '수상한 거동 기타 주위의 사정을 합리적으로 판단하여'라는 요건과 본인이 이를 거절할 경우 보호조치를 하지 못하도록 하는 예외규정을 삭제하였다. 또한 당시의 소요사태를 반영하여 과격한 소요진압을 위한 경찰관의 무기사용에 관한 규정을 추가하였다.

1988년 12월 31일 제 2 차 개정이 이루어졌다. 국회에서 발의되어 개정된 경찰관직무집행법의 주요내용은 경찰권의 남용으로 인한 기본권침해의 소지가 있는 사항에 대하여 경찰권 행사의 요건과 한계를 엄격히 함으로써 경찰권 행사의 적정을 도모하려는 취지하에 임의동행에 대하여 동행요구거절권을 명시하고, 동행시간을 3시간 이내로 하여 시간제한규정을 두었으며, 경찰관에 대하여는 임의동행 거부 자유를 반드시 사전에 고지하도록 의무화하였고, 동행한 사람에게 연락할 수 있는 기회의 부여 및 변호인의 조력을 받을 권리를 명시하는 한편, 직권을 남용하거나 의무를 위반한 경찰관에 대한 벌칙을 강화하였다. 또한 방범방문 조항을 삭제하고, 보호조치 및 무기사용요건을 엄격히 규정하였다.

1989년 6월 16일에 제 3 차 개정이, 1991년 3월 8일에 제 4 차 개정이 이루어졌다. 제 4 차 개정의 주요내용은 임의동행시 동행을 거부할 자유와 동행 후 언제라도 퇴거할 자유가 있음을 사전에 고지하도록 되어 있는 경찰관의 사전고지의무규정을 삭제하였으며, 임의동행시 사전적 제한을 3시간에서 6시간으로 연장 및 경찰장구 사용대상에 있어 현행범인 경우에도 사용할 수 있도록 하여 요건을 완화하였다.

그 동안 수 차례의 개정이 이루어졌으나 기본골격에는 큰 변화가 없다고 할 수 있다. 그리하여 실질적 의미의 경찰의 개념에 대한 충분한 사전적 연구 없이 당시의 국가현실의 필요에 따라 일본법을 복제한 현행법은 점차적으로 위해방지의무의 기능적 측면에서뿐만 아니라 개인의 권리보호적인 측면에 있어서도 그 타당성이 점차 문제시되어가고 있다는 비판을 받고 있다. 또한 정보사회의 대두에 따른 새로운 위험의 증대, 사회집단 간의 복잡한 이해관계이 첨예한 갈등은 행정의 개입을 점차적으로 확대하고 있으며, 이에 따른 개인의 기본권의 심각한 침해현상은 종래의 위해방지 행정체계에 대한 근본적인 반성을 요구하고 있다는 지적도 제기되고 있다.

우리나라의 경찰관련법제는 기본적으로 경찰조직법과 경찰작용법으로 나누어져 있다. 이러한 경찰조직관련법과 경찰작용관련법이 나누어진 것은 연혁적으로 경찰청조직의 독립이 경찰작용법의 정비 이후에 이루어진 것에 기인한다. 경찰조직법이라 함은 경찰업무를 집행하는 행정기관의 구성 및 관할, 경찰관청 상호간의 관계, 경찰행정의 감독 등을 규율하는 법규를 말하며, 경찰작용법이라 함은 경찰행정의 내용을 규율하는 법규로서 경찰행정상의 법률관계의 성립, 변경, 소멸에 관련된 모든 법규를 말한다.

우리나라의 경찰은 정부조직법 제32조에 경찰청의 설치근거를 두고 경찰법에서 조직과 인사 및 직무에 관한 대강의 규정을 두고 있다. 즉, 경찰법 제 3 조는 "경찰은 국민의 생명·신체 및 재산의 보호와 범죄의 예방·진압 및 수사, 치안정보의 수집, 교통의 단속 기타 공공의 안녕과 질서유지를 그 임무로 한다"고 규정하고 있다. 종래의 입헌주의적 학설에 의하면 경찰의 주된 임무는 공공의 안전과 질서에 대한 위험방지라고 보아, 공공의 안전과 질서에 대한 위험의 방지를 전면에 제시하고 개인의 생명, 신체 및 재산의 보호는 "공공의 안전과 질서" 속에 이미 포함되어 있다고 하여 그것을 후퇴시켜 왔다. 그러나 민주주의 헌법에 있어서의 경찰의 임무는 개인의 생명, 신체 및 재산의 보호에 중점을 두지 않으면 안된다.

그리고 인사에 관하여는 경찰공무원법, 직무에 관하여는 경찰관직무집행법에 일반적인 규정을 두고 있다. 경찰작용에 관한 일반법적인 성격을 지니고 있다고 평가를 받는 대표적인 법률이 바로 경찰관직무집행법이다. 경찰청의 독립에 따라 경찰조직에 관한 일반법 제정의 필요성이 제기되었고 그에 따라 제정된 것이 경찰법이다. 그러나 경찰조직법의 정비 이후 경찰작용관련법에 대하여는 아직까지 체계적 정비가 이루어지지 않고 있다.[3]

제 2 절 경찰관직무집행법의 제·개정 주요내용

1. 1953년 12월 14일 제정[4]

(1) 제정이유

경찰관이 국민에 대한 생명·신체·재산의 보호, 범죄의 예방, 공안의

3) 경찰작용에 관한 관련 규정은 각종 법률에 산재되어 있다. 경범죄처벌법, 도로교통법, 식품위생법 등이 그 예이다.

4) [시행 1953. 12. 14] [법률 제299호, 1953. 12. 14, 제정].

유지, 기타 법령집행 등의 직무를 충실히 수행하도록 하기 위하여 필요한 사항을 정하려는 것이다.

(2) 주요내용

① 경찰관은 수상한 거동 기타 주위의 사정을 합리적으로 판단하여 죄를 범하였거나 범하려고 하고 있다고 의심할 만한 상당한 이유가 있는 자 또는 이미 행하여진 범죄 또는 행하여지려고 하는 범죄에 관하여 그 사실을 안다고 인정되는 자를 정지시켜 질문할 수 있도록 함.

② 경찰관은 인명 또는 신체에 위해를 미치거나 재산에 중대한 손해를 끼칠 우려가 있는 천재·사변·공작물의 손괴 등의 사태가 발생할 때에는 경고·피난 등이 필요한 조치를 할 수 있도록 함.

③ 경찰관은 범죄행위가 목전에 행하여지려고 하는 것을 인정한 때에는 그 예방을 위하여 관계자에 필요한 경고를 발하거나 그 행위를 제지할 수 있도록 함.

④ 경찰관은 범인의 체포, 도주의 방지, 자기 또는 타인의 생명, 신체에 대한 방호, 공무집행에 대한 항거를 억제하기 위하여 필요하다고 인정되는 상당한 이유가 있을 때에는 그 사태를 합리적으로 판단하여 필요한 한도 내에서 무기를 사용할 수 있도록 함.

2. 1981년 4월 13일 개정[5)]

(1) 개정이유

현행 경찰관직무집행법은 전후 일본의 경찰관직무집행법을 직역한 것으로서 현재 우리나라의 실정에 맞지 아니할 뿐 아니라, 치안수요의 급증에 따라 법적 근거 없이 사실상 수행하고 있는 제 경찰작용이 다양한바, 현 실정에 맞도록 명문화하여 경찰관의 직무집행에 합리성과 합법성을 보장하려는 것이다.

(2) 주요내용

① 경찰관의 직무의 범위를 현 실정에 맞도록 구체적으로 정함.

5) [시행 1981. 4. 13] [법률 제3427호, 1981. 4. 13, 전부개정].

② 경찰관이 정신착란자 등 긴급구호를 요하는 자에 대하여 보건의료기관이나 공공구호기관에 구호를 요청한 때에는 정당한 이유없이 이를 거절하지 못하도록 함.
③ 대간첩작전 또는 소요사태의 진압을 위하여 필요한 때에는 일정한 지역에 대한 접근이나 통행을 제한하거나 금지할 수 있도록 함.
④ 경찰관은 범죄발생의 위험이 현저한 가택에 대한 방범계도를 위하여 필요한 때에는 관계인의 동의를 얻어 가택을 방문·계도할 수 있도록 함.
⑤ 경찰관서의 장은 직무수행에 필요한 경우 국가기관이나 공사단체 등에 대하여 직무수행에 관련된 사실을 조회할 수 있으며, 긴급을 요할 때에는 소속경찰관으로 하여금 현장에 출장하여 그 사실을 확인할 수 있도록 함.
⑥ 구속수사중인 자, 구류형의 선고를 받은 자, 다른 수사기관에 의하여 구속되어 일시 수용이 의뢰된 자를 수용하기 위하여 유치장의 설치근거를 정함.
⑦ 무기 등을 소지한 범인이 경찰관으로부터 3회 이상 투기명령을 받고도 이에 불응하면서 계속 항거할 때, 무장간첩이나 소요행위자가 투강명령이나 3회이상의 해산명령을 받고도 이에 불응하면서 무기·폭발물 등을 소지하고 계속 항거할 때에는 경찰관이 무기를 사용할 수 있도록 함.

3. 1988년 12월 3일 개정[6)]

(1) 개정이유

경찰권의 남용으로 인한 기본권침해의 소지가 있는 사항에 관하여 경찰권행사의 요건과 한계를 엄격하게 함으로써 경찰권행사의 적정을 도모하려는 것이다.

(2) 주요내용

① 경찰관으로부터 경찰관서에의 동행요구를 받은 자는 그 동행요구를 거절할 수 있도록 함.
② 경찰관이 불심검문을 하거나 동행을 요구할 경우 당해인에게 자신의 신분을 표시하는 증표를 제시하면서 소속과 성명을 밝히고 그 목적과 이유를 설명하여야 하며, 동행의 경우에는 동행장소를 밝힌 후 동행을 거부할 자유와 동행 후 언제든지 경찰관서로부터 퇴거할 자유가 있음을 고지하도록 함.

6) [시행 1989. 1. 31] [법률 제4048호, 1988. 12. 31, 일부개정].

③ 경찰관이 동행을 한 경우에는 당해인의 가족·친지 등에게 동행한 경찰관의 신분, 동행장소, 동행목적과 이유를 고지하거나 본인으로 하여금 즉시 연락할 수 있는 기회를 부여하도록 하여야 하고, 변호인의 조력을 받을 권리가 있음을 고지하도록 함.

4. 1989년 6월 16일 개정[7)]

(1) 개정이유

각종 불법집회 및 시위진압을 위하여 최루탄이 사용되고 있는바, 이를 남용할 경우 국민의 생명·신체와 재산 및 공공시설에 현저한 위해발생의 소지가 있으므로 최루탄의 사용요건 등을 규정하여 그 피해를 예방하려는 것이다.

(2) 주요내용

① 최루탄의 사용요건과 방법을 규정함.
② 최루탄을 사용할 경우 그 일시 등 사용내용을 기록하여 보관하도록 함.

5. 1991년 3월 8일 개정[8)]

(1) 개정이유

경찰관의 임의동행 및 경찰장구사용의 요건을 일부 완화하여 경찰의 민생치안활동의 효율적 수행을 뒷받침하려는 것이다.

(2) 주요내용

① 임의동행시 동행을 거부할 자유와 언제든지 경찰관서로부터 퇴거할 자유가 있음을 고지하도록 한 규정을 삭제함.
② 임의동행을 한 경우 3시간을 초과하여 경찰관서에 머물게 할 수 없도록 하던 것을 6시간으로 연장함.

---

7) [시행 1989. 6. 16] [법률 제4130호, 1989. 6. 16, 일부개정].
8) [시행 1991. 3. 8] [법률 제4336호, 1991. 3. 8, 일부개정].

③ 장기 3년 이상의 징역이나 금고에 해당하는 죄를 범한 범인에게 경찰장구를 사용할 수 있게 하던 것을 현행범이나 장기 3년 이상의 징역이나 금고에 해당하는 죄를 범한 범인에게 사용할 수 있도록 요건을 완화함.

6. 1996년 8월 8일 개정[9)]

국제해양질서의 급격한 변화와 21세기 해양경쟁시대에 적극적으로 대비함으로써 우리의 무한한 해양잠재력을 개발하여 해양선진대국으로 도약하기 위한 기반을 조성하기 위하여, 여러 행정기관에 분산되어 있는 수산·해운·항만·해양환경보전·해양조사·해양자원개발·해양과학기술 등 해양관련 행정기능을 통합하여 종합적인 해양개발과 이용·보전기능 등을 전담할 해양수산부를 신설하고, 해양수산부장관 소속하에 해양에서의 경찰 및 오염방제업무를 담당할 해양경찰청을 신설하려는 것이다.

7. 1999년 5월 24일 개정[10)]

(1) 개정이유

경찰관 직무집행을 위하여 사용중인 경찰장구·무기 등을 포괄한 장비정의규정을 신설하여 이들 개념을 보다 명확히 하고, 경찰장비의 사용과 관련하여 안전성을 확보하기 위하여 인명 또는 신체에 위해를 가할 수 있는 경찰장비에 대하여는 장비의 종류, 사용기준, 안전교육, 안전검사의 기준을 대통령령으로 정하도록 하며, 분사기 또는 최루탄 및 무기의 사용기록 보관, 경찰장비의 임의개조금지규정을 마련하려는 것이다.

(2) 주요내용

① 인명 또는 신체에 위해를 가할 수 있는 경찰장비에 대하여는 필요한 안전교육과 안전검사를 실시하고 그 대상이 되는 경찰장비의 종류, 사용기준, 안전교육, 안전검사의 기준 등은 대통령령으로 정하도록 함(법 제10조 제1

9) [시행 1996. 8. 8] [법률 제5153호, 1996. 8. 8, 타법개정].

10) [시행 1999. 11. 25] [법률 제5988호, 1999. 5. 24, 일부개정].

항 및 제 4 항).

② 경찰장비는 무기, 경찰장구, 최루제 및 그 발사장치, 감식기구, 해안감시기구, 통신기기, 차량, 선박, 항공기 등 경찰의 직무수행을 위하여 필요한 장치와 기구로 포괄적으로 그 개념을 정의하고, 경찰장구 및 무기의 개념을 보다 세부적으로 규정함(법 제10조 제 2 항, 제10조의2 제 2 항 및 제10조의4 제 2 항).

③ 경찰장비를 임의로 개조하거나 임의의 장비를 부착하여 통상의 용법과 달리 사용할 수 없도록 함(법 제10조 제 3 항).

④ 대간첩·대테러작전 등 국가안전에 관련되는 작전을 수행할 때에는 개인화기 외에 공용화기를 사용할 수 있도록 함(법 제10조의4 제 3 항).

8. 2004년 12월 23일 개정[11)]

광역화·기동화되는 현대범죄에 효과적으로 대응하기 위하여 경찰서장 소속하에 두는 지서(支署)를 없애고 기존 여러 개의 파출소 관할구역을 통합하여 하나의 관할구역으로 하는 지구대를 설치할 수 있도록 하는 한편, 정부조직법이 개정(법률 제7186호, 2004. 3. 11. 공포·시행)되어 각 행정기관에 배치하는 정무직공무원은 법률에 근거를 두도록 함에 따라 경찰위원회규정에 의하여 정무직공무원으로 되어 있던 경찰위원회 상임위원에 대한법적 근거를 마련하려는 것이다.

9. 2006년 6월 21일 개정[12)]

(1) 개정이유

종전의 제주도를 폐지하고, 제주특별자치도를 설치하여 자치조직·인사권 및 자치재정권 등 자치권을 강화하며, 교육자치제도의 개선과 자치경찰제의 도입을 통하여 실질적인 지방자치를 보장함으로써 선진적인 지방분권모델을 구축하는 한편, 제주특별자치도에 적용되고 있는 각종 법령상 행

11) [시행 2004. 12. 23] [법률 제7247호, 2004. 12. 23, 타법개정].
12) [시행 2006. 7. 1] [법률 제7849호, 2006. 2. 21, 타법개정].

정규제를 폭넓게 완화하고, 중앙행정기관의 권한을 대폭 이양하며, 청정산업 및 서비스산업을 육성하여 제주특별자치도를 국제자유도시로 조성·발전시키려는 것이다.

(2) 주요내용

① **제주특별자치도지사 소속의 자치경찰기구 설치**(법 제106조·제107조 및 제109조)

제주특별자치도에 자치경찰단을 두고, 자치경찰단장은 자치총경으로 보하되, 제주특별자치도지사가 임명하도록 하며, 행정시에 자치경찰단의 자치경찰사무의 집행을 담당할 자치경찰대를 설치하도록 함.

② **자치경찰의 사무 및 그 수행방법**(법 제108조 및 제110조)

자치경찰은 주민생활과 밀접한 생활안전·지역교통·지역경비 사무 및 제주특별자치도 소관 특별사법경찰관리의 직무를 수행하도록 하고, 국가경찰과의 역할분담에 대한 협약은 제주특별자치도지사와 제주특별자치도지방경찰청장이 체결하도록 하되, 행정시장과 국가경찰서장에게 각각 위임하여 처리할 수 있도록 함.

③ **치안행정위원회**(법 제113조 및 제114조)

국가경찰과 자치경찰간 사무분담 및 사무수행방법, 자치경찰의 운영지원 등에 관하여 심의·의결하기 위하여 제주특별자치도지사 소속하에 치안행정위원회를 두되, 위원장 1인과 당연직 위원 2인을 포함하여 법관·교수·지역주민 등 11인의 위원으로 구성하도록 함.

④ **교통안전시설 관리업무의 이관**(법 제138조 및 제139조)

현재 국가경찰이 담당하고 있는 교통안전시설 관리업무를 제주특별자치도에 이관하고, 교통안전시설에 관련된 사항을 심의하기 위하여 제주특별자치도지사 소속하에 민간전문가와 국가경찰 등이 참여하는 교통시설심의위원회를 두도록 함.

10. 2011년 8월 4일 개정[13)]

「경찰관직무집행법」 제 2 조에 따른 경찰의 직무에는 「경찰법」 제 3 조에서 규정하고 있는 국가경찰의 임무 중 "국민의 생명·신체 및 재산의 보호"가 빠져 있고, 반대로 「경찰법」 제 3 조에 따른 국가경찰의 임무에는 「경찰관직무집행법」 제 2 조에서 규정하고 있는 경찰의 직무 중 "경비·요인경호 및 대간첩작전 수행"이 빠져 있어, 경찰의 임무에 관한 두 법의 규정을 상호 일치시키려는 것이다.

제 3 절 경찰관직무집행법의 구성

현행 경찰관직무집행법은 제 1 조에서 목적으로 "국민의 자유와 권리의 보호 및 사회공공의 질서유지를 위하여 경찰관의 직무수행에 필요한 사항을 규정한다"고 입법의 목적을 명시하고, "경찰관의 직권은 그 직무수행에 필요한 최소한도 내에서 행사되어야 하며 이를 남용하여서는 안된다"고 경찰권 발동의 한계를 명시하고 있다.

제 3 조부터 제10조의4까지 국민의 권리자유를 제한하거나 또는 국민에게 의무를 부과하는 행위(즉시강제 및 명령) 및 국민에게 사실상의 불이익을 줄 수 있는 임의활동에 대해 규정하고 있다.

첫째, 즉시강제에 해당하는 것으로는 불심검문에 따른 흉기소지 여부 조사(제 3 조 제 3 항), 정신착란자 및 주취자의 보호(제 4 조 제 1 항 제 1 호), 위험발생의 방지를 위한 피난 등의 조치(제 5 조 제 1 항), 범죄의 방지(제 6 조 제 2 항), 위험방지를 위한 출입(제 7 조 제 1 항), 경찰장비의 사용(제10조), 경찰장구의 사용(제10조의2), 분사기 등의 사용(제10조의3), 무기의 사용(제10조의4) 등이 있다.[14)]

---

13) [시행 2011. 8. 4] [법률 제11031호, 2011. 8. 4, 일부개정].

14) 이러한 사항에 대해서 다른 법률이 경찰관의 즉시강제의 권한을 규정하고 있는 경우에는 원칙적으로 경찰관직무집행법은 일반법이 되어 해당 다른 법률규정이 특별법으로서 우선적으로 적용되는 것이다.

둘째, 명령의 성질을 가진 권한으로는 위험발생의 방지에 있어서 관리자 등에 대한 조치명령(제 5 조 제 1 항 제 3 호), 위험방지를 위한 공개장소에의 출입요구(제 7 조 제 2 항) 등이 있다.

셋째, 국민에게 사실상의 불이익을 부과할 수 있는 임의활동으로는 불심검문(제 3 조 제 1 항), 임의동행(제 3 조 제 2 항), 미아, 병자, 부상자 등의 보호(제 3 조 제 1 항 제 2 호), 위험발생을 방지하기 위한 경고(제 5 조 제 1 항 제 1 호), 사실의 확인(제 8 조) 등이 있다.

그 밖에 유치장(제 9 조), 사용등록의 보관(제11조), 벌칙(제12조) 등으로 구성되어 있다.

따라서 우리 현행 경찰관직무집행법은 독일경찰법의 적용범위에 속하는 ① 일반수권조항, ② 경찰책임, ③ 집행원조, ④ 경찰강제, ⑤ 손실보상·구상·배상청구 등에 관한 규율이 제외되어 있는데, 이들 규정의 흠결로 인해 현행 경찰관직무집행법의 경찰작용에 관한 일반법적 성격에 대한 시비가 끊이질 않고 있다.

제 4 절 현행 경찰관직무집행법의 특징

현행법상 경찰작용에 관한 법으로는 경찰관직무집행법을 비롯하여 많은 법률들이 있다. 경찰작용이라 함은 경찰목적달성을 위해 일반통치권에 의거하여 국민에게 명령·강제하는 권력적 행위를 말한다.

경찰관직무집행법의 지위에 관해 다수설은 모든 경찰작용의 기본법으로 파악하지 않고, 경찰작용 중의 하나인 경찰상의 즉시강제에 관한 일반법으로 파악하고 있다. 즉, 불심검문, 보호조치, 위험발생의 방지, 위험방지를 위한 출입, 사실의 확인, 장구의 사용, 무기의 사용 등을 대인적 강제, 대물적 강제, 대가택강제로 나누어 일괄적으로 즉시강제로 보고 있다. 그런데 상기의 경찰작용들을 구체적으로 살펴보면 각 경찰작용들이 상당히 다양한 성질들을 가지고 있어서 경찰관직무집행법을 다수설과 같이 경찰상 즉시강제에 관한 일반법으로만 보는 것은 타당하지 아니하다고 본다.

왜냐하면 경찰관직무집행법을 구체적으로 살펴보면, 제 3 조부터 제10조의4까지 국민의 권리자유를 제한하거나 또는 국민에게 의무를 부과하는 행위(경찰상 즉시강제 및 명령) 및 국민에게 사실상의 불이익을 줄 수 있는 임의활동 등으로 복합적으로 구성되어 있기 때문이다.

또한 경찰관직무집행법은 다른 법률에 특별한 규정이 없는 한 모든 경찰작용에 적용되는 일반법으로서의 지위를 가진다고 보기에는 실제 경찰작용과 관련하여 볼 때 경찰관직무집행법은 일반법으로서의 체계나 내용에 있어 문제점을 안고 있음을 부인하기 어렵다.

무엇보다도 실질적 의미의 경찰개념의 본질적인 요소를 이루고 있는 일반수권조항과 경찰책임에 대한 근거규정의 결여가 경찰책임의 이론과 실무의 발전에 있어 큰 장애가 되고 있다.

즉, 우리나라의 행정법학에 실질적 경찰개념이 도입된 지 이미 반세기 이상이 지났으나 그 핵심개념을 이루고 있는 일반수권조항의 존부 여부는 아직 학설에서 여전히 논란이 계속되고 있으며 경찰책임의 이론은 단지 경찰권 발동을 제한시키는 조리(條理)의 한 형태로 설명되고 있는 실정이며 실무에서는 경찰책임에 관한 판례를 찾아보기 어려운 실정에 있다.

현대와 같이 고도의 정보사회, 복잡한 산업사회에서 입법자는 모든 위험을 미리 예측하여 상세히 규율할 수는 없으며 일반수권조항이 없는 경우에는 국가는 새롭게 발생되는 위험에 대하여는 속수무책일 수밖에 없다.

따라서 위해방지임무를 목적으로 하는 질서행정에 있어서 일반수권조항의 결여는 중요한 입법정책적 하자에 해당한다고 볼 수 있다.

그리하여 경찰작용에 관한 일반법을 제정하여 경찰관직무집행법을 이에 흡수하든지 아니면 경찰관직무집행법의 내용을 대폭 손질하여 일반법적인 기능을 보다 명확히 하든지 하여 경찰작용에 관한 일반법을 마련하는 것이 중요한 과제의 하나라는 것이 오래전부터 지적되어 왔다.[15]

현행법은 앞서도 말한 바와 같이 일반수권조항의 인정문제, 경찰책임문제, 개별적 수권조항과 관련해서도 규율하고 있지 않거나 규율정도가

15) 박상희·서정범, 경찰작용법제의 개선방안(한국법제연구원, 1996), 12쪽.

미비하여 경찰작용의 일반법으로 자리매김하기에는 일정한 한계를 지니고 있다.

따라서 현행 경찰관직무집행법이 안고 있는 본질적인 문제점과 한계들을 깊이 인식하여 경찰관직무집행법이 목적으로 하는 공공의 안녕·질서유지와 인권보장이라는 이율배반적인 속성이 규범조화적으로 기능할 수 있도록 적정한 개선방안을 모색할 필요가 있다.

제2장 우리나라의 경찰관직무집행법

제 1 절 경찰개념과 종류
제 2 절 경찰관직무의 범위
제 3 절 경찰권 발동의 근거
제 4 절 경찰권의 한계
제 5 절 즉시강제에 해당하는 조치
제 6 절 명령의 성질을 가진 권한
제 7 절 국민에게 사실상의 불이익을 줄 수 있는 임의활동
제 8 절 유치장
제 9 절 사용등록의 보관
제10절 벌 칙
제11절 경찰관직무집행법의 개선방안

CHAPTER 2

우리나라의 경찰관직무집행법

제 1 절 경찰개념과 종류

경찰개념은 논리적인 개념이 아니라 역사적으로 발전·형성된 개념[1]이기 때문에 근대국가에서의 일반적인 경찰개념, 즉 “사회의 안녕과 질서유지를 위한 권력작용”은 반드시 각국의 실정법상 경찰개념과 일치되는 것은 아니다.

세계 각국의 경찰제도는 형식적 의미의 경찰과 실질적 의미의 경찰이, 그리고 각종 경찰의 종류가 혼재되어 형성되고 있으므로 그 개념을 사전에 명확히 파악할 필요가 있다. 또한 경찰이 실제로 수행하는 과제와 기능이 매우 다양하기 때문에 경찰의 개념에 대한 올바른 이해를 위하여 다양한 접근방법이 요청된다.[2]

---

1) Wolf-Rüdiger Scenke, Polizei-und Ordnungsrecht(C. F. Müller Verlag, 2002), S. 1.
2) 김성수, 개별행정법(법문사, 2001), 451쪽.

1. 형식적 의미의 경찰(제도적 의미의 경찰)

형식적 의미의 경찰이라 함은 실정법상 보통경찰기관의 권한으로 되어 있는 모든 작용을 말한다. 제도적 의미의 경찰이라고도 한다.

형식적 의미의 경찰은 실질적 의미의 경찰과 그 내용이 반드시 일치하지 않으며, 이 의미에서의 경찰은 실정법상 제도적 의미의 경찰이 수행하는 모든 사무 즉, 실정법상 보통경찰행정기관(경찰청장 · 지방경찰청장 · 해양경찰청장 · 경찰서장 · 해양경찰서장)의 권한으로 되어 있는 모든 작용을 말한다. 즉, 실질적 성격 여하를 불문하고 제도적(조직적) 의미의 경찰에 의해 수행되는 모든 직무를 의미한다.

따라서 형식적 의미의 경찰의 개념에는 위험방지의 직무뿐만 아니라 그 밖의 다른 행정활동(예: 복리증진), 나아가 범죄행위와 질서위반행위에 대한 수사에의 공조 등도 포함되게 된다.

우리나라에 있어서도 경찰의 실제개념(실질적 의미의 경찰, 학문적 의미의 경찰)과 경찰법, 경찰공무원법, 경찰관직무집행법 등 실정법상의 경찰개념은 일치하지 않는다.

우리 경찰에 관련된 제반 법규 중 가장 기본법인 경찰법에서는 국가경찰의 임무를 ① 국민의 생명 · 신체 및 재산의 보호, ② 범죄의 예방 · 진압 및 수사, ③ 경비 · 요인경호 및 대간첩작전수행, ④ 치안정보의 수집 · 작성 및 배포, ⑤ 교통의 단속과 위해의 방지, ⑥ 그 밖의 공공의 안녕과 질서유지로 규정하고 있고(제 3 조), 경찰관직무집행법 역시 경찰관의 직무로 ① 국민의 생명 · 신체 및 재산의 보호, ② 범죄의 예방 · 진압 및 수사, ③ 경비 · 요인경호 및 대간첩작전수행, ④ 치안정보의 수집 · 작성 및 배포, ⑤ 교통의 단속과 위해의 방지, ⑥ 기타 공공의 안녕과 질서유지를 규정하고 있다(제 2 조).

이와 같은 실정법상 규정에 따라 실질적 의미의 경찰개념에는 해당하지 않는 범죄의 수사 · 범인 체포 등의 사법경찰작용과 비권력적 작용인 치안정보의 수집 등도 경찰기관의 소관사무로 되어 있는 반면, 위생 · 산업 · 건축 · 노동 등 분야에 있어서의 질서유지작용은 다른 행정기관의 권한으로 두게 된다.

2. 실질적 의미의 경찰(행정경찰)

(1) 의 의

실질적 의미의 경찰이란 직접 사회공공의 안녕질서를 유지하기 위하여 일반통치권에 의거하여 개인에게 명령·강제하는 작용을 말한다. 실질적 의미의 경찰은 행정경찰이라고도 한다.[3] 경찰행정법에서의 경찰은 행정경찰을 의미한다.

이러한 의미의 행정경찰을 넓은 의미의 행정경찰이라 하며 넓은 의미의 행정경찰을 보안경찰과 좁은 의미의 행정경찰로 구분하는 것이 일반적 견해이다.

① 보안경찰: 보안경찰은 보통경찰기관이 수행하는 행정경찰과 같이 다른 종류의 행정작용에 부수하지 아니하고 독립적으로 행하여지는 행정경찰을 말한다. 교통경찰, 소방경찰, 해양경찰, 풍속경찰 등이 이에 해당한다.

② 좁은 의미의 행정경찰: 좁은 의미의 행정경찰은 다른 행정작용에 부수하여 다른 행정작용을 수행하는 행정기관에 의해 수행되는 행정경찰을 말한다. 위생경찰, 건축경찰, 철도경찰 등이 이에 해당한다.

보안경찰과 좁은 의미의 행정경찰은 작용의 성질은 동일하므로 기본적으로 동일한 법리(경찰행정의 법리)에 구속된다. 다만, 수행기관의 차이 및 좁은 의미의 행정경찰의 다른 행정작용과의 융합경향에 비추어 보안경찰과 다른 규율을 할 필요가 있는 경우가 있다.

독일·일본 등 과거 경찰의 권력이 강대했던 나라들에서는 제 2 차 대전 후에 경찰기능이 축소되어 실질적 의미의 경찰임무가 대폭 일반행정기관에 이양되었다(위생·건축·산업·경제경찰 등).

이와 같은 현상을 두고 독일에서는 종래의 실질적 의미의 경찰을 감시행정이라고 부르고, 그 중 조직법상의 경찰이 장악하고 있는 것만을 경

3) 박균성·김재광, 경찰행정법(제 2 판)(박영사, 2011), 3쪽.

찰이라고 하는 동시에, 그 밖의 행정기관에서 관장하고 있는 실질적 의미의 경찰을 질서유지행정이라고 부르기도 한다.[4]

형식적 의미의 경찰에는 실질적 의미의 경찰 외에 사법경찰이 포함되어 있고, 실질적 의미의 경찰에는 보통경찰기관에 의한 경찰작용뿐만 아니라 일반행정기관에 의한 경찰작용도 포함되어 있으므로 형식적 의미의 경찰과 실질적 의미의 경찰은 그 내용이 일치하지 아니한다.

(2) 행정경찰과 사법경찰의 구별

경찰관직무집행법은 경찰관의 직무범위에 대하여 규정하고 있으나 경찰기능에 따른 구별을 명백히 하고 있지 않으며, 조직상으로도 일반 경찰기관으로 하여금 사법경찰사무를 겸하도록 하고 있다. 즉, 동일한 기관 또는 공무원이 종종 행정경찰업무와 사법경찰업무를 동시에 담당하는 경우가 있고 이 경우에는 양자의 구분이 쉽지 않다.

예를 들면, 현행법상 경찰기관은 행정경찰과 사법경찰을 함께 관장하고 있다(경찰관직무집행법 제 2 조).

경찰기관이 아닌 행정기관에 사법경찰권이 부여되는 경우가 있다. 이를 특별사법경찰권이라 한다.

예를 들면, 환경공무원에게 일정한 요건하에서 환경범죄에 대한 사법경찰권이 부여되고 있다.

행정경찰(Verwaltungspolizei)과 사법경찰(Justizpolizei)의 구별은 프랑스로부터 전래된 것이며, 독일에서도 경찰법규상 행정경찰과 사법경찰을 명확하게 구분하여 규율하고 있다.[5] 그러나 영미에서도 경찰의 기능에 이 두 가지 종류가 있음은 충분히 의식되고 있다.

경찰관의 활동을 위와 같이 양자로 구별하는 이론적 기원은 3권분립과 법치주의의 요청 아래에서 형벌권 실현이라고 하는 통치작용을 그 형

4) 김형만 외, 비교경찰제도론(제 2 판)(법문사, 2007), 10쪽.

5) 독일의 모범초안 제 1 조 제 1 항은 경찰의 임무로서 가장 먼저 "공공의 안전과 질서에 대한 위험의 방지"를 들고, 이러한 위험방지임무의 범위 내에서 범죄의 수사도 수행할 수 있다고 규정하고 있다.

벌의 중대성을 고려하여 특별한 법적 규율에 따르게 하려는 데 있다.

그러나 행정경찰작용과 사법경찰작용은 그 이념, 내용, 절차면에서 상이하기 때문에 사법경찰작용과 행정경찰작용을 혼합적인 형태로 규정하고 있는 것은 타당하지 않으며 경찰관직무집행법에는 사법경찰작용을 제거하고 될 수 있는 한 순수한 행정경찰작용만을 규정하는 것이 바람직하다는 견해가 제기되고 있다.

1) 개념상 구별

행정경찰은 사법경찰과 그 목적 및 성질이 다르다.

① 사법경찰은 범죄사를 재판에 넘기기 위하여 범죄자를 추적, 체포하는 것을 목적으로 하는 반면에, 행정경찰은 공공질서에 대한 모든 혼란의 억제와 예방조치를 취하는 것을 목적으로 한다.

② 사법경찰은 그 성질이 사법작용인 데 반하여 행정경찰은 그 성질이 행정작용이다.

③ 그리고, 사법경찰은 사후적·제재적 작용인 반면에 행정경찰은 사전적·예방적 작용이다.

2) 구별실익

행정경찰과 사법경찰의 구별실익은 적용할 법 및 소송절차의 결정에 있다. 행정경찰활동에 대하여는 행정법원리가 적용되고 행정소송의 대상이 되지만, 사법경찰은 소송법에 의해 규율되고 사법경찰에 대한 불복은 소송법상 특별한 절차의 대상이 된다.

3) 구별기준

양자의 구별은 행위의 성격과 함께 업무수행자의 의도를 기준으로 행하여져야 할 것이다.

행위의 성격상 양자가 구별되는 예를 들면, 경찰관이 교통정리를 할 때에는 행정경찰의 임무를 수행하는 것이고, 범칙금을 부과할 때에는 사법경찰의 임무를 수행하는 것이 된다. 그런데 조치를 취하는 자의 의도가 기준이 될 때에는 양자의 구분은 쉽지 않다. 예를 들면, 질서에 대한 침해를 피하기 위하여 음란물의 압수를 명령할 때 그것은 행정경찰에 속하고, 그 음란물의 압수가 범죄를 확인하여 범죄자를 재판에 회부하기 위한 것일 때에는 사법경찰이 된다.

3. 행정경찰의 개념상 특징

실질적 의미의 경찰은 목적, 수단 및 권력적 기초의 세 가지 점에서 다른 행정작용과는 다른 특징을 가지고 있다.

(1) 경찰의 목적

경찰은 사회공공의 안녕과 질서를 유지하고 그에 대한 위해를 예방 또는 제거하는 것을 목적으로 한다.

(2) 경찰의 수단

경찰은 권력으로 개인에게 명령하고 강제하는 것을 그 주된 수단으로 한다. 그렇다고 하더라도 비권력적 수단이 전혀 사용되지 않는 것은 아니며 예외적으로 비권력적인 수단도 사용될 수 있다.

(3) 경찰권의 기초

경찰은 국가의 일반통치권에 그 권력의 기초를 둔 작용이다.

4. 경찰의 종류

(1) 예방경찰과 진압경찰

예방경찰이라 함은 경찰상 위해의 발생을 방지하기 위하여 예방적으로 발동되는 경찰을 말하고, 진압경찰이라 함은 이미 발생한 경찰상 위해를 제거하기 위하여 행해지는 경찰작용을 말한다. 진압경찰은 사법경찰인 경우도 있고, 행정경찰인 경우도 있다.

(2) 평시경찰과 비상경찰

평시경찰이라 함은 일반경찰기관이 일반경찰법규에 의하여 평시에 행하는 경찰작용을 말하고, 비상경찰이라 함은 전시, 계엄이 선포된 경우 등 비상시에 군대가 행하는 경찰작용을 말한다.

예를 들면, 비상계엄의 경우 계엄사령관이 경찰사무를 행한다.

(3) 국가경찰과 자치경찰

국가경찰이라 함은 국가에 속해 있는 경찰을 말하고, 자치경찰이라 함은 지방자치단체에 속한 경찰을 말한다. 우리나라에서는 소방사무를 제외하고는 경찰은 국가경찰이고, 「제주특별자치도 설치 및 국제자유도시 조성을 위한 특별법」에 따라 제주도에 자치경찰이 설치되었다.

제 2 절 경찰관직무의 범위

1. 직무규범과 수권규범의 구분

경찰이 경찰권을 발동하기 위해서는 직무규범(Aufgabennorm)[6]의 존재로 충분한 것인지, 아니면 경찰권을 발동하기 위해서는 직무규범 외에 별도의 수권규범(Befugnisnorm)이 필요한 것인지가 문제가 된다.

예를 들면, 특정한 식품에 관하여 위험의 의심이 있다는 경고는 위험방지로서 미묘한 문제를 포함하고 있다. 특히 생산자가 행정기관의 부수의한 경고에 의해 중대하고 수인하기 어려운 손해를 입은 경우에는 국가배상이 문제된다. 손해가 경미한 때에는 단지 성가심을 받은 것으로 될 것이다.

---

6) 그와 같은 행위로서는 ① 순찰, 통보의 수령, 긴급전화에의 대응, 교통의 감시, 침해적 내용에 이르지 않는 정보수집 등에 의한 내사, ② 도로의 장해물의 제거, 행방불명자의 수색, ③ 개인적인 관련이 없는 정보수집, ④ 경찰의 책무에 관한 홍보활동 등이 있다. 宮田三郎, 警察法(信山社, 2002), 59頁; 宮田三郎(한귀현 역), 일본경찰법(한국법제연구원, 2003), 54쪽.

직무규범은 경찰이 활동하는 권한을 가지고 경우에 따라서는 활동이 의무지워지는 직무영역을 나타내는 것이며, 요컨대 경찰은 무엇을 하는가 하는 문제를 규제하는 규범이다. 직무규범은 경찰에 대해 그 직무영역에 있어서는 특별한 법률의 수권을 필요로 함이 없이 비권력적인 행위 또는 조치를 할 수 있는 권한을 승인한다.

한편 수권규범은 경찰의 직무를 어떻게 이행하는가 하는 문제, 즉 경찰의 수단에 관하여 규제한다. 위험방지를 위한 개인의 권리의 침해는 그것에 속한다. 그와 같은 경찰의 조치는 침해적인 명령·강제를 내용으로 하는 경찰의 조치이고 법률유보의 원칙에 따라 특별한 법률의 수권에 기초하여서만 허용된다. 특별한 법률의 수권규정으로서는 이른바 직무규범만으로는 근거규범일 수 없고 직무규범 외에 구체적인 수권규범이 있어야 한다. 수권규범은 경찰의 침해의 요건 및 침해조치를 규정하고 또한 침해에 대한 재량을 한정한다.

독일의 경우에는 공공의 안녕 또는 질서에 대한 위험방지의 임무를 경찰에게 부여하고 있는 모범초안 제1조 제1항을 직무규범으로, 경찰은 의무적합적 재량에 따라 필요한 조치를 취한다고 규정하고 있는 모범초안 제8조를 수권규범으로 보고 이와 같은 양자의 구분을 전제로 하여 이것이 긍정되고 있다.[7)]

독일에서 이들을 엄격히 구별하는 배경에는 전통적인 권위주의적 행정법을 극복하는 과정에서 특히 법률유보의 측면에서 법률에 행정의 권한이 명시되어야 한다는 점이 강조된 것이라는 점을 이해할 필요가 있다.

그러나 독일보다 훨씬 앞서 민주주의와 법치주의가 발전한 영국과 미국 등 보통법전통국가에서는 행정의 직무규범과 수권규범을 엄별한다는 의식은 미약하고 오히려 직무규범으로부터 권한을 도출하는 이른바 "묵시적 권한이론"(implied power theory)이 일찍부터 발전되어 왔고, 프랑스에서도 경찰의 직무규범과 수권규범을 구분하지 않는데, 예컨대 지자체법전(Code des communes) L. 131-2조는 "지방경찰은 선량한 공공의 질서, 공공의 안전, 안보 및 건강을 확보하는 것을 대상으로 한다"고 규정하고 있

7) 서정범·김연태·이기춘, 경찰법연구(세창출판사, 2009), 35쪽.

다.[8)]

2. 현행법상 직무의 범위

경찰관직무집행법 제 2 조는 경찰관의 직무의 범위를 ① 국민의 생명·신체 및 재산의 보호, ② 범죄의 예방·진압 및 수사, ③ 경비·요인경호 및 대간첩작전수행, ④ 치안정보의 수집·작성 및 배포, ⑤ 교통의 단속과 위해의 방지, ⑥ 기타 공공의 안녕과 질서의 유지로 규정하고 있다. 위의 경찰관의 직무 중 제 1 호의 "국민의 생명·신체 및 재산의 보호"는 2011년 8월 4일 개정에 따라 신설되었다.

국가경찰공무원은 경찰관직무집행법 제 2 조에 따른 경찰관의 직무를 수행하기 위하여 불가피한 경우 「개인정보보호법」 제23조에 따른 건강에 관한 정보, 같은 법 시행령 제18조 제 2 호에 따른 범죄경력자료에 해당하는 정보, 같은 영 제19조에 따른 주민등록번호, 여권번호, 운전면허의 면허번호 또는 외국인등록번호가 포함된 자료를 처리할 수 있다(동법 시행령 제 8 조). 이 조문은 2012년 1월 6일에 신설되었다.

판례 **경찰관에게 부여된 권한의 불행사가 직무상의 의무를 위반하여 위법하게 되는 경우:** 경찰은 범죄의 예방·진압 및 수사, 경비·요인경호 및 대간첩작전수행, 치안정보의 수집·작성 및 배포, 교통의 단속과 위해의 방지, 기타 공공의 안녕과 질서의 유지도 직무로 하고 있고, 그 직무의 원활한 수행을 위하여 경찰관직무집행법, 형사소송법 등 관계 법령에 의하여 여러 가지 권한이 부여되어 있으므로, 구체적인 직무를 수행하는 경찰관으로서는 제반 상황에 대응하여 자신에게 부여된 여러 가지 권한을 적절하게 행사하여 필요한 조치를 취할 수 있는 것이고, 그러한 권한은 일반적으로 경찰관의 전문적 판단에 기한 합리적인 재량에 위임되어 있는 것이나, **경찰관에게 권한을 부여한 취지와 목적에 비추어 볼 때 구체적인 사정에 따라 경찰관이 그 권한을 행사하여 필요한 조치를 취하지 아니하는 것이 현저하게 불합리하다고 인정되는 경우에는 그러한 권한의 불행사는 직무상의 의무를 위반한 것이 되어 위법하게 된다.** 따라서 윤락녀들이 윤락업소에 감금된 채로 윤락을 강요받으면서 생활하고 있음을 쉽게 알 수 있는 상황이었음에도, 경찰관이 이러한 감금 및 윤락강요행위를 제지하거나 윤락업주들을 체포·수사하는 등 필요한 조치를 취하지 아니하

8) 박정훈·정초영, 사권보호를 위한 경찰권 발동에 관한 연구(치안연구소, 2001), 23쪽.

고 오히려 업주들로부터 뇌물을 수수하며 그와 같은 행위를 방치한 것은 경찰관의 직무상 의무에 위반하여 위법하므로 국가는 이로 인한 정신적 고통에 대하여 위자료를 지급할 의무가 있다(대판 2004. 9. 23, 2003다49009).

반면 일본의 경우에 경찰의 직무는 ① 개인의 생명, 신체 및 재산의 보호, ② 범죄의 예방, 진압 및 수사, 피의자의 체포, ③ 교통의 단속, ④ 공공의 안전의 유지, ⑤ 공공의 질서유지, ⑥ 위험방지, ⑦ 권력남용의 방지 등으로 우리나라에 비해 ⑥ 위험방지, ⑦ 권력남용의 방지가 더 있어 이채롭다.[9] 범죄의 진압·수사, 피의자의 체포에 대해서는 형사소송법, 교통의 단속에 대해서는 도로교통법이 규정하고 있다. 공안유지에 필요한 한도 내에서 경찰관직무집행법이 보충적으로 적용되는 것에 불과하다. 그리고 권력남용의 금지라는 것은 경찰의 활동은 엄격히 경찰의 직무의 범위에 한정되어야 하는 것이고 그 직무의 수행에 있어서는 불편부당(不偏不黨) 및 공평(公平)을 취지로 하여 적어도 일본헌법이 보장하는 개인의 권리 및 자유의 간섭에 이르는 등 그 권한을 남용하는 일이 있어서는 아니 된다는 것을 말한다(일본 경찰법 제 2 조 제 2 항).

한편 독일 모범초안 제 1 조는 경찰의 임무를 ① 공공의 안녕과 질서에 대한 위험방지, ② 예외적인 사권의 보호, ③ 다른 행정기관의 집행에 대한 협력, ④ 다른 법률에 의해서 경찰에 위임된 사무를 규정하고 있다. 동시에 제 1 조의 a에서 "경찰은 다른 행정관청이 위험방지를 할 수 없거나 적시에 할 수 없을 때 활동한다"고 규정하여 경찰업무수행의 보충성을 규정하고 있다. 이러한 모범초안의 태도는 두 가지 기준에 의해서 경찰의 직무를 규정하고 있다고 볼 수 있다. 하나는 실질적인 경찰개념에 근거한 본래의 경찰업무, 즉 위험방지업무를 규정하고 있으며, 다른 한편으로는 실질적인 경찰개념에 해당하지는 않으나 법률에 의해서 경찰에 위임된 사무를 규정하고 있다.

모범초안에서 공공의 안녕과 사회질서에 대한 위험방지를 경찰의 직무로 규정한 것은 경찰의 직무에 관한 일반수권조항으로서 기능한다. 즉,

9) 宮田三郎, 前揭書, 54~57頁.

실질적인 경찰개념상 경찰의 임무를 일일이 열거하는 것은 불가능하기 때문에 "공공의 안녕과 질서에 대한 위험방지"라는 법률상의 불확정개념을 사용하여 경찰의 직무를 포괄적으로 규정한 것이다. 그러나 이러한 일반수권조항에 따른 경찰의 직무의 포괄성은 모범초안 제 1 조의a에 규정된 보충성의 원칙에 의해서 제한된다.[10)]

생각건대, 우리나라의 경찰관직무집행법에서 열거한 내용들은 예시적 항목으로서 모두 "공공의 안녕과 질서유지"에 포함되는 것이라 할 수 있을 것이다. 경찰권의 분산에 관한 일반적인 규정은 두고 있지 않으나 특별법의 규정으로 특정한 위험방지에 관한 업무를 다른 행정관청에 귀속시킴으로써 경찰권의 분산을 도모하고 있다고 볼 수 있다.

이하에서는 우리 경찰관직무집행법상 직무에 대해 구체적으로 고찰하기로 한다.

(1) 국민의 생명·신체 및 재산의 보호

경찰은 개인의 생명, 신체, 자유 및 재산의 보호를 최우선의 책무로 하는 것이지 않으면 안된다. 물론 개인의 보호는 예컨대, 집회·결사의 자유나 선거권의 행사 등의 기본적 인권의 정당한 행사에도 미쳐 합법적인 집회를 방해로부터 보호하고 누구든지 제 3 자에 의해 선거권의 행사를 방해받지 않는 것을 보장하는 것은 경찰의 책무이다.

그러나 모든 사권이 경찰의 보호대상이 되는 것은 아니다. 사권의 보호는 주로 법원 및 강제집행기관의 책무이므로 경찰의 권한은 보충적으로만 행사된다.

> 예를 들면, 채무자가 채무를 이행하지 않기 때문에 채권자가 권리보호를 구하는 경우, 법원의 권한에 대해 경찰의 개인보호의 책무는 보충적인 것에 지나지 않는다.

그러나 경찰은 사법영역에서 완전히 배제되는 것은 아니다. 즉, 권리자의 신청이 있고 적시의 법원의 권리보호가 불가능하고 경찰의 원조 없

---

10) 홍준형 외, 경찰통합법에 관한 연구(치안연구소, 1997), 187쪽.

이는 권리의 실현이 불가능하다든지 매우 곤란하게 되는 경우에는 사권의 보호는 경찰의 책무로 된다.

물론 경찰에 의한 개인의 보호는 그것이 동시에 형법이나 행정법상의 특별법에 의해 보호되고 있는 때에는 보충적이지 아니하다.[11]

(2) 범죄의 예방·진압 및 수사

1) 범죄의 예방·진압 및 수사의 의의

가. 범죄의 예방과 진압

범죄의 예방과 진압은 사법경찰작용이 아니라 행정경찰작용이다. 범죄의 예방과 진압은 곧 범죄로 인한 공공의 안전에 대한 위험을 방지하고 이미 발생한 장해를 제거하는 활동으로서 전형적인 행정경찰작용이라 할 수 있다.

범죄라 함은 법률에 따라 형벌이 가해지는 행위를 말한다. 다만, 범죄의 예방·진압 및 수사에 따라 각 범죄의 범위가 달라질 수 있다. 즉, 범죄의 예방의 경우 형법 제41조의 9가지 형벌 외에 보안처분이 과해질 행위도 포함된다. 그러나 단순히 행정질서벌(과태료)이 과해질 행위는 포함되지 않는다. 또한 구성요건에 해당하고 위법하기만 하면 책임이 없는 경우에도 예방은 가능하다. 또한 어떠한 범죄인가가 구체적으로 특정되지 않더라도 일반적으로 범죄발생이 예견, 인식될 수 있기만 하면 예방은 가능하다.

범죄의 진압이라 함은 구체화된 행위로서 현재 발생하고 있는 상태에 대한 제지를 말한다. 이때의 범죄의 범위는 예방의 대상으로서의 범죄의 범위보다 좁다. 따라서 불특정한 범죄에 대해서 진압활동을 할 수 없고 구체적으로 법익의 침해가 진행되고 있는 범죄행위에 대해서만 가능하다.

나. 범죄의 수사

(가) 의 의　범죄의 수사는 사법경찰작용이다. 수사라 함은 범죄혐의의 유무를 명백히 하여 공소를 제기·유지할 것인가의 여부를 결정하기 위하여 범인을 발견·확보하고 증거를 수집·보전하는 수사기관의 활

11) 宮田三郎(한귀현 역), 앞의 책, 50쪽.

동이라고 정의되고 있다. 다시 말해서, 범인과 범죄사실의 조사, 범인의 체포 및 증거수집으로서 형사소추를 위한 준비활동이다.

이러한 수사의 대상으로서의 범죄의 범위는 예방이나 진압의 대상으로서의 범죄의 범위보다 더욱 좁아 구성요건에 해당하고, 위법·유책하고 공소제기의 가능성이 있는 행위만을 포함한다.

(나) 경찰관직무집행법이 규정하는 범죄수사를 위한 권한 경찰관직무집행법은 제 2 조 제 1 호에서 "범죄의 예방·진압 및 수사"에 대해 규정하고 있다. 그리고 제 3 조(불심검문) 제 1 항에서 "경찰관은 수상한 거동 기타 주위의 사정을 합리적으로 판단하여 어떠한 죄를 범하였거나 범하려 하고 있다고 의심할 만한 상당한 이유가 있는 자 또는 이미 행하여진 범죄나 행하여지려고 하는 범죄행위에 관하여 그 사정을 안다고 인정되는 자를 정지시켜 질문할 수 있다"고 규정하고 있다. 또한 무기의 사용(제10조의4)에 대해서도 그 목적의 하나로 범인의 체포를 들고 있기 때문에 어떠한 범죄수사를 위해 행해지는 것으로 볼 수 있다.

그러나 보호조치(제 4 조), 범죄의 예방과 제지(제 6 조) 및 위험방지를 위한 출입(제 7 조) 등에 대해서는 범죄수사를 위해 인정된 것으로 이해해서는 안되기 때문에, 이러한 권한을 범죄수사를 위해 사용하는 것은 허용되지 않는다고 보아야 한다.

다만, 권한을 법정요건하에서 본래의 목적을 위해 행사할 때에 지득(知得)한 정보에 기초하여 범죄수사활동을 행하는 것은 금지되는 것은 아니라고 보아야 할 것이다.

2) 범죄예방과 채증촬영

경찰관직무집행법 제 2 조의 직무 중 "범죄의 예방, 치안정보의 수집"과 관련하여 문제되는 것이 채증촬영(採證撮影)이다. 채증촬영이라 함은 경찰이 집회·시위의 현장에서 정확한 상황파악과 불법폭력시위를 대비한 수사상의 증거를 확보하기 위하여 사진촬영, 비디오 촬영 등을 하는 것을 말하고, 채증활동이라 함은 각종 집회나 시위 및 치안위해사태의 발생시에 촬영, 녹화 또는 녹음 등의 방법으로 정확한 상황파악과 사법처리를

위한 자료를 확보하는 정보경찰의 활동을 말한다.[12)]

이러한 채증촬영에 대해서는 그것으로 인하여 집회·시위가 폭력 불법행위로 나아가는 것을 사전에 억제하고, 경찰의 과잉진압을 예방하는 효과를 가져올 수 있다는 주장이 있다.

그러나 채증촬영이 ① 집회를 행하는 자에 대한 심리적 부담으로 기능하게 되어 결국 집회의 자유를 침해하게 된다는 것과, ② 국민의 '정보의 자기결정권'이나 초상권을 침해하며, ③ 궁극적으로는 집회의 자유에 대한 제한의 문제를 가져온다는 비판이 제기된다.[13)]

(3) 경비·요인경호 및 대간첩작전수행

1) 경 비

경비라 함은 인명과 재산을 인위적·자연적 위해로부터 보호하기 위하여 특정한 지역, 국가시설 및 중요시설을 경계·순찰·경비하는 것을 말한다.

2) 요인경호

요인이라 함은 국가·사회적으로 중요한 직책에 있거나 기밀 등을 알고 있어 보호를 요하는 자를 말한다. 따라서 요인경호라 함은 국가·사회적으로 중요한 직책에 있거나 기밀 등을 알고 있어 보호를 요하는 자에 대한 경계와 보호를 말한다.

경호는 경찰상 즉시강제의 성격을 띠고 있다는 견해도 있으나, 단순한 사실작용으로 보는 견해가 타당하다.

3) 대간첩작전수행

대간첩작전수행이라 함은 적국을 위하여 국가기밀을 탐지·수집하는 간첩활동의 방지·억제와 간첩활동을 하는 자의 체포 및 항거의 억제 등의 일련의 활동을 의미한다.

---

12) 김창휘, "집회·시위 현장에서의 채증촬영의 근거와 한계" 「토지공법연구」 제55집(2011. 11), 295쪽.

13) 서정범, 「집회 및 시위에 관한 법률」의 개정방향에 관한 연구(치안정책연구소, 2009. 4), 49쪽.

대간첩작전수행을 일반적 경찰작용법에 명시한 것은 분단국가인 우리나라의 법현실에 맞도록 경찰직무를 확장한 것으로 볼 수 있다. 그러나 역할에 있어서는 군에 대한 보조적 성격이 강한 것으로 보는 것이 타당하다.

(4) 치안정보의 수집·작성 및 배포

1) 치안정보의 의의

현행법상 치안정보에 대한 개념정의는 없다. 치안정보라 함은 공공의 안녕과 질서를 유지·보전하기 위한 정보를 말한다고 할 수 있을 것이다.

법률에서 치안정보를 따로 정의하고 있지 않으므로, 위 개념의 구체적 의미 또는 범위를 어떻게 해석할 것인지가 경찰의 정보수집활동, 특히 정책정보수집활동의 적법성 여부를 판단함에 있어 핵심이 된다고 할 수 있다.

구체적으로 정보수집활동은 국민과의 관계에서 국민의 자유와 권리를 침해하는 구체적인 조치를 수반하지 않으므로 구체적 수권은 필요하지 않다거나, 경찰정보활동이 경찰의 목적, 즉 국민의 생명과 신체·재산을 보호하고 공공의 안녕과 질서유지를 달성하기 위한 범위 내에서 이루어지는 한 특별한 수권이 필요없다는 견해 등이 제시되고 있다.

치안정보의 수집·작성 및 배포라 함은 치안에 관한 정보활동을 말한다. 치안정보로 명시되어 있으므로 공공의 안녕과 질서를 유지하기 위한 정보에 한정된다고 보는 것이 타당하다.

2) 위치정보 파악의 법적 근거 여부

위치정보라 함은 이동성이 있는 물건 또는 개인이 특정한 시간에 존재하거나 존재하였던 장소에 관한 정보로서 「전기통신사업법」 제 2 조 제 2 호 및 제 3 호에 따른 전기통신설비 및 전기통신회선설비를 이용하여 수집된 것을 말한다(위치정보의이용및보호등에관한법률 제 2 조 제 1 호). 그리고 개인 위치정보라 함은 특정 개인의 위치정보(위치정보만으로는 특정 개인의 위치를 알 수 없는 경우에도 다른 정보와 용이하게 결합하여 특정 개인의 위치를 알 수 있는 것을 포함한다)를 말한다(제 2 호).

위치정보의 파악과 관련하여 고려될 수 있는 것이 경찰관직무집행법 제 2 조 제 4 호의 치안정보의 수집·작성 및 배포이다. 그러나 제 2 조 제 4 호의 치안정보의 수집·작성 및 배포는 위치정보를 수집·처리하기 위한 법적 근거가 될 수 없다고 보는 견해가 있다. 왜냐하면, 제 2 조 제 4 호의 치안정보의 수집·작성 및 배포는 치안정보의 수집·작성 및 배포가 경찰관의 직무범위에 속함을 명시하고 있을 뿐이고, 직무수행을 통한 개인의 권리에 대한 제한 또는 침해의 근거규정이 될 수 없기 때문이라고 한다.

(5) 교통의 단속과 위해의 방지

교통의 단속이라 함은 도로에 있어서의 위험방지, 교통에 관한 안전과 원활함을 유지하기 위한 작용으로 도로에서의 차량, 보행자 등 교통의 규제, 운전면허에 관한 사무, 교통법령위반의 방지 및 수사 등이 이것에 해당한다. 이에 관한 중요법률로는 도로교통법과 교통사고처리특례법이 있다.

위해의 방지라 함은 여기서는 구체적으로 교통상의 위해의 방지에 국한된다.

(6) 그 밖의 공공의 안녕과 질서의 유지

1) 공공의 안녕

공공의 안녕이라 함은 개인의 생명·건강·명예·자유 및 재산(개인적 법익) 그리고 국가 및 지방자치단체와 그 시설의 존립 및 운영(국가적 법익)을 온전하게 하는 것을 말한다.

즉, 공공의 안녕의 구성요소는 개인적 법익과 집합적 법익이다. 여기서 집합적 법익이라 함은 공중과의 관련하에 국가적으로 조직된 공동체에서의 생활을 고려할 때 그의 보호가 요구되는 법익을 말한다. 집합적 법익은 그 정의에서 볼 수 있듯이 개인적 법익의 단순한 합계와는 구분되며 국가적 공동생활의 기준과도 구분된다. 그 예로는 수도의 공급, 자연경관의 보호 등을 들 수 있다.[14)]

---

14) 서정범, "경찰법에 있어서의 공공의 안녕의 개념"「공법학연구」제 9 권 제 2 호, 344쪽.

공공의 안녕의 주요한 문제로는 환경재의 보호, 도로교통의 안전과 원활, 식료품의 유통에 있어서의 소비자의 보호, 과학기술시설의 위험에 대한 보호 등이다. 그것은 헌법, 법률 및 조례 등의 준수 또는 적정한 집행에 의해 확보된다. 공공의 안녕의 보호는 법적으로 보호된 이익에 대한 위법한 침해에 대하여 행해진다.

2) 공공의 질서유지

공공의 질서라 함은 불문(不文)의 질서관념의 전체이고, 그 준수가 다수자의 의사에 의해 사회공동생활의 불가결한 선제라고 생각되는 것을 말한다.

우리나라 문헌에서는 독일 경찰법상의 공공의 질서개념을 그대로 수용하여 공공의 안녕과 함께 경찰의 목적으로 설명하는 태도가 지배적이다. 이러한 견해에 대해 독일 경찰법상의 실질적 경찰개념으로서의 '공공의 안녕과 질서유지를 위한 위험방지'를 강학상 원용하고 있는 것으로 우리 실정법에서의 그 준거점을 찾으려는 시도는 찾기 힘들다는 지적을 하는 견해도 있다.[15]

공공의 질서에 대한 부정적인 입장을 가진 견해로는 ① 가치관과 윤리관의 다양성으로 인한 법치주의적 문제점을 지적하는 입장,[16] 실정법이 규율대상이 아닌 경우 그 규범의 준수를 사회의 자율에 맡기고 공권력의 개입을 허용치 않겠다는 입법자의 의도, 법치국가의 원리와의 배치, 실정법의 해석 등을 근거로 공공의 안녕과 질서를 단일한 개념으로 이해하는 입장,[17] 그리고 공공의 질서나 사회상규(社會常規)를 구체화하는 것은 경찰행정작용의 목표나 이념이 아니라는 견해[18] 등을 들 수 있다.

생각건대, 전통적인 공공의 질서라는 관념은 법규범으로서의 성질을 가지지 않음에도 불구하고 그때그때의 사회통념 또는 압도적 다수자의 가

---

15) 이성용, "독일 경찰법상 공공의 질서개념의 국내법적 수용" 「제 1 회 행정법분야 연합학술대회 "사회변화에 따른 법치행정과 행정법제" 발제문」(한국행정법학회/한국법제연구원), 2011. 12. 9, 187쪽.

16) 김남진 · 김연태, 행정법 Ⅱ(제12판)(법문사, 2008), 202쪽.

17) 최영규, "경찰의 개념과 경찰법의 범위" 「행정법연구」 제25호(행정법이론실무학회, 2009), 360쪽.

18) 김성수, 앞의 책, 464쪽.

치관을 경찰권에 의해 실현할 수 있다는 이론구성을 가능하게 하고 또한 사회생활의 법적 질서가 완전하지 않았던 시대에 법질서를 보완하는 역할을 가졌다는 점에서 문제가 있다[19]는 비판은 일응 타당하다. 그렇다고 하여 그 역할을 전면적으로 부정하는 것은 바람직하지 않다고 본다. 가령 성년자의 동성애[20]나 이성간의 동거[21]는 공공의 질서에 반하는 것으로 보기 어렵지만, 미성년자의 동성애, 스트리킹(streaking: 나체로 도로를 질주하는 행위)은 공공의 질서에 반하는 것으로 볼 수 있기 때문이다.[22] 다만, 공공의 질서개념은 지금까지 알려져 있지 않은 새로운 위험(예: 환경보호영역에서의 급변하는 요청)이기 때문에 아직 형법적으로 또는 질서위반법적으로 중요하게 다루어지지 않는 위험이 문제되는 영역에서만 의미를 갖는다.[23]

3) 소 결

이상에서 열거한 (1)에서 (6)까지의 직무내용들은 예시적 항목으로서 모두 "공공의 안녕과 질서유지"에 포함되는 것이라 할 수 있다. 경찰작용은 그 목적이나 영역에 있어 일의적(一義的)으로 규정할 수 없는 다양한 형태를 띠게 되므로 이를 포괄할 수 있는 규정을 요하게 된다. 이러한 규정을 이른바 일반수권조항(Generalklausel: 일반조항, 개괄조항, 개괄적 수권조항)이라고 한다.

일반수권조항의 문제와 관련하여서는 경찰작용의 엄격한 범위를 설정하지 못함으로써 발생하는 권한남용의 위험성을 감안하여 이러한 규정

---

19) 宮田三郎(한귀현 역), 앞의 책, 52쪽. 공공의 질서라는 법개념의 필요성에 관하여 일본학설의 견해는 나누어져 있지만, 일본에서는 공공의 질서라는 관념에 기초하여 개별·구체적인 경찰권한을 행사할 수 있는 법적 여지는 전혀 존재하지 않고 공공의 질서라는 관념에 기초한 경찰권에 의한 규제라는 사고방식은 법치국가원리 및 민주제원리에 적합하지 않은 것으로서 그 실질적 의의를 상실하였다고 할 수 있다고 한다.

20) 독일, 네덜란드 등 나라에 따라서는 동성애를 인정하기도 하나 미성년자의 경우에는 동성애가 금지된다고 한다. 홍정선, 경찰행정법(제2판)(박영사, 2010), 20쪽.

21) 미혼 성년자의 이성 간의 동거는 성문법에 정함이 없는 한, 경찰이 개입할 수 있는 공공의 질서에 반하는 것이라고 보기는 곤란하며 독일의 경우 이러한 동거는 포기할 수 없는 행위규범의 침해로 보지 않는다고 한다. 그러나 미성년자의 경우는 사정이 다르다고 보아야 한다. 홍정선, 앞의 책, 20쪽.

22) 박균성, 행정법강의(제8판)(박영사, 2011), 1234쪽.

23) Franz-Ludwig Knemeyer(서정범 역), 경찰법 사례연구(고시연구사, 2001), 5쪽.

을 둘 것인가에 관한 견해의 대립과 경찰작용법과 관련하여 경찰관직무집행법 제 2 조 제 6 호(기타 공공의 안녕과 질서)를 일반수권조항에 해당하는 것으로 볼 것인가에 관한 견해의 대립이 있다. 이에 대해서는 항을 바꾸어 "제 3 절 경찰권 발동의 근거"라는 이름으로 살펴보기로 한다.

제 3 절 경찰권 발동의 근거

1. 독일 경찰법상의 일반수권조항

경찰상의 일반수권소항의 고전적인 형태는 1794년 프러시아 일반주법(一般州法) 제10조 제 2 항 및 프러시아 경찰법 제31조에서 찾아볼 수 있다. 동 조항이 규정된 지 100년 후 1882년 프러시아 상급행정법원은 크로이쯔베르크판결(Kreuzberg-Urteil)[24]에서 동 조항에서 경찰권행사에 대한 수권조항을 도출하였다.

일반적 직무규정으로부터 수권조항의 추론이라는 과감한 해석을 통하여 상급행정법원은 당시의 경찰행정청에게 이른바 일반수권조항이라고 불리우는 포괄적인 수권조항을 마련하여 주었다.

판례는 직무와 직무를 실현시키기 위한 수단 사이에 항상 일정한 관계가 존재하는 것으로 간주하였으며, 그 수단이 직무수행을 위하여 필요한 것인지, 또는 긴급성을 요구하는 것인지, 목적에 비교하여 볼 때에 상당한 것인지를 검토하여 법치주의적 관점에서 수단의 제한을 시도하였다.

당시의 일반수권조항은 성문의 수권규정의 결여에서 기인된 판례법적 성격을 갖고 있다고 볼 수 있으며, 따라서 응급처방의 성격을 면하기

24) 동 판결에서는 미학적 관점(전승기념비의 전망확보)에 근거하여 베를린의 그로이쯔베르크의 일정지역에서 건축물의 고도를 제한했던 베를린 경찰청장의 경찰명령(법규명령)의 효력이 문제가 되었다. 프로이센 상급행정법원은 동 명령이 무효라고 판시하였다. 동 법원은 고려되어야 할 수권의 근거로서 1794년 프로이센 일반주법 제 2 부 제17장 제10조에 근거하였었다. 즉, 동 경찰명령은 위험방지를 위한 것이 아니라 오히려 복지증진을 위한 조치이므로 프로이센 일반주법 제 2 부 제17장 제10조와 일치하지 않으며 따라서 무효라는 것이다.

가 어려웠다.

상급행정법원의 판례에 따라 발전된 일반수권조항은 1931년의 프로이센 경찰행정법 제14조 제 1 항에 성문화되었다.

> 제14조 제 1 항: 경찰행정청은 실정법의 범위 내에서 공공의 안녕 또는 질서를 위협하는 공중 또는 개인에 대한 위험을 방지하기 위하여 필요한 조치를 의무적합적 재량에 따라 취하여야 한다.

독일의 모범초안이나 모범초안개정시안 및 각 주의 경찰법은 일반수권조항을 명시적으로 규정하고 이를 통하여 경찰직무의 적절하고 효율적인 수행을 가능케 하는 동시에 그 요건과 한계를 명확히 함으로써 경찰권의 남용을 방지하고 있다.

모범초안 제 8 조(일반적 권한)는 제 1 항에서 "경찰은 제 9 조부터 제24조까지가 경찰의 권한을 특별히 규율하지 않는 한, 구체적인 경우에 존재하는 공공의 안녕 또는 질서에 대한 위험을 방지하기 위하여 필요한 조치를 취할 수 있다"고 규정하고 있으며, 제 2 항에서는 "다른 법률에 따라 경찰에게 부여된 직무의 수행을 위하여(제 1 조 제 4 항) 경찰은 그 곳에 규정된 권한을 갖는다. 그러한 법규가 경찰의 권한을 규율하지 않는 한, 경찰은 이 법률에 따라 그에게 귀속되는 권한을 갖는다"고 규정하고 있다.

1986년의 모범초안개정시안 제 8 조(일반적 권한)는 제 1 항에서 "제 8 조의a부터 제24조까지에서 경찰의 직무권한으로 특별히 규정하지 않는 한, 경찰은 공공의 안녕과 질서에 대한 개별적 경우에 존재하는 위험을 방지하기 위하여 필요한 조치를 행할 수 있다"고 규정하면서, 제 2 항에서는 "경찰은 다른 법령이 부여한(제 1 조 제 4 항) 임무를 수행하기 위하여 그 법령이 규정한 권한을 행사한다. 그러한 법령이 경찰의 권한을 규정하지 아니한 경우에는 이 법에 따라 귀속되는 권한을 행사한다"고 규정하고 있다.

독일에서는 2차 세계대전 이후에 일반수권조항이 헌법상의 법치국가 원리에 합치될 수 있는 것인가에 대해 논란이 있었으나, 다수 학설과 판

례는 일반수권조항의 합헌성을 인정하고 있다.[25)]

2. 우리나라 경찰관직무집행법 제 2 조 제 6 호의 일반수권조항 여부

법률유보의 원칙에 따르면, 일정한 행정권의 행사(중요사항유보설에 따르면 중요한 행정권의 행사)에는 법률의 수권이 있어야 한다. 법률유보의 원칙상의 수권이라 함은 원칙상 조직법상의 권한규정이 이니라 작용법상의 수권을 말한다. 그리고 행정권의 수권이라 함은 원칙적으로 개별적 수권을 말한다. 그런데 경찰행정에 있어서는 경찰행정의 특수성에 비추어 일반수권도 가능하다는 견해가 제기되고 있다.

(1) 일반수권조항의 인정문제

사회공공의 안녕과 질서를 보장하기 위하여 경찰권을 발동하여야 할 필요가 있는 경우에 법률에 개별적인 수권규정이 없는 경우에 일반수권조항(一般授權條項)이 경찰권 발동의 근거가 될 수 있는지에 대하여 견해가 대립되고 있다.

우리나라에서 일반수권조항의 논의는 두 차원, 즉 입법론과 해석론의 차원에서 행해지고 있다. 즉, 일반수권조항을 규정하는 것이 우리 헌법질서상 가능한가 하는 논의(입법론)와 경찰관직무집행법 제 2 조 제 6 호와 제 5 조 제 1 항 제 3 호가 경찰권 행사의 일반수권조항이 되는 것으로 해석될 수 있는가 하는 논의(해석론)가 그것이다.

1) 일반수권조항의 합헌성

경찰권행사의 특수성에 의해 경찰행정법에서는 독일에서와 같이 일반수권조항을 적법한 수권조항으로 인정하여야 한다는 견해가 과연 헌법상 인정될 수 있는가 하는 문제가 제기된다.

25) 장영민·박기석, 경찰관직무집행법에 관한 연구(한국형사정책연구원, 1995), 59쪽 각주 16) 참조.

가. 일반수권조항 합헌설

일반수권조항 합헌설은 경찰행정법분야에서는 경찰행정의 특성상 일반수권도 인정하여야 한다는 것이다. ① 경찰권 발동상황의 다양성과 경찰권 발동이 필요한 상황의 예측불가능성에 비추어 경찰분야에서는 일반수권조항이 필요하다는 것이다. ② 일반수권조항도 법률에 의해 규정되는 것이므로 헌법 제37조 제 2 항(법률유보의 원칙)에 정면으로 위배되는 것은 아니라고 본다. ③ 일반수권조항의 불확정개념은 학설과 판례에 의해 그 내용이나 목적 또는 범위가 충분히 세밀하게 논해질 수 있으므로 헌법상 명확성의 원칙에 반하지 않는다고 한다(홍정선).

나. 일반수권조항 위헌설

일반수권조항 위헌설은 일반수권조항은 현행 헌법상 위헌으로 보는 것이다. ① 이 견해는 우리 헌법상의 법률유보의 원칙은 행정권의 발동에 있어서의 법률의 수권은 개별적 수권이어야 한다고 보는데 근거하고 있다(박윤흔·정형근). ② 또한 이 견해는 일반적 수권조항을 인정하게 되면 경찰권의 행사에 관하여 백지(白紙)의 포괄적 재량권을 부여하는 것이 되어 경찰권의 남용으로 국민의 기본권이 침해될 우려가 크다는 데에도 근거하고 있다.

다. 사 견

경찰행정의 특성에 비추어 일반수권조항 합헌설이 타당하다.

2) 현행법상 일반수권조항의 존재 여부

경찰관직무집행법 제 2 조 제 6 호는 '기타 공공의 안녕과 질서'를 경찰관의 직무범위에 속하는 것으로 규정하고 있다. 이 규정은 기본적으로 경찰관의 직무규정(임무규정) 또는 일반적 권한규정이라고 보는 데에 견해가 일치하고 있다. 그런데 이 규정이 아울러 일반수권조항의 성격을 가지는 것인가에 대하여 견해가 대립되고 있다.

가. 긍정설

긍정설은 일반수권조항이 명문으로 규정되는 것이 바람직하지만, 일반수권조항의 필요성 및 현재에 있어서의 일반수권조항의 흠결에 비추어 일반수권조항이 입법되기 전까지는 직무규범에 포함되어 있는 경찰관직무집행법 제 2 조 제 6 호를 권한규범(수권규범)으로서의 일반조항으로 인정하여 경찰권의 발동을 가능하게 하여야 한다고 본다(류지태·박종수).

나. 유추적용설

유추적용설은 일반수권조항을 경찰관직무집행법 제 2 조 제 6 호와 제 5 조 제 1 항 제 3 호의 유추해석에 따라 인정하는 견해이다. 제 5 조 제 1 항 제 3 호는 개인적 법익에 대한 일반수권조항으로 보면서 공동체적 법익·법질서 전체·공공의 질서에 대한 위험방지에 대하여는 일반수권조항이 결여되어 있는데, 이는 법의 흠결이며 이를 입법자가 알았더라면 방치하지 않았을 것이라고 보고, 경찰관직무집행법 제 2 조 제 6 호와 제 5 조 제 1 항 제 3 호의 유추해석에 따라 일반수권조항을 인정할 수 있다고 본다.

다. 부정설(입법필요설)

부정설(입법필요설)은 경찰관직무집행법 제 2 조 제 6 호는 경찰의 직무범위 또는 조직법상의 일반적 권한을 정한 것이며 경찰권 발동의 근거를 정한 것은 아니라고 보는 데 근거하고 있다(홍정선). 또한 현행 경찰관직무집행법상의 개별적 수권조항들은 경찰상의 위험에 해당하는 경우를 포괄하고 있고, 특히 제 5 조 제 1 항은 다른 규정에서 규정하고 있지 않은 공백상태를 상당부분 규율하고 있어서 실무상 일반조항의 필요성이 그리 큰 것은 아니라고 본다(김동희).

라. 판 례

아직 판례가 확립된 것이라고 볼 수는 없지만 경찰관직무집행법 제 2 조에 근거하여 경찰권이 발동될 수 있다고 본 대법원 판결이 있다.

판례 군도시과 단속계 요원인 청원경찰관이 경찰관직무집행법 제 2 조에 따라 허가없이 창고를 주택으로 개축하는 것을 단속하는 것은 정당한 공무집행에 속한다(대판 1986. 1. 28, 85도2448).

마. 사 견

경찰관직무집행법 제 2 조 제 6 호는 경찰의 임무규정이며 수권규정이라고 할 수 없으며 부정설이 타당하다. 다만, 국민에 대한 경찰권 발동이 아닌 경찰활동(예: 국민의 프라이버시를 침해하지 않는 일반적인 정보의 수집)이나 국민에 대한 경찰권의 발동이라도 법률유보의 원칙이 적용되지 않는 사항인 경우(예: 경찰지도)에는 법률의 수권 없이도 경찰작용이 가능하다(홍정선).

(2) 경찰권 발동의 요건

일반수권조항에 따라 경찰권이 발동되기 위하여는 일정한 요건을 갖추어야 한다. ① 공공의 안녕 또는 질서에 위해 또는 장애가 존재하여 이를 예방하거나 제거할 필요가 있어야 한다. ② 일반수권조항에 따른 경찰권의 발동은 개별조항에 따른 경찰권 발동이 불가능한 경우에 보충적으로 인정된다. ③ 경찰권의 발동은 원칙상 재량에 속한다.

이를 나누어 고찰하면 다음과 같다.

1) 공공의 안녕 또는 질서에 위해 또는 장애가 존재하여 이를 예방하거나 제거할 필요가 있을 것

가. 공공의 안녕

공공의 안녕이라 함은 개인의 생명·건강·자유 및 재산의 안전과 국가와 그 기관의 온전성을 말한다.

따라서 개인의 법익뿐만 아니라 공동체의 법익도 경찰상 보호의 대상이 된다.

(가) 개인적 법익의 보호　　개인의 생명·건강·자유 및 재산 등 개인적 법익도 경찰상 보호의 대상이 된다. 그러나 이에는 다음과 같은 제한이 존재한다. ① 개인의 법익이 타인에 의해 침해된 경우 법원에 의해 구제될 수 없거나 법원에 의한 구제가 현저히 곤란한 경우에 한하여 보충적으로 경찰에 의한 보호의 대상이 된다. 또한, 경찰권에 의한 개인의 권익 보호는 잠정적인 것이어야 한다. 이를 경찰권 행사의 보충성의 원칙이

라 한다. ② 개인적 법익의 보호가 공익을 위하여 필요한 경우이어야 한다. 경찰권은 순수하게 사익의 보호만을 위하여는 행사될 수 없다.

(나) **공동체 법익의 보호** 경찰권은 국가와 그 기관의 온전성을 보호하기 위하여 행사될 수 있다. 보호의 대상이 되는 기관에는 국회, 정부, 법원, 국가의 행정청, 지방자치단체 및 공공시설(영조물)이 포함된다.

공동체 법질서(객관적 법질서)의 보호도 경찰권의 대상이 될 수 있다. 즉, 공법규정의 위반은 공공의 안녕에 대한 위해가 된다고 본다.

나. 공공의 질서

공공의 질서라 함은 그때그때의 윤리관 및 가치관에 따를 때 공동생활을 위하여 불가결한 것으로 인식되는 불문규범의 총체를 말한다(류지태·박종수; 박상희·서정범).

도덕적 질서는 공공질서의 유지와 관계있는 한에서만 경찰권 발동의 대상이 된다.

다. 위해 또는 장애의 존재

(가) 위 해 공공의 안녕이나 공공의 질서에 대한 위해(危害)라 함은 공공의 안녕이나 공공의 질서를 침해할 위험성을 말한다.

경찰권의 발동요건이 되는 공공의 안녕이나 공공의 질서에 대한 위해는 개연성(蓋然性)이 있는 위해이어야 한다. 침해의 가능성만으로는 안되며 개연성이 있어야 하고 그 개연성이 상당한 것이어야 한다.

경찰권 발동으로 표현의 자유가 제한되는 경우에는 '명백하고 현존하는 위험'(clear and present danger)이 있어야 한다.

오상위험이라 함은 경찰공무원이 어떤 상황을 '주관적으로' 위험하다고 판단하였으나, 그 상황판단이 잘못되었거나 장래의 예측에 하자가 있어 그런 판단에 상응하는 '객관적인' 위험은 실제로 존재하지 않는 경우를 말한다. 추측상 위험(홍정선) 또는 허구위해(김성수)라고도 한다.

예를 들면, 경찰법상의 원칙에 반하여 상황을 잘못 예측한 경우이다.

오상위험은 위험의 의심 또는 표현적 위험이라고도 하는데, 경찰권 발동의 대상이 아니다. 따라서 오상위험을 방지하기 위한 경찰의 개입은

위법하다.[26)]

잠재적 위험이라 함은 처음에는 구체적인 위험이 존재하지 않고 장래의 외부적 사정이 부가됨으로써 비로소 경찰상의 보호이익에 대한 구체적인 위험이 발생하는 경우를 말한다.

> 예를 들면, 돼지축사만 있었으나 사후에 주민의 증가로 인해 돼지축사가 주민의 건강을 침해하는 악취발생의 근원이 된 경우를 들 수 있다.[27)]

잠재적 위험에 있어서는 사전배려의 원칙이 적용될 수 있는 경우를 제외하고는 경찰권이 발동될 수 없다.

외관상 위험이라 함은 행정청이 개입하는 시점에서의 합리적인 판단에 따를 때 위험을 인정할 객관적인 근거는 존재하지만, 사후에 위험이 실제로는 존재하지 않았다는 것이 밝혀질 경우를 말한다.

> 예를 들면, 거주자가 아니라 거주자가 켜놓은 라디오에서 나오는 구호요청이 거주자의 요청으로 판단되는 경우를 들 수 있다.

외관상 위험에 있어서는 경찰권의 개입이 가능하다(박상희·서정범).

사전배려의 원칙(사전예방의 원칙)이라 함은 종래의 전통적인 경찰법제에 의해 관리될 수 없는 위험인 불확실한 위험(잠재적 위험)이 중대하고 회복할 수 없는 손해를 발생시킬 수 있는 위험인 경우 공권력의 발동을 정당화하는 이론이다.

(나) 장 애 공공의 안녕이나 공공의 질서에 대한 장애(障碍)라 함은 공공의 안녕이나 공공의 질서에 대한 위험이 실현되어 손해가 이미 발생하여 계속되고 있는 상태를 말한다.

경찰작용은 위험이 있는 경우뿐만 아니라 위험이 현실화되어 피해(가치)가 직접적이고도 객관적으로 감소되고 있는 경우에도 이루어진다. 후자의 경우를 경찰상 장해 또는 교란이라고 부른다.[28)]

공공의 안녕이나 공공의 질서에 대한 장애가 경찰권 발동의 대상이

---

26) 홍정선, 앞의 책, 24쪽.
27) 홍정선, 앞의 책, 24쪽.
28) 홍정선, 앞의 책, 25쪽.

되는 것은 장래의 위해를 제거하기 위한 것이다. 그러므로 공공의 안녕이나 공공의 질서에 대한 장애에 대한 경찰권 발동도 이미 발생한 손해를 제거하는 것을 내용으로 하지만 실질적으로는 예방적인 성격을 갖는다고 할 수 있다. 공공의 안녕에 대한 위해와 공공의 질서에 대한 위해는 둘 중의 하나만 존재하면 족하다. 위해나 장애의 경우에도 하나만 존재하면 된다.

라. 위해나 장애를 예방하거나 제거할 필요

공공의 안녕이나 공공의 질서에 대한 위해 및 장애라는 불확정개념은 원칙상 법개념이며 경찰권 발동기관에게 판단의 여지가 인정되지 않는다.

그러나 '위해나 장애를 예방하거나 제거할 필요'의 판단에는 경찰권 발동기관에게 판단여지 또는 재량권이 인정된다고 보아야 한다.[29] 경찰재량은 통상 위해나 장애를 예방하거나 제거할 필요(경찰권 발동의 필요) 여부의 결정시에 인정된다.

2) 개별조항에 따른 수권의 불비(보충성의 원칙)

공공의 안녕이나 공공의 질서에 위해 또는 장애가 존재하여 이를 예방하거나 제거할 필요가 있는 경우에도 이에 관하여 개별조항에 따라 경찰권 발동의 근거가 규정되어 있는 경우에는 일반수권조항에 근거한 경찰권 발동이 인정될 수 없다.

3) 경찰재량

경찰권의 발동은 원칙상 재량권에 속한다. 다만, 재량권의 영(零)으로의 수축이론에 의해 재량권발동에 있어 재량권이 인정되지 않는 경우가 있다.

판례1 경찰권의 행사 여부는 원칙적으로 재량처분으로 인정되고 있으나, 목전의 상황이 매우 중대하고 긴박한 것이거나, 그로 인하여 국민의 중대한 법익이 침해될 우려가 있는 경우에는, 재량권이 영으로 수축하여 경찰권을 발동할 의무가 있다. 따라서 사람이 바다에서 조난을 당하여 인명이 경각에 달린 경우에 해양경찰관으로서는 그 직무상 즉시 출동하여 인명을 구조할 의무가 있다(헌재 2007. 10. 25, 2006헌

29) 재량과 판단여지의 구분에 대해서는 박균성·김재광, 앞의 책, 235쪽 이하 참조.

마869〈불기소처분취소〉)

판례2 무장공비색출체포를 위한 대간첩작전을 수행하기 위하여 파출소 소장, 순경 및 육군장교 수명 등이 파출소에서 합동대기하고 있던 중 그로부터 불과 60-70미터 거리에서 약 15분간에 걸쳐 주민들이 무장간첩과 격투하던 주민 중 1인이 무장간첩의 발사권총탄에 맞아 사망하였다면 위 **군경공무원들의 직무유기행위와 위 망인의 사망과의 사이에 인과관계가 있다고** 봄이 상당하다(대판 1971. 4. 6, 71다124〈손해배상〉).

판례3 정신질환자인 세입자에 의해 살해당한 집주인의 유족이 정신질환자의 평소 행동에 대한 사법경찰관리의 수사 미개시 및 긴급구호권 불행사를 이유로 제기한 국가배상청구를 배척한 사례(대판 1996. 10. 25, 95다45927〈손해배상〉).

3. 개별적 수권조항

경찰권 발동의 근거로는 일반수권조항 이외에 개별적인 경우에 구체적인 경찰조치를 취할 수 있는 권한을 수여하는 개별적 수권조항이 있다.

경찰관직무집행법 및 여러 개별법에서 경찰권 발동에 대한 개별적인 수권규정(Spezialermächtigung)을 두고 있다. 경찰관직무집행법상 개별적 수권조항으로는 제 3 조(불심검문), 제 4 조(보호조치 등), 제 5 조(위험발생의 방지조치), 제 6 조(범죄의 예방과 제지조치), 제 7 조(위험방지를 위한 출입), 제 8 조(사실의 확인) 등이 있다.

우리나라의 경찰관직무집행법은 독일 모범초안에 비해 개별적 수권에 있어서도 경찰의 직무로 규정된 위험방지를 위하여 필요한 처분의 요건과 한계를 충분히 규율하지 못하고 있다는 비판을 받고 있다.

경찰처분에 대한 특별수권의 확대는 한편으로는 특정분야에 대한 경찰권한을 확대하는 효과를 가져오지만, 이를 엄격한 요건하에서 인정하게 되면 오히려 다른 한편으로는 경찰권의 남용으로부터 국민의 자유와 권리를 보호하는 긍정적인 효과를 가져올 수 있다는 점에서 이에 대한 구체적인 보완이 요구된다.[30]

30) 홍준형 외, 앞의 보고서, 26쪽.

4. 일반수권조항과 개별적 수권조항의 관계

경찰법의 영역에서 일반수권조항, 경찰법상의 개별적 수권조항 및 경찰관계법 이외의 법률상의 개별적 수권조항이 경찰권 발동의 법적 근거가 될 수 있는 바, 이들이 경합하는 경우에는 언제나 개별적 수권조항이 일반수권조항에 우선하여 적용된다.

개별적 수권조항은 그의 종국적 성격 때문에 구체적인 경우 그의 구성요건이 충족되지 않은 경우에 있어서조차 일반수권조항에 근거하는 것을 배척한다.

예를 들면, 위해방지를 위한 경찰의 가택수색은 경찰법에 특별법적으로 규율되어 있는 요건이 존재할 때에만 허용된다.

물론 이 경우에 있어서도 그것이 공공의 안녕 또는 질서에 대한 위해방지에 기여한다는 것이 개별적 수권조항에 근거한 경찰작용의 전제조건이 된다. 따라서 경찰법상의 일반수권조항은 개별적 수권조항이 존재하지 않을 때, 그 한도에서만 적용되는데 이를 일반수권조항의 보충성이라고 할 수 있다.[31)]

개별적인 경찰상 위험을 제거하기 위한 특별법을 제정하려는 경향이 두드러지고 있음에도 불구하고 기술의 진보에 따라 끊임없이 나타나는 입법자가 예측할 수 없는 위험 및 사회사정이나 가치관의 변화를 고려할 때 경찰상의 일반수권조항이라는 도구를 완전히 포기할 수는 없다.

일반수권조항에 대해 끊임없이 — 특히 법치국가원리에 따른 명확성의 원칙이란 관점에서 — 제기되는 헌법적 의문(verfassungsrechtliche Bedenken)은 적절하지 못하다고 생각한다.

일반수권조항은 오늘날 학설과 판례(특히 독일의 경우)에 따라 그 내용이 상세히 설명되어 그 속에 담겨 있는 수권의 내용, 목적 및 범위가 충분히 명확해졌다고 할 수 있다.

31) 박상희·서정범, 앞의 보고서, 32쪽.

제 4 절 경찰권의 한계

1. 경찰권의 한계론의 형성

법치행정의 원리상 경찰권은 법령이 정하는 범위 내에서 합목적적으로 행사될 때, 적법·타당한 것이 되고 관계자를 구속하게 된다. 이와 같이 경찰권의 행사가 적법·타당한 행위로서 효과를 발생할 수 있는 한계를 경찰권의 한계라 한다.[32)]

경찰권의 한계론은 경찰권의 정의(定義) 및 그 한계의 구체적 내용에 대해서는 반드시 견해가 일치하는 것은 아니나, 어떠한 국민에 대해 명령·강제하는 권력 또는 행정작용으로서의 경찰권이라는 개념을 인정하고 그의 발동에 관한 행정기관의 재량을 통제하여야 한다는 주장으로서 기본적 인권의 보장 및 법치주의의 원리가 철저하지 않은 시대상황에서는 국민의 권리자유를 확보하는 과정에서 일정한 의의를 가졌다.

그러나 시간이 흐르면서 경찰을 둘러싼 법상황은 크게 변화하였다. 이러한 변화는 경찰권의 한계론에 관해 종래의 경찰권개념을 유지하는 것의 타당성 및 기본적 인권과 법치주의의 보장원리로서의 동이론의 유효성에 의문을 제기하기에 이르렀다. 그러나 경찰권의 한계론의 기본정신은 오늘날에도 여전히 유효하다고 할 수 있다.

2. 경찰권 행사의 한계

경찰권 행사는 성문의 법규정에 구속될 뿐만 아니라 불문법인 행정법의 일반원칙에도 구속된다. 경찰행정분야에서는 행정법의 일반원칙 중 특히 비례의 원칙이 중요하다.

그리고 경찰권 행사에는 경찰의 본질에서 오는 일정한 한계가 있다. 소극목적의 원칙, 공공의 원칙, 국민의 생명·신체 및 재산의 보호의무, 경

32) 홍정선, 앞의 책, 286쪽.

찰책임의 원칙이 이에 해당한다.

다만, 이러한 경찰의 본질에서 오는 경찰권의 한계는 경찰권의 한계에 관한 경찰행정법상이 독자적인 의의를 갖는 측면이 없지 않지만 경찰권 발동의 독자적인 위법근거로 볼 수는 없고, 권한남용금지의 원칙, 사생활보호의 원칙, 비례의 원칙 등 헌법원칙이나 법의 일반원칙 등을 통하여 법적 구속력을 갖는다고 보는 것이 타당하다.

(1) 경찰비례의 원칙

1) 의 이

비례의 원칙이라 함은 과잉금지원칙이라고도 하는데, 행정작용에 있어서 행정목적과 행정수단 사이에는 합리적인 비례관계가 있어야 한다는 원칙을 말한다.

비례의 원칙은 헌법적 효력을 갖는 법의 일반원칙으로서 경찰권의 발동에도 적용된다.

경찰행정에 관련된 법률규정에서 비례의 원칙을 규정하고 있는 경우도 있지만(경찰관직무집행법 제 1 조 제 2 항, 제 7 조 제 1 항, 제10조의2 제 1 항 등), 비례원칙은 실정법률의 규정과 관계없이 경찰권 행사를 구속하는 헌법적 효력을 갖는 법원칙이다.

그리하여 경찰권 행사에 있어서는 공공의 안녕과 질서에 대한 위해를 예방하고 제거할 필요성과 경찰권의 발동으로 인하여 경찰권의 발동대상이 되는 당사자에게 가해지는 기본권 등 권익에 대한 제한 사이에 합리적인 비례관계가 유지되어야 한다.

비례의 원칙은 적합성의 원칙, 필요성의 원칙(최소침해의 원칙) 및 협의의 비례원칙(상당성의 원칙)을 그 내용으로 한다.

2) 내 용

비례원칙(광의의)은 다음과 같은 세부원칙을 포함한다: 적합성의 원칙, 필요성의 원칙(최소침해의 원칙), 협의의 비례원칙(상당성의 원칙).

헌법재판소와 같이 목적의 정당성을 비례원칙의 한 내용으로 보는 견해도 있지만, 목적의 정당성은 목적과 수단 사이의 이익형량의 문제가 아니므로 이 견해는 타당하지 않다. 목적의 정당성의 원칙은 일반법원칙상 당연히 인정되는 독자적 법원칙이라고 보는 것이 타당하다.

가. 적합성의 원칙

적합성의 원칙이라 함은 행정은 추구하는 행정목적의 달성에 적합한(유용한) 수단을 선택하여야 한다는 원칙을 말한다.

나. 필요성의 원칙(최소침해의 원칙)

필요성의 원칙(최소침해의 원칙)이라 함은 적합한 수단이 여러 가지인 경우에 국민의 권리를 최소한으로 침해하는 수단을 선택하여야 한다는 원칙이다.

예를 들면, 어떤 건물에 붕괴위험이 있는 경우에 적절한 보수로 붕괴위험을 막을 수 있음에도 철거라는 수단을 선택하여 철거명령을 내린 경우에 그 철거명령은 필요성의 원칙에 반하는 위법한 명령이다.

다. 협의의 비례원칙(상당성의 원칙)

협의의 비례원칙(상당성의 원칙)이라 함은 행정조치를 취함에 따른 불이익이 그것에 의해 달성되는 이익보다 심히 큰 경우에는 그 행정조치를 취해서는 안 된다는 원칙을 말한다.

협의의 비례원칙을 적용함에 따른 이익형량에 있어서 행정조치로 인하여 달성되는 공익과 사익을 한쪽으로 하고, 그로 인하여 침해되는 공익과 사익을 다른 한쪽으로 하여 이익형량을 하여야 한다.

이익형량이 심히 균형을 잃은 경우에 재량처분이 위법(違法)하게 되며 이익형량이 다소 균형을 잃은 경우에는 부당(不當)에 그친다. 그 이유는 이익형량에 있어서 행정청의 재량권을 인정하여야 하기 때문이다.

판례1 행정청이 면허취소의 재량권을 갖는 경우에도 그 재량권은 면허취소처분의 공익목적뿐만 아니라 공익침해의 정도와 그 취소처분으로 인하여 개인이 입게 될 불이익을 비교교량하여 …비례의 원칙… 에 어긋나지 않게끔 행사되어야 할 한계를 지니고 있고 이 한계를 벗어난 처분은 위법하다고 볼 수밖에 없다(대판 1985.

11. 12, 85누303〈운전면허취소처분의 취소사건〉).

판례2 종전의 대법원 판례는 음주운전을 한 개인택시 운전사에게 음주운전을 이유로 운전면허를 취소한 것은 운전면허의 취소를 통하여 달성하고자 하는 공익(그러한 처분으로 음주운전을 막고 그로 인하여 국민의 안전을 보장한다는 이익)보다 운전면허의 취소로 개인택시 운전사가 받는 불이익(면허의 취소와 그로 인한 생업의 상실 및 개인택시 운전면허의 상실로 인한 불이익)이 크다고 보아 운전면허의 취소처분을 비례원칙 위반으로 위법한 것으로 보아 취소하는 경우가 적지 않았다. 그런데, 그 후 대법원은 동종의 사건에서 판례를 변경하여 음주운전을 이유로 한 운전면허의 취소로 인하여 달성하고자 하는 공익이 개인택시 운전사가 그로 인하여 받는 불이익보다 크다고 보면서 그 운전면허의 취소처분을 적법한 것으로 보는 경향이 있다(대판 1995. 9. 26, 95누606; 1996. 1. 26, 95누16168).

3) 적용례

비례의 원칙은 모든 행정분야 및 모든 행정권 행사에 적용된다. 비례의 원칙은 주로 재량행위의 통제법리이며 기속행위의 경우에는 기속행위의 근거가 된 법령에 대한 비례성 통제를 통하여 간접적으로 행해진다.

특히 재량권 행사의 한계, 부관의 한계, 경찰권 발동의 한계, 급부행정의 한계가 된다.

비례의 원칙의 파생원칙으로는 수익적 행정행위의 취소·철회의 제한법리(이익형량의 원칙), 형량명령이론, 과잉급부금지의 원칙 등이 있다.

판례 경찰관은 범인의 체포 또는 도주의 방지, 타인 또는 경찰관의 생명·신체에 대한 방호, 공무집행에 대한 항거의 억제를 위하여 필요한 때에는 최소한의 범위 안에서 가스총을 사용할 수 있으나, 가스총은 통상의 용법대로 사용하는 경우 사람의 생명 또는 신체에 위해를 가할 수 있는 이른바 위해성 장비로서 그 탄환은 고무마개로 막혀 있어 사람에게 근접하여 발사하는 경우에는 고무마개가 가스와 함께 발사되어 인체에 위해를 가할 가능성이 있으므로, 이를 사용하는 경찰관으로서는 인체에 대한 위해를 방지하기 위하여 상대방과 근접한 거리에서 상대방의 얼굴을 향하여 이를 발사하지 않는 등 가스총 사용시 요구되는 최소한의 안전수칙을 준수함으로써 장비 사용으로 인한 사고발생을 미리 막아야 할 주의의무가 있다(대판 2003. 3. 14, 2002다57218).

4) 효 력

비례의 원칙은 평등의 원칙과 마찬가지로 헌법적 효력을 가진다. 비례의 원칙에 반하는 행정권 행사는 위법하고, 비례의 원칙에 반하는 법령은 위헌·무효가 된다.

> **판례** 입법자가 임의적(재량적) 규정으로도 법의 목적을 실현할 수 있음에도 여객운송사업자가 지입제 경영을 한 경우 구체적 사안의 개별성과 특수성(해당 사업체의 규모, 지입차량의 비율, 지입의 경위 등)을 전혀 고려하지 않고 그 사업면허를 필요적으로(기속적으로) 취소하도록 한 여객자동차운송사업법 제76조 제 1 항 단서 중 제 8 호 부분이 비례의 원칙의 요소인 '피해최소성의 원칙' 및 '법익균형성의 원칙'에 반한다고 결정한 사례(헌재 전원재판부 2000. 6. 1, 99헌가11·12(병합)).

(2) 소극목적의 원칙: 권한남용금지의 원칙

경찰은 공공의 안녕과 질서를 유지하기 위하여 공공의 안녕과 질서에 대한 위해를 방지하고 제거하는 것을 목적으로 하는 소극적인 행정작용이다. 이를 소극목적의 원칙이라 한다.

따라서 경찰기관은 법령에 특별한 규정이 없는 한 이러한 소극적인 경찰목적을 넘어 공공의 복리를 증진시키거나 사회경제질서를 유도할 목적으로 경찰권을 행사할 수 없다.

소극적인 경찰목적을 넘는 경찰권의 행사는 권한남용금지의 원칙위반으로 위법하다.

> 예를 들면, 과당경쟁을 막기 위하여 식품위생법규 위반행위를 단속하는 것은 위법하다.

다만, 경찰권 행사에 의해 달성하려는 행정목적이 경찰목적과 실체적으로 관련이 있는 경우에는 적법하다고 할 수 있을 것이다.

(3) 경찰공공의 원칙: 권한남용금지의 원칙 및 비례의 원칙

1) 의 의

경찰은 공공의 안녕과 질서의 유지를 목적으로 하는 작용이다. 따라서 개인의 활동에 대하여는 원칙상 개입할 수 없고, 예외적으로 그 개인의 활동이 공공의 안녕과 질서에 위해를 가하는 경우에 한하여 경찰권을 발동할 수 있다. 이를 경찰공공의 원칙 또는 사생활자유의 원칙이라 한다.

2) 인정 근거

종래 공공의 원칙은 경찰권의 조리상의 한계로 보는 것이 일반적인 견해였으나, 오늘날에 있어서는 헌법원칙에 포섭되는 원칙으로 보는 견해가 유력하다.

사생활·사주소불가침의 원칙은 헌법상 기본권인 거주의 자유와 사생활의 비밀과 자유(헌법 제14조·제17조)의 경찰법에의 적용이며, 민사관계불간섭의 원칙은 권력분립의 원칙상 당연하다고 보는 견해(박윤흔·정형근), 공공의 원칙은 비례의 원칙의 한 내용이라고 보는 견해(김성수; 류지태·박종수) 등이 그러하다.

생각건대, 경찰공공의 원칙은 기본적으로 경찰의 본질에 관한 이론으로 경찰권의 범위를 정하는 이론이다. 경찰공공의 원칙은 오늘날에도 경찰권의 사적 관계에의 개입을 막는 이론으로서 독자적인 존재의의를 갖는다. 다만, 경찰권의 한계로서의 공공의 원칙은 그 자체가 독자적인 법원칙이 아니라 권한남용금지의 원칙과 비례의 원칙을 통하여 경찰권의 한계가 된다고 보는 것이 타당하다.

3) 내 용

ㄱ. 사생활불가침의 원칙

사생활불가침(私生活不可侵)의 원칙이라 함은 경찰기관은 사회공공의 안녕 및 질서와 관계없는 개인의 생활이나 행동에 간섭하여서는 안된다는 원칙을 말한다.

사회공공의 안녕 및 질서와 관계없음에도 경찰이 사생활에 개입하는 것은 헌법상의 프라이버시권리를 침해하고 권한남용이 되어 위법하다. 또한 비례의 원칙(특히 적합성의 원칙)에도 반한다.

그러나 사생활이라 하여도 사회공공의 안녕 및 질서에 위해를 야기하는 경우에는 경찰권이 발동될 수 있다.

나. 사주소불간섭의 원칙

사주소불간섭(私住所不干涉)의 원칙이라 함은 경찰기관은 사회공공의 안녕 및 질서와 관계없이 개인의 사주소를 침해해서는 안된다는 원칙을 말한다.

사주소라 함은 일반 공중의 통행으로부터 차단된 장소를 말한다. 주택뿐만 아니라 비거주건물이나 공간(예: 공장, 사무실, 창고 등)도 사주소에 포함된다.

사회공공의 안녕 및 질서와 관계 없음에도 경찰이 사주소에 들어가는 것은 헌법상의 프라이버시권리, 주거의 자유를 침해하고, 권한남용이 되어 위법하다. 또한 비례의 원칙(특히 적합성의 원칙)에도 반한다.

그러나 사주소 내의 행위라도 공공의 안녕 및 질서에 위해를 야기하는 경우에는 경찰권이 발동될 수 있다. 다만, 이 경우에도 비례의 원칙(특히 협의의 비례원칙) 등에 반하여서는 안된다.

> 예를 들면, 사주소 내에서의 소음이 이웃의 생활의 평온을 해하는 경우에는 경찰권이 발동될 수 있다.

다. 민사관계불간섭의 원칙

민사관계불간섭(民事關係不干涉)의 원칙이라 함은 경찰기관은 사회공공의 안녕 및 질서와 관계없이 민사관계에 개입해서는 안된다는 원칙을 말한다. 사회공공의 안녕 및 질서와 관계없음에도 경찰이 민사문제에 개입하는 것은 헌법상의 사경제자유의 원칙을 침해하고, 권한남용이 되어 위법하다. 또한, 비례의 원칙(특히 적합성의 원칙)에도 반한다.

그러나 민사문제라도 공공의 안녕 및 질서에 위해를 야기하는 경우에는 경찰권이 발동될 수 있다. 다만, 이 경우에도 비례의 원칙(특히 협의의 비례원칙) 등에 반하여서는 안 된다.

> 예를 들면, 경찰기관은 암표매매행위를 단속할 수 있다(경범죄처벌법 제1조 제47호).

(4) 국민의 생명, 신체 및 재산의 보호의무

경찰기관은 직무상 국민의 생명, 신체 및 재산을 보호하기 위하여 노력하여야 할 일반적인 의무를 진다. 경찰권의 발동에는 재량권이 인정되고, 경찰력에는 일정한 한계가 있으므로 경찰권이 발동되지 않았거나 경찰권이 잘못 행사되었다고 하여 그것만으로 경찰권의 행사나 불행사가 위법하다고 할 수는 없다.

그러나 재량권이 영(零)으로 수축하는 경우 경찰권의 불행사는 위법하게 되며 경찰권의 행사가 직무상 손해방지의무에 위반하는 경우에는 위법하고 과실이 있어 국가배상책임을 인정할 수 있다(대판 1998. 8. 25, 98다16890).

(5) 경찰책임의 원칙

1) 경찰책임의 의의

경찰책임이라 함은 경찰상 위해의 발생에 대한 책임을 말한다. 발생된 위해를 제거하기 위한 경찰권의 행사는 원칙상 경찰책임이 있는 자에게 행하여져야 한다. 이것을 경찰책임의 원칙이라 한다.

그러나 경찰책임자에 대한 경찰권의 발동이 어려운 경우에는 예외적으로 경찰책임이 없는 자에게도 경찰권이 발동될 수 있다.

통상 경찰권의 발동은 고권적 조치로서 그 상대방의 기본권을 제한하게 되므로 법률유보의 원칙에 따라 경찰권 발동의 상대방은 법률로 규정되어야 한다.

경찰책임의 이론은 경찰권 발동의 대상자를 법률로 정하는 경우에 그 입법의 기준이 된다.

그런데 경찰권 발동의 대상을 규정하는 법률의 규정이 추상적으로 규정되어 있거나, 일반수권조항의 경우 또는 개별적 수권조항의 경우에도 경찰권 발동의 대상자를 백지(白紙)로 규정하고 있는 경우가 있을 수 있고, 이 경우에는 해석에 의해 경찰권 발동의 대상자를 정하여야 하고 이 해석에 있어서 경찰책임의 이론이 해석기준이 된다.

경찰책임에는 행위책임과 상태책임이 있다. 행위책임과 상태책임에는 1명의 책임자가 있는 경우도 있지만 책임자가 여러 명인 경우도 있다. 후자의 경우를 다수자책임의 문제라고 한다.

또한 행위책임과 상태책임이 경합하는 경우도 있다. 이와 같이 경찰책임자가 여러 명인 경우에 누가 우선적으로 경찰권 발동의 대상이 되는가하는 문제가 제기된다.

그리고, 경찰책임이 타인에게 승계되는가 하는 문제와 행정기관이 경찰책임자인 경우에 경찰권 발동의 대상이 될 수 있는가 하는 것이 또한 문제가 된다.

2) 경찰책임의 주체

자연인과 사법인이 경찰책임의 주체가 될 수 있다고 보는 것에는 이견(異見)이 없지만 공법인이나 국가기관이 경찰책임의 주체가 될 수 있는가에 관하여는 견해가 대립되고 있다.

가. 자연인 및 사법인

경찰책임은 경찰책임자의 고의 또는 과실을 요하지 않으므로 행위능력이나 불법행위능력이 없는 자연인(自然人)도 경찰책임자가 될 수 있다. 다만, 행위능력이 없는 경찰책임자에 대한 경찰권의 발동으로 인한 의무부과처분은 법정대리인에게 송달되어야 한다.

사법인(私法人)뿐만 아니라 권리능력없는 사단도 경찰책임자가 될 수 있다.

나. 공법인 및 행정기관

공법인 및 행정기관(이하 '공법인 등'이라 한다)이 경찰책임의 주체가 될 수 있는가 하는 문제가 제기된다. 공법인 등의 경찰책임의 문제는 공법인 등이 경찰관계 법령에 구속되는가 하는 실질적 경찰책임의 문제와 공법인 등이 경찰상 위해를 제거하기 위한 경찰권 발동의 대상이 될 수 있는가 하는 형식상 경찰책임의 문제를 구분하여야 한다.

(가) 실질적 경찰책임　　법률우위의 원칙상 공법인이나 그 기관도 경찰법규를 준수하여야 할 의무를 진다는 것이 일반적 견해이다(류지태·박

종수; 박상희·서정범). 다만, 공법인 등이 담당하는 공적 임무의 수행을 위하여 실질적 경찰책임이 면제될 수 있다.

이에 관한 법률의 규정이 있는 경우(예: 도로교통법 제 2 조 제16호 및 동법시행령 제 2 조 제 1 항에 따라 범인의 체포 등 긴급한 업무를 수행하기 위하여 불가피한 경우에는 도로상에서 경찰상 위해를 야기함에도 불구하고 실질적 경찰책임에 관한 규정인 동법 제25조 및 제26조가 면제된다)도 있지만, 명문의 규정이 없는 경우에도 공법인 등의 공적인무의 수행을 통한 공익과 공공의 안녕과 질서의 유지라는 공익을 비교형량하여 공법인 등의 실질적 경찰책임이 면제될 수 있다(김성수; 류지태·박종수).

(나) 형식적 경찰책임 공법인 등의 형식적 경찰책임(공법인 등이 경찰상 위해의 제거를 위한 경찰권 발동의 대상이 될 수 있는가)에 관하여 부정설, 긍정설(제한적 긍정설)이 대립하고 있다.

부정설은 다른 국가기관에 대한 경찰상 위해를 제거하기 위한 경찰권 발동을 부정하는 견해이다(홍정선). 그 이유는 조직법상 이러한 형식적 경찰책임이 인정된다면 이는 국가나 지방자치단체 또는 다른 공법인에 대한 경찰행정관청의 우위를 인정하는 결과가 되기 때문이라고 한다(김성수).

긍정설(제한적 긍정설)은 경찰기관의 위해방지를 위한 경찰권 발동은 원칙적으로 다른 국가기관에 대해서도 인정되어야 한다고 본다. 다만, 다른 국가기관의 적법한 임무수행을 방해하지 않는 범위 안에서만 경찰기관의 경찰권 발동이 가능하다고 한다(박윤흔·정형근). 엄밀히 말하면, 이 견해는 제한적 긍정설이라 하는 것이 타당하다.

생각건대, 제한적 긍정설이 타당하다. 즉, 경찰권의 발동으로 달성되는 공익이 다른 국가기관의 업무수행으로 인한 공익보다 훨씬 큰 경우에는 국가기관 등에 대한 경찰책임을 인정하는 것이 타당하다. 다만, 이 경우에 다른 국가기관에 경찰권을 발동하기 위하여는 행정권한법정주의의 원칙상 법률의 근거가 있어야 할 것이다.

3) 행위책임

가. 행위책임의 개념

행위책임(行爲責任)이라 함은 자기 또는 자기의 보호·감독하에 있는 사람의 행위로 인하여 질서위반의 상태가 발생한 경우에 지는 경찰상의 책임을 말한다.

경찰상 행위책임은 민사책임이나 형사책임과는 다른 내용을 갖는다. ① 경찰상 행위책임은 민사책임이나 형사책임과 달리 행위자의 의사능력, 행위능력 및 과실 여부를 묻지 않고 인정되는 책임이다. ② 경찰상 행위책임에 있어서의 인과관계는 민사책임에서의 상당인과관계와는 다르다.

나. 행 위

경찰상 위해의 상태를 발생시킨 행위는 작위뿐만 아니라 부작위도 포함된다. 부작위라 함은 질서위반상태의 발생을 방지할 법적 의무가 있는 자가 그 의무를 이행하지 않고 있는 것을 말한다.

다. 타인의 행위에 대한 책임 여부

타인을 보호 또는 감독하는 자는 피보호자 또는 피감독자의 행위로 인하여 생긴 질서위반의 상태에 대하여 경찰상 책임을 진다. 타인의 행위에 대하여 경찰책임이 인정되는 경우에도 행위자의 경찰책임이 면제되는 것은 아니다. 즉, 실제의 행위자와 감독자가 동시에 경찰책임을 진다. 경찰책임자는 법률로 정하여야 한다.

따라서 타인의 행위에 대하여 책임을 지도록 하는 경우에는 법률에 근거가 있어야 한다.

라. 주관적 책임요건(고의·과실)의 불요

경찰책임의 경우 행위자인 피감독자나 감독자의 고의 또는 과실은 원칙상 그 요건이 되지 않는다. 타인의 행위에 대한 보호자 또는 감독자의 경찰책임은 민사상의 사용자나 후견인의 책임과 달리 보호자 또는 감독자의 감독·과실을 요하지 않는다.

피감독자의 고의나 과실을 요하지도 않는다. 다만, 경찰상 형벌에 처할 때에는 특별한 규정이 없는 한 형법총칙이 적용되어 고의가 있는 경우에 한하여 책임을 지고, 위법성에 대하여는 위법성인식가능성이 있어야 한다. 물론 법에서 과실이 있는 경우에도 처벌하는 규정을 둘 수 있다.

마. 인과관계

(가) 의 의 경찰책임이 인정되기 위하여는 발생된 경찰상의 위해와 책임자의 행위(타인의 행위로 인한 책임의 경우에는 피감독자의 행위) 사이에 인과관계가 존재하여야 한다.

이에 대해서는 학설대립이 있다.

직접원인설은 원칙적으로 경찰위반상태를 직접 야기한 행위자만이 경찰책임을 지고 간섭적인 원인제공자는 경찰책임을 지지 않는다는 견해이다.

조건설은 경찰 위반상태의 조건이 된 모든 행위는 경찰 위반상태의 원인이 된다는 견해이다.

상당인과관계설은 인과관계를 일반경험칙에 따라 피해자 구제의 견지에서 인과관계를 판단하는 견해이다.

현재의 일반적 견해는 직접원인설이다. 직접원인설에 따르면 경찰위반상태에 직접적인 원인을 제공한 자만이 경찰책임이 있고, 간접적인 원인만을 제공한 자는 경찰책임자가 되지 않는다.

(나) 직접원인의 판단기준 행위자가 직접원인자인가 간접원인자에 불과한가는 어떠한 기준에 의해 판단되는가.

생각건대, 직접원인의 판단기준은 책임의 일반이론 및 관계 기본권의 보장 및 경찰행정 목적의 달성을 고려하여 결정되어야 할 것이다. ① 경찰위반상태에 대한 행위자의 원인의 중대성이 고려되어야 한다. 경찰위반상태에 대하여 단순히 조건을 제공하거나 원인을 제공한 자를 경찰책임자로 보아서는 안될 것이다 ② 발생된 경찰위반의 상태의 중대성 및 긴급성 및 행위자에게 경찰행정목적을 달성하기 위하여 위해의 제거의무를 부과하는 것의 타당성이 고려되어야 한다. ③ 경찰권 발동으로 인한 기본권의 제한 여부 및 정도를 고려하여 경찰권의 발동으로 그 대상자의 기본권이 지나치게 침해되어서는 안될 것이다.

4) 상태책임

가. 상태책임의 의의

상태책임이라 함은 물건의 소유자 및 물건을 사실상 지배하는 자는 그의 지배범위 안에서 그 물건으로부터 경찰위반의 상태가 발생한 경우 지게 되는 책임을 말한다.

상태책임은 물건의 위험한 상태가 경찰상 위해를 야기하고 있는 경우에 당해 물건에 대하여 지배력이 있는(당해 물건의 위험한 상태에 대하여 영향력을 미칠 수 있는 자) 자에게 그 경찰상 위해를 제거하도록 하는 것이 타당하다는 데 근거한다.

예를 들면, 도로교통법 제71조 제 1 항에 따른 교통장해물의 제거의무가 대표적이다.

나. 상태책임의 주체

상태책임의 주체는 경찰상 위해를 야기하고 있는 물건의 소유자, 당해 물건에 대하여 사실상 지배력을 미치고 있는 자이다.

사실상 지배력을 미치고 있는 자의 경우 점유자뿐만 아니라 물건에 대한 권원의 유무와 관계없이 물건을 현실적으로 지배하고 있는 자에게도 상태책임이 인정된다.

그리고 소유권자의 경우 물건의 소유권자는 통상 2차적인 책임자가 된다. 그러나 물건이 도난당한 경우와 같이 사실상 지배력을 미치고 있는 자가 소유자의 의사와 관계없이 지배력을 행사하고 있는 경우에는 소유권자는 상태책임을 지지 않는다고 보아야 한다.

다. 상태책임의 요건 및 한계

① 상태책임이 인정되기 위하여는 물건의 상태가 경찰상 위해를 야기하고 있어야 한다. ② 원칙상 경찰상 위해의 발생원인에 관계없이 상태책임이 인정된다. 그 이유는 당해 물건의 이용으로부터 일정한 이익을 얻은 때에는 이러한 이용과 연계되어 있는 불이익에 대해서도 책임을 져야 하기 때문이다(류지태·박종수). ③ 그러나 소유권자 등이 감당하여야 할 위험

영역을 넘는 비정형적인(소유권자 등에게 전혀 책임이 없는) 사건에 의하여 당해 물건이 경찰상 위해를 야기하고 있는 경우에는 소유권자 등의 상태책임이 배제되는 것으로 보아야 한다. 다만 후술하는 바와 같이 경찰상 긴급한 경우에 예외가 인정될 수 있다. ④ 애초에는 물건의 상태가 경찰상 위해를 야기하지 않았으나 물건의 소유자나 점유자의 귀책사유 없는 사정변경에 의해 공공의 안녕과 질서에 위해를 가하게 된 경우에 당해 물건의 소유자나 점유자는 상태책임을 지는가 하는 것이 문제된다. 이것이 바로 잠재적 위험의 실현에 대한 경찰책임의 문제이다. 이 경우에도 경찰책임을 인정하는 것이 타당하다. 왜냐하면 상태책임은 지배권자의 귀책사유와 관계없이 현재의 물건의 상태로 인하여 경찰상 위해가 발생된 경우에 인정되는 것이어야 하기 때문이다.

5) 다수자책임(복합적 책임)

경찰책임자가 다수인 경우에 누구에게 경찰권을 발동할 것인가 하는 문제가 제기된다. 다수자책임의 문제는 경찰상 위해가 다수인의 행위에 의해 야기되거나 행위책임과 상태책임이 경합하게 되는 경우 등에 제기된다.

가. 경찰권 발동 대상자의 결정

경찰책임자가 다수인 경우에는 경찰상 위해제거의 효율성과 비례의 원칙을 고려하여 경찰권 발동의 대상자를 결정하여야 한다. ① 1차적으로는 경찰상 위해제거의 효율성을 고려하여야 한다. 따라서 경찰권 발동을 누구에게 할 것인가는 원칙적으로 경찰권 발동자의 재량에 속한다. ② 2차적으로는 경찰상 위해에 보다 중요한 원인을 제공한 자에게 우선적으로 경찰권이 행사되어야 한다. 이러한 측면에서 행위책임과 상태책임이 경합하는 경우에는 우선적으로 행위책임자에 대하여 경찰권이 발동되어야 하고, 동일인이 복합적인 책임을 지는 경우에는 하나의 책임을 지는 자보다는 복합적 책임을 지는 자가 우선적으로 경찰권 발동의 대상이 되어야 한다.

나. 다수책임자 사이의 비용부담: 비용상환청구권

다수책임자의 경우에 경찰권 발동이 적법한 경우에 경찰책임의 이행에 드는 비용의 부담을 어떻게 할 것인가, 달리 말하면 민법상의 사무관리규정이나 연대채무에 기한 비용상환청구권이 인정될 것인가 하는 문제가 제기된다.

이에 관하여는 긍정설, 부정설과 절충설이 대립되고 있다.

긍정설은 다수의 경찰책임자 중에서 어느 한 사람에게만 경찰권이 발동된 경우에는 그 자는 다른 경찰책임자에게 민법상의 연대책임자 사이의 책임의 분담에 관한 규정과 법리를 유추적용하여 비용상환을 청구할 수 있다는 견해이다.

부정설은 다수의 경찰책임자 중에서 어느 한 사람에게만 경찰권이 발동된 경우에는 그 자는 다른 경찰책임자에게 비용상환을 청구할 수 없다는 견해이다.

절충설은 다수책임자의 경우에 경찰기관이 특정인에게만 경찰권을 발동하였다고 하더라도 당해 원인행위의 중대성에 비추어 당해 당사자에 대한 경찰권의 발동이 위해방지를 위한 흠 없는 재량권 행사로 볼 수 있는 경우에는 당해 당사자의 다른 당사자에 대한 민법상의 사무관리규정이나 연대채무에 근거한 비용상환청구권은 인정될 수 없다고 본다(홍정선).

그러나 각 행위책임자들이나 상태책임자들이 부담하는 의무내용이 동일한 경우에는 민법상의 연대채무자 간의 내부구상권에 관한 규정이 유추적용될 수 있다고 본다(박윤흔·정형근).

생각건대, 긍정설이 타당하다. 그 논거는 다음과 같다. 경찰권의 발동의 문제와 다수책임자 사이의 비용부담의 문제는 별개의 문제로 보는 것이 타당하다. 즉, 경찰권 발동은 경찰상 위해의 효율적인 제거가 주된 기준이 되는 데 반하여 다수책임자 사이의 비용부담의 문제는 책임분담의 원리에 따라 결정되는 것이 정의의 원칙에 비추어 타당하다. 다수책임자 사이의 비용부담은 민법상의 연대채무자 사이의 책임분담의 법리를 유추적용하여 원인행위의 중대성과 경찰상 위해의 발생에 대한 기여의 정도에 비례하여 분배하고 원인행위의 중대성과 위해의 발생에 대한 기여에 대한 입증이 어려운 경우에는 동일하게 비용을 분담하여야 할 것이다.

6) 긴급시 제 3 자의 경찰책임

가. 의 의

경찰상 위해나 장애에 직접 책임이 없는 제 3 자에 대하여 경찰권이 발동될 수 있는가 하는 문제가 제기된다.

나. 요 건

(가) 경찰상 긴급상태 경찰상 긴급상태(緊急狀態)의 경우에 한하여 이를 긍정하여야 할 것이다. 경찰상 긴급상태라 함은 경찰상 중대한 위해나 장애의 제거가 필요함에도 경찰책임자에게 경찰권을 발동할 수 없거나 발동하여도 경찰상 위해나 장애를 제거하기 어렵고, 경찰행정기관의 개입에 의해 경찰상 위해나 장애를 제거할 수 없는 상태를 말한다.

(나) 비례의 원칙 제 3 자에게 경찰권을 발동하는 경우에는 비례의 원칙에 따라야 한다. 따라서 경찰행정기관 및 경찰책임자에 의해 경찰상 위해나 장애를 제거할 수 없어야 하고, 경찰상 위해나 장애를 제거할 필요성이 경찰권의 발동으로 제 3 자가 입게 되는 불이익보다 커야 한다.

(다) 법률의 근거 제 3 자에 대한 경찰권의 발동에는 법률의 근거가 있어야 한다. 원칙상 개별법에 근거가 있어야 하지만, 예외적으로 일반조항에 근거하여서도 인정될 수 있을 것이다. 이에 대하여 법치행정의 원칙에 비추어 가장 전형적인 권력작용인 경찰권을 일반수권조항에 의하여 비책임자인 제 3 자에 대해 발동할 수 없다고 보아야 한다는 반대견해가 있다(박윤흔 · 정형근).

다. 손실보상

제 3 자에 대한 경찰권의 발동으로 제 3 자가 특별한 손실을 입은 경우에 그 손실을 보상해 주어야 한다.

7) 경찰책임의 승계

경찰책임자가 사망하거나 영업 또는 물건을 양도한 경우에 경찰상 책임이 상속인이나 양수인에게 이전되는가 하는 문제가 제기된다.

가. 행위책임의 승계문제

행위책임은 인적 성질의 책임이고 공법상 책임이므로 원칙상 양수인에게 양도가 인정되지 않는다고 보아야 한다. 부정설이 다수설이며 타당하다. 다만, 상속은 포괄적인 승계이므로 행위책임도 원칙상 상속인에게 승계된다고 보아야 할 것이다.

이에 대하여 경찰상 의무가 대체가능한 경우에는 법률의 근거가 있는 경우에 승계가 가능하다고 보는 견해가 있다(정하중).

행정법규 위반이 제재처분의 대상이 되거나 가중요건이 되는 경우에 이러한 행정법규 위반이라는 사실이 영업의 양수인에게 이전되는가 하는 문제도 경찰책임(경찰의무)의 승계문제로 보는 견해가 많으나, 이는 행정법규 위반효과의 이전이라는 별도의 문제로 보는 것이 타당하다.

나. 상태책임의 승계문제

상태책임의 승계문제에 관한 학설은 다음과 같다.

긍정설은 소유권을 양도하거나 포기한 자는 원칙상 상태책임을 면하고, 양수인이 상태책임을 진다는 견해이다. 이 견해가 다수설이다(류지태·박종수; 홍정선).

승계규범필요설은 일반적인 승계가능성 외에 승계요건을 정한 승계규범이 있어야 상태책임이 승계된다는 견해이다. 경찰책임의 승계에는 법률의 근거가 있어야 하고, 법률이 정한 승계요건을 충족하여야 한다고 본다. 다만, 포괄승계의 경우에는 상속에 관한 민법 제997조, 제1005조를 일반적 법사상의 표현으로 유추적용할 수 있다고 본다(정하중).

개별적 결정설은 포괄승계와 특별승계, 구체적 책임(경찰책임이 경찰처분에 의해 구체화되어 있는 경우)의 승계와 추상적 책임(경찰처분에 의해 구체화되지 않은 법령상의 책임)의 승계를 구별하여 개별적으로 판단하여야 한다는 견해이다. 추상적 책임은 승계되지 않는다(김남진).

생각건대, 양수인은 양수 후에 경찰상 위해가 계속되는 한 상태책임을 진다. 그러나 이 경우에 양수인이 상태책임을 지는 것은 양도인의 상태책임을 승계하여 지는 것이 아니라 경찰상 위해가 발생하고 있는 현재 당해 물건을 소유하고 지배하고 있기 때문에 새로이 상태책임을 지는 것이다(신규책임설).

다. 법률의 근거

경찰책임(경찰의무)의 승계에는 법률의 근거가 있어야 한다고 보는 견해가 있으나(정하중), 행위책임의 승계에는 법률의 근거가 있어야 하나 상태책임의 승계에는 법률의 근거가 없어도 된다고 보는 견해가 타당하다.

라. 경찰책임의 승계와 비용부담

경찰책임의 이행에 필요한 비용부담에 관한 양도인과 양수인의 합의는 효력이 있다.

양도인과 양수인 사이에 경찰책임의 이행에 필요한 비용부담에 관한 합의가 없었던 경우에는 경찰책임의 이행으로 인한 비용의 최종적 책임자는 양도인이라고 보아야 할 것이다. 다만, 양수인의 과실로 비용이 증가한 경우에는 그 한도 내에서는 양수인이 비용을 부담하여야 할 것이다.

3. 경찰권의 한계론의 평가

경찰권의 한계론은 성문법의 불명확성 또는 광범위한 자유재량에 관하여 불문법에 의한 제약을 과하는 것으로서 기능해야 하는 법이론이었지만, 이제 그 역사적 역할을 나하였다는 평가를 받고 있기도 하다.[33]

주의해야 할 것은 경찰권의 한계론은 오늘날에는 단순한 이론으로서의 의미를 잃어버린 것은 아니나, 많은 점에서 실정법의 해석과는 달리 그릇된 결론을 내도록 할는지도 모른다는 점이다.

특히 경찰소극목적의 원칙 및 경찰공공의 원칙(특히, 민사불개입의 원칙)의 이름하에 소비자보호 그 밖의 사회적인 요청에 응하기 위한 경찰의 활동을 부당하게 보는 논의 및 오해가 다소 생기는 것은 경찰이 그 책무를 정확하게 수행해 가는 과정에서 간과해서는 아니되는 문제이다.

---

33) 이를테면, 宮田三郎, 前揭書, 74頁 각주 6) 참조.

제 5 절 즉시강제에 해당하는 조치

1. 소지품(흉기소지)검사

제 3 조(불심검문) ① 경찰관은 수상한 거동 기타 주위의 사정을 합리적으로 판단하여 어떠한 죄를 범하였거나 범하려 하고 있다고 의심할 만한 상당한 이유가 있는 자 또는 이미 행하여진 범죄나 행하여지려고 하는 범죄행위에 관하여 그 사실을 안다고 인정되는 자를 정지시켜 질문할 수 있다.
② 그 장소에서 제 1 항의 질문을 하는 것이 당해인에게 불리하거나 교통의 방해가 된다고 인정되는 때에는 질문하기 위하여 부근의 경찰서·지구대·파출소 또는 출장소(이하 "경찰관서"라 하되, 지방해양경찰관서를 포함한다)에 동행할 것을 요구할 수 있다. 이 경우 당해인은 경찰관의 동행요구를 거절할 수 있다. 〈개정 1988. 12. 31, 1996. 8. 8, 2004. 12. 23〉
③ 경찰관은 제 1 항에 규정된 자에 대하여 질문을 할 때에 흉기의 소지여부를 조사할 수 있다.
④ 제 1 항 또는 제 2 항의 규정에 의하여 질문하거나 동행을 요구할 경우 경찰관은 당해인에게 자신의 신분을 표시하는 증표를 제시하면서 소속과 성명을 밝히고 그 목적과 이유를 설명하여야 하며, 동행의 경우에는 동행장소를 밝혀야 한다. <개정 1991. 3. 8>
⑤ 제 2 항의 규정에 의하여 동행을 한 경우 경찰관은 당해인의 가족 또는 친지 등에게 동행한 경찰관의 신분, 동행장소, 동행목적과 이유를 고지하거나 본인으로 하여금 즉시 연락할 수 있는 기회를 부여하여야 하며, 변호인의 조력을 받을 권리가 있음을 고지하여야 한다. <신설 1988. 12. 31>
⑥ 제 2 항의 규정에 의하여 동행을 한 경우 경찰관은 당해인을 6시간을 초과하여 경찰관서에 머물게 할 수 없다. <신설 1988. 12. 31, 1991. 3. 8>
⑦ 제 1 항 내지 제 3 항의 경우에 당해인은 형사소송에 관한 법률에 의하지 아니하고는 신체를 구속당하지 아니하며, 그 의사에 반하여 답변을 강요당하지 아니한다. <신설 1988. 12. 31>

(1) 소지품검사의 의의

소지품검사라 함은 경찰관이 질문에 부수하여 상대방의 협력에 기초함이 없이 소지품의 내용의 제시·개시를 요구하여 소지품을 점검하는 것을 말한다.

경찰관직무집행법은 불심검문시에 흉기의 소지 여부에 대한 조사를 규정하고 있으며(제 3 조 제 3 항) 흉기를 발견한 때에는 경찰관서에 임시영치를 할 수 있도록 규정하고 있다(제 4 조 제 3 항). 법 제 4 조 제 3 항의 규정에 의한 임시영치를 한 때에는 국가경찰공무원은 소속 국가경찰관서의 장에게 이를 보고하여야 한다(동법 시행령 제 7 조 제 3 호).

여기서의 조사의 성격은 경찰관의 불심검문에 수반하는 부수적 처분으로서의 소지품검사를 의미하는 것으로 수사 자체는 아니고 수사의 전단계적 처분이라고 할 수 있다.

흉기소지 여부를 조사하기 위하여는 상대방의 신체 및 소지품에 대하여 접촉을 하게 되므로 신체의 자유에 대한 제한의 측면이 있다.

검문대상자의 소지품은 판단의 유력한 실마리를 제공하는 까닭에 질문자는 흔히 그것에 관심을 가지고 질문의 화살을 던지기 마련이다. 상대방이 질문에 응하지 아니하는 경우에 그 복장이나 휴대품의 바깥면을 가볍게 만져 그 이상의 유무를 확인하는 것은 경찰관직무집행법 제 3 조의 정지·질문에 부수하는 행위로서 적법하다고 할 수 있다.

판례 일본의 최고재판소도 "경찰관직무집행법은 그 제 2 조 제 1 항에서 동항 소정의 자를 정지시켜 질문할 수 있다고 규정할 뿐이고 소지품의 검사에 관해서는 명문의 규정을 두고 있지 않지만, 소지품의 검사는 구두에 의한 질문과 밀접히 관련되고 또한 직무질문의 효과를 올림에 있어서 필요성, 유효성이 인정되는 행위이므로 동 조항에 따른 직무질문에 부수하여 이것을 행할 수 있는 경우가 있다고 해석하는 것이 상당하다"라고 판시하였다(最判 昭和 53. 6. 20, 刑集 32권 4호, 670면(-米子銀行强盜事件)).[34]

또 상대방에게 그 내용의 제시를 요구하는 것도 강요적인 언동을 수반하지 않는 한 문제가 되지 않는다. 그러나 제시요구에 따르지 않는 경우에 실력을 행사하여 소지품의 내용을 조사하는 것은 비록 작은 부분이라고 하더라도 원칙적으로 부적법하다고 할 것이다.

또한 신체의 수색에 관하여도 마찬가지이다.

---

34) 이 판례에 대하여는 질문과 소지품검사는 별개의 조치로 보아야 하며, 각기 별개의 법적 근거를 요한다는 비판도 제기되고 있다.

한편 일본의 경우 흉기소지 여부에 대한 조사는 형사소송에 관한 법률에 의해 체포된 자에 한하고 있다. 즉, 일본 경찰관직무집행법 제 2 조 제 4 항은 "경찰관은 형사소송에 관한 법률에 따라 체포당한 자에 대해서는, 그 신체에 대해 흉기를 소지하고 있는지를 조사할 수가 있다"고 규정하고 있다. 조문상 분명하지는 않으나 질문을 허용하는 것의 논리적 귀결로서 질문받는 자가 소지하는 물품에 대해서도 그 내용을 일정한 경우에 검사하는 것(소지품검사)을 인정하는 규정이다.

우리나라의 경우와 마찬가지로 주된 소지품검사 대상은 흉기이다. 물론 이 조문은 상대방의 임의의 의사를 전제로 하고, 질문에 대한 답변을 강요하거나 일정한 장소로의 동행을 강요하는 것을 허용하는 것은 아니다. 다만, 질문을 위한 정지, 질문 및 동행요구라는 행정행위의 성질로부터 상대방의 의사 및 행동을 일정한 한도에서 제약하는 것이 논리상 내포되어 있고, 그러한 의미에서 경찰강제적 측면을 가지고 있다는 것은 부정하기 어렵다. 제 4 항에서는 형사소송법상 체포될 자에 대해서는 그의 신체에 흉기를 소지하고 있는지 여부를 영장없이 강제적으로 검사할 수 있다는 취지를 보충적으로 규정하고 있는 셈이다.

한편 독일 모범초안 제 9 조 제 2 항은 "… 관계인이 소지하고 있는 물건에 대해서도 수색을 행할 수 있다"고 규정하고 있다.

물건의 수색(Durchsuchung von Sachen)은 모범초안 제18조 제 1 항에 따를 때, 동 초안 제 9 조 제 2 항 제 4 문의 경우(신원확인을 위하여 구금된 자가 휴대하고 있는 물건의 수색)를 제외하면 모범초안 제17조 제 1 항에 따라 수색을 받을 자가 휴대하고 있는 경우(제 1 호), 그 물건 안에 보호조치를 받을 자가 있거나, 사람이 부당하게 구금되어 있거나 타인의 조력이 필요한 상태에 놓여 있다는 사실이 인정될 때(제 2 호) 또는 그 안에 영치될 수 있는 다른 물건이 존재한다는 사실이 인정될 때(제 3 호)에 허용된다. 그 한도에서 이 규정은 실정법과 광범위하게 일치한다. 모범초안 제18조 제 1 항 제 4 호부터 제 6 호까지에 따르면 물건의 수색은 앞서 말한 조건하에서 가능하며, 나아가서 일제단속이나 물건의 보호를 위한 경우 또는 검문소에서의 수색은 명문규정에 따라 허용

된다.[35)]

한편 소지품검사의 주된 대상인 흉기는 사람의 살상을 목적으로 제작되고 그 목적을 달성하는 데 적합한 물건을 말한다.

일반적으로 흉기에는 총, 칼, 도끼, 쇠망치, 곤봉, 폭발물, 화염병 등 주로 용법상의 흉기가 아닌 성질상의 흉기가 해당한다.

용법상의 흉기라 함은 철봉, 곤봉, 가위 등과 같이 그 물건의 본래의 성능이 사람을 살상하는 것이 아니지만, 그 용법에 따라서는 사람을 살상할 수 있는 것을 포함한다.

성질상의 흉기는 함은 그 물건의 본래의 성능이 사람을 살상함에 충분하거나 그 용도가 사람을 살상하는 것을 말한다.

(2) 소지품검사(흉기소지 여부 조사)의 성질

경찰관직무집행법상의 불심검문시 행해지는 소지품검사의 성질에 대하여는 견해가 대립되고 있다.

수색설은 불심검문은 거동이 수상한 자의 의복이나 휴대품을 가볍게 손으로 만지면서 행해지므로 그 실질이 수색에 해당한다고 보고, 수색을 법관의 영장없이 행하도록 한 경찰관직무집행법은 문제가 있다고 한다(이상규).

수색부정설은 소지품검사는 장래의 위해발생을 예방하기 위하여 행하여지나, 범죄행위가 행하여진 후 행하여지는 경우에도 증거물 발견목적도 있기는 하지만 주로 해당 흉기의 사용으로 다시 범죄가 범하여지는 것을 예방하기 위한 것이라 할 것이며, 시간적으로 급박한 반면 상대방에게 미치는 피해가 일시적이며 비교적 경미하다는 점을 감안할 때 헌법 제12조 제 3 항의 수색에 해당하지 않는다고 본다(박윤흔·정형근).

강제조사설은 흉기조사는 영장없이 이루어지는 강제조사의 성격을 갖는다고 본다(홍정선).

즉시강제설은 소지품검사는 주로 경찰상 위해방지의 차원에서 행해지고 시간적으로 급박한 상황하에서 행해지므로 경찰상 즉시강제로서의

35) Schenke, a.a.O., S. 69.

성질을 가지며 수색에 요구되는 영장은 요구되지 않는다고 본다(류지태·박종수).

생각건대, 흉기소지 여부는 주된 목적이 범죄의 예방에 있고, 그 조사는 신체의 자유를 침해하지 않는 한도 내에서 가볍게 행해져야 하므로 사법작용으로서의 수색이라고 할 수는 없으므로 반드시 영장이 필요하다고 할 수는 없다. 그 법적 성격은 어느 정도의 강제력이 수반되는 권력적인 행정조사로 보는 것이 타당하다. 소지품검사(흉기소지 여부 조사)는 그것만으로 직접 행정목적을 달성하는 것이 아니라 위해방지조치라는 행정을 위한 자료의 수집으로서의 성질이 강하다고 보아야 하므로 즉시강제라기보다는 행정조사로 보는 것이 타당하다(권력적인 행정조사설).

(3) 소지품검사의 진행단계와 허용범위

소지품검사는 그 진행단계에 따라 ① 외부에서 소지품을 관찰하는 행위, ② 소지품에 대하여 질문하는 행위, ③ 소지품의 임의제시를 요구하는 행위, ④ 옷이나 휴대품의 외부에 손을 가볍게 대어 소지품을 조사하는 행위, ⑤ 소지품을 경찰관 스스로 열어보거나 주머니 속의 소지품을 점검하는 행위로 구분할 수 있다.

여기서 문제되는 것은 ④와 ⑤이다. 현행법에서 '질문할 때에 흉기의 소지 여부를 조사할 수 있다'고 규정한 것은 불심검문의 질문을 할 때에는 언어로서 하는 질문을 대신하여 흉기의 소지 여부에 대하여 조사할 수 있고, 질문을 종료한 경우에는 허용되지 않는 것이라고 해석하여야 할 것이다.

⑤의 경우에는 소지자의 승낙없이 휴대품을 빼앗거나 옷의 주머니에 손을 넣거나 가방을 열어서 소지품을 끄집어내는 등의 행위는 허용되지 않는다고 보는 것이 타당할 것이다.

(4) 소지품검사의 한계

결국 현행법하에서의 소지품검사의 한계는 위에서 본 바와 같이 이해할 것이지만, 예외적으로 실력행사가 허용되는 경우로는 질문을 위한 정지에 관한 실력행사에 관하여 설명한 것과 마찬가지로 질문의 필요성 및 상당성(범죄의 중대성·혐의의 농후성)에 유의하여 그 적부를 판단할 것이다.

그리고 흉기를 소지하고 있다고 의심되는 때에는 질문자 및 본인의 생명·신체의 안전의 확보라는 관점에서 다소간 융통성있게 해석할 필요가 있을 것이다.

일본에서 소지품검사의 한계문제는 질문 및 내용의 제시·개시의 요구에 따르지 않는 경우에 상대방의 승낙없이 어느 정도의 실력을 행사할 수 있는가 하는 문제로 이해하고 있다.

일본판례의 기본입장은 강제에 이르지 않는 한 소지품검사의 필요성, 긴급성, 상당성의 판단에 기초하여 일정한 유형력의 행사를 인정한다는 것이다.

판례 경찰관직무집행법에 의한 소지품검사는 경찰관직무집행법 제 2 조 제 1 항에 근거하는 직무질문에 부수하여 행해지는 소지품검사는 임의수단으로서 허용되는 것이므로 소지인의 승낙을 얻어 그 한도에서 이것을 행하는 것이 원칙이지만, 직무질문 또는 소지품검사의 목적, 성격 및 그 작용 등에 비추어 보면 소지인의 승낙이 없는 한 소지품검사는 일체 허용되지 않는다고 해석하는 것은 상당하지 않고 수사에 이르지 않는 정도의 행위는 강제에 이르지 않는 한 설령 소지인의 승낙이 없더라도 소지품검사의 필요성, 긴급성, 이것에 의해 침해되는 개인의 법익과 보호되어야만 하는 공공의 이익과의 균형 등을 고려하여 구체적 상황하에서 상당하다고 인정되는 한도 내에서 허용되는 경우가 있다고 해석하여야 한다(最判 昭和 53. 9. 7, 刑集 32卷 6號, 1672頁).

이러한 태도는 경찰실무의 실태를 추인하는 것으로 이해되고 있다. 그러나 강제에 이르지 않는 유형력의 행사라는 표현은 자기모순을 포함하고 있으며, 실천가능한 납득이 가는 판단기준이라고는 할 수 없다.

결국 위의 ④와 ⑤의 행위는 상대방의 승락없이 직무질문에 부수하여 행하는 것은 허용되지 않고 부적법하다는 평가를 받고 있다.

(5) 소지품검사와 신체의 수색

1) 신체의 수색의 의의

신체의 수색이라 함은 의복, 신체의 표면과 어려움 없이 접촉가능한 신체의 입이나 귀 등을 수색하는 것을 말한다.

신체의 수색은 적법하게 구류 또는 구속당한 자에 있어서 공격이나 도주를 방지하거나 압수의 목적으로 활용되거나 보호조치를 한 사람의 경우 신분을 확인하기 위한 수단으로 허용된다.

2) 독 일

독일의 경우 신체의 수색(Durchsuchung von Personen)과 신체검사(Untersuchung)는 구분하고 있다. 신체검사와 달리 신체의 수색은 단지 의복, 신체의 표면과 어려움없이 접촉가능한 입이나 귀 등과 같은 곳(Körperhöhle)[36]에만 관련된 것이다.

그리고 중요한 검사(혈액검사, 사진촬영과 지문날인, 유전자검사 등)는 일반수권조항에 근거하여 행해질 수는 없다고 한다.[37]

3) 스위스

스위스의 경우 신체의 수색은 신체의 표면과 신체의 입이나 귀 등과 같은 곳에 대해서 행하여지는바, 범죄행위자나 피해자의 신체에 나타난 상처나 핏자국 또는 입이나 항문 등에 숨겨진 물건을 찾는 것이 그 예이다.

한편 신체의 수색은 필요한 경우 실력으로 강제될 수 있으며 위험한 행위의 예방을 위하여 구금된 자에 대하여는 실력행사가 언제나 허용된다고 한다.[38]

4) 프랑스

프랑스의 경우 사람의 외관 또는 거동에 의해 경찰의 의심을 야기한 자의 신체수색(fouile a corps)이 어느 범위까지 허용되는가는 명백하지 않

36) 항문이나 여성의 질(膣)이 이에 해당하는지에 대해서는 학설상 다툼이 있다.
37) Wolf-Rüdiger Schenke(서정범 역), 독일경찰법론, 83－84쪽.
38) 베른(Bern) 형사소송법 제146조 제 2 항과 제147조 제 3 항 참조.

다. 일반적으로 사람의 신체수색은 가택수색과 같아야만 하고, 동시에 가택수색 자체가 불가능한 때에는 법률상 불가능하다는 것이 기본원칙이다. 한편 사법경찰관이 가택수색의 권리를 가지는 때에는 신체를 수색할 수 있다.[39] 그러나 단순한 혐의만으로는 그 범죄가 현행범으로 되는 것이 아니므로 체포 및 신체수색을 정당화할 수 없다.

따라서 사법경찰관은 예심판사의 영장이 없으면 경마부정도금(競馬不正盜金)을 모으거나, 위법무기휴대의 의심이 있음에 지나지 않는 자를 노상에서 체포하거나 신체를 수색할 수 없다.

결국 프랑스에 있어서는 경찰권으로서 소지품검사의 범위는 명백하지 않지만, 사법경찰권한의 범위에서 자신의 안전 확보를 위해 소지품검사를 인정하고 있는 것으로 보인다.

(6) 소지품검사와 적법절차

미국 대법원은 2003년 6월 17일 수사관들이 압수·수색영장을 청구하기 어려운 경우 즉, 대중교통수단 내에서 승객에게 "협력을 거부할 권리가 있다"는 말을 하지 않고 수색할 수 있다고 6:3의 다수 의견으로 수사권 옹호 판결을 내렸다. 이 판결은 지난 1999년 플로리다주 탤러해市에서 3명의 경찰관이 그레이하운드 버스에 탑승, 마약과 무기 소지검사를 위해 승객의 짐을 수색한 것이 적법한지 여부에 관한 것으로, 9.11 테러 이후 대중교통의 안전보장이 절박해졌다는 논리를 앞세워 이 사례를 다루어줄 것을 요청한 부시행정부의 승리로 평가되었다.

이 판결과 관련, 찬성 의견을 낸 앤터니 M 케네디 대법관은 "경찰관이 승객에게 수색 동의를 구했기 때문에 적법절차를 거쳤다"고 판시하고, "경찰과 시민 사이에 양해가 이루어졌을 경우 강제행위가 아니다"라고 말했으나, 소수 의견을 낸 데이비드 H. 수터 대법관은 3명의 경찰관들은 정지된 버스 안에서 승객들을 "꼼짝 못하게 했다"고 지적하고 문제의 시민들은 마치 막다른 골목에 몰린 것과 같아서 동의할 수밖에 없는 상황이었다고 언급했다고 한다.

39) 강동욱, 앞의 책, 130쪽.

이와 관련, 당시 수사관 중 한명이 버스 승객 2명에게 신분을 밝힌 뒤 소지품 수색을 요청하고 이들의 동의를 얻었으며, 수색 결과 이들의 몸에서 코카인이 나와 이들은 마약소지 혐의로 기소되어 1심에서 유죄판결을 받았으나, 제11회 순회 항소법원이 수사관들이 용의자 수색시 "협력을 거부할 수 있다"는 말을 하지 않았다는 것을 이유로 들어, 수사관들의 조치가 "부당한 압수·수색을 금지하는 헌법조항"에 위배된다며 이들의 몸에서 발각된 코카인을 증거로 인정할 수 없다고 판결함으로써 문제가 되어 대법원에 제기된 사건이다.[40)]

2. 보호조치

제 4 조(보호조치등) ① 경찰관은 수상한 거동 기타 주위의 사정을 합리적으로 판단하여 다음 각호의 1에 해당함이 명백하며 응급의 구호를 요한다고 믿을 만한 상당한 이유가 있는 자를 발견한 때에는 보건의료기관 또는 공공구호기관에 긴급구호를 요청하거나 경찰관서에 보호하는 등 적당한 조치를 할 수 있다. <개정 1988. 12. 31>

1. 정신착란 또는 술취한 상태로 인하여 자기 또는 타인의 생명·신체와 재산에 위해를 미칠 우려가 있는 자와 자살을 기도하는 자
2. 미아·병자·부상자등으로서 적당한 보호자가 없으며 응급의 구호를 요한다고 인정되는 자. 다만, 당해인이 이를 거절하는 경우에는 예외로 한다.

② 제 1 항의 긴급구호요청을 받은 보건의료기관이나 공공구호기관은 정당한 이유없이 긴급구호를 거절할 수 없다.

③ 제 1 항의 경우에 피구호자가 휴대하고 있는 무기·흉기등 위험을 야기할 수 있는 것으로 인정되는 물건은 경찰관서에 임시영치할 수 있다.

④ 경찰관이 제 1 항의 조치를 한 때에는 지체없이 이를 피구호자의 가족·친지 기타의 연고자에게 그 사실을 통지하여야 하며, 연고자가 발견되지 아니할 때에는 피보호자를 적당한 공중보건의료기관이나 공공구호기관에 즉시 인계하여야 한다.

⑤ 경찰관은 제 4 항의 규정에 의하여 피구호자를 공중보건의료기관 또는 공공구호기관에 인계한 때에는 즉시 그 사실을 소속 경찰서장 또는 지방해양

40) http://www.police.go.kr/dqda/dataForeignNewsView.jsp

> 경찰관서의 장에게 보고하여야 한다. <신설 1988. 12. 31, 1996. 8. 8>
> ⑥ 제 5 항의 보고를 받은 소속 경찰서장 또는 지방해양경찰관서의 장은 대통령령이 정하는 바에 의하여 피구호자를 인계한 사실을 지체없이 당해 공중보건의료기관·공공구호기관의 장 및 그 감독행정청에 통보하여야 한다. <신설 1988. 12. 31, 1996. 8. 8>
> ⑦ 제 1 항의 규정에 의한 경찰관서에서의 보호는 24시간을, 제 3 항의 임시영치는 10일을 초과할 수 없다. <개정 1988. 12. 31>

(1) 보호조치의 의의

보호조치라 함은 자기 또는 타인의 생명·신체와 재산에 위해를 미칠 우려가 있는 자에 대해 그 위해를 방지하기 위하여 잠정적으로 신체의 자유를 제한하여 보호하는 조치를 말한다.

보호조치는 예방적 이유에 의한 경찰의 자유박탈이라 할 수 있다. 경찰관직무집행법 제 4 조 제 1 항에서 규정하고 있다.

참고로 일본이나 독일에서 보호라 함은 경찰권으로서 사람의 신체를 구속하여 경찰서 그 밖의 일정한 장소에 유치하는 것을 말한다.

보호조치는 경찰상의 즉시강제에 해당하는 것으로, 신체의 자유에 대한 제한을 수반하므로 엄격한 요건과 절차하에 행해져야 한다.

보호는 예방적 이유에 의한 경찰의 자유박탈이다. 따라서 보호의 실태는 형사소송법상의 구류와 동일하지만, 범죄의 수사 또는 범죄에 대한 제재로서 행해지는 것이 아닌 점에서 구별된다.

보호는 자유로운 의사형성이 불가능한 상태 또는 무력(無力)하여 의지할 바가 없는 상태에 있는 경우에 허용되고, 보호의 목적은 개인의 생명, 신체 등의 법익의 보호에 제한된다. 자유로운 의사에 의해 경찰의 신체를 질 것을 구하는 경우는 보호에 해당하지 아니한다.

독일의 경우에 보호조치 역시 강제구인과 마찬가지로 그 허용성과 지속기간에 대하여 법관의 결정이 필요하다. 모범초안 제13조상의 보호조치는 사람이 상당히 장기간에 걸쳐 보호되고, 그 곳으로부터의 이탈이 저지되는 경우에 존재한다. 그것은 자유의 박탈로서 기본법 제 2 조 제 2 항 제

3문에 따른 자유제한이 특히 강화된 형태이다. 한편 그러한 자유의 박탈을 위하여서는 기본법 제104조 제 2 항이 추가적인 요구를 규정하고 있는바, 그와 관련하여서는 비례의 원칙이 특히 고려되어야 한다.

(2) 보호조치의 요건과 대상

1) 보호조치의 요건

보호조치의 대상을 판단함에 있어서는 일반적 사회통념에 비추어 판단해야 한다. 따라서 합리적 판단에 의하지 않고 개인적 독단에 의한 강제조치는 위법하다.

우리나라 경찰관직무집행법은 보호조치의 요건으로서 수상한 거동 그 밖의 주위의 사정을 합리적으로 판단하여, 정신착란자 또는 술 취한 상태로 인하여 자기 또는 타인의 생명·신체와 재산에 위해를 미칠 우려가 있는 자와 자살을 기도하는 자로서 보호대상자에 대하여 응급의 구호를 요한다고 믿을만한 상당한 이유가 있는 경우를 규정하고 있다(제 4 조 제 1 항 제 1 호).

일본의 경우 보호를 요하는 것은 경찰관이 이상한 거동 그 밖의 주위의 사정으로부터 합리적으로 판단하여 정신착란 또는 만취로 인하여 자기 또는 타인의 생명, 신체 또는 재산에 위해를 미칠 우려가 있는 자에 해당하는 것이 명백하고, 또한 응급의 구호를 요한다고 믿을 만한 상당한 이유가 있는 자를 발견한 경우이다(일본 경찰관직무집행법 제 3 조 제 1 항 제 1 호).

2) 보호조치의 대상

경찰관직무집행법은 본인의 의사와 관계없이 강제보호조치를 취할 수 있는 대상자로서 정신착란자, 술 취한 상태에 있는 자, 자살을 기도하는 자를 규정하고 있다(제 4 조 제 1 항 제 1 호).

가. 정신착란자

정신착란자라 함은 정신적으로 이상이 있는 자를 말한다. 정신착란이란 정신이 사회통념상 명확히 정상이 아닌 상태·정상적인 판단능력이나 의사능력을 결한 상태에 있는 것을 말한다.

일본 판례에서는 만취나 경찰관에게 제압된 것에 의한 이상한 흥분, 각성제의 사용에 기인하는 환각, 피해망상, 감정둔마(感情鈍痲) 및 이상행동, 각성제의 영향에 의한 이상한 정신상태 등이 정신착란에 해당한다고 하며, 정신에 불안정한 면이 있었던 것, 정신에 약간 변조(變調: 말이나 행동이 이전과 다름)를 일으킨 것, 각성제단속법 위반에서의 검거를 면하기 위해 큰 소리를 내거나 저항한 것 등은 정신착란으로는 인정되고 있지 아니하다.41)

나. 술 취한 상태에 있는 자

술 취한 상태에 있는 자라 함은 과음(過飮)하여 사리분별력을 상실한 상태에 있는 자를 말한다.

판례 [1] 주취 상태에서의 운전은 도로교통법 제41조의 규정에 의하여 금지되어 있는 범죄행위임이 명백하고 그로 인하여 자기 또는 타인의 생명이나 신체에 위해를 미칠 위험이 큰 점을 감안하면, 주취운전을 적발한 경찰관이 주취운전의 계속을 막기 위하여 취할 수 있는 조치로는, 단순히 주취운전의 계속을 금지하는 명령 이외에 다른 사람으로 하여금 대신하여 운전하게 하거나 당해 주취운전자가 임의로 제출한 차량열쇠를 일시 보관하면서 가족에게 연락하여 주취운전자와 자동차를 인수하게 하거나 또는 주취 상태에서 벗어난 후 다시 운전하게 하며 그 주취 정도가 심한 경우에 경찰관서에 일시 보호하는 것 등을 들 수 있고, 한편 주취운전이라는 범죄행위로 당해 음주운전자를 구속·체포하지 아니한 경우에도 필요하다면 그 차량열쇠는 범행 중 또는 범행 직후의 범죄장소에서의 압수로서 형사소송법 제216조 제3항에 의하여 영장 없이 이를 압수할 수 있다. [2] 경찰관의 주취운전자에 대한 권한 행사가 관계 법률의 규정 형식상 경찰관의 재량에 맡겨져 있다고 하더라도, 그러한 권한을 행사하지 아니한 것이 구체적인 상황하에서 현저하게 합리성을 잃어 사회적 타당성이 없는 경우에는 경찰관의 직무상 의무를 위배한 것으로서 위법하게 된다(대판 1998. 5. 8, 97다54482〈구상금〉: 음주운전으로 적발된 주취운전자가 도로 밖으로 차량을 이동하겠다며 단속경찰관으로부터 보관중이던 차량열쇠를 반환받아 몰래 차량을 운전하여 가던 중 사고를 일으킨 경우, 국가배상책임을 인정한 사례).

일본 판례는 만취를 심신상실의 상태에 달하여 있을 것을 요하지 아니한다고 하며, 약간 음주명정(飮酒酩酊)한 것에 지나지 않는 것, 음주 때문에 조폭(粗暴)하고 반발적 태도인 것 등은 만취에 해당하지 않는 것으로

41) 宮田三郎(한귀현 역), 앞의 책, 88쪽.

본다.[42)]

다. 자살을 기도하는 자

자살을 기도하는 자라 함은 극약을 소지하였거나 투신 목적으로 강변에서 방황하는 등 주위의 상황과 본인의 거동 등을 합리적으로 판단할 때에 자살을 결행할 위험성이 있는 자를 말한다.

일본의 경우에 자살의 우려가 있는 자에 관하여는 전전(戰前) 행정집행법 제 1 조에 의해 "자살을 기도하는 자"가 보호검색의 대상으로 되고, 이것이 남용되었기 때문에 현행법에서는 보호의 대상으로 받아들이지 않고 있다.

그러나 자살의 방지는 그 필요성 및 긴급성이 높은 것으로 계속적인 신체구속은 할 수 없지만 상황에 따라서는 극히 강한 형태에서의 설득이나 실력에 의한 제지가 허용된다고 한다.[43)] 또한 자살의 방지는 경찰관직무집행법에 의한 것이 아니라 경찰법 제 2 조의 직무의 수행이라고 보는 견해도 있다.[44)]

3) 보호조치의 방법

경찰관직무집행법은 보호조치의 방법으로서 보건의료기관 또는 공공구호기관에 긴급구호를 요청하거나 경찰관서에 보호하는 등 적당한 조치를 할 수 있다고 규정하고 있다(제 4 조 제 5 항).

가. 보호조치기관

경찰관직무집행법은 보호조치기관으로 보건의료기관 또는 공공구호기관을 들고 있다.

여기서 보건의료기관이라 함은 보건소, 병원, 한의원, 조산소 등 응급조치로 생명·신체의 구조를 행할 수 있는 공·사 기관을 말한다. 그리고 공공구호기관이라 함은 국가나 지방자치단체가 설립한 아동보호소, 부녀보호소, 양로원 등의 일체의 사회보장시설을 말한다.

일본의 경우 경찰관은 보호의 요건에 해당하는 자를 발견한 때에는

42) 宮田三郎(한귀현 역), 앞의 책, 88쪽.
43) 古谷洋一, 前揭書, 186頁.
44) 警察法令研究會編, 新版註解警察官職務執行法, 80頁.

우선 경찰서, 병원, 정신병자수용시설, 구호시설 등의 적당한 장소에서 이를 보호하여야 한다(일본 경찰관직무집행법 제 3 조 제 1 항). 여기서 적당한 장소라 함은 보호를 요하는 구체적 상황에 따라 공공시설, 민가라도 상관없다고 한다.

나. 본인의 의사에 반한 보호조치 가능 여부

적당한 조치와 관련하여 본인의 의사에 반하여 할 수 있는가가 문제가 된다. 본인의 의사와 관계없이 강제보호조치를 취할 수 있는 대상자인 정신착란자, 술 취한 상태에 있는 자, 자살을 기도하는 자는 가능하다.

다. 응급구호조치의 법적 성질과 관련사례

응급을 요하는 구호조치는 즉시강제이며 상대방에게 수인의무가 있다. 본인이 거절하는 경우에도 법률의 규정을 획일적으로 적용함이 없이 충분한 의사능력이나 판단능력을 결여한다고 인정되는 경우에는 저항을 배제하여 강제적으로 보호할 수 있다고 해석하여야 한다.

일본판례에서는 폭언을 하고 침을 뱉는 등을 한 만취자의 양발에 수갑을 채워 제압한 행위[45]를 적법하다고 하고, 등수갑의 사용[46]은 위법이라고 한다.

독일의 경우 보호조치는 필연적으로 그를 위해 준비된 장소에서만 행해질 필요는 없다. 따라서 자동차 안에서의 장기간에 걸친 구금이나 시위대를 포위하는 것도 보호조치에 속한다. 그러나 행정행위의 강제적 실현을 위하여 행해지는 이른바 '잠정적인 이송조치'는 그것이 난지 단기간에 행하여지고 행정행위의 강제적 실현을 위하여 필요한 것에 국한되는 한 보호조치에 해당하지 않는다.

신원확인을 위하여 또는 소환에 응하지 않는 것과 관련하여 사람을 단기간 구금하는 것도 독일 보빔초안 제13조와 기본법 제104조 제 2 항상의 보호조치는 아니다.[47]

45) 岡山地判 平成 6. 4. 21, 判時 127號, 95頁.
46) 高知地判 昭和 48. 11. 14, 下民集 24卷 9~12號, 836頁.
47) Wolf-Rüdiger Schenke(서정범 역), 앞의 책, 78쪽.

4) 긴급구조요청의 거부금지

경찰관직무집행법은 "긴급구조요청을 받은 보건의료기관이나 공공구호기관은 정당한 이유없이 긴급구호를 거절할 수 없다"고 규정하고 있다(제 4 조 제 2 항).

여기서 정당한 이유라 함은 의사의 장기출장이나 병원의 수리 등과 같이 객관적으로 보아 진료가 불가능한 상태를 말하므로 의사가 취침중이라든가 병원시설이 일부 부족한 상태와 같은 상황은 적정한 조치하에서 진료가 가능하므로 정당한 이유가 있는 때에 포함되지 않는다.

5) 위험야기물건의 임시영치

보호조치의 경우 피구호자가 휴대하고 있는 무기·흉기 등 위험을 야기할 수 있는 것으로 인정되는 물건은 경찰관서에 임시영치할 수 있다(제 4 조 제 3 항).

여기서 임시영치라 함은 물건의 소지가 경찰상 위험을 발생케 할 만한 상당한 이유가 있다고 인정되는 경우에 일시 그 소지를 박탈하여 경찰관서에서 강제적으로 보관하는 것을 말한다.

이 경우에 임시영치를 한 경찰관서의 장은 상대방에게 그 증명서를 교부하여 임시영치한 사실을 증명하고 그 반환이 원활하게 이루어지도록 하여야 한다.[48)]

국가경찰공무원이 법 제 4 조 제 3 항의 규정에 의하여 무기·흉기 등을 임시영치한 때에는 소속 국가경찰관서의 장(지방해양경찰관서의 장을 포함한다. 이하 같다)은 그 물건을 소지하였던 자에게 별지 제 1 호서식에 의한 임시영치증명서를 교부하여야 한다(동법 시행령 제 2 조).

독일 모범초안 제21조에 따르면 현재의 위험을 방지하고 소유권자 또는 적법한 점유자를 물건의 망실 또는 훼손으로부터 보호하기 위하여 물건을 영치(Sicherstellung)할 수 있다. 나아가서 적법하게 구금된 자가 휴대하고 있는 물건은 그것이 자살(自殺) 또는 자상(自傷)을 하거나, 타인의 생명 또는 건강을 해하거나, 타인의 물건에 손상을 가하거나, 도주를 가능

48) 장영민·박기석, 앞의 보고서, 118쪽.

또는 용이하게 할 목적으로 사용될 수 있을 때에 영치될 수 있다. 이것은 약간의 예외를 제외하고는 실정법과도 일치한다. 영치의 사유가 소멸한 경우에는 – 결과제거청구권의 결과 – 물건은 정당한 권원(權原)을 가진 자에게 반환되어야 한다(모범초안 제24조). 영치는 원칙적으로 공적 영치행위(amtliche Verwahren, 모범초안 제24조)에 따라 행해진다. 이로 인한 공법상의 임치관계가 발생하며, 그에는 민법상의 임치계약에 관한 규정이 유추적용된다. 이러한 임치관계로부터 발생하는 계약에 준하는 공법적 의무의 위반이 있는 경우에는 공행정주체는 그의 유책행위에 대하여 책임을 지는 바, 이 경우 그 한도 내에서 민법상의 과실의 추정 또는 유추적용될 것이 고려된다.[49]

일본의 경우에 일시보관·가영치는 현재의 위험의 방지를 위해 허용된다. 위험이 물건(광견), 물건의 사용의 추상적인 위험가능성(권총) 또는 구체적인 위험가능성(만취자가 사용하려고 하고 있는 자동차의 열쇠)에서 발생하는가 어떤가는 중요하지 않다. 체포자에 관하여 흉기검사를 인정하는 일본 경찰관직무집행법 제 2 조 제 4 항의 규정은 우리나라 경찰관직무집행법(제 4 조 제 3 항)과는 달리, 흉기를 발견한 때의 조치에 관해서는 규정하고 있지 않지만, 흉기를 빼앗아 이것을 일시보관하는 것을 인정하는 취지라고 해석되고 있다.[50] 경찰관은 총포·도검류 등을 휴대하거나 또는 운반하고 있는 자가 이상한 거동 그 밖의 주위의 사정으로부터 합리적으로 판단하여 타인의 생명 또는 신체에 위해를 미칠 우려가 있다고 인정될 경우에는 그 위해를 방지하기 위해 필요가 있는 때에는 이것을 제출하게 하여 일시보관할 수 있다(총포·도검류소지등단속법 제24조의2 제 2 항). 도도부현공안위원회는 총포 등의 수수·운반 및 휴대를 금지 또는 제한한 경우 또는 총포 등의 소지의 허가를 취소해야 할 사유가 발생하고 또한 사람의 생명 또는 재산에 대한 위해의 방지를 위해 필요가 있는 경우, 총포 등의 제출을 명하여 이것을 가영치를 할 수 있다(총포·도검류소지등단속법 제11조, 제26조).

49) Wolf-Rüdiger Schenke, a.a.O., S. 73.

50) 田宮 裕·河上和雄, 大コンメンタール警察官職務執行法, 232頁.

6) 보호조치의 결정권자

우리나라 경찰관직무집행법에는 보호조치의 결정권자로 경찰관을 명시하고 있다. 그리고 경찰관이 보호조치를 한 때에는 지체없이 이를 피구호자의 가족·친지 그 밖의 연고자에게 그 사실을 통지하여야 하며, 연고자가 발견되지 아니할 때에는 피보호자를 적당한 공중보건의료기관이나 공공구호기관에 즉시 인계하도록 규정하고 있다.

독일 모범초안 제14조 제 1 항 제 2 문에 따르면, 보호조치의 결정권자는 원칙적으로 경찰이다. 다만, 보호조치에 근거하여 사람을 구금한 경우에는 경찰은 지체없이 지위박탈의 허용성과 계속성에 관한 법관의 결정을 받도록 하고 있으며, 자유박탈의 근거가 소멸된 이후에야 비로소 법관의 결정이 행해질 것이라는 것이 인정될 수 있을 때에는 법관의 결정을 요하지 않는다고 규정하고 있다. 또한 모범초안 제14조 제 2 항은 모범초안 제14조 제 1 항에 따른 결정을 지방법원 지원의 권한으로 하고 있다.

7) 보호조치기간

우리나라나 일본의 경찰관직무집행법상 보호는 24시간을 초과하여서는 안된다고 규정하고 있다. 일본의 경찰관직무집행법은 부득이한 사정이 있다고 인정하여 계속해서 보호하는 것을 승인하는 간이재판소의 재판관의 허가장이 있는 경우에는 그러하지 아니하며(동조 제 3 항), 이 경우에도 5일을 초과하여 보호의 기간을 연장할 수는 없으며(동조 제 4 항), 24시간 이내라도 보호의 요건이 없게 된 경우에는 그 시점 이후는 보호를 계속할 수 없다고 규정하고 있다.

일본 판례는 만취상태를 벗어난 후에 있어서의 보호의 계속은 필요 이상의 신체의 구속으로 위법이고,[51] 또한 피보호자의 상태에서 보아 가족 등에게 인도하는 것이 적당하지 않는 경우에는 신체구속으로부터 24시간 이내의 한도에서 친족 등의 면회·인도요구를 거절할 수 있다고 판시하고 있다.[52]

---

51) 大阪地判 平成 5. 7. 12, 判時 1478號, 146頁.

52) 福岡地判 昭和 56. 11. 20, 判タ 460號, 123頁.

독일 모범초안 제16조 제 1 항에는 자유박탈의 기간이 규율되어 있는데, 보호조치의 근거가 소멸하거나 계속적인 자유박탈이 법관의 결정에 의하여 허용되지 않는 것으로 판명되었을 때는 피구금자를 석방하여야 한다. 또한 어떠한 경우에도 법관이 다른 법률에 근거하여 보호조치의 계속을 명하지 않는 한 늦어도 다음날 자정까지는 피구금자를 석방하여야 한다.

(3) 보호조치와 적법절차

우리나라의 경찰관직무집행법은 보호조치로 인한 개인의 권익침해를 방지하기 위하여 일정한 적법절차조항을 두고 있다. 즉, "경찰관이 제 1 항의 조치를 한 때에는 지체없이 이를 피구호자의 가족·친지 그 밖의 연고자에게 그 사실을 통지하여야 하며, 연고자가 발견되지 아니할 때에는 피보호자를 적당한 공중보건의료기관이나 공공구호기관에 즉시 인계하여야 한다"고 규정하고 있다(제 4 조 제 4 항).

판례1 경찰관직무집행법 제 4 조 제 1 항, 제 4 항에 의하면 경찰관은 수상한 거동 기타 주위의 사정을 합리적으로 판단하여 술 취한 상태로 인하여 자기 또는 타인의 생명, 신체와 재산에 위해를 미칠 우려가 있는 자에 해당함이 명백하여 응급의 구호를 요한다고 믿을 만한 상당한 이유가 있는 자를 발견한 때에는 24시간을 초과하지 아니하는 범위 내에서 동인을 경찰관서에 보호하는 등 적절한 조치를 취할 수 있으나, 이 경우에도 경찰관이 이러한 조치를 한 때에는 지체없이 이를 피구호자의 가족, 친지, 기타의 연고자에게 그 사실을 통지하여야 한다(대판 1994. 3. 11, 93도968).

판례2 경찰서 조사대기실이 조사대기자 등의 도주방지와 경찰업무의 편의성 등을 위한 수용시설로서 그 안에 대기하고 있는 사람들의 출입이 제한되는 시설이라면, 일단 그 장소에 유치되는 사람은 그 의사에 기하지 아니하고 일정 장소에 구금되는 결과가 되므로 경찰관직무집행법상 정신착란자, 주취자, 자살기도자 등 응급의 구호를 요하는 자를 24시간을 초과하지 아니하는 범위 내에서 경찰관서에 보호조치할 수 있는 시설로 제한적으로 운영되는 경우를 제외하고는 구속영장을 발부받음이 없이 조사대기실에 유치하는 것은 영장주의에 위배되는 위법한 구금이라고 하지 않을 수 없다(대판 1995. 5. 26, 94다37226).

여기서 가족·친지 그 밖의 연고자라 함은 민법규정에 의해 그 범위가 정해지는데, 가족·친지는 민법상의 가(家)의 소속구성원 및 인척 등을 포괄적으로 말하고, 연고자라 함은 본인과 사회적·심리적으로 긴밀한 관계자(예: 내연의 처 등)를 말한다.

그리고 적당한 공중보건 의료기관이나 공공구호기관이라 함은 법령에 의해 요부조자를 구호할 의무를 지는 기관 및 법령에 의해 규정되어 있지는 않지만 사회통념상 보호에 적당한 시설로 인정되는 기관이 포함된다. 일본 경찰관직무집행법 제 3 조 제 2 항은 "적당한 공중보건 또는 공공복지를 위한 기관 또는 법령에 의해 책임을 부담하는 다른 기관"으로 규정되어 있는데, 우리보다는 구체적으로 명시하고 있다.

그리고 경찰관직무집행법은 "경찰관은 제 4 항의 규정에 따라 피구호자를 공중보건의료기관 또는 공공구호기관에 인계한 때에는 즉시 그 사실을 소속경찰서장에게 보고하여야 한다"고 규정하고 있다(제 4 조 제 5 항).

또한 경찰관직무집행법은 "제 5 항의 보고를 받은 소속경찰서장은 대통령령이 정하는 바에 의하여 구호보호자를 인계한 사실을 지체없이 당해 공중보건의료기관·공공구호기관의 장 및 그 감독행정청에 통보하여야 한다"고 규정하고 있다(제 4 조 제 6 항). 법 제 4 조 제 6 항의 규정에 따른 경찰서장 또는 해양경찰서장의 공중보건의료기관·공공구호기관의 장 및 그 감독행정청에 대한 통보는 별지 제 2 호 서식에 의한다(동법 시행령 제 3 조).

한편 일본의 경우에 경찰관이 보호조치를 취한 경우에는 가능한 한 신속히 그 자의 가족, 친지, 그 밖의 관계자에게 이를 통지하고 그 자의 인수방법에 관하여 필요한 준비를 하여야 한다. 책임 있는 가족, 친지 등이 발견되지 않을 때에는 신속히 그 사건을 적당한 공중보건 또는 공공복지를 위한 기관 또는 이러한 자의 처리에 대하여 법령에 의해 책임을 지는 다른 공공기관에 그 사건을 인계하여야 한다(동조 제 2 항). 일반적으로 보호되어야 하는 자에 관하여는 생활보호법, 아동복지법 등이 보호를 맡을 기관을 정하고 있다. 복지사무소(생활보호법 제19조, 아동복지법 제25조), 아동상담소(아동복지법 제25조) 등이 그것이다. 경찰관은 경찰에서 보호하고 있는 자의 성명, 주소, 보호의 이유, 보호 및 인도의 일시 등을 매주 간이재판소에 통지하여야 한다(경찰관직무집행법 제 3 조 제 5 항).

독일 모범초안 제15조에 따르면 보호조치의 대상이 된 자에게는 지체없이 그 이유를 고지하여야만 한다. 나아가 그로 인하여 자유박탈의 목적이 위협받지 않는 한, 보호조치의 대상이 된 자에게 친족 또는 신뢰할 수 있는 사람에게 연락을 취할 가능성을 제공하여야만 한다. 미성년자 또는 성년자라도 행위능력이 없는 자의 경우에는 언제나 지체없이 그의 보호자에게 통지하여야 한다. 보호자의 동의가 없이는 그들을 기결수 또는 미결수와 함께 수용하여서는 아니된다. 모범초안 제13조에 따른 보호조치가 기본법 제104조상의 자유의 박탈이기 때문에 그 한도에서 필요한 절차는 모범초안 제14조부터 제16조까지에서 규율되고 있다. 이들 규정은 비사법적 자유의 박탈에 관하여는 지체없이 법관의 결정을 받아야 한다는 사정을 고려하고 있다.

(4) 범죄수사와의 관계

일본의 경우에 보호는 범죄의 예방이나 수사를 위해 이용하는 것은 허용되지 아니한다.

그러나 일본 판례는 보호 중인 정신착란자로부터의 강제채뇨가 범죄의 수사상 부득이한 경우는 위법하지 않다고 본다.

판례 피고인은 착란상태에 빠져 있어 임의의 소변의 제출을 기대할 수 없는 상황에 있었던 것으로 인정되고 본건 피의사실의 중대성, 혐의의 존재, 당해 증거의 중요성과 그 취득의 필요성, 적당한 대체수단의 부존재 등의 사정에 비추어 보면, 본건 강제채뇨는 범죄의 수사상 실로 부득이한 경우에 실시되는 것이라 할 수 있으므로 위 절차에 위법은 없다(最決 平成 3. 7. 16, 刑集 45卷 6號, 201頁).

(5) 임시영치의 기간

우리나라 경찰관직무집행법은 사인의 소유권 보호 차원에서 제 1 항의 규정에 따른 경찰관서에서의 보호는 24시간을, 제 3 항의 규정에 따른 임시영치는 10일을 초과할 수 없다(제 4 조 제 7 항)고 규정하고 있으나, 총포·마약 등의 금제품(禁制品)의 경우에는 법정절차에 따라 영치·몰수 등의 조치가 취해진다.

한편 독일 모범초안은 ① 현재의 위험을 방지해야 할 때, ② 소유권자 또는 적법한 점유자를 물건의 망실 또는 훼손으로부터 보호하기 위하여, ③ 이 법률 또는 다른 법규에 의하여 구금된 자가 휴대하고 있는 물건이 자살 또는 자상, 타인의 생명 또는 건강의 훼손, 타인의 물건에 대한 손상, 도주를 가능 또는 용이케 할 목적으로 사용될 수 있을 때는 물건을 영치할 수 있다고 규정하고 있다(제21조).

(6) 보호실

1) 보호실의 의의

보호실이라 함은 경찰서 내에 일정한 자를 사실상 유치하기 위해 설치한 구역을 말한다.

이는 보호조치된 자를 수용하기 위해 설치·운영되고 있는 시설이다. 따라서 피보호자 외에 형사절차상의 연행자든가 불구속 피의자, 임의동행자 등은 보호실에 유치될 수 없다.

보호실은 각 경찰서 수사과와 형사과에서 사용하는 형사대기실과 보안과에서 사용하는 즉결대기실의 두 가지로 나눌 수 있다.

2) 유치장과의 구별

유치장은 법률이 정한 절차에 따라 구속되거나 신체의 자유를 제한하는 판결 또는 처분을 받은 자를 수용하기 위한 시설(제 9 조)로서 보호시설인 보호실과는 그 법적 성격을 달리한다.

3. 위험발생의 방지조치

> 제 5 조(위험발생의 방지) ① 경찰관은 인명 또는 신체에 위해를 미치거나 재산에 중대한 손해를 끼칠 우려가 있는 천재, 사변, 공작물의 손괴, 교통사고, 위험물의 폭발, 광견·분마류 등의 출현, 극단한 혼잡 기타 위험한 사태가 있을 때에는 다음의 조치를 할 수 있다.
>
> 1. 그 장소에 집합한 자, 사물의 관리자 기타 관계인에게 필요한 경고를 발하는 것
> 2. 특히 긴급을 요할 때에는 위해를 받을 우려가 있는 자를 필요한 한도 내

> 에서 억류하거나 피난시키는 것
> 3. 그 장소에 있는 자, 사물의 관리자 기타 관계인에게 위해방지상 필요하다고 인정되는 조치를 하게 하거나 스스로 그 조치를 하는 것
> ② 경찰관서의 장은 대간첩작전수행 또는 소요사태의 진압을 위하여 필요하다고 인정되는 상당한 이유가 있을 때에는 대간첩작전지역 또는 경찰관서·무기고 등 국가중요시설에 대한 접근 또는 통행을 제한하거나 금지할 수 있다.
> ③ 경찰관이 제 1 항의 조치를 한 때에는 지체없이 이를 소속경찰관서의 장에게 보고하여야 한다.
> ④ 제 2 항의 조치를 하거나 제 3 항의 보고를 받은 경찰관서의 장은 관계기관의 협조를 구하는 등 적당한 조치를 하여야 한다.

(1) 의 의

위험발생의 방지조치라 함은 인명 또는 신체에 위해를 미치거나 재산에 중대한 손해를 끼칠 우려가 있는 위험한 사태가 있을 때에 그 위험을 방지하기 위하여 취하는 조치를 말한다.

경찰관직무집행법 제 5 조는 위험발생의 방지에 대해 규정하고 있다. 위험발생의 방지를 위하여 경찰관이 취해야 할 수단과 요건을 규정하고, 직무를 명확하게 하여 이것을 공무로서 보장함과 아울러 그 권한의 남용을 방지하고자 하는 것이 본 규정을 둔 취지이다.

위험발생 방지조치는 경찰상 즉시강제수단의 일종이며 대인적·대물적·대가택적 강제수단이라 할 수 있다.

(2) 위험발생의 방지조치의 종류

일반적 위험방지조치와 대간첩 작전수행과 소요사태진압을 위한 통행제한조치로 나눌 수 있다.

1) 일반적 위험방지조치

가. 요 건

우리나라 경찰관직무집행법은 "인명 또는 신체에 위해를 가하거나 재산에 중대한 손해를 끼칠 우려가 있는 천재, 사변, 공작물의 손괴, 교통사

고, 위험물의 폭발, 광견·분마류 등의 출현, 극심한 혼란 그 밖의 위험한 사태가 있을 때"를 일반적 위험방지조치의 요건으로서 들고 있다(제 5 조).

일본 경찰관직무집행법 제 4 조 제 1 항에 따르면, 조치의 요건은 ① 사람의 생명·신체 또는 재산에 손해를 미칠 우려가 있는 천재, 사변, 공작물의 손괴, 교통사고, 위험물의 폭발, 광견(狂犬), 분마(奔馬) 등의 출현, 극단적인 혼잡 등 위험한 사태가 있는 경우 및 ② 특히 긴급을 요하는 경우이다. "긴급을 요하는 경우"가 우리 법에 비해 추가되어 있는 요건이다.

나. 대 상

경찰관직무집행법은 위험방지조치의 대상으로서 그 장소에 집합한 자, 사물의 관리자, 그 밖의 관계인, 특히 긴급을 요할 때에는 위해를 받을 우려가 있는 자를 규정하고 있다(제 5 조 제 1 항).

다. 수 단

경찰관직무집행법은 특히 긴급을 요할 때에는 위해를 받을 우려가 있는 자에 대하여 필요한 한도 내에서 억류하거나 피난시킬 수 있다고 하여(제 5 조 제 1 항 제 2 호), 억류와 피난조치를 위험발생의 방지조치의 하나로 들고 있다.

억류조치나 피난조치는 당사자의 의사에 반하여 강제로 행해질 수 있다.

여기서 억류(抑留)라 함은 위험한 장소에 들어가지 못하도록 상대방의 의사에 불구하고 실력으로 저지하는 것을 말한다.

> 예를 들면, 화재가 난 건물에 들어가려는 건물주인을 들어가지 못하도록 제지하는 것을 들 수 있다.

피난(避難)이라 함은 위험한 장소로부터 물러남을 실력으로 가능케 하는 것을 말한다.

> 예를 들면, 하천이 범람하여 주민의 생명에 위험이 될 때 주민의 생명을 보호하기 위하여 주민을 대피시키는 것을 들 수 있다.

일본의 경우에 피난강제라 함은 사람의 생명·신체 또는 재산에 위해를 미칠 우려가 있는 위험한 사태가 있는 경우에 특히 긴급을 요하는 때, 위해를 받을 자에 대해 이것을 만류 또는 피난하게 하거나 또는 스스로 위해방지를 위해 필요한 조치를 취하는 것을 말한다.

경찰관은 위험사태가 발생한 경우 스스로 그 조치를 취할 수 있다(제 5 조 제 1 항 제 3 호).

판례 경찰관직무집행법 제 5 조는 경찰관은 인명 또는 신체에 위해를 미치거나 재산에 중대한 손해를 끼칠 우려가 있는 위험한 사태가 있을 때에는 그 각호의 조치를 취할 수 있다고 규정하여 **형식상 경찰관에게 재량에 의한 직무수행권한을 부여한 것처럼 되어 있으나, 경찰관에게 그러한 권한을 부여한 취지와 목적에 비추어 볼 때 구체적인 사정에 따라 경찰관이 그 권한을 행사하여 필요한 조치를 취하지 아니하는 것이 현저하게 불합리하다고 인정되는 경우에는 그러한 권한의 불행사는 직무상의 의무를 위반한 것이 되어 위법하게 된다**… 경찰관이 농민들의 시위를 진압하고 시위과정에 도로상에 방치된 트랙터 1대에 대하여 이를 도로 밖으로 옮기거나 후방에 안전표지판을 설치하는 것과 같은 위험발생방지조치를 취하지 아니한 채 그대로 방치하고 트랙터를 피하려다가 다른 트랙터에 부딪혀 상해를 입었으므로 국가배상책임이 인정된다(대판 1998. 8. 25, 98다16890).

경찰관이 스스로 취하는 조치는 즉시강제이다.

2) 대간첩작전수행과 소요사태진압을 위한 통행제한조치

경찰관서의 장은 대간첩 작전수행 또는 소요사태의 진압을 위하여 필요하다고 인정되는 상당한 이유가 있을 때에는 대간첩 작전지역 또는 경찰관서·무기고 등 국가중요시설에 접근 또는 통행을 제한하거나 금지할 수 있다(제 5 조 제 2 항).

이 규정은 대간첩작전을 수행하거나 소요사태를 진압할 때에 무장공비나 소요군중으로부터 일반인을 분리시키고, 특정중요시역을 보호히기 위한 소요군중의 진입저지선을 설정할 수 있도록 하며, 직진이나 소요사태의 진압과정에서 파생될 우려가 있는 일반국민의 피해를 막고 무기탈취나 국가중요기관의 피습을 방지하여 작전 및 진압의 효율적 수행을 보장할 수 있도록 함으로써 대규모 피해상황을 방지하기 위한 초기단계의 대책이라 할 수 있다. 통행제한조치 등의 수단으로서는 접근 또는 통행의 제한·금지와 고지를 규정하고 있다(제 5 조 제 2 항). 접근 또는 통행의 제한 또는 금지의 대상은 대간첩 작전지역 또는 경찰관서·무기고 등 국가중요시설이다.

국가경찰관서의 장은 법 제 5 조 제 2 항의 규정에 의하여 대간첩작전지역 등에 대한 접근 또는 통행을 제한하거나 금지한 때에는 보안상 부득이한 경우를 제외하고는 지체없이 그 기간·장소 기타 필요한 사항을 방송·벽보·경고판·전단살포 등 적당한 방법으로 일반인에게 널리 알려야 한다. 이를 해제한 때에도 또한 같다(동법 시행령 제 4 조).

3) 사후절차

우리나라의 경찰관직무집행법은 경찰관이 위험발생의 방지조치를 취한 때에는 소속 경찰관서의 장에게 보고하여야 하고 경찰관소의 장은 관계기관의 협조를 구하는 등의 적당한 조치를 하도록 규정하고 있다(제 5 조 제 3 항, 제 4 항).

일본의 경우 경찰관이 취한 피난 등의 조치에 관하여는 순서를 거쳐 공안위원회에 보고하여야 하고 공안위원회는 다른 공공기관에 대해 그 후의 처리에 관하여 필요하다고 인정하는 협력을 구하기 위해 적당한 조치를 취하여야 한다(동조 제 2 항)고 규정하여 우리나라와 매우 흡사하다.

4. 위험방지를 위한 출입 등

제 7 조(위험방지를 위한 출입) ① 경찰관은 제 5 조 제 1 항·제 2 항 및 제 6 조 제 1 항에 규정한 위험한 사태가 발생하여 인명·신체 또는 재산에 대한 위해가 절박한 때에 그 위해를 방지하거나 피해자를 구조하기 위하여 부득이하다고 인정할 때에는 합리적으로 판단하여 필요한 한도 내에서 타인의 토지·건물 또는 선차 내에 출입할 수 있다.

② 흥행장·여관·음식점·역 기타 다수인이 출입하는 장소의 관리자 또는 이에 준하는 관계인은 그 영업 또는 공개시간 내에 경찰관이 범죄의 예방 또는 인명·신체와 재산에 대한 위해예방을 목적으로 그 장소에 출입할 것을 요구한 때에는 정당한 이유없이 이를 거절할 수 없다.

③ 경찰관은 대간첩작전수행에 필요한 때에는 작전지역 안에 있어서의 제 2 항에 규정된 장소 안을 검색할 수 있다.

④ 제1항 내지 제3항의 규정에 의하여 경찰관이 필요한 장소에 출입할 때에는 그 신분을 표시하는 증표를 제시하여야 하며, 함부로 관계인의 정당한 업무를 방해하여서는 아니 된다.

(1) 의 의

경찰관은 경찰상 위해의 예방을 위하여 타인의 토지·건물 또는 선차 등 장소에 출입하여 조사할 필요가 있다. 그래서 경찰관직무집행법 제7조는 위해의 방지, 피해자의 구조와 대간첩작전의 수행을 위하여 경찰관이 일정한 요건하에서 일정한 장소에 출입할 수 있음을 규정하고 있다.

그러나 이는 주거의 자유를 제한하는 것이므로 엄격한 요건하에서 인정되어야 한다. 즉, 비공개된 장소에 대한 예외적 출입이므로 기본권과의 관련상 보다 엄격한 요건이 요구된다.

판례 경찰관들이 한양대학교 출입문에서 집회참가자의 출입을 저지한 것은 집회장소 사용승낙을 하지 않은 한양대학교 당국의 집회저지요청에 따른 것임을 알 수 있어서 이는 경찰관직무집행법 제6조의 주거침입행위에 대한 사전제지조치로 보지 못할 바 아니다(대판 1990. 8. 14, 90도870).

경찰관직무집행법 제7조의 "위험방지를 위한 출입 등"은 대가택적 직접강제 또는 즉시강제수단으로서 동조 제1항은 긴급출입을, 동조 제3항은 대간첩작전을 위한 검색을, 동조 제4항은 출입·검색시의 주의사항을 규정하고 있다.

여기서 출입이라 함은 경찰관이 토지 또는 건물의 관리자의 동의없이 또는 그 의사에 반하여 사람의 생명, 신체 또는 자유에 대한 현실의 위험을 방지하기 위해 또는 물건의 검사·조사 등 정보수집을 위해 개인이나 사업소의 토지나 건물에 들어가는 것을 말한다.

출입은 사실행위이고 실력행사에 의해 강제할 수가 있다.

출입을 함이 없이 가옥의 파수, 도청, 적외선카메라에 의한 감시는 프라이버시를 침해하는 것으로서 허용되지 아니한다.

출입은 ① 위험방지를 위한 출입과, ② 검사·조사를 위한 출입으로 구별할 수 있다. 경찰관직무집행법은 위험방지를 위한 출입에 대해서만 규정하고 있고, 조사·검사를 위한 출입에 대해서는 소방법, 영업법, 환경법 등에서 규율하고 있다.

경찰관직무집행법 제 6 조 제 1 항은 경찰관은 전 2조에 규정하는 위험한 사태가 발생하여 사람의 생명, 신체 또는 재산에 대해 위해가 절박한 경우에 그 위해를 예방하고 손해의 확대를 방지하거나 피해자를 구조하기 위하여 부득이하다고 인정할 때에는 합리적으로 필요하다고 판단되는 한도 내에서 타인의 토지, 건물 또는 선차(船車) 내에 출입할 수 있다고 규정하고 있다. 따라서 벌칙의 규정이 없다. 법 제 6 조 제 1 항의 규정에 의하여 범죄행위를 제지한 때에는 국가경찰공무원은 소속 국가경찰관서의 장에게 이를 보고하여야 한다(동법 시행령 제 7 조 제 4 호).

경찰관직무집행법 제 6 조 제 3 항은 경찰관은 출입에 있어서는 함부로 관계자의 정당한 업무를 방해해서는 안 된다고 규정하고 있다. 그리고 제 4 항은 경찰관은 출입에 있어서 그 장소의 관리자 또는 이에 준하는 자로부터 요구받은 경우에는 그 이유를 고지하면서 그 신분을 표시하는 증표를 제시해야 한다고 규정하고 있다.

(2) 긴급출입

긴급출입이 가능한 경우는 경찰관직무집행법 제 5 조 제 1 항(인명 또는 신체에 위해를 미치거나 재산에 중대한 손해를 끼칠 수 있는 천재·사변, 공작물의 손괴, 교통사고, 위험물의 폭발, 광견·분마류 등의 출현 및 극심한 혼잡 등의 발생)·제 2 항(대간첩작전의 수행중이거나 소요사태가 발생한 경우) 및 제 6 조 제 1 항(범죄행위가 목전에 행하여지려고 하는 것을 인정한 때)에 규정한 위험한 사태의 발생, 인명·신체 또는 재산에 대한 위해가 절박한 때, 위해를 방지하거나 피해자를 구조하기 위하여 부득이하다고 인정할 때 등이며, 긴급출입은 합리적으로 판단하여 필요한 한도 내에서 출입할 수 있다(제 7 조 제 1 항).

긴급출입장소에 대해 법은 타인의 토지, 건물, 선차를 예시적으로 규정하고 있는데, 경찰권이 미치는 범위 내에서는 긴급출입의 객체로서 실질적으로 장소적 제한은 없다고 할 수 있다.

그러나 범죄수사의 목적을 위하여 경찰관이 긴급출입을 행하는 것은 허용되지 아니하고, 강제적인 수색·압수에 대하여는 영장을 필요로 한다.

독일에서 주거에의 출입과 관련하여 특기할 판례는 슈투트가르트(Stuttgart) 고등법원 1972년 2월 2일 판결이다.[53] 야간에 부부싸움으로 일시 가출한 부인이 다시 귀가하고자 하였으나 남편이 문을 열어주지 않고 있는 상태에서 경찰관은 현관의 유리창을 부수고 현관문을 열었는데, 이러한 행위는 주택에 대한 공동점유권 및 공동사용권을 가진 부인의 동의를 받았다는 점에서 정당한 직무집행으로 평가되었다.

그러나 사권보호를 위한 주거출입에 항상 거주자의 동의가 필요한 것은 아니다.

> 예를 들면, 연휴기간 중에 빈 주택에서 수도관이 파열되어 주택 내부가 침수될 우려가 있는 경우 이를 순찰 도중 발견한 경찰관은 그 주택소유자의 동의 없이도 주택출입문을 부수고서라도 열어 수도관 파열을 막을 수 있다고 할 것인데, 이는 사인인 경우 민법상의 사무관리에 해당하기 때문에 경찰관의 직무집행으로서도 더욱 정당한 것으로 볼 수 있다.[54]

(3) 대간첩작전을 위한 검색

경찰관직무집행법 제 7 조 제 3 항은 우리나라 경찰의 특유한 임무로서 경찰상 공개된 장소에 필요한 경우에 대간첩작전을 위한 검색에 대하여 규정하고 있다.

여기서 검색이라 함은 검사·수색하는 것을 말하는데, 간첩을 발견하는 것에 한하지 않고 간첩을 발견하였을 때에 체포 및 진압하는 작용(사격 등의 전투행위)도 포함한다. 대간첩작전의 수행을 위한 검색에 있어서는 그 장소관리자의 동의를 요하지 않는다.

검색의 대상은 제 7 조 제 2 항에서 설명한 경찰상 공개된 장소에 대해서만 검색을 할 수 있으므로, 순수한 사인의 가옥 등에 대해서는 검색할

53) NPA 769, private Rechte, B 1. 3.

54) 박정훈·정초신, 앞의 보고서, 64쪽.

수 없다고 보아야 한다.

법 제7조 제2항 및 제3항의 규정에 의하여 다수인이 출입하는 장소에 대하여 출입 또는 검색을 한 때에는 국가경찰공무원은 소속 국가경찰관서의 장에게 이를 보고하여야 한다(동법 시행령 제7조 제6호).

(4) 출입·검색시의 증표제시 등

경찰관직무집행법 제7조 제4항은 경찰관이 필요한 장소에 출입할 때에는 그 신분을 표시하는 증표(경찰공무원증 등)를 제시하여야 하며, 함부로 관계인의 정당한 업무(법령의 규정에 근거하여 수행되고 있는 업무와 사회통념에 의해 정당화되는 업무 포함)를 방해하여서는 아니된다고 규정하고 있다.

법 제7조 제4항의 신분을 표시하는 증표는 국가경찰공무원의 공무원증으로 한다(동법 시행령 제5조).

(5) 주거출입과 주거수색

우리나라 경찰관직무집행법 제7조는 경찰관에게 위험방지를 목적으로 주거 내에 출입할 수 있는 권한을 부여하고 있는바, 이 경우 주거출입이라 함은 주거 내에 들어가 그곳에 체재하며 주거 내부를 피상적으로 둘러보는 것을 말한다. 이에 반하여 주거수색이라 함은 거주자가 외부에 공개하지 않으려 숨겨둔 무언가를 발견할 목적으로 주거 내에 있는 사람이나 물건을 체계적으로 뒤져 찾는 것을 말한다. 양자에 대해서는 헌법적으로 상이한 요구사항이 세워져 있다. 즉, 주거수색은 헌법 제16조 제2문에 따라 원칙적으로 법관이 발부한 영장의 제시하에서만 가능하다. 그러나 양자는 구별이 쉽지 않다.[55]

판례 대학생들인 피고인들이 전경 5명을 불법으로 납치, 감금하고 있으면서 경찰의 수회에 걸친 석방요구에도 불구하고 불가능한 조건을 내세워 이에 불응하고,

55) 손재영, "경찰관직무집행법 제7조에 따른 위험방지를 위한 출입에 있어서 "출입"의 개념" 「공법연구」 제39집 제2호, 532쪽.

경찰이 납치된 전경들을 구출하기 위하여 농성장소인 대학교 도서관 건물에 진입하기 직전 동 대학교 총장에게 이를 통고하고 이에 동 총장이 설득하였음에도 불구하고 이에 응하지 아니한 상황 아래에서는 현행의 불법감금상태를 제거하고 범인을 체포할 긴급한 필요가 있다고 보이므로, 경찰이 압수수색영장 없이 도서관 건물에 진입한 것은 적법한 공무원의 직무집행이라 할 것이다(대판 1990. 6. 22, 90도767 〈이른바 "동의대학교 사건"〉).

한편 가택출입과 수색(Betreten und Durchsuchung von Wohnungen)은 독일의 모든 실정 경찰-질서법률에 규정되어 있다. 가택의 출입뿐만 아니라 수색의 경우에도 독일기본법 제13조에 따라 보호되는 주거불가침의 자유에 대한 침해가 존재한다.

여기서의 가택출입이라 함은 가택에의 침입(Eintreten), 가택 내에서의 체류(Verweilen)와 조사(Besichtigung)를 모두 포함한다. 이에 대하여 가택수색이라 함은 가택 내의 사람과 물건에 대한 특정한 목표 또는 목적을 가진 수색을 말한다.

그것은 기본법 제13조 제 2 항 때문에 단지 임박한 위험이 존재하는 경우와는 달리 법관의 영장에 근거하여서만 허용된다. 가택출입을 포함하는 그 밖의 침해는 기본법 제13조 제 3 항의 전제조건하에서 허용된다.

지배적인 견해에 따를 때, 기본법 제13조 제 3 항 제 1 단은 그 밖의 권한있는 경찰행정청에 대한 주거의 자유에 대한 침해 및 제한에 관한 직접적 수권을 내용으로 한다. 물론 그 같은 침해 또는 제한은 공공의 위험 또는 개개인의 생명에 대한 위험의 방지에 기여하는 것이어야 한다.[56)]

독일 모범초안 제19조 제 1 항에 따르면, 경찰은 어떤 주거 안에 구인 또는 보호조치의 대상이 될 사람이 존재하거나 영치될 수 있는 물건이 존재한다는 것을 인정할 수 있는 사실적 근거가 존재하는 경우에는 소유자의 동의없이도 가택에 출입하여 수색할 수 있다. 그 같은 가택의 출입·수색은 사람의 신체, 생명, 자유 또는 중요한 가치있는 물건에 대한 현재의 위험의 방지를 위하여 필요한 경우에도 허용된다.

여기서의 주거의 개념은 모범초안 제19조 제 1 항 제 3 호 제 2 문에

56) Wolf-Rüdiger Schenke, a.a.O., S. 69.

광의로 규정되어 있는바, 그것은 연방헌법재판소의 판례와 일치한다.57) 그것은 거실(Wohnraum)과 그 밖의 공간(Nebenraum), 작업실(Arbeitsraum), 사무실(Geschäftsraum) 및 그것이 인성의 계발(啓發)을 위한 매개물로서 기여하는 한 평온이 보호되어야 하는 그 밖의 일체의 물건(예: 캠핑용 자동차, 텐트, 수상주택도 포함된다)을 포함한다. 단지 토지(예: 경작지)에 울타리를 두른 것만으로는 주거공간으로서의 성격이 결여되어 있기 때문에 여기서의 주거의 요건을 충족시키지 못한다. 모범초안 제19조 제 2 항은 야간에의 가택출입 및 수색에 대하여는 특별규정을 두고 있다. 모범초안 제19조 제 3 항은 일정한, 특히 위험이 빈발할 가능성이 높은 곳으로 악명 높은(verrufene) 주거에는 급박한 위험의 방지를 위하여 출입할 수 있지만, 물론 수색을 할 수는 없다는 것을 규정하고 있다. 모범시안 제19조 제 4 항에는 공중에게 개방되어 있거나 있었고 체재하는 사람들이 더 머무를 수 있는 작업실, 사무실 및 그 밖의 토지와 공간에는 작업시간 및 체재시간 중에는 침입할 수 있음이 규정되어 있다. 따라서 모범초안 제19조 제 4 항에 열거되어 있는 장소의 경우 그 장소가 갖는 고도의 공중관련성 때문에 동조가 열거하고 있는 조건하에서는 기본법 제13조 제 3 항의 제한된 조건을 갖추지 못한 경우에도 출입, 조사권이 허용되어야 한다는 연방헌법재판소의 판례58)는 고려를 요한다.

모범초안 제20조는 주거의 수색절차를 규율하고 있다. 판례59)에 따르면 그것이 위험방지의 목적으로 행하여지는 경우에도 주거의 수색은 기본법 제13조 제 2 항에 따라야 하고, 따라서 급박한 위험이 있는 경우 외에는 단지 법관의 명령에 의하여서만(모범초안 제20조 제 1 항 제 2 문에 따르면 지방법원 지원) 행해질 수 있으며, 수색이 종료된 후에는 법원의 결정은 더 이상 필요치 않으며, 더욱이 관계인에게는 행정법원법 제113조 제 1 항 제 4 문의 유추적용하에 수색의 위법성확인을 구할 일반적 가능성이 존재한다. 모범초안 제20조 제 2 항은 수색의 경우에 주거의 소유자가 참여할 권리가 있음을 규정하고 있다. 그의 부재중에는 가능한 한 그의 대리인, 성

57) BVerfGE 32, 54, 68 ff.
58) BVerfGE 32, 54, 75 ff.
59) BVerfGe 28, 285 ff; BVerfGE 51, 97, 106.

년인 친척, 동거인 또는 이웃이 참석하여야 한다. 주거의 소유자 또는 그의 대리인에게는 그로 인하여 수색의 목적달성이 현지히 곤란해지지 않는 한, 수색의 이유가 지체없이 통지되어야 한다. 그 밖에 모범초안 제20조 제 4 항과 제 5 항은 수색에 대한 조서의 작성을 규율하고 있다.[60]

한편 스위스의 경우에 가택수색은 수색 중에서 가장 강력한 형식으로 평가받고 있다. 그것은 가택·상점·공장 및 그 안에 있는 집기에까지 미치기 때문이다. 가택수색을 행함에 있어서는 피의자, 범죄의 흔적(예: 핏자국, 지문, 발자국 등), 증거방법(예: 교환한 서신, 회계장부 등)에 내하어 수색이 행해진다. 가택수색을 행하기 위해서는 범죄의 혐의가 존재할 것이 필요한 바, 따라서 그 속에 피의자 또는 압수할 물건이 존재할 개연싱이 있어야 한다. 그리고 그러한 사정하에서는 피의자 아닌 자에 대해서도 수색이 행해질 수 있다. 한편 가택의 소유자가 항거하는 경우에는 실력을 행사할 수도 있다.[61]

(6) 위험방지를 위한 퇴거명령 여부

우리나라 경찰관직무집행법은 위험방지를 위한 퇴거명령에 대해 규정하고 있지 않다.

한편 독일 모범초안 제12조에 따라 경찰은 위험방지를 위하여 퇴거명령(Platzverweisung), 즉 잠정적으로 어떤 장소로부터의 퇴거를 명하거나 어떤 장소에의 출입을 금지시킬 수 있다. 소방대(Feurwehr) 또는 응급구조대(Hilfs-oder Rettungsdiensten)의 출입에 장해가 되는 것에 대해서도 동일한 조치가 행해질 수 있다.

퇴거명령은 개념정의상 난시 잠정적 조치(vorübegehende Maßnahme)의 성격을 가지기 때문에 어떤 장소에의 체재를 계속적으로 금하는 것은 모범초안 제12조에 근거하여 행해질 수 없다.

따라서 모범초안 제12조는 예컨대 도시부랑자에게 특정한 장소에의 체재를 영구적으로 금지하는 것에 대한 법적 근거가 되지 못한다. 나아가

60) Wolf-Rüdiger Schenke(서정범 역), 앞의 책, 90쪽.
61) 서정범, 스위스의 경찰제도와 수사구조에 관한 연구, 85쪽.

서 특정한 장소로의 이전요청은 여기서의 퇴거명령이 아니다.

모범초안이 명시적으로 퇴거명령의 수범자를 열거하고 있지 않는 한, 경찰책임에 관한 일반원칙이 적용된다. 퇴거명령에 관한 특별법적 규율이 결여되어 있는 경우에는 동 조치는 단지 일반수권조항에 근거하여 행해질 수도 있다.[62]

문제는 퇴거명령이 헌법상의 거주이전의 자유를 침해하는 것인가 하는 점이다. 거주이전의 자유는 상당한 기간에 걸친 체재의 제한으로부터 주민을 보호하기 위한 것이기 때문에 퇴거명령은 이를 침해하는 것은 아니라고 보아야 한다. 따라서 장기간에 걸친 제한은 독일의 경우에 기본법 제73조 제 3 호를 고려할 때 그때그때의 주법인 경찰법상의 일반수권조항에 근거하여 행해질 수는 없다.

> 예를 들면, 승용차로 시위군중을 다른 곳으로 이송하는 것과 같은 잠정적인 이송조치(Verbringungsgewarsam)의 방식에 의한 퇴거명령의 강제적 시행은 그것이 단기간에 행해지기 때문에 긍정할 수 있으나, 퇴거명령을 받은 자를 그 장소로부터 아주 먼 곳으로(예컨대 다른 지방자치단체) 이송하는 것은 더 이상 퇴거명령에 대한 수권에 근거하여 행해질 수 없다.

5. 범죄의 제지

> **제 6 조(범죄의 예방과 제지)** ① 경찰관은 범죄행위가 목전에 행하여지려고 하고 있다고 인정될 때에는 이를 예방하기 위하여 관계인에게 필요한 경고를 발하고, 그 행위로 인하여 인명·신체에 위해를 미치거나 재산에 중대한 손해를 끼칠 우려가 있어 긴급을 요하는 경우에는 그 행위를 제지할 수 있다.
> ② 삭제 〈1988. 12. 31〉

62) 퇴거명령에 대한 특별법적 수권조항은 예컨대 독일의 집회 및 시위에 관한 법률 제11조, 제13조, 제18조, 제19조와 청소년보호법 제 1 조 제 2 문 제 1 호와 같은 연방법에서 찾을 수 있다. Wolf-Rüdiger Schenke(서정범 역), 앞의 책, 75쪽.

(1) 의 의

경찰관직무집행법 제 6 조는 범죄의 제지에 대해 규정하고 있다. 범죄의 제지라 함은 범죄가 행하여지려고 하는 절박한 사태에 직면하여 직접적으로 범죄를 저지하는 조치를 말한다.

범죄의 제지의 법적 성질은 경찰상 대인적 직접강제 및 즉시강제라고 할 수 있다.

(2) 범죄의 제지의 요건

경찰관직무집행법 제 6 조 제 1 항은 범죄의 제지의 요건으로서 "범죄행위가 목전에 행하여지려고 하고 있다고 인정될 때", "목전에 행하여지려고 하는 범죄행위로 인하여 인명·신체에 위해를 미치거나 재산에 중대한 손해를 끼칠 우려가 있어 긴급을 요하는 경우"를 요건으로 규정하고 있다.

판례 경찰관직무집행법 제 6 조 제 1 항은 "경찰관은 범죄행위가 목전에 행하여지려고 하고 있다고 인정될 때에는 이를 예방하기 위하여 관계인에게 필요한 경고를 발하고, 그 행위로 인하여 인명·신체에 위해를 미치거나 재산에 중대한 손해를 끼칠 우려가 있어 긴급을 요하는 경우에는 그 행위를 제지할 수 있다"고 규정하고 있는데, 위 조항 중 경찰관의 제지에 관한 부분은 범죄의 예방을 위한 경찰 행정상 즉시강제, 즉 눈앞의 급박한 경찰상 장해를 제거하여야 할 필요가 있고 의무를 명할 시간적 여유가 없거나 의무를 명하는 방법으로는 그 목적을 달성하기 어려운 상황에서 의무불이행을 전제로 하지 아니하고 경찰이 직접 실력을 행사하여 경찰상 필요한 상태를 실현하는 권력적 사실행위에 관한 근거조항이다. 행정상 즉시강제는 그 본질상 행정목적 달성을 위하여 불가피한 한도 내에서 예외적으로 허용되는 것이므로, 위 조항에 의한 경찰관의 제지 조치 역시 그러한 조치가 불가피한 최소한도 내에서만 행사되도록 그 발동·행사 요건을 신중하고 엄격하게 해석하여야 하고, 그러한 해석·적용의 범위 내에서만 우리 헌법상 신체의 자유 등 기본권 보장 조항과 그 정신 및 해석 원칙에 합치될 수 있다. 따라서 경찰관은 형사처벌의 대상이 되는 행위가 눈앞에서 막 이루어지려고 하는 것이 객관적으로 인정될 수 있는 상황이고, 그 행위를 당장 제지하지 않으면 곧 인명·신체에 위해를 미치거나 재산에 중대한 손해를 끼칠 우려가 있는 상황이어서, 직접 제지하는 방법 외에는 위와 같은 결과를 막을 수 없는 절박한 사태일 때에만 경찰관직무집행법 제 6 조 제 1 항에 의하여 적법하게 그 행위를 제지할 수 있고, 그 범위 내에서만 경찰관의 제지 조치가 적법한 직무집행으로 평가될 수 있는 것이다. 한편, 구 집회및시위에관한법률(2007. 5. 11. 법률 제8424호로 개정되기 전의 것, 아래에서도 같다)은 공공의 안녕질서를 유지하기 위하여 일정한 집회·시위를 절대적으로 금지하거나 관할 경찰관서장으로 하여금 금지 또는 제한할 수 있도록 하면서 이를 위반하여 집회·시위를 주최한 사람 또는 그 정을 알면서 참가하는 사람을 처벌하고 있지만 그 미수행위 또는 예비·음모행위를 처벌하는 조항은 두지 않았고, 위 법률 제18조에서 집회·시위가 위 법률에 위반되는 일정한 경우 이를 이유로 사후에 그 집회·시위의 해산을 명할 수 있도록 하면서 그 위반자를 처벌하고 있을 뿐 그러한 집회·시위 자체를 사전에 미리 제지하거나 봉쇄할 수 있는 근거 조항은 따로 두지 않았다. 위와 같은 관련 법률 조항들의 내용과 취지를 종합하면, 비록 장차 특정 지역에서 구 집회및시위에관한법률에 의하여 금지되어 그 주최 또는 참가행위가 형사처벌의 대상이 되는 위법한 집회·시위가 개최될 것이 예상된다고 하더라도, 이와 시간적·장소적으로 근접하지 않은 다른 지역에서 그 집회·시위에 참가하기 위하여 출발 또는 이동하는 행위를 함부로 제지하는 것은 경찰관직무집행법 제 6 조 제 1 항에 의한 행정상 즉시강제인 경찰관의 제지의 범위를 명백히 넘어서는 것이어서 허용될 수 없으므로, 이러한 제지 행위는 공무집행방해죄의 보호대상이 되는 공무원의 적법한 직무집행에 포함될 수 없다. 이와 달리, 예방하려고 하는 범죄행위와 시간적·장소적으로 밀접한 상황이 아니라고 하더라도 여러 사정을 살펴 현재 감행되려고 하는 행위를 저지하지 못하면 그 이후에는 범죄행위를 예방하는 것이 현저히 어려워질 사정이 있어서 그 행위를 저지하는 것이 가장 적절하고 유효한 범죄행위 예방조치인 경우라면 경찰관직무집행법 제 6 조 제 1 항에 근거한 경찰관의 제지 행위가 허용될 수 있다는 전제 아래, 서울 시청 앞 광장 등에서 개최될 예정이었던 이 사건 집회에 관하여 관할 경찰관서장으로부터 구 집회및시위에관한법률에 의하여 금지되는 집회·시위라는 이유로 주최 금지통보가 있은 상태임을 알면서도 이에 참가하려고 하는 행위는 범죄행위에 해당하고, 서울로 출발하려는 행위를 각 지역에서 미리 차단하지 않으면 이후에 그 범죄행위를 예방하는 것이 현저히 어려우므로, 제천시 보양읍 주민자치센터 앞마당에서 위 집회·시위에 참가하기 위하여 출발하려고 하는 행위를 제지한 이 사건 경찰관의 행위는, 비록 집회·시위 예정시간으로부터 약 5시간 30분 전에 그 예정장소로부터 약 150㎞ 떨어진 곳에서 이루어진 것이라고 하더라도 경찰관직무집행법 제 6 조 제 1 항에 근거한 적법한 직무집행에 해당한다고 판단한 원심에는, 경찰관직무집행법 제 6 조 제 1 항의 해석·적용에 관한 법리를 오해한 위법이 있다(대판 2008. 11. 13, 2007도9794).

(3) 범죄의 제지의 대상

제지라 함은 실력의 행사에 의한 범죄예비행위 및 범죄에 밀접하게 접근된 행위를 저지하는 것을 말한다. 제지의 대상은 인명, 신체에 위해를 미치거나 재산에 중대한 손해를 끼칠 우려가 있는 행위이다. 현실적으로는 제지의 효력이 미치는 자는 목전의 범죄를 행하려는 자가 될 것

이다.[63)]

그리고 개인의 생명, 신체 및 재산에 대하여 직접 위해를 주지 않는 위조, 증·수뢰, 배임, 횡령 등의 지능범이나 행정법규위반의 죄는 원칙적으로 제지대상이 아니다.

6. 경찰장비의 사용

> 제10조(경찰장비의 사용등) ① 경찰관은 직무수행중 경찰장비를 사용할 수 있다. 다만, 인명 또는 신체에 위해를 가할 수 있는 경찰장비에 대하여는 필요한 안전교육과 안전검사를 실시하여야 한다.
> ② 제 1 항의 "경찰장비"라 함은 무기, 경찰장구, 최루제 및 그 발사장치, 감식기구, 해안감시기구, 통신기기, 차량·선박·항공기등 경찰의 직무수행을 위하여 필요한 장치와 기구를 말한다.
> ③ 경찰장비를 임의로 개조하거나 임의의 장비를 부착하여 통상의 용법과 달리 사용함으로써 타인의 생명·신체에 위해를 주어서는 아니된다.
> ④ 제 1 항 단서의 경찰장비의 종류 및 그 사용기준, 안전교육·안전검사의 기준등에 대하여는 대통령령으로 정한다.

(1) 경찰장비의 의의

경찰장비라 함은 경찰관이 직무를 수행하기 위하여 사용할 수 있는 물건을 말한다.

경찰관직무집행법은 "무기, 경찰장구, 최루제 및 그 발사장치, 감지기구, 해안감시기구, 통신기기, 차량·선박·항공기 등 경찰의 직무수행을 위하여 필요한 장치와 기구를 말한다"(제10조 제 2 항)고 경찰장비를 예시하고 있다. 예시된 경찰장비 이외의 것은 제10조 제 4 항에 따라 대통령령으로 위임하여 정하도록 하여 대통령령인 「경찰장비의 사용기준등에 관한 규정」[64)]이 제정되어 있다.

---

63) 대판 1992. 3. 10, 91도3172.
64) [시행 2009. 11. 25] [대통령령 제21842호, 2009. 11. 23, 타법개정].

(2) 경찰장비의 종류

1) 경찰장구

수갑·포승·호송용포승·경찰봉·호신용경봉·전자충격기·방패 및 전자방패 등이다(동 규정 제2조 제1호).

2) 무 기

권총·소총·기관총(기관단총을 포함한다. 이하 같다)·산탄총·유탄발사기·박격포·3인치포·함포·크레모아·수류탄·폭약류 및 도검 등이다(동 규정 제2조 제2호).

3) 분사기·최루탄 등

근접분사기·가스분사기·가스발사총(고무탄 발사겸용을 포함한다. 이하 같다) 및 최루탄(그 발사장치를 포함한다. 이하 같다) 등이다(동규정 제2조 제3호).

4) 그 밖의 장비

가스차·살수차·특수진압차·물포·석궁·다목적발사기 및 도주차량차단장비 등이다(동 규정 제2조 제4호).

(3) 일반적 및 구체적 사용기준

1) 일반적 사용기준

경찰관직무집행법은 경찰장비를 임의로 개조하거나 임의의 장비를 부착하여 통상의 용법과 달리 사용함으로써 타인의 생명·신체에 위해를 주어서는 안된다고 장비사용의 요건 및 한계를 규정하고 있다(법 제10조 제3항).

경찰장비는 통상의 용법에 따라 필요한 최소한의 범위 안에서 이를 사용하여야 한다(동 규정 제3조).

2) 구체적 사용기준

가. 영장집행 등에 따른 수갑 등의 사용기준

경찰관(국가경찰공무원에 한한다. 이하 같다)은 체포·구속영장을 집행하거나 신체의 자유를 제한하는 판결 또는 처분을 받은 자를 법률이 정한 절차에 따라 호송하거나 수용하기 위하여 필요한 때에는 최소한의 범위 안에서 수갑·포승 또는 호송용 포승을 사용할 수 있다(동규정 제 4 조).

나. 자살방지 등을 위한 수갑 등의 사용기준 및 사용보고

경찰관은 범인·주취자 또는 정신착란자의 자살 또는 자해기도를 방지하기 위하여 필요한 때에는 수갑·포승 또는 호송용 포승을 사용할 수 있다. 이 경우 경찰관은 소속 국가경찰관서의 장(경찰청장·해양경찰청장·지방경찰청장·경찰서장 또는 해양경찰서장 기타 경무관·총경·경정 또는 경감을 장으로 하는 국가경찰관서의 장을 말한다. 이하 같다)에게 그 사실을 보고하여야 한다(동 규정 제 5 조).

다. 불법집회 등에서의 경찰봉 · 호신용 경봉의 사용기준

경찰관은 불법집회·시위로 인하여 발생할 수 있는 타인 또는 경찰관의 생명·신체의 위해와 재산·공공시설의 위험을 방지하기 위하여 필요한 때에는 최소한의 범위 안에서 경찰봉 또는 호신용 경봉을 사용할 수 있다(동 규정 제 6 조).

경찰관이 경찰봉 또는 호신용 경봉을 사용하는 때에는 인명 또는 신체에 대한 위해를 최소화하도록 주의하여야 한다(동 규정 제 7 조).

라. 전자충격기 등의 사용제한

경찰관은 14세 미만의 자 또는 임산부에 대하여 전자충격기 또는 전자방패를 사용하여서는 아니된다(동 규정 제 8 조 제 1 항). 경찰관은 전극침(電極針) 발사장치가 있는 전자충격기를 사용하는 경우 상대방의 얼굴을 향하여 전극침을 발사하여서는 아니된다(제 2 항).

마. 총기사용의 경고

경찰관은 경찰관직무집행법 제10조의4의 규정에 의하여 사람을 향하여 권총 또는 소총을 발사하고자 하는 때에는 미리 구두 또는 공포탄에 의한 사격으로 상대방에게 경고하여야 한다. 다만, 다음 각호(① 경찰관을 급습하거나 타인의 생명·신체에 대한 중대한 위험을 야기하는 범행이 목전에 실행되고 있는 등 상황이 급박하여 특히 경고할 시간적 여유가 없는 경우, ② 인질·간첩 또는 테러사건에 있어서 은밀히 작전을 수행하는 경우)의 1에 해당하는 경우로서 부득이한 때에는 경고하지 아니할 수 있다(동 규정 제9조).

바. 권총 또는 소총의 사용제한

경찰관은 법 제10조의4의 규정에 의하여 권총 또는 소총을 사용하는 경우에 있어서 범죄와 무관한 다중의 생명·신체에 위해를 가할 우려가 있는 때에는 이를 사용하여서는 아니된다. 다만, 권총 또는 소총을 사용하지 아니하고는 타인 또는 경찰관의 생명·신체에 대한 중대한 위험을 방지할 수 없다고 인정되는 때에는 필요한 최소한의 범위 안에서 이를 사용할 수 있다(동 규정 제10조 제1항). 경찰관은 총기 또는 폭발물을 가지고 대항하는 경우를 제외하고는 14세 미만의 자 또는 임산부에 대하여 권총 또는 소총을 발사하여서는 아니된다(제2항).

사. 동물의 사살

경찰관은 공공의 안전을 위협하는 동물을 사살하기 위하여 부득이한 때에는 권총 또는 소총을 사용할 수 있다(동 규정 제11조).

아. 가스발사총 등의 사용제한

경찰관은 범인의 체포 또는 도주방지, 타인 또는 경찰관의 생명·신체에 대한 방호, 공무집행에 대한 항거의 억제를 위하여 필요한 때에는 최소한의 범위 안에서 가스발사총을 사용할 수 있다. 이 경우 경찰관은 1미터 이내의 거리에서 상대방의 얼굴을 향하여 이를 발사하여서는 아니된다(동 규정 제12조 제1항). 경찰관은 최루탄발사기로 최루탄을 발사하는 경우 30도 이상의 발사각을 유지하여야 하고, 가스차·살수차 또는 특수진압차의 최루탄발사대로 최루탄을 발사하는 경우에는 15도 이상의 발사각을 유지하여야 한다(제2항).

자. 가스차·살수차·특수진압차·물포의 사용기준

경찰관은 불법집회·시위 또는 소요사태로 인하여 발생할 수 있는 타인 또는 경찰관의 생명·신체의 위해와 재산·공공시설의 위험을 억제하기 위하여 부득이한 경우에는 현장책임자의 판단에 의하여 필요한 최소한의 범위 안에서 가스차 또는 살수차를 사용할 수 있다(동 규정 제13조 제 1 항). 경찰관은 소요사태의 진압, 대간첩·대테러작전의 수행을 위하여 부득이한 경우에는 필요한 최소한의 범위 안에서 특수진압차를 사용할 수 있다(제 2 항). 경찰관은 불법해상시위를 해산시키거나 정선명령에 불응하고 도주하는 선박을 정지시키기 위하여 부득이한 경우에는 현장책임자의 판단에 의하여 필요한 최소한의 범위 안에서 경비함정의 물포를 사용할 수 있다. 다만, 사람을 향하여 직접 물포를 발사하여서는 아니된다(제 3 항).

차. 석궁의 사용기준

경찰관은 총기·폭발물 기타 위험물로 무장한 범인 또는 인질범의 체포, 대간첩·대테러작전 등 국가안전에 관련되는 작전을 은밀히 수행하거나 총기를 사용할 경우에는 화재·폭발의 위험이 있는 등 부득이한 때에 한하여 현장책임자의 판단에 의하여 필요한 최소한의 범위 안에서 석궁을 사용할 수 있다(동 규정 제14조).

카. 다목적발사기의 사용기준

경찰관은 인질범의 체포 또는 대간첩·대테러작전 등 국가안전에 관련되는 작전을 수행하거나 공공시설의 안전에 대한 현저한 위해의 발생을 방지하기 위하여 필요한 때에는 최소한의 범위 안에서 다목적발사기를 사용할 수 있다(동 규정 제15조).

타. 도주차량차단장비의 사용기준 등

경찰관은 무면허운전이나 음주운전 기타 범죄에 이용하였다고 의심할 만한 차량 또는 수배중인 차량이 정당한 검문에 불응하고 도주하거나 차량으로 직무집행중인 경찰관에게 위해를 가한 후 도주하려는 경우에는 도주차량차단장비를 사용할 수 있다(동 규정 제16조 제 1 항). 도주차량차단장비를 운용하는 경찰관은 검문 또는 단속장소의 전방에 동 장비의 운용중임을 알리는 안내표지판을 설치하고 기타 필요한 안전조치를 취하여야 한다(제 2 항).

(4) 물포 사용문제

물포(살수차) 사용에 대해 위헌논란이 일고 있다.

위헌론은 국민의 모든 자유와 권리는 국가안전보장·질서유지 또는 공공복리를 위하여 필요한 경우에 한하여 법률로써 제한할 수 있으며, 제한하는 경우에도 자유와 권리의 본질적인 내용을 침해할 수 없다는 헌법 제37조 제 2 항을 들어 물대포 사용은 경찰 내부지침에 따른 것으로 법적 근거가 희박하다고 한다. 즉, '물대포'로 불리는 살수차가 '경찰관직무집행법'이 아니라 대통령령인 「경찰장비의 사용기준 등에 관한 규정」에 규정되어 있고, 구체적인 사용기준이 경찰청 내부지침인 「물포운용지침」에 있다는 점을 들어 위법이고 위헌으로 판단될 가능성도 있다는 것이다.[65)]

합헌론은 ① 입법기술적으로 모든 장비종류를 경찰관직무집행법에 예시할 수 없기 때문에 "경찰장비라 함은 무기, 경찰장구, 최루제 및 그 발사장치, 감지기구, 해안감시기구, 통신기기, 차량·선박·항공기 등 경찰의 직무수행을 위하여 필요한 장치와 기구를 말한다"(제10조 제 2 항)고 하여 '등'이라는 규정을 두고 있고, ② "제 1 항 단서의 경찰장비의 종류 및 그 사용기준, 안전교육·안전검사의 기준 등에 대하여는 대통령령으로 정한다"(제 4 항)고 하여 대통령령으로 정하도록 위임하고 있어 위임입법의 법리에 적합하고, ③ 대통령령으로 물포(살수차)를 그 밖의 장비로 명확히 규정하고 있고, ④ 「경찰장비관리규칙」(경찰청 훈령)과 더불어 별도로 「물포운용지침」을 제정해 사용하고 있어 법적으로 문제될 것이 없다고 한다.

생각건대, 합헌론이 타당하다고 본다. 위에서 언급한 근거 외에 ① "인명 또는 신체에 위해를 가할 수 있는 경찰장비에 대하여는 필요한 안전교육과 안전검사를 실시하여야 한다(제 1 항 단서)"고 규정하여 사고예방을 적극적으로 하고 있으며, ② "경찰장비를 임의로 개조하거나 임의의 장비를 부착하여 통상의 용법과 달리 사용함으로써 타인의 생명·신체에 위해를 주어서는 아니된다"(제 3 항)고 하여 사용요건과 한계를 명시하고

65) 미디어오늘 2011. 11. 30일자 "경찰 물대포 사용 법적 근거 있나" 기사 참조.

있으며, ③ 일본 판례가 방수차(放水車)에 의한 방수(放水)[66]가 적법한 행위라고 판시한 사례 등을 근거로서 더 들 수 있을 것이다.

다만, 사람을 향하여 직접 물포를 발사하여서는 아니된다는 「경찰장비의 사용기준 등에 관한 규정」 제13조 제 3 항 단서가 제13조 제 1 항에도 적용되도록 제13조 제 1 항에 단서규정을 신설할 것을 검토할 필요가 있고, 물대포의 사용은 인명 또는 신체에 위해를 가할 수 있는 겨울철(엄동설한)에는 사용을 자제하는 등의 일정한 사용제한이 필요하다고 본다.

7. 경찰장구의 사용

> 제10조의2(경찰장구의 사용) ① 경찰관은 현행범인인 경우와 사형·무기 또는 장기 3년 이상의 징역이나 금고에 해당하는 죄를 범한 범인의 체포·도주의 방지, 자기 또는 타인의 생명·신체에 대한 방호, 공무집행에 대한 항거의 억제를 위하여 필요하다고 인정되는 상당한 이유가 있을 때에는 그 사태를 합리적으로 판단하여 필요한 한도 내에서 경찰장구를 사용할 수 있다. 〈개정 1991. 3. 8, 1999. 5. 24〉
> ②제 1 항의 "경찰장구"라 함은 경찰관이 휴대하여 범인검거와 범죄진압등 직무수행에 사용하는 수갑·포승·경찰봉·방패등을 말한다. 〈신설 1999. 5. 24〉
> [제목개정 1999. 5. 24]

(1) 경찰장구의 의의

경찰장구라 함은 경찰관이 휴대하여 범인검거와 범죄진압 등 직무수행에 사용하는 수갑·포승·경찰봉·방패를 말한다(제10조의2 제 2 항).

(2) 사용요건 및 한계

경찰관직무집행법은 장구사용의 요건으로 ① 현행범인인 경우, ② 사형·무기 또는 장기 3년 이상의 징역이나 금고에 해당하는 죄를 범한 범인의 체포·도주의 방지를 위한 경우, ③ 자기 또는 타인의 생명·신체에 대

66) 東京地判 昭和 40. 8. 9 下民集 7卷 8號, 1603頁.

한 방호를 위한 경우, ④ 공무집행에 대한 항거의 억제를 위한 경우 등을 들고 있다. 그리고 상당한 이유가 있어야 한다. 즉, 장구를 사용하지 않고는 다른 수단이 없는 경우에 한한다.

> **판례** 무죄추정을 받는 피의자라 하더라도 그에게 구속의 사유가 있어 구속영장이 발부, 집행된 이상 신체의 자유가 제한되는 것은 당연한 것이고, 특히 수사기관에서 구속된 피의자의 도주, 항거 등을 억제하는 데 필요하다고 인정할 상당한 이유가 있는 경우에는 필요한 한도 내에서 포승이나 수갑을 사용할 수 있는 것이며, 이러한 조치가 무죄추정의 원칙에 위배되는 것이라고 할 수는 없다(대판 1996. 5. 14, 96도561).

경찰관직무집행법은 장구의 사용은 사람의 신체나 재산에 손상을 줄 수 있으므로 사태를 합리적으로 판단하여 필요한 한도 내에서 사용하도록 규정하고 있다.

이와 관련하여 일본 판례는 시위대와 200미터 거리를 두고 평온하게 대치하고 있는 상황에서 몇몇 시위자를 잡아 경찰봉으로 폭행을 가한 경우에 대해 직접성을 부인한 예가 있다.[67]

> **판례** 수갑은 사람의 생명, 신체에 위해를 가할 우려가 있는 경찰장구로 손목에 꽉 채워 손을 움직일 수 없을 정도로 조이지 않도록 해야 하는 등 안전수칙을 지켜야 한다 … 원고의 상해는 파출소 경찰관들이 원고의 행동을 제지하는 데 주안을 둔 나머지 안전수칙을 제대로 이행하지 않아 발생했기에 국가는 손해배상책임이 있다(서울지법 남부지원 민사5단독 2003년 7월 23일 판결: 2001년 10월 술집에서 소란을 피운 혐의로 파출소에 연행된 김모씨는 파출소에서도 소란을 피운다는 이유로 양손을 뒤로 한 채 수갑에 채워졌다가 손목신경을 다쳐 전치 4개월의 상해를 입자, 국가를 상대로 3천만 원의 손해배상청구소송을 냈다).

8. 분사기 등의 사용

> 제10조의3(분사기등의 사용) ① 경찰관은 범인의 체포·도주의 방지 또는 불법집회·시위로 인하여 자기 또는 타인의 생명·신체와 재산 및 공공시설안전에

67) 東京高裁判決 昭和 30. 10. 21.

대한 현저한 위해의 발생을 억제하기 위하여 부득이한 경우 현장책임자의 판단으로 필요한 최소한의 범위 안에서 분사기(총포·도검·화약류등 단속법의 규정에 의한 분사기와 최루등의 작용제) 또는 최루탄을 사용할 수 있다. 〈개정 1999. 5. 24〉

② 삭제 〈1999. 5. 24〉

[본조신설 1989. 6. 16]

[제목개정 1999. 5. 24]

(1) 의 의

우리 경찰관직무집행법 제10조의3은 "경찰관은 범인의 체포, 도주의 방지, 또는 불법집회, 시위로 인하여 자기 또는 타인의 생명, 신체와 재산 및 공공시설안전에 대한 현저한 위해발생을 억제하기 위하여 부득이한 경우 현장책임자의 판단으로 필요한 최소한의 범위 안에서 분사기(총포·도검·화약류등단속법의 규정에 의한 분사기와 최루 등의 작용제) 또는 최루탄을 사용할 수 있다"고 규정하고 있다.

분사기라 함은 총포·도검·화약류등단속법의 규정에 의한 분사기와 최루 등의 작용제를 말한다.

경찰관은 범인의 체포 또는 도주방지, 타인 또는 경찰관의 생명·신체에 대한 방호, 공무집행에 대한 항거의 억제를 위하여 필요한 때에는 최소한의 범위 안에서 가스발사총을 사용할 수 있다.

이 경우 경찰관은 1미터 이내의 거리에서 상대방의 얼굴을 향하여 이를 발사하여서는 아니된다(경찰장비의 사용기준등에 관한 규정 제12조 제1항).

판례 **경찰관이 범인 검거를 위하여 가스총을 사용할 때의 주의의무:** 경찰관은 범인의 체포 또는 도주의 방지, 타인 또는 경찰관의 생명·신체에 대한 방호, 공무집행에 대한 항거의 억제를 위하여 필요한 때에는 최소한의 범위 안에서 가스총을 사용할 수 있으나, **가스총은 통상의 용법대로 사용하는 경우 사람의 생명 또는 신체에 위해를 가할 수 있는 이른바 위해성 장비로서** 그 탄환은 고무마개로 막혀 있어 사람에게 근접하여 발사하는 경우에는 고무마개가 가스와 함께 발사되어 인체에 위해를 가할 가능성이 있으므로, 이를 사용하는 경찰관으로서는 인체에 대한 위해를 방지하기 위하여 상대방과 근접한 거리에서 상대방의 얼굴을 향하여 이를 발사하지 않는 등 가스총 사용시 요구되는 최소한의 안전수칙을 준수함으로써 장비 사용으로 인한 사고발생을 미리 막아야 할 주의의무가 있다(대판 2003. 3. 14, 2002다57218).

최루탄은 최루가스를 발생시켜 신체·정신적 기능의 장해를 주는 화학탄의 일종이다. 최루탄을 본래의 기능이 아닌 인명살상이나 위해의 수단으로 사용할 경우에는 무기사용에 해당하는 것으로 보아야 한다.

미국에서는 후추가루 분사기(pepper spray)를 일부 경찰서에서 사용하고 있다. 후추가루 분사기라 함은 후추가루를 범인의 안면에 발사하여 범인이 눈을 뜨지 못하고 재채기를 하게 하여 상대방을 제압하는 장비이다.[68]

(2) 분사기 및 최루탄사용의 요건

경찰관직무집행법은 최루탄사용의 요건으로 ① 범인의 체포와 도주의 방지 또는 불법집회와 시위, ② 자기 또는 생명·신체와 재산 및 공공시설안전에 대한 중대한 위해발생의 억제 등을 들고 있다.

(3) 한 계

경찰관은 범인의 체포, 도주의 방지, 또는 불법집회, 시위로 인하여 자기 또는 타인의 생명, 신체와 재산 및 공공시설안전에 대한 현저한 위해발생을 억제하기 위하여 부득이한 경우에 필요한 최소한의 범위 안에서 사용하여야 한다.

---

68) 지난 2003. 5. 4 미 연방 제 9 순회항소법원은 캘리포니아주 북부 헤드워터스 산림지역의 벌목 반대 시위자들이 제기한 소송에서, 경찰의 후추가루 분사기(Pepper Spray) 사용을 금지시키지 않았으나 이를 사용할 경우 그럴 만한 이유가 있어야 한다고 판결하였다. 이 사건에서 원고 9명은 1997년 가을 한 목재회사의 삼나무 벌목을 막기 위해 시위를 벌였으며, 출동한 보안관들이 지근거리에서 화학성이 강한 최루가스 분무기를 이들의 눈에 쏴, 1심에서 피해배상청구소송을 제기했으나 기각되자 샌프란시스코 연방지법에 항소, 同 판결문은 수정헌법 제 4 조(수색·체포·압수)가 경찰이 무력을 사용할 수 있는 상황을 체포 등 '합당한' 경우로만 제한하고 있다며 '시위자들이 심한 고통을 받고 있는 데다 사건 당시 누구에게도 위협을 가하지 않은 만큼 배심원은 무력사용의 부당성을 판정해야 할 것'이라고 밝혔다. http://www.police.go.kr/data/data ForeignNewsView.jsp

판례 국가 소속 전투경찰들이 시위진압을 함에 있어서 합리적이고 상당하다고 인정되는 정도로 가능한 한 최루탄의 사용을 억제하고 또한 최대한 안전하고 평화로운 방법으로 시위진압을 하여 그 시위진압 과정에서 타인의 생명과 위해를 가하는 사태가 발생하지 아니하도록 하여야 하는데도, 이를 게을리한 채 **합리적이고 상당하다고 인정되는 정도를 넘어 지나치게 과도한 방법으로 시위진압을 한 잘못으로 시위 참가자로 하여금 사망에 이르게 하였다는 이유로 국가의 손해배상책임을 인정**하되, 피해자의 시위에 참가하여 사망에 이르기까지의 행위를 참작하여 30% 과실상계를 한 원심판결은 타당하다"고 한 사례(대판 1995. 11. 10, 95다23897).

9. 무기의 사용

제10조의4(무기의 사용) ① 경찰관은 범인의 체포·도주의 방지, 자기 또는 타인의 생명·신체에 대한 방호, 공무집행에 대한 항거의 억제를 위하여 필요하다고 인정되는 상당한 이유가 있을 때에는 그 사태를 합리적으로 판단하여 필요한 한도 내에서 무기를 사용할 수 있다. 다만, 형법에 규정한 정당방위와 긴급피난에 해당하는 때 또는 다음 각호의 1에 해당하는 때를 제외하고는 사람에게 위해를 주어서는 아니 된다. <개정 1988. 12. 31, 1999. 5. 24>

1. 사형·무기 또는 장기 3년 이상의 징역이나 금고에 해당하는 죄를 범하거나 범하였다고 의심할 만한 충분한 이유가 있는 자가 경찰관의 직무집행에 대하여 항거하거나 도주하려고 할 때 또는 제삼자가 그를 도주시키려고 경찰관에게 항거할 때에 이를 방지 또는 체포하기 위하여 무기를 사용하지 아니하고는 다른 수단이 없다고 인정되는 상당한 이유가 있을 때
2. 체포·구속영장과 압수·수색영장을 집행할 때에 본인이 경찰관의 직무집행에 대하여 항거하거나 도주하려고 할 때 또는 제삼자가 그를 도주시키려고 경찰관에게 항거할 때 이를 방지 또는 체포하기 위하여 무기를 사용하지 아니하고는 다른 수단이 없다고 인정되는 상당한 이유가 있을 때
3. 범인 또는 소요행위자가 무기·흉기등 위험한 물건을 소지하고 경찰관으로부터 3회 이상의 투기명령 또는 투항명령을 받고도 이에 불응하면서 계속 항거하여 이를 방지 또는 체포하기 위하여 무기를 사용하지 아니하고는 다른 수단이 없다고 인정되는 상당한 이유가 있을 때
4. 대간첩작전수행에 있어 무장간첩이 경찰관의 투항명령을 받고도 이에 불응하는 경우

② 제 1 항의 "무기"라 함은 인명 또는 신체에 위해를 가할 수 있도록 제작된

> 권총·소총·도검등을 말한다. 〈신설 1999. 5. 24〉
> ③ 대간첩·대테러작전등 국가안전에 관련되는 작전을 수행할 때에는 개인화기외에 공용화기를 사용할 수 있다. 〈신설 1999. 5. 24〉

(1) 무기사용의 의의

정보통신이 발달됨에 따라 범죄의 형태가 지능화·다양화되어 가고 있다. 뿐만 아니라 포악해지는 범죄성격은 이제 공권력에 정면도전하는 행태에 이르러 일선에서 치안을 담당하는 외근경찰들에겐 그 대책이 절실하다.

강력·흉악범죄가 증가하고, 범죄자 또는 시위자에 의한 경찰관의 피습사례가 속출하고 있는 현시점에서, 그리고 IMF 이후 대량실직 등에 따른 범죄의 증가추세를 고려할 때 국민의 안녕과 질서유지, 사회안정을 도모하기 위해 범죄현장의 최일선에서 대응하고 있는 경찰관의 역할과 의무는 막중하다 할 것이다.

그 중 가장 큰 어려움은 강력범 또는 흉악범 검거시 경찰이 코앞에 닥친 상황을 얼마만큼 합리적으로 판단하여 범인을 검거하고 치안을 확보할 수 있는가 하는 것일 것이다. 경찰의 범인검거 노력은 강화되고 있으나 이에 대한 범인들의 흉포화, 특히 무기 및 흉기의 휴대 등에서 볼 때 경찰관의 총기사용은 불가피한 측면이 없지 않다.[69]

일반인의 총기 휴대가 금지되어 있는 우리나라나 일본의 경우에 외국에 비해 경찰관의 총기사용 규정이 상대적으로 엄격한 편이다. 가령, 무기나 흉기를 지닌 범인이 3회 이상 투항명령을 듣지 않을 경우, 경찰관이 심각하게 생명의 위협을 받을 경우, 총기 사용 외에는 사태해결방법이 없다고 합리적으로 판단될 경우에 한해 비로소 허벅지 아래를 겨냥해 사격할 수 있게 되어 있다.

시민법전통국가들의 경우에는 규제가 비교적 엄격하게 이루어지고

---

69) 총기사용의 필요충분조건하에 사용했더라도 피의자의 부상 정도에 따라 언론이나 각종 단체에서 인권문제를 들고 나온다. 이렇게 정당한 공무수행이 여론에 따라 징계를 받아야 하는 실정이다 보니 경찰에게 총기는 더 이상 장비가 아니라 '장신구'가 되고 말았다는 비판도 제기되고 있다.

있는 반면에 보통법전통국가 특히, 미국의 경우에는 규제가 쉽지 않은 상황에 있다. 독일은 각주의 경찰법에서 총기 사용의 여건 및 한계를 상세하게 규정하고 있으며 모범초안 제35조－제44조에서 무기사용에 대해 규정하고 있다. 제41조에서는 총기사용에 관한 총칙을, 제42조는 사람에 대한 총기사용을, 제43조는 다중에 대한 총기사용을 규정하고 있다. 한편 일본의 경우는 우리와 총기사용에 대한 규율체계가 비슷하다.

건국사적 또는 문화적 배경에 기인한 개인의 자위권으로서 무장할 권리를 보장하는 수정헌법 제 2 조 및 총기에 대한 미국인 특유의 정서 및 엄청난 규모의 민간보유 총기는 미국 경찰관에게 독특한 근무환경을 조성하는데, 합법 또는 불법적으로 휴대되는 각종 무기가 경찰관을 위협하고, 이는 반사적으로 총기사용을 포함, 경우에 따라 과도한 경찰관의 물리력 사용(the use of excessive police force)문제를 야기한다.70)

한편 총기사용범죄가 증가하고 있음을 감안하여 영국은 중앙정부 차원에서 이른바 '국가총기추적실(National Firearms Tracing Service)'을 설치하여 범죄 등에 사용되는 총기관련 정보를 축적하고 있다.

총기추적실은 ① 회수총기의 추적을 통해 경찰의 수사지원, ② 총기관련 전국적 상황 파악, ③ 불법 총기관련 경향 파악 및 평가제시, ④ 법집행기관에 대해 불법 무기거래 관련정보제공, ⑤ 국내적 및 국제적 정보교환 등의 업무를 관장하고 있다.

(2) 각국의 총기사용 매뉴얼 실대

해외에서도 국가별·지역별로 실정에 맞게 경찰의 총기 사용 요건 및 절차 등을 법률이나 매뉴얼 형태로 마련, 유용하고 있다.

우리나라 경찰청 생활안전국에 따르면, 총기 소지가 자유로운 미국은 연방제이기 때문에 각 주마다 총기사용 매뉴얼이 다르다. 또 주 안의 시마다 매뉴얼에 차이가 있을 정도다. 예컨대, 뉴욕주에서는 총기사용 매뉴얼을 한장의 그림으로 간단히 설명한 반면 컬럼비아시에서는 매뉴얼 설명

70) J. Michael McGuinness, 'Law Enforcement Use of Force: The Objective Reasonableness Standard Under North Carolina And Federal Law', pp. 5~6.

이 두꺼운 3권의 책으로 이루어져 있다. 다양한 매뉴얼에도 불구하고 위급상황 때만 총을 쏘도록 규정하고 있다. 미국 로스앤젤레스 카운티 셰리프국은 협조, 단순저항, 공격, 생명위협·중상해 예상 등 4단계 상황을 설정, 생명위협·중상해 예상 단계에서 총기를 사용토록 정해 놓고 있다.

다만, 총기를 어떤 절차에 따라 사용할지는 현장 경찰관의 판단에 맡기고 있다. 사후 철저한 감찰을 통해 정당성을 살피는 것이다. 일반적으로 총기사용 이후 재판에 가서도 판사는 총기를 사용한 경찰관의 현장 판단을 존중하는 경향이 강하다.

독일은 연방법에 총기 사용 요건을 비교적 구체적으로 명시하고 있다. 독일은 경찰법 제54조에 개인을 대상으로 한 총기 사용 목적을 크게 4개항으로 분류, 항마다 2~5개의 세분화된 상황을 제시해 놓았다. 각 주 역시 연방법을 기본으로 총기 사용 절차를 자체적으로 마련하고 있다. 프랑스도 독일과 비슷하다.

일본의 총기사용 매뉴얼은 우리나라와 가장 비슷하다. 일본은 경찰관 직무집행법 제 7 조와 내규인 「경찰관 총·봉 사용과 취급규칙」에서 경찰관의 총기사용을 담고 있다. 총기사용 요건은 흉악범죄와 강력범죄로 제한하고 내란이나 살인, 강간, 강도, 방화 등으로 총기사용 범죄를 구체화하고 있다. 범인이 칼이나 흉기 등을 소지하고 있을 경우에만 총기를 쓸 수 있다. 먼저 경찰관이 총기를 사용할 경우에는 첫 발을 하늘에다 쏜 뒤 경고를 해야 한다. 하지만 위급한 상황에는 자위수단으로 사전경고 없이 발사할 수도 있다.[71)]

(3) 무기의 개념과 무기사용의 요건

1) 무기의 개념

무기사용의 법적 근거는 경찰공무원법 제20조 제 2 항(무기휴대), 경찰관직무집행법 제10조의4(무기사용), 경찰장비관리규칙 제173조(무기·탄약 취급상의 안전관리) 등을 들 수 있다.

무기는 사람을 살상하는 성능을 가진 기구 일반을 총칭하는 것으로

71) 서울신문 2012. 1. 3일자 기사 "총기사용 매뉴얼은" 참조.

볼 수 있다. 무기를 성질상의 무기와 용법상의 무기로 분류하는 견해도 있다.[72] 전자는 사람을 살상하는 용도에 사용할 목적으로 제작된 기구를 말하고, 후자는 제작목적은 살상목적이 아니나 그 용법에 따라 사람의 살상에 이용할 수 있는 기구를 말한다.

무기라 함은 인명 또는 신체에 위해를 가할 수 있도록 제작된 권총·소총·도검 등을 말한다(제10조의4 제 2 항).

판례 경찰공무원법 제20조 제 2 항은 경찰관은 식무수행을 위하여 필요한 때에는 무기를 휴대할 수 있다고 규정하고 있고, 경찰관직무집행법 제11조는 경찰관은 범인의 체포, 도주의 방지 등을 위하여 상당한 이유가 있는 때에는 필요한 한도 내에서 무기를 사용할 수 있다고 규정하고 있으나, 위 각 규정은 경찰공무원이 식무수행상 필요성이 있다고 인정되는 경우에 한하여 별도의 허가없이 총포 등의 무기를 휴대 또는 사용할 수 있다는 것일 뿐, 경찰관이라 하더라도 관할관청의 하가없이 개인적으로 가스분사기를 구입하여 소지하는 것을 허용하는 취지는 아니라고 해석함이 상당하므로, 피고인이 자신이 근무하는 경찰서에서 그 경찰서장이 권장하는 가스분사기를 구입하라는 구내방송을 듣고 이를 구입하였다 하더라도 이러한 사정만으로는 총포·도검·화약류등단속법 제12조 제 1 항 소정의 허가를 받은 것으로 볼 수는 없다(대전지판 1995. 9. 27, 95노260).

일본의 경우 경찰관직무집행법 제 7 조에서 규정하는 무기는 권총 등의 소형총기, 도검 및 폭약의 3종류를 말하고, 그것 이외의 새로운 특별한 무기, 예컨대 기관총, 수류탄 등의 도입은 특별한 법률의 근거를 필요로 한다.[73] 경찰봉, 최루가스는 본래의 무기에 해당하지 않지만 무기에 준한 취급을 요한다. 독일 모범초안 제36조는 무기의 종류로 곤봉, 권총, 연방권총, 소총, 기관총, 기관소총 및 수류탄 등을 열거하고 있다.

우리의 경찰관직무집행법 제10조의4에서 규정하는 무기의 사용은 즉시강제의 특별한 형식 및 궁극적 수단이라고 볼 수 있다.

무엇이 무기인가의 여부는 살상력 정도에 의해 결정된다고 보아야

72) 장명민·박기석, 앞의 보고서, 188쪽.

73) 2002년 5월 전국의 기동대 및 황궁경찰본부에 단기관총이 비치되었다. 경찰청은 단기관총 및 자동소총, 라이플총 등의 특수총의 사용규범을 정하였지만, 법률의 근거없이 이와 같은 개인의 신체·생명을 위협하는 특수총을 도입하는 것은 문제라는 지적이 제기되고 있다. 宮田三郎, 前揭書, 85頁 각주 (1) 참조.

한다.

2) 무기사용의 요건

무기사용의 요건은 ① 위해를 수반하지 않는 무기의 사용과 ② 위해의 수반이 허용되는 무기의 사용으로 대별할 수 있다.[74]

판례 **경찰관의 무기사용요건 충족 여부의 판단기준:** ① 경찰관은 범인의 체포, 도주의 방지, 자기 또는 타인의 생명·신체에 대한 방호, 공무집행에 대한 항거의 억제를 위하여 무기를 사용할 수 있으나, 이 경우에도 무기는 목적 달성에 필요하다고 인정되는 상당한 이유가 있을 때 그 사태를 합리적으로 판단하여 인정되는 한도 내에서 사용하여야 하는바(구 경찰관직무집행법(1999. 5. 24 법률 제5988호로 개정되기 전의 것)), **경찰관의 무기사용이 이러한 요건을 충족하는지 여부는 범죄의 종류, 죄질, 피해법익의 경중, 위해의 급박성, 저항의 강약, 범인과 경찰관의 수, 무기의 종류, 무기사용의 태양, 주변의 상황 등을 고려하여 사회통념상 상당하다고 평가되는지 여부에 따라 판단하여야** 하고, 특히 사람에게 위해를 가할 위험성이 큰 권총의 사용에 있어서는 그 요건을 더욱 엄격히 판단하여야 한다. ② 50cc 소형 오토바이 1대를 절취하여 운전중인 15~16세의 절도혐의자 3인이 경찰관의 검문에 불응하며 도주하자, 경찰관이 체포 목적으로 오토바이의 바퀴를 조준하여 실탄을 발사하였으나 오토바이에 타고 있던 1인이 총상을 입게 된 경우, 제반 사정에 비추어 경찰관의 총기사용이 사회통념상 허용범위를 벗어나 위법하다(대판 2004. 5. 13, 2003다57956).

가. 위해를 수반하지 않는 무기의 사용

우리나라와 일본 경찰관직무집행법은 위해를 수반하지 않는 무기를 사용할 수 있는 경우를 "범인의 체포 또는 도주의 방지, 자기 또는 타인에 대한 방호 또는 공무집행에 대한 저항의 억제를 위해 필요하다고 인정하는 상당한 이유가 있는 경우"(제 7 조 본문)에 한정하고 있다.

(가) 범인의 체포·도주의 방지를 위해 필요한 경우 여기서 범인이라 함은 피의자와 피고인 및 유죄판결이 확정된 자로서 체포·구속 및 수감의 대상이 되는 자를 말한다. 체포라 함은 본인의 의사에 관계없이 강제적으로 그 신병을 구속하는 것을 말한다. 도주라 함은 경찰관에 의해 신체의 자유가 구속된 자 또는 구속되려고 하는 자가 경찰관의 직무상 실력에 의한 지배로부터 이탈하거나 이탈하려고 하는 것을 말한다. 여기서

74) 이 분류방법에 대해서는 장영민·박기석, 앞의 보고서, 190쪽 참조.

도주의 방지라 함은 범인이 신체의 구속으로부터 이탈하려고 하는 것을 방지하는 것을 말한다.

범인의 체포, 도주의 방지 등만을 위하여 무기사용이 정당화되므로 물증의 확보나 증인의 출석을 수단으로서의 무기사용은 인정되지 않는다.

독일 모범초안 제41조 제 2 항은 “사람에 대한 총기의 사용은 공격 또는 도주를 못하게 하도록 하기 위하여서만 허용되나, 사망의 결과를 가져올 개연성이 높은 총기의 사용은 그것이 생명 또는 신체의 불가침성에 대한 중대한 침해에 대한 현재의 위험을 방지하기 위한 유일한 수단인 경우에 허용된다”고 규정하고 있다.

(나) 자기 또는 타인의 생명·신체에 대한 방호를 위해 필요한 경우 본호에서 자기 또는 타인의 생명·신체에 대한 방호란 사람에게 위해를 수반하지 않는 무기사용인 만큼 위험의 상황은 조성되었지만 직접적·현실적으로 생명·신체에의 침해가 가해지지 않은 경우를 말한다고 보아야 한다.[75]

현실적으로 생명·신체에 대한 침해가 가해지는 경우에는 사람에게 위해를 가할 수 있는 무기사용이 허용될 것이다.[76]

(다) 공무집행에 대한 항거의 억제를 위하여 필요한 경우 공무집행이라 함은 법령에 의하여 공무(국가 또는 지방자치단체의 사무)에 종사하는 공무원의 적법한 직무집행을 말한다. 형법상 공무집행방해죄(제136조)에서의 직무와 동일하게 파악할 수 있다.

다만, 여기에서의 직무는 일반적인 공무 중 실력행사가 인정되고 강제적인 태양으로부터 행해지는 것에 한한다고 볼 것이다.

항거라 함은 적법한 공무집행을 적극적 또는 소극적으로 방해하거나 거부 또는 저항하여 그 집행의 목적을 달성하는 것이 불가능 또는 곤란하게 만드는 것을 말한다. 다만, 소극적인 항거의 경우에는 무기사용이 일반적으로는 허용되지 않겠지만 그 소극적 항거를 배제하지 아니하고는 다른 중요한 법익이 심히 침해될 경우에는 무기사용이 허용된다고 할 것이다.

---

75) 古谷洋一 編著, 前揭書, 341頁.
76) 장영민·박기석, 앞의 보고서, 191쪽.

그리고 억제라 함은 적극적 또는 소극적으로 항거하는 행위를 경찰관이 무기를 사용하여 제지하거나 배제·해산·이동시킴으로써 이를 제압하는 것을 말한다.

법률이 규정하는 "공무집행에 대한 항거의 억제를 위해"라는 요건은 거의 모든 경우에 무기의 사용을 허용하는 것이고 무기사용의 요건을 한정한 것으로는 볼 수 없다는 견해도 있다.

(라) 필요하다고 인정되는 상당한 이유가 있을 때　무기의 사용은 그 목적달성을 위한 상당한 필요성이 있어야 한다. 필요성이 충분한가에 대한 판단은 사회통념에 비추어 객관적으로 판단하여야 한다.

나. 위해의 수반이 허용되는 무기의 사용

경찰관직무집행법은 위해의 수반이 허용되는 무기의 사용의 경우로 ① 정당방위, ② 긴급피난, ③ 중범인의 체포와 이를 위한 경찰관의 직무집행에 항거할 때, ④ 영장을 집행하는 경우, ⑤ 위험한 물건을 소지한 범인인 경우, ⑥ 대간첩작전을 수행하는 경우, ⑦ 무기를 사용하지 아니하고는 다른 수단이 없는 경우 등을 들고 있다.

일본 경찰관직무집행법은 "경찰관은 정당방위, 긴급피난 또는 흉악범인의 체포·체포영장에 의한 체포 등의 어느 것에 해당하는 경우가 아니면 사람에게 위해를 주어서는 안된다"(제 7 조 단서)고 규정하고 있다. 사람에게 위해를 주어서는 안된다란 위해를 주는 것과 같은 방법으로 무기를 사용하여서는 아니된다는 취지이고, 권총의 경우라면 상대방을 향해 권총을 쏘아서는 안되는(권총규범 제 7 조) 것을 의미한다. 권총을 사람을 향해 자세를 취하여 위하하는 것, 위하사격을 하는 것, 물건을 향하여 발사하는 것 등은 사람에게 위해를 가하는 무기의 사용에 해당하지 아니한다. 또한 무기의 사용에 관하여는 비례원칙 — 필요최소한도의 침해의 원칙이 타당하다는 것이 일반적으로 승인되고 있다. 그러나 법률에 비례원칙을 구체화한 무기의 기준 또는 방법에 관한 규정은 두고 있지 않다.

(가) 정당방위　무기의 사용이 형법 제21조 제 1 항의 정당방위에 해당될 때는 위해를 수반하는 무기사용이 허용된다. 다만, 경찰관직무집행법상의 무기사용의 정당화사유인 정당방위의 대상으로서 국가적 법익이

나 사회적 법익의 침해상황은 포함되지 않는다고 보는 견해도 있으나, 상당성의 요건을 엄격히 하는 조건에서 긍정할 필요가 있다.[77)]

판례는 정당방위에 있어서는 반드시 방위행위에 보충성의 원칙은 적용되지 않으나 방위에 필요한 한도 내의 행위로서 사회윤리에 위배되지 않는 상당성있는 행위임을 요한다고 판시하고 있다.[78)]

아래 판례는 경찰관의 권총 사용이 허용범위를 벗어난 위법행위로서 정당방위에 해당하지 않는다고 판단한 원심판결(창원지판 2003. 6. 17, 2003노167)을 파기한 사례이다.

판례 (이 사건 공소사실의 요지) 진주경찰서 동부파출소 소속 경찰관인 피고인은, 2001. 11. 27. 밤 동료 경찰관인 ○○○와 함께 순찰차를 타고 동부파출소 관내를 순찰하던 중 진주경찰서 상황실로부터 공소외 1이 술병으로 타인을 찌른 사건이 상대파출소 관내에서 발생하였으니 이와 관련하여 상대파출소를 지원하라는 무선지령을 받고 상대파출소로 순찰차를 운전하여 가 공소외 1의 처인 공소외 2로부터 공소외 1이 현재 그의 주거인 진주시 상대동 소재 꽃집에 있다는 말을 듣고, 23 : 50경 공소외 2과 함께 위 꽃집 앞에 도착하여 ○○○는 꽃집 주위에 있는 막대기를 들고 앞장 서고 피고인은 권총을 꺼내어 안전장치를 풀고 ○○○ 뒤에 서서 따라 위 꽃집 안으로 걸어 들어가, 그 곳에 미리 와 있던 이웃 주민 ○○○에게 "공소외 1이 어디에 있느냐?"고 묻는 순간, 공소외 1이 세면장에서 나오면서 피고인과 ○○○에게 "당신들 뭐야, 이 밤에 왜 왔어? 빨리 가!"라고 소리를 지르며 피고인과 ○○○가 서 있는 곳으로 나오다가 이를 말리는 ○○○와 몸싸움을 하므로, 그만둘 것을 종용하였음에도, 공소외 1이 계속하여 ○○○와 몸싸움을 하다가 ○○○를 바닥에 넘어뜨리고 출입문 쪽으로 달려나오며 ○○○와 피고인을 밀어 넘어뜨리고 넘어진 ○○○의 몸 위에 올라 타 ○○○와 몸싸움을 하자, 피고인이 넘어져 있는 상태에서 소지하고 있던 권총으로 공포탄 1발을 발사하였음에도 공소외 1이 이에 굴복하지 아니하고 계속 ○○○의 몸 위에서 ○○○의 목을 누르는 등 ○○○를 일어나지 못하게 하고 있는 것을 목격하였는바, 이러한 경우 총기를 소지한 경찰관으로서는 구체적인 사태를 합리적으로 판단하여 가급적 총기사용을 자제하여야 할 뿐만 아니라 가사 총기를 사용하더라도 그 상대방의 대퇴부 이하를 조준하여 발사하여야 할 업무상 주의의무가 있는데, 당시는 피고인과 ○○○ 2인이 현장에 출동하여 1명의 범인을 검거하는 상황이라 2인이 힘을 합하면 총기를 사용하지 않고도 공소외 1을 제압할 수 있고, 그렇지 않다고 하더라도 최소한 경찰관 2인의 힘이면 ○○○가 ○○○의 몸 밑에 깔린 상황을 해소하고 함께 공소외 1에게 대항할 수 있으므로 총기를 사용하기 전에 먼저 ○○○에게 달려 들어 ○○○가 일어날 수 있도록 도와 함께

77) 장영민·박기석, 앞의 보고서, 196면.
78) 대판 1991. 9. 10, 91다19913.

공소외 1에게 대항할 궁리를 하여야 함에도, 공소외 1이 ○○○의 몸 위에서 몸싸움 하던 과정에 ○○○의 허리춤에 손을 대는 것을 보고는 공소외 1이 ○○○의 총을 꺼낼지도 모른다고 성급하게 생각하고 당황하여 위와 같은 조치를 먼저 취하지 아니하고 바로 공소외 1을 향하여 대퇴부 이하를 제대로 조준하지 못하고 권총을 발사한 과실로 인하여 탄환이 공소외 1의 흉부를 관통하게 하여 공소외 1으로 하여금 같은 해 12. 3. 08 : 55경 진주시 칠암동 90 소재 경상대학교병원에서 패혈증 등으로 사망하게 하였다. (법원의 판단) 경찰관직무집행법 제10조의4 제 1 항에 의하면, 경찰관은 범인의 체포, 도주의 방지, 자기 또는 타인의 생명·신체에 대한 방호, 공무집행에 대한 항거의 억제를 위하여 필요하다고 인정되는 상당한 이유가 있을 때 그 사태를 합리적으로 판단하여 필요한 한도 내에서 무기를 사용할 수 있되, 다만 형법에 규정한 정당방위나 긴급피난에 해당하는 때, 사형·무기 또는 장기 3년 이상의 징역이나 금고에 해당하는 죄를 범하거나 범하였다고 의심할 만한 충분한 이유가 있는 자가 경찰관의 직무집행에 대하여 항거하거나 도주하려고 할 때 또는 체포, 도주의 방지나 항거의 억제를 위하여 다른 수단이 없다고 인정되는 상당한 이유가 있는 때를 제외하고는 무기 사용으로 인하여 사람에게 위해를 주어서는 안된다고 규정하고 있고, 경찰관의 무기 사용이 위와 같은 요건을 충족하는지 여부는 범죄의 종류, 죄질, 피해법익의 경중, 위해의 급박성, 저항의 강약, 범인과 경찰관의 수, 무기의 종류, 무기 사용의 태양, 주변의 상황 등을 고려하여 사회통념상 상당하다고 평가되는지 여부에 따라 판단하여야 하고, 특히 사람에게 위해를 가할 위험성이 큰 권총의 사용에 있어서는 그 요건을 더욱 엄격하게 판단하여야 할 것임은 원심이 판시하고 있는 바와 같다. 그런데 기록에 의하면, 공소외 1의 처인 공소외 2은 진주경찰서 상대파출소에 찾아가 실내 근무자인 ○○○에게 “남편이 집에서 칼로 아들을 위협하고 있다”고 신고하면서 경찰관의 출동을 요청하여 피고인과 ○○○ 등 경찰관 2명과 함께 자신의 집인 위 꽃집으로 왔고, 한편 공소외 1은 피고인과 ○○○가 위 꽃집으로 출동하기 직전인 2001. 11. 27. 23 : 20경 진주시 상대동 소재 ‘한잔드시게’ 주점에서 후배인 ○○○와 술을 마시던 중 공소외 1이 자신의 처인 공소외 2과 이혼해야 하겠다는 등의 말을 하고 위 ○○○가 이혼을 만류하는 등 서로 이야기를 나누다가 공소외 1이 갑자기 맥주병을 깨뜨려 위 ○○○의 목을 찔렀고, 신고를 받고 출동한 위 상대파출소 소속 경찰관인 ○○○, ○○○가 위 ○○○를 병원으로 후송하는 사이에 공소외 1은 위 주점 인근에 있는 자신의 집인 위 꽃집으로 도주한 사실, 그 후 공소외 2은 상대파출소에 찾아와 위에서 본 바와 같은 위급한 상황을 신고하면서 경찰관의 출동을 요청하였고, 본서 상황실의 지원지령에 따라 상대파출소에 도착한 인근 동부파출소 소속 경찰관 피고인과 ○○○는 그 곳 근무자인 ○○○으로부터 공소외 1이 술집에서 맥주병을 깨 다른 사람의 목을 찌르고 현재 집으로 도주하여 칼로 아들을 위협하고 있으니 신속하게 출동하여 총은 쏘지 말고 대치만 하고 있으라고 당부하였고, 이에 피고인과 ○○○는 순찰차에 공소외 2를 태워 위 꽃집으로 출동한 사실, 한편 공소외 1 가족과 평소 친하게 지내는 소외 ○○○는 위 공소외 2가 휴대폰으로 “○○씨, 집에 한번 와 보세요”라는 말을 하고 전화를 끊어버리자 부부싸움을 하는 것으로 생각하고 즉시 위 꽃집으로 달려갔으나 전화를 한 위 공소외 2는 집에 없고 위 공소외 1 혼자서 꽃집 안쪽 끝의 세면장에서 양치질을 하고 있는 것을 보고 그대로 돌아오려고 할 때 피고인과 ○○○가 같은 날 23:59경 위 꽃집에 도착한 사실, 이 때 ○○○는 권총을 허리에 찬 채 나무막대기를 들고 먼저 들어가고 피고인은 권총을 빼어들고 그 뒤를 따라 꽃집 안으로 들어갔고, ○○○가 꽃집 안으로 들어가면서 위 ○○○에게 "어떻게 된 겁니까?"라고 묻는 순간 공소외 1이 위 꽃집 안쪽 세면장에서 나오면서 "당신들 뭐야? 이 밤에 왜 왔어? 빨리 가!"라고 소리를 지르며 ○○○와 피고인 쪽으로 달려들었고 위 ○○○가 이를 제지하려고 하자 ○○○를 간단히 넘어뜨린 후 위 ○○○와 몸싸움을 하게 되었는데, 진주시 씨름대회에서 우승할 만큼 건장한 체구의 소유자였던 공소외 1은 이내 ○○○로부터 나무막대기를 빼앗고 그를 뒤로 밀어붙여 피고인과 ○○○가 거의 동시에 뒤로 넘어진 사실, 이어서 공소외 1은 ○○○의 배 위에 올라탄 자세에서 그를 공격하였고 ○○○는 공소외 1으로부터 빠져나오기 위하여 발버둥치고 있었으며, 피고인은 뒤로 넘어져 있다가 정신을 차리는 순간 공소외 1이 손으로 ○○○의 목을 조이는 등 폭행하고 있는 것을 발견하고 이를 제지하기 위하여 넘어졌다가 일어나 앉은 자세로 공포탄 1발을 발사하여 공소외 1에게 경고를 하였지만 공소외 1은 ○○○를 풀어주지 아니한 채 동일한 자세로 몸싸움을 계속한 사실, 이에 피고인은 공소외 1을 향하여 실탄 1발을 발사하였고 그 실탄은 공소외 1의 우측 흉부 하단 제9번 늑간 부위를 관통한 사실, 공소외 1은 총에 맞은 다음 ○○○에 대한 압박을 풀고 꽃집 밖으로 나와 복부통증을 호소하면서 쓰러졌는데 나중에 확인하여 보니 공소외 1은 ○○○ 등과 격투를 할 당시 칼을 소지하지 않고 있었던 사실, 공소외 1은 즉시 병원에 후송되어 입원치료를 받았으나 간파열 등으로 인한 패혈증으로 2001. 12. 3. 사망한 사실을 알 수 있다. 사실관계가 위와 같다면, 상대파출소 근무자인 ○○○으로부터 '공소외 1이 술집에서 맥주병을 깨 다른 사람의 목을 찌르고 현재 자기집으로 도주하여 칼로 아들을 위협하고 있다'는 상황을 고지받고 현장에 도착한 피고인으로서는, 공소외 1이 칼을 소지하고 있는 것으로 믿었고 또 그렇게 믿은 데에 정당한 이유가 있었다고 할 것이므로, 피고인과 ○○○가 공소외 1과의 몸싸움에 밀려 함께 넘어진 상태에서 칼을 소지한 것으로 믿고 있었던 공소외 1과 다시 몸싸움을 벌인다는 것은 피고인 자신의 생명 또는 신체에 위해를 가져올 수도 있는 위험한 행동이라고 판단할 수밖에 없을 것이고, 따라서 피고인이 공포탄 1발을 발사하여 경고를 하였음에도 불구하고 공소외 1이 ○○○의 몸 위에 올라탄 채 계속하여 ○○○를 폭행하고 있었고, 또 그가 언제 소지하고 있었을 칼을 꺼내어 ○○○나 피고인을 공격할지 알 수 없다고 피고인이 생각하고 있던 급박한 상황에서 ○○○를 구출하기 위하여 공소외 1을 향하여 권총을 발사한 것이므로, 이러한 피고인의 권총 사용이, 경찰관직무집행법 제10조의4 제 1 항의 허용범위를 벗어난 위법한 행위라거나 피고인에게 업무상과실치사의 죄책을 지울 만한 행위라고 선뜻 단정할 수는 없다(다만 민사상으로 공무원인 피고인의 위와 같은 행위에 관하여 국가가 국가배상책임을 질 것인지 여부는 이와 별도의 관점에서 검토되어야 할 것이며, 이 점은 별론으로 한다). 그럼에도 불구하고, 원심은 이와 달리 피고인이 공소외 1을 향하여 실탄을 발사한 행위가 경찰관의 무기 사용의 허용범위를 벗어난 위법행위라고 판단하였으니, 거기에는 경찰관직무집행법 제10조의4 제 1 항 소정의 경찰관 무기 사용의 허용범위 및 정당방위 등에 관한 법리를 오해하여 판결에 영향을 미친 위법이 있다.

이를 지적하는 상고이유의 주장은 이유 있다(대판 2004. 3. 25, 2003도3842〈업무상과실치사〉).

(나) **긴급피난** 형법 제22조 제1항의 긴급피난의 법리가 원칙적으로 이에 적용된다. 긴급피난은 정당방위와는 달리 위법하거나 부당한 위난에 한정되는 것은 아니다.

(다) **중범인의 체포와 이를 위한 경찰관의 직무집행에 항거할 때** 위해수반의 무기사용은 사형·무기 또는 3년 이상의 징역이나 금고에 해당하는 죄를 범하였거나 범하였다고 의심할 만한 충분한 이유가 있는 자가 경찰관의 직무집행에 대해 항거하거나 도주하려고 할 때 또는 제3자가 그를 도주시키려고 경찰관에게 항거할 때에 이를 방지 또는 체포하기 위한 경우에도 허용된다(제10조의4 제1항 단서 제1호).

판례 대법원은 "타인의 집 대문 앞에 은신하고 있다가 **경찰관의 명령에 따라 순순히 손을 들고 나오면서 그대로 도주하는 범인을 경찰관이 뒤따라 추격하면서 등부위에 권총을 발사하여 사망케 한 경우**, 위와 같은 총기사용은 현재의 부당한 침해를 방지하거나 현재의 위란을 피하기 위한 상당성있는 행위라고 볼 수 없는 것으로서 범인의 체포를 위하여 **필요한 한도를 넘어 무기를 사용한 것**"이라고 하여 국가의 손해배상책임을 인정하였다(대판 1991. 5. 28, 91다10084).

(라) **영장집행** 영장집행의 경우에도 무기사용이 가능하다. 다만, 이 경우에도 명문화되어 있는 필요성과 보충성은 물론이고 균형성도 요구된다.

(마) **위험한 물건을 소지한 범인인 경우** 범인 또는 소요행위자가 무기·흉기 등 위험한 물건을 소지하고 경찰관으로부터 3회 이상의 투기명령 또는 투항명령을 받고도 이에 불응하면서 계속 항거하여 이를 방지 또는 체포하기 위하여 무기를 사용하지 아니하고는 다른 수단이 없다고 인정되는 상당한 이유가 있을 때에는 무기사용이 가능하다.

(바) **대간첩작전을 수행하는 경우** 대간첩작전수행에 있어 무장간첩이 경찰관의 투항명령을 받고도 이에 불응하는 경우에 무기사용이 가능

하다. 투항명령이 있기 전이라도 무장간첩이 타인의 신체나 공공질서에 위해를 가할 위험성이 명백해진 경우, 도주상태에서 이를 놓칠 경우 다시 체포하기 심히 어려운 경우 등에는 신체위해를 수반한 무기사용이 허용된다. 따라서 비무장간첩이라든가 위해의 위험성이 명백하지 않는 경우에는 다른 수단으로 대처할 필요가 있으나, 법현실에서는 그것을 판단하기가 쉽지 않을 것이다.

판례 경찰관으로서 민간인으로부터 간첩출현신고를 받았을 때에는 신고인이 간첩으로 단정하게 된 경위와 무기를 가지고 있는지 여부를 확인하고, 또 출현현장에 근집해시도 그 동태를 세심히 살펴 간첩으로 인정할 만한 상당한 이유가 있더라도 그가 경찰관 직무집행에 항거하거나 도주하려고 할 때 이를 방지하거나 체포하기 위하여 필요하다고 인정되는 상당한 이유가 있는 경우에 한하여 무기를 사용할 주의의무가 있다(대판 1974. 2. 12, 73다849).

(사) 무기를 사용하지 아니하고는 다른 수단이 없는 경우 무기를 사용하지 아니하고는 다른 수단이 없는 경우는 무기사용의 보충성의 원칙을 명시한 것이다. 판례는 범인체포를 위하여 필요한 한도를 넘어 무기를 사용한 경우 위법이라고 판단하고 국가의 배상책임을 인정하고 있다.[79)]

독일 모범초안 제41조 제 1 항은 "총기는 직접강제의 다른 수단으로는 목적을 달성할 수 없거나 달성할 수 없음이 명백히 예견되는 경우에 한하여 사용할 수 있다. 사람에 대한 총기의 사용은 물건에 대한 총기의 사용에 의하여서는 목적을 달성할 수 없는 경우에 한하여 허용된다"고 규정하면서, 그리고 제 3 항은 "외견상 14세 미만으로 보이는 자에 대한 총기의 사용은 허용되지 아니한다. 총기의 사용이 생명 또는 신체에 대한 현재의 위험을 방지하기 위한 유일한 수단인 경우에는 그러하지 아니하다"고 규정하고 있으며, 제 4 항은 "경찰공무원이 인식할 수 있는 비(非)관여인이 위험에 처할 고도의 개연성이 있는 경우에는 총기의 사용이 허용되지 아니한다. 총기의 사용이 생명에 대한 현재의 위험을 방지하기 위한 유일한 수단인 경우에는 그러하지 아니하다"고 규정하고 있다.

79) 대판 1991. 5. 25, 91다10084.

실력행사로서의 총기사용은 그 자체가 목적이 아니며 정당한 고권적인 처분과 명령상의 특정목적의 실현을 위한 도구일 뿐이다. 즉, 그것은 오로지 목적을 위한 수단이며, 특정한 고권적 목적이 없는 총기사용은 예상할 수 없다. 이는 총기사용에 대한 비례원칙의 구체적 표현이며 일반적으로 말한다면 총기사용은 경찰책임자의 공격이나 도주시에 가능하다고 할 것이며 그 경우에도 엄격하게 제한적으로 보아야 할 것이다.

판례 칼을 들고 항거하였다 하더라도 공포를 발사하거나 소지한 가스총과 경찰봉을 사용하여 위 망인의 항거를 억제할 시간적 여유와 보충적 수단이 있었다고 보여지고, 또 복도 끝에 밀려 부득이 총을 발사하여 위해를 가할 수밖에 없었다고 하더라도, 가슴부위가 아닌 하체부위를 향하여 발사함으로써 그 위해를 최소한도로 줄일 수 있었다고 보여지므로, 위와 같은 총기사용행위는 경찰관직무집행법 제11조 소정의 총기사용한계를 벗어났다(대판 1991. 9. 10, 91다19913).

3) 치명적 사격(사살)의 허용성

우리나라나 일본 경찰관직무집행법의 경우에 치명적 사격의 허용성에 대하여는 명문의 규정이 없고 명문의 허용 또는 금지에 관해서도 규정되어 있지 않다.

그러나 무기사용의 목적은 범인 등의 살해가 아니라 위험방지에 있고, 치명적 사격은 생명·신체의 중대한 침해이므로 법률유보의 원칙에 따라 입법자는 그 허용성에 관하여 명확하게 규정할 필요가 있다.

치명적 사격은 인질을 구출하는 경우와 같이 그것이 현재의 생명의 위험 또는 신체에 대한 중대한 침해의 방지를 위한 유일한 수단인 경우에만 허용된다고 해야 할 것이다.

일본 통설에 따르면 "위해를 가하는 무기의 사용"에서 말하는 "위해"란 생명·신체에 대한 침해를 말하고, 살해를 포함한다고 해석되고 있다.[80] 또한 치명적 사격의 정당화근거는 형법이나 민법의 정당방위, 긴급피난 및 경찰긴급권에서 찾고 있지만, 그와 같은 정당방위 및 긴급피난의 법리는 시민상호의 관계에 있어서 타당하고 국가권력과 국민과의 관계에

80) 田宮 裕·河上和雄 編, 前揭書, 35頁.

적용하는 것은 적절하지 아니하고, 경찰의 조치는 시민의 행동보다도 엄격한 법적 기준에 따른다고 해야 할 것이다. 정당방위나 긴급피난의 법리에 의한 권력억제라는 방법은 시대에 뒤떨어지고, 경찰관의 과잉적인 권력행사에 대한 제어장치로는 되지 않고 헌법의 비례원칙 — 과잉금지의 원칙 — 을 공동화(空洞化)할 우려가 있다.[81]

4) 특수무기, 폭발물의 사용

우리 경찰관직무집행법은 "대간첩·대테러작전 등 국가안전에 관련되는 작전을 수행할 때에는 개인화기 외에 공용화기를 사용할 수 있다"고 규정하고 있다(제10조의4 제 3 항). 여기서 공용화기라 함은 기관총 등을 말한다.

독일 모범초안은 기관총과 수류탄은 총기 또는 수류탄 또는 그와 유사한 폭발물을 사용한 자에 대하여, 사전에 다른 총기를 사용했으나 효과가 없는 경우에 해당하는 경우 사용할 수 있다고 규정하고 있다(제44조 제 1 항). 그리고 기관총과 수류탄은 공격을 못하게 하기 위하여서만 사용할 수 있으며(제 2 항), 수류탄은 다중에 대하여는 사용할 수 없으며 폭발물은 사람에 대하여 사용할 수 없다(제 4 항).

(4) 무기사용의 한계

판례상 경찰관 물리력 행사의 한계를 무기사용과 관련하여 살펴본다.

1) 우리나라 판례상 경찰관 물리력 행사의 한계

판례1 경찰관직무집행법 제11조의 규정에 비추어 보면 경찰관은 범인의 체포, 도주의 방지, 자기 또는 타인의 생명·신체에 대한 방호, 공무집행에 대한 항거의 억제를 위하여 상당한 이유가 있을 때에는 필요한 한도내에서 무기를 사용할 수 있으나, 형법이 정하는 정당방위와 긴급피난에 해당할 때 또는 체포, 도주의 방지나 항거의 억제를 위하여 다른 수단이 없다고 인정되는 상당한 이유가 있는 때에 한하여 필요한 한도 내에서만 무기를 사용하여 사람에게 위해를 가할 수 있음이 명백하다(대판 1999. 6. 22. 98다61470). 대법원은 신호위반단속을 피해 도주하던 피해자가 차량을 버리고 도주하자 추적하던 경찰관이 계속 추적이 어려워져 2회 공포탄 사격 후, 경

---

81) 宮田三郎, 前揭書, 84頁.

고 뒤에 정지를 명하였으나, 계속 도주하자 하반신을 향해 1회 권총사격하여 저혈량성 쇼크 등으로 사망한 사례에서 **피해자가 도주 중인 상태로 정당방위 또는 긴급피난에 해당할 여지가 없고,** 장비휴대 등으로 계속 추적이 어려워 거리가 멀어지더라도 장비를 놓아둔 후 추적하거나, 추가적인 공포탄 사격 등 다른 방법이 없다고 보기 어려워, **경찰관직무집행법상 총기사용한계를 일탈, 국가배상책임을 긍정한 사례).**

판례2 대법원은 차량절도범을 검거 중 흉기를 들고 항거, 도주하는 피해자에 대하여 추적중인 경찰관이 흉기 투기 및 정지를 명하였으나 이를 무시, 계속 도주하는 가운데, **흉기의 위협에 다급함을 느낀 경찰관이 조작실수로 공포탄이 아닌 실탄이 장전, 도주중인 피해자에게 사격하여 사망한 사례에서, '사회통념'의 기준하에 총기 사용의 허용범위를 벗어난 위법행위라** 판단한 바 있다(대판 1999. 3. 23. 98다63445).

판례3 [1] 경찰관은 범인의 체포, 도주의 방지, 자기 또는 타인의 생명·신체에 대한 방호, 공무집행에 대한 항거의 억제를 위하여 무기를 사용할 수 있으나, 이 경우에도 무기는 목적 달성에 필요하다고 인정되는 상당한 이유가 있을 때 그 사태를 합리적으로 판단하여 필요한 한도 내에서 사용하여야 하는바(경찰관직무집행법 제10조의4), **경찰관의 무기 사용이 이러한 요건을 충족하는지 여부는 범죄의 종류, 죄질, 피해법익의 경중, 위해의 급박성, 저항의 강약, 범인과 경찰관의 수, 무기의 종류, 무기 사용의 태양, 주변의 상황 등을 고려하여 사회통념상 상당하다고 평가되는지 여부에 따라 판단하여야 하고, 특히 사람에게 위해를 가할 위험성이 큰 권총의 사용에 있어서는 그 요건을 더욱 엄격하게 판단하여야 한다.** [2] 불법행위에 따른 형사책임은 사회의 법질서를 위반한 행위에 대한 책임을 묻는 것으로서 행위자에 대한 공적인 제재(형벌)를 그 내용으로 함에 비하여, 민사책임은 타인의 법익을 침해한 데 대하여 행위자의 개인적 책임을 묻는 것으로서 피해자에게 발생한 손해의 전보를 그 내용으로 하는 것이고, 손해배상제도는 손해의 공평·타당한 부담을 그 지도원리로 하는 것이므로, 형사상 범죄를 구성하지 아니하는 침해행위라고 하더라도 그것이 민사상 불법행위를 구성하는지 여부는 형사책임과 별개의 관점에서 검토하여야 한다(대판 2008. 2. 1, 2006다6713: 경찰관이 범인을 제압하는 과정에서 총기를 사용하여 범인을 사망에 이르게 한 사안에서, 경찰관이 총기사용에 이르게 된 동기나 목적, 경위 등을 고려하여 형사사건에서 무죄판결이 확정되었더라도 당해 경찰관의 과실의 내용과 그로 인하여 발생한 결과의 중대함에 비추어 민사상 불법행위책임을 인정한 사례).

판례는 경찰관직무집행법상의 무기사용 한계(정당행위), 정당방위 및 긴급피난 해당 여부를 기준으로 하되, 정당행위 판단시, 가스총 등 다른 비치명적 경찰장구류 사용을 통한 진압가능성 등을 고려, 무기사용의 필요성에 관한 상당한 이유를 검토하되, 단순히 주력(走力)의 부족 등에 기인한 계속 추격의 불가능성 등은 고려하지 않는 것으로 파악되어 정당행위 요건으로서의 '상당성'을 엄격하게 판단하는 것으로 이해된다.

또한 정당방위 요건검토에서도 흉기를 사용하면서 도주를 계속하는 경우에도 구체적인 무기사용시 흉기에 의한 저항 여부 및 강도를 고려, '침해의 현재성'을 부정 또는 설령 침해의 현재성이 긍정되고 보충성을 강조하지 않는 정당방위임에도 경한 다른 수단의 선택가능성 등을 고려하여 '상당성'을 부정하는 등 경찰관의 물리력 행사에 관하여 매우 신중한 판단태도를 취하고 있다.[82]

그러나 전체적으로 정당행위, 정당방위 또는 긴급피난상의 추상적인 침해의 현재성, 상당성 등에 판단이 집중, 실무 경찰관에게 명확한 물리력 사용의 한계선을 확정해주지 못하는 것으로 판단된다.[83]

2) 미국 판례상의 경찰관 물리력 행사의 한계

종래 보통법상 경찰관이 중범죄인의 도주를 방지하기 위한 수단으로 치명적 실력행사(권총사용)가 가능하다고 인정되어 왔다.

경찰관 물리력 행사의 한계에 대한 기준으로 1973년 미연방항소법원의 Johnson v. Glick판례에서는 "실질적 적정절차 기준"(substantive due process standard)을 제시하였다. 그러나 1985년 미연방대법원의 Tennessee v. Garner판례는 "객관적 합리성 기준"(objective reasonableness standard)을 사실상 활용하였으나, 1989년 미연방대법원은 Graham v. Connor판례에서 "객관적 합리성 기준"을 판단기준으로 확립하였다.

가. 실질적 적정절차 기준

(가) 1973년 미연방항소법원의 Johnson v. Glick판례 이는 구치소에 수감된 피해자에 대하여 교도관이 폭행 및 가혹행위를 하자, 이에 손해배상을 제기한 경우로, 동 사건에서 수정헌법 제 8 조와 적정절차원리(due process of law)를 규정한 수정헌법 제14조를 바탕으로, 교도관의 물리력 행사는 실체적인 적정성을 갖추어야 그 적법성을 긍정할 수 있다는 논리하에, ① 당해 물리력 행사의 필요성, ② 필요성과 행사된 물리력의 형

82) 대판 1994. 11. 8, 94다25896; 대판 1993. 7. 27, 93다9163; 대판 1991. 9. 10, 91다19913; 대판 1991. 5. 28, 91다10084 참조.

83) 권창국, "경찰관의 물리력 행사와 그 한계"「법률신문」제3124호 참조.

태 및 강도 간의 관계, ③ 침해의 정도, ④ 당해 물리력을 행사한 법집행기관의 목적과 의도를 제시하고, 이후 법집행기관의 물리력 행사의 한계 판단기준으로 연방 및 주법원에서 원용되었다(실질적 적정절차 기준).

그러나 이 판단기준은 법집행기관의 주관적 태도에 따라, 물리력의 적법성 한계를 판단하여 부적절한 점, 수정헌법 제 8 조의 '참혹하고 이상한'(cruel and unusual)이라는 규정은 형벌규정 및 집행과정과 관련하여 적용되는 기준으로, 경찰관의 범인 체포, 도주방지, 그 밖의 직무집행에 대한 항거제압의 경우는 수정헌법 제 4 조[84]의 문제로 판단기준을 달리하여야 하는 점 등을 이유로 비판받게 되는데, 1989년 미연방대법원은 Graham v. Connor판례를 계기로 객관적 합리성 기준을 설정하게 된다.

나. 객관적 합리성 기준

(가) 1985년 미연방대법원의 Tennessee v. Garner판례 총기 등 치명적 물리력 행사의 사용사례로, 1989년 Graham사건에 앞서 1985년 미연방대법원의 Tennessee v. Garner판례를 들 수 있다.[85]

Tennessee v. Garner사건에서 연방대법원은 "중범죄의 도주를 방지하기 위하여 사정 여하를 막론하고 치명적 실력행사를 허용하는 것은 헌법상 불합리하며, 체포에 임하는 경찰관이나 제 3 자에게 위험이 없는 무기를 갖지 않은 피의자를 체포하기 위하여 치명적 실력을 행사하는 것은 허용되지 않는다"고 판시하여 새로운 견해를 보이고 있다. 이 판결은 Graham사건 이전이지만 사실상 객관적 합리성 기준을 활용하고 있다는 점에 의미가 있다.

사안은 강도발생 신고를 받고 출동한 경찰관이 강도가 침입한 집 주변을 수색하던 중, 도주하는 범인을 확인, 추격하며 정지를 명하였으나, 불응하며 담을 넘어 계속 도주하는 범인에게 사격하여 사망시킨 사례이다. 추격중인 경찰관은 플래시 라이트 등에 의하여 도주 중인 범인의 용모와 비무장상태를 확인하였으나, 정지명령에 불응하고 담장을 넘어 도주하면, 다시 체포할 수 없다고 판단하여 사격을 가한 것이다.

84) 수정헌법 제 4 조는 불합리한 수색과 압수를 금지하고 있다.
85) Tennesse vs. Garner 471 U.S, 85L Ed 2d 참조.

연방대법원은 피해자의 생명, 신체의 안전과 범인의 검거라는 법집행의 이익을 형량함에 있어서, 생명의 이익형량은 불가능함을 전제로, 경찰관이 직무를 수행하기 위해 사용하는 물리력 중, 총격과 같은 이른바 치명적 물리력 행사의 활용은 중범죄자의 검거만을 위해서 활용할 수 있되, 그 경우라도 경찰관 자신이나 제 3 자의 생명, 신체에 구체적·실질적 위해를 야기할 수 있는 개연성이 있는 가운데, 이를 방어하기 위하여만 활용할 수 있다 하여, 단순히 범인을 체포하거나 도주를 방지하기 위함은 총기사용과 같은 치명적 물리력 사용을 정당화할 수 없다고 판단하여, 이와 달리 광범위한 총기활용을 긍정한 테네시주 법률의 위헌을 확인하였다.[86)]

(나) 1989년 미연방대법원 Graham v. Connor판례 사안은 당뇨병환자인 피해자가 인슐린 부작용(insulin reaction) 증세에 응급대처하기 위하여, 쥬스 구매를 위해 상점에 들어갔으나, 손님이 많아 즉시 구매하기 어렵자, 밖으로 나와 운전중인 친구에게 귀가를 재촉하였으나, 이 광경을 목격한 순찰 경찰관이 단시간에 상점을 출입한 행위를 수상하게 판단, 불심검문(investigative stop) 목적으로 정지시키고, 상점을 확인할 동안 대기하도록 하고, 지원 온 다른 경찰관은 당뇨병환자라는 이유의 항의에도 불구하고, 피해자에게 수갑을 채우는 등 물리력을 가하고, 저항하는 과정에서 피해자가 이마에 멍이 드는 등 피해가 발생하였다.

미연방대법원은 법집행기관의 물리력 행사의 적법성 판단은 획일적 기준이 아닌, 당해 물리력 행사로 인해 침해되는 권리의 유형 등에 따라 개별·구체적 기준에 따라 판단되어야 하므로, 이 경우는 체포, 불심검문 등 신체의 자유를 제한할 수 있는 각종 수단에 대하여 합리성(reasonableness)을 요구하는 수정헌법 제 4 조를 기준으로, 당해 물리력을 행사하는 경찰관 등의 주관적 태도는 판단기준이 될 수 없고, 법집행을 통해 확보되는 공익적 측면과 이에 수반하는 침해를 형량하여 전자가 우월한 경우에 그 적법성이 긍정될 수 있다고 하였다. 다만, 이러한 '합리성' 판단은 구체적 상황하의 합리적 경찰관의 시각에서 판단하되, 즉각적 판단을 요하는 경찰관

86) 자세한 것은 Kamisar·LaFave·Israel·King, Basic Criminal Procedure(West Group, 1999), p. 227 이하 참조.

의 근무환경을 고려하여야 한다는 객관적 합리성 기준을 제시하였다.[87)]

제 6 절 명령의 성질을 가진 권한

1. 위험한 사태에 있어서 관리자 등에 대한 조치명령

> 제 5 조(위험발생의 방지) ① 경찰관은 인명 또는 신체에 위해를 미치거나 재산에 중대한 손해를 끼칠 우려가 있는 천재, 사변, 공작물의 손괴, 교통사고, 위험물의 폭발, 광견·분마류등의 출현, 극단한 혼잡 기타 위험한 사태가 있을 때에는 다음의 조치를 할 수 있다.
>
> 1. 그 장소에 집합한 자, 사물의 관리자 기타 관계인에게 필요한 경고를 발하는 것
> 2. 특히 긴급을 요할 때에는 위해를 받을 우려가 있는 자를 필요한 한도 내에서 억류하거나 피난시키는 것
> 3. 그 장소에 있는 자, 사물의 관리자 기타 관계인에게 위해방지상 필요하다고 인정되는 조치를 하게 하거나 스스로 그 조치를 하는 것
>
> ② 경찰관서의 장은 대간첩작전수행 또는 소요사태의 진압을 위하여 필요하다고 인정되는 상당한 이유가 있을 때에는 대간첩작전지역 또는 경찰관서·무기고등 국가중요시설에 대한 접근 또는 통행을 제한하거나 금지할 수 있다.
>
> ③ 경찰관이 제 1 항의 조치를 한 때에는 지체없이 이를 소속경찰관서의 장에게 보고하여야 한다.
>
> ④ 제 2 항의 조치를 하거나 제 3 항의 보고를 받은 경찰관서의 장은 관계기관의 협조를 구하는 등 적당한 조치를 하여야 한다.

경찰관직무집행법 제 5 조는 위험한 사태에 있어서 관리자 등에 대한 조치명령을 취할 수 있다고 규정하고 있다. 즉, 경찰관은 위험사태의 발생장소에 있는 자, 사물의 관리자 그 밖의 관계인에게 위해방지상 필요하다고 인정되는 조치를 취하게 할 수 있다(제 1 항 제 3 호).

---

87) 권창국, 앞의 논문 참조.

한편 일본 경찰관직무집행법은 특히 긴급을 요하는 경우에는 위해를 받을 우려가 있는 자에 대해 이것을 만류, 피난시키거나 또는 그 장소에 있는 자, 그 사물의 관리자, 기타 관계자에 대하여 위해방지를 위해 통상 필요하다고 인정되는 조치를 취할 것을 명령할 수 있다고 규정하고 있다(제 4 조 제 1 항 후단). 위해방지를 위한 통상 필요한 조치는 예를 들면, 위험구역에 들어오는 것을 금지하거나 또는 위험구역에서의 퇴거를 강제하는 것이다. 이들 조치는 어느 것이나 일시적인 지시·금지 또는 명령이다.

2. 공개장소에의 출입요구

> 제 7 조(위험방지를 위한 출입) ① 경찰관은 제 5 조 제 1 항·제 2 항 및 제 6 조 제 1 항에 규정한 위험한 사태가 발생하여 인명·신체 또는 재산에 대한 위해가 절박한 때에 그 위해를 방지하거나 피해자를 구조하기 위하여 부득이 하다고 인정할 때에는 합리적으로 판단하여 필요한 한도 내에서 타인의 토지·건물 또는 선차 내에 출입할 수 있다.
> ② 흥행장·여관·음식점·역 기타 다수인이 출입하는 장소의 관리자 또는 이에 준하는 관계인은 그 영업 또는 공개시간 내에 경찰관이 범죄의 예방 또는 인명·신체와 재산에 대한 위해예방을 목적으로 그 장소에 출입할 것을 요구한 때에는 정당한 이유없이 이를 거절할 수 없다.
> ③ 경찰관은 대간첩작전수행에 필요한 때에는 작전지역 안에 있어서의 제 2 항에 규정된 장소 안을 검색할 수 있다.
> ④ 제 1 항 내지 제 3 항의 규정에 의하여 경찰관이 필요한 장소에 출입할 때에는 그 신분을 표시하는 증표를 제시하여야 하며, 함부로 관계인의 정당한 업무를 방해하여서는 아니 된다.

경찰관직무집행법 제 7 조 제 2 항은 공개장소에의 출입요구를 규정하고 있다. 경찰관의 공개된 장소에 대한 출입에 대하여 "흥행장·여관·음식점·역 기타 다수인이 출입하는 장소의 관리자 또는 이에 준하는 관계인은 그 영업 또는 공개시간 내에 경찰관이 범죄의 예방 또는 인명·신체와 재산에 대한 위해예방을 목적으로 그 장소에 출입할 것을 요구한 때에는 정당한 이유없이 이를 거절할 수 없다"라고 규정하고 있다. 이러한 경우에는 그 장소의 공개적 성격으로 인해 그 요건이 완화됨은 물론 수인의 정도도 보다 크다고 할 것이다.

경찰상 공개된 장소란 흥행장·여관·음식점·역 그 밖의 불특정다수인이 출입하거나 집합하는 장소를 말한다. 그리고 공개시간 내이면 제한된 영업금지시간이나 영업휴일에도 출입할 수 있고, 일반적으로는 영업시간이라 할지라도 특별히 휴업하고 있는 경우에는 이 요건에 따른 출입이 허용되지 않는다.[88] 여기에서 문제되는 것은 경찰관의 요구의 강제성 정도인데, 강한 설득 정도는 허용된다고 보는 것이 타당하다.

그리고 "정당한 이유없이 이를 거절할 수 없다"는 규정은 정당한 거절에도 불구하고 경찰의 강제출입을 막는 과정에서의 폭행·협박은 정당한 공무에 대한 방해가 아니라고 보아 공무집행방해죄를 부인하는 것이 타당하다.

다만, 관리자가 이것을 거절한 때에는 경찰관은 실력을 행사하여 출입할 수 있다.[89] 따라서 벌칙의 규정이 없다.

독일의 모범초안 제19조 제 4 항에는 공중에게 개방되어 있거나 있었고 체재하는 사람들이 더 머무를 수 있는 작업실, 사무실 및 그 밖의 토지와 공간에는 작업시간 및 체재시간 중에는 침입할 수 있음이 규정되어 있다.

88) 장영민·박기석, 앞의 보고서, 154쪽.
89) 古谷洋一 編著, 前揭書, 309頁.

제 7 절 국민에게 사실상의 불이익을 줄 수 있는 임의활동

1. 임의활동과 경찰관직무집행법

(1) 행정기관의 활동과 개별법률의 근거

일반적으로 행정기관의 활동에 있어서 개별법률의 근거가 필요한 것은 국민의 권리와 자유를 제한하거나 국민에게 의무를 부과하는 것에 한하며, 그에 해당하지 아니하는 활동(임의활동)에 대해서는 개별법률의 근거를 요하지 않는다.

행정기관은 각기 고유한 임무를 달성하기 위해 설치된 것이기 때문에 그 활동은 부여된 임무를 달성하기 위하여 필요한 것에 한한다. 따라서 임의활동에 있어서 행정기관이 법률에서 정한 임무의 범위 외의 활동을 행하는 것은 불가능하다.

행정기관의 활동일반에 관한 이러한 기본입장은 경찰활동에 있어서도 다른 것은 아니다. 일반적으로 상대방의 권리와 자유를 제한하지 않고, 의무를 부과하지 않는 것에 대해서는 경찰관은 개별법률의 근거가 없더라도 법률에 정한 임무를 달성하기 위하여 필요한 활동을 행할 수 있다.

(2) 임의활동을 법률에서 규정하는 의미

경찰관직무집행법은 국민의 권리·자유를 제한하거나 국민에게 의무를 부과하는 행위만이 아니라 국민에게 사실상의 불이익을 주는 것과 같은 일정한 임의활동에 대해서도 그 요건 등을 규정하고 있다.

그러나 이러한 규정들은 광범위한 경찰활동 중에 극히 한정된 국면을 파악한 것이고 또한 행정기관은 개별법률의 근거가 없더라도 법률에서 부여된 임무를 달성하기 위해 필요한 임의활동을 행하는 것이 가능하기 때문에 경찰관직무집행법이 임의활동에 대해 규정을 두는 것은 그것에 규정한 유형 및 요건에 해당하지 않는 임의활동을 배제하는 취지가 아니라,

확인적인 취지에 의한 것이라 할 수 있다.

즉, 경찰관직무집행법은 불심검문을 통한 질문, 보호조치 등 경찰관이 일상적으로 행할 가능성이 높은 임의활동에 있어서도 국민에게 사실상의 불이익을 미치는 것에 대해서는 소정의 규정을 둠으로써 그것이 임의활동으로서 행해 얻어진 것이라는 것을 법률상으로 명확히 하여 국민의 협력을 얻는 것뿐만 아니라 경찰관이 적정하게 직무를 집행할 수 있도록 하는 것이다.[90]

2. 불심검문

제 3 조(불심검문) ① 경찰관은 수상한 거동 기타 주위의 사정을 합리적으로 판단하여 어떠한 죄를 범하였거나 범하려 하고 있다고 의심할 만한 상당한 이유가 있는 자 또는 이미 행하여진 범죄나 행하여지려고 하는 범죄행위에 관하여 그 사실을 안다고 인정되는 자를 정지시켜 질문할 수 있다.

② 그 장소에서 제 1 항의 질문을 하는 것이 당해인에게 불리하거나 교통의 방해가 된다고 인정되는 때에는 질문하기 위하여 부근의 경찰서·지구대·파출소 또는 출장소(이하 "경찰관서"라 하되, 지방해양경찰관서를 포함한다)에 동행할 것을 요구할 수 있다. 이 경우 당해인은 경찰관의 동행요구를 거절할 수 있다. 〈개정 1988. 12. 31, 1996. 8. 8, 2004. 12. 23〉

③ 경찰관은 제 1 항에 규정된 자에 대하여 질문을 할 때에 흉기의 소지여부를 조사할 수 있다.

④ 제 1 항 또는 제 2 항의 규정에 의하여 질문하거나 동행을 요구할 경우 경찰관은 당해인에게 자신의 신분을 표시하는 증표를 제시하면서 소속과 성명을 밝히고 그 목적과 이유를 설명하여야 하며, 동행의 경우에는 동행장소를 밝혀야 한다. 〈개정 1991. 3. 8〉

⑤ 제 2 항의 규정에 의하여 동행을 한 경우 경찰관은 당해인의 가족 또는 친지등에게 동행한 경찰관의 신분, 동행장소, 동행목적과 이유를 고지하거나 본인으로 하여금 즉시 연락할 수 있는 기회를 부여하여야 하며, 변호인의 조력을 받을 권리가 있음을 고지하여야 한다. 〈신설 1988. 12. 31〉

⑥ 제 2 항의 규정에 의하여 동행을 한 경우 경찰관은 당해인을 6시간을 초

90) 古谷洋一, 前揭書, 19頁.

> 과하여 경찰관서에 머물게 할 수 없다. 〈신설 1988. 12. 31, 1991. 3. 8〉
> ⑦ 제 1 항 내지 제 3 항의 경우에 당해인은 형사소송에 관한 법률에 의하지 아니하고는 신체를 구속당하지 아니하며, 그 의사에 반하여 답변을 강요당하지 아니한다. 〈신설 1988. 12. 31〉

(1) 불심검문의 의의

재산의 자유, 정신의 자유 등 자유권적 기본권을 비롯한 모든 인권은 신체의 자유를 전제로 한다. 이러한 자유권이 수사 또는 행정경찰활동을 위하여 부득이한 경우 헌법에 근거해서 제한되는 경우가 있는데, 가장 대표적인 것 중의 하나가 불심검문이다.[91)]

즉, 불심검문이라 함은 거동이 수상한 자를 정지시켜 조사하는 것을 말한다. 질문 외에 경찰관서에의 동행과 흉기 소지 여부의 조사가 포함된다.[92)]

검문활동은 경찰의 업무 중 빼놓을 수 없는 중요한 업무의 하나이며 각종 범죄를 예방하고 범인을 검거하는 데 있어서 중요한 역할을 하고 있다. 경찰의 검문검색활동은 범죄인에게 심리적인 제약으로 작용하여 범죄활동을 저지하거나 둔화시킴으로써 범죄예방의 실효를 거둘 수 있다. 또한 경찰의 성실한 검문활동은 시민들로 하여금 범죄로부터의 불안을 해소시켜 사회의 치안유지 및 안정에 큰 기여를 함으로써 공권력에 대한 신뢰감을 향상시키는 데 큰 역할을 할 수 있다.

일반적으로 불심검문은 교통의 단속, 흉악하고 중요한 사건발생시 범인의 체포, 경찰활동에 수반하는 위험물의 발견, 그 외 일반범죄의 예방·검거 등 경찰상의 목적을 달성하기 위해 동상 복수의 경찰관이 일정한 장소에서 경계함에 있어서 거동이 수상한 자 또는 통행인에 대하여 질문하거나 소지품검사를 하여 소정의 경찰목적을 달성하고자 하는 경찰활동의 총체를 의미하는 것으로 정의되고 있다.[93)]

91) 강동욱, 앞의 책, 15쪽.
92) 최영규, 경찰행정법(제 3 판)(법영사, 2007), 292쪽.
93) 이러한 검문활동은 일정한 장소에서 복수의 경찰관이 협동하여 경계에 임하는 '검문체제'와 질문이나 소지품검사 등을 위해 상대방을 정지시키는 '검문행위'를 포함한다.

경찰관에 의한 불심검문에 대하여는 시민법전통국가에서는 국가적·행정적 요청이 우선한다. 즉, 체포와 질문을 위한 유치를 구별하여, 질문을 위한 유치의 경우에는 합리적 혐의나 고발없이 혐의자를 구속하는 것이 일반적으로 인정되고 있다. 보통법전통국가, 특히 영국과 미국에서는 오래전부터 경찰관이 거리에서나 공공장소에서, 다른 수사를 위하여 또는 정지에 부수하여 위험한 무기를 찾을 목적으로 의심스러운 사람을 정지시키는 관행이 있었다. 즉, 영국에서는 경찰관이 체포절차에 의하지 않고 사람 또는 차량을 정지시켜 그 사람의 신체 또는 차량을 수색하는 권한이 비교적 일찍부터 인정되어 왔다. 수사활동이 개시되기 이전의 이러한 경찰관의 활동은 이른바 stop & frisk의 문제로서 논하여지고 있었다.[94]

경찰관에 의한 불심검문에 대하여는 보통법전통국가에서는 사법적 억제가 강한데, 본인의 자유로운 의사를 중시하고 합리적 혐의(reasonable suspicion)를 요건으로 하고 있다.

보통법전통국가에 있어서 stop & frisk는 대체로 우리나라에서의 질문을 위한 정지와 소지품검사에 상응하는 것이라고 생각할 수 있다.

일반적으로 stop은 정지에 상응하는 개념으로서 영장 등에 의한 정식체포에 이르지 않은 사전적이고 일시적인 행동의 자유에 대한 제약을 의미하였다. 그리고 frisk에 대해서는 미국연방대법원이 헌법상의 수색의 개념 속에 들어간다고 판시한 바 있다.[95] frisk는 소지품검사의 의미로서 소지품검사의 형태 중의 하나이다. 통상은 숨겨진 무기를 탐색하기 위해 입은 옷의 바깥쪽(outer clothing)을 가볍게 두드리는(patting down) 것으로서 수색(search)[96]에 이르지 않는 정도의 일시적 무기소지검사(feeling for a weapon)를 의미하고 있다.[97]

보통법전통국가에서 stop & frisk는 반드시 행정법상의 처분에 그치지 않고 오히려 강제적 처분이라고 할 수 있다는 점에서, 형식논리적으로

94) 강동욱, 앞의 책, 37쪽.
95) Terry v. Ohio 392 U. S. 1(1968); Sibron v. New York 392 U. S. 40(1968).
96) Search: reaching inside a suspect's pockets or other interior parts of clothing to determine if an object felt is a weapon.
97) http://dictionary.law.com/definition2.asp?selected=2025&bold

본다면 우리 법의 경우와는 다르다. 그러나 실질적으로는 대체로 유사한 처분임을 생각할 때, 그것을 헌법상의 문제로서 고찰한 점은 높이 평가할 만하다. 구속 등과 같은 고유한 강제처분에 대한 법적 규제가 정비되면 논점이 그 전단계에로 나아가는 것은 당연하고, 그러한 맥락에서 절차의 적정의 한계를 찾는 것은 의미있다고 볼 수 있다.

미국에서 불심검문은 그 동안 실무상의 필요에 의해 주로 피검문자의 동의에 의존한 경찰관행으로서 인식되어 왔으나 일각에서는 입법을 통해 문제를 해결하고자 시도하였다.98)

그 후 1942년에는 대체로 보통법을 정리한 통일체포법(Uniform Arrest Act)을 제정하여 질문을 위한 정지권과 무기검사를 인정하는 규정을 두었는데, 보통법상의 제약을 완화하고 경찰관의 직무권한을 확대한 것이 많았다. 그리고 모범법전은 정지·소지품검사를 죄종(罪種)에 따라 한정하고 시민에게 권리고지의무를 규정하였으며, 정지시간 및 소지품검사의 형태를 옷 위를 가볍게 두드리는 것에 한정하는 등, 정지·소지품검사의 권한 범위를 명확히 규정함으로써 법과 현실의 일치, 인권과 질서의 조화를 달성하고자 하였던 것이다.99)

미국에 있어서 stop & frisk는 경찰과 시민 사이의 긴장관계를 전제로 해서 이해해야만 한다. 경찰관들에게는 자경주의(自警主義, Vigilantism)가 저변에 깔려 있고, 시민들에게는 수정헌법 제 2 조가 보장하는 무기소지권과 이른바 불법체포저항권에 의해 시민의 자유가 국가적 법질서의 우선가치라고 생각하는 미국헌법과 그 사회의 법전통이 유지되어 있다.

(2) 시민법전통 주요국가의 불심검문

1) 불심검문에 관한 법률규정

우리나라 경찰관직무집행법 제 3 조 제 1 항은 "경찰관은 수상한 거동

98) 예를 들면, 매사추세츠주는 주법에 의해 "야간에 경찰관이 적법한 의도를 가지고 있다고 의심함에 충분한 이유가 있는 자를 발견한 때에는 질문을 하고, 직업·행선지 등을 물을 수 있다… 그같은 혐의를 받은 자가 충분한 해명을 하지 않을 때에는 체포할 수 있다"고 규정하고 있었다(Mass. Gen. Law(1932) c. 41, §98).

99) 강동욱, 앞의 책, 98쪽.

기타 주위의 사정을 합리적으로 판단하여 어떠한 죄를 범하였거나 범하려 하고 있다고 의심할 만한 상당한 이유가 있는 자 또는 이미 행하여진 범죄나 행하여지려고 하는 범죄행위에 관하여 그 사정을 안다고 인정되는 자를 정지시켜 질문할 수 있다"고 규정하고 있다.

일본의 경찰관직무집행법 제 2 조 제 1 항도 같은 내용이다. 즉, "경찰관은 이상한 거동 기타 주위의 사정으로부터 합리적으로 판단하여 어떠한 범죄를 범하거나 범하려 하고 있다고 의심할 만한 상당한 이유가 있는 자 또는 이미 행해진 범죄나 범죄가 행하여지려고 한다고 인정되는 자를 정지시켜 질문할 수 있다."

일본법의 "질문"규정이 우리나라의 불심검문과 매우 유사하다고 할 수 있다. 이를 일본에서는 "직무질문"이라고 한다. 경찰관의 직무질문은 경찰관직무집행법의 목적을 위해 질문의 상대방의 의사에 구애됨이 없이 또는 그 의사에 반하여 상대방을 정지시켜 행할 수 있는 직무상의 질문이다.

독일의 경우 우리나라의 불심검문에 일치하는 조문이 경찰법에 독립적으로 존재하는 것이 아니라 질문과 신문, 소환과 유치, 신원확인, 감식조치, 수색 등이 경찰법과 형사소송법에 각각 규정되어 있다. 그것은 신원확인 등 경찰관의 직무활동들이 그 목적에 따라 법적 근거를 달리하고 있기 때문이다. 즉, 예방경찰활동을 목적으로 하는 신원확인 등의 직무활동은 경찰법에 의하며, 형사소추의 목적을 위하여 행하는 신원확인 등의 직무활동은 오로지 형사소송법에 따르고 있다.[100] 독일의 모범초안 제 9 조 제 1 항은 경찰은 "위험의 방지를 위한 경우(제 1 호)"와 그 사람이 다음의 장소 — a) 사실상의 근거를 토대로 그 장소에서 다음과 같은 행위[aa) 사람들이 범행을 예비하고 음모하고 실행하며, bb) 사람들이 필요한 체류허가없이 만나거나, cc) 범인을 은닉하거나]를 한다는 것을 경험적으로 판단할 수 있는 경우, b) 매춘을 하는 사람들을 뒤따르는 경우 — 에 체류하고 있는 경우(제 2 호) 및 "그 사람이 교통시설, 구호시설 및 공공교통수단, 공공건물 또는 그 외의 특별히 위험한 목적물 안이나 여기에 직접적으로 인

100) Christoph Gusy, Polizeirecht, S. 111.

접한 곳 안에 체류하고 있고, 여러 사실들이 이러한 유형의 목적물 안이나 이에 인접한 곳에서 범행이 행해짐에 틀림이 없고, 이러한 목적물 안이나 이에 인접한 곳에 있는 사람들 또는 이 목적물 자체가 직접적으로 위험에 직면해 있다고 하는 가정을 정당화하는 경우(제 3 호)" 그리고 "경찰에 의해 설치된 검문소에서 형사소송법 제100조 a 또는 집회법 제27조에서 규정하고 있는 범행을 저지하기 위한 경우(제 4 호)"에 사람의 신원을 확인할 수 있다고 규정하고 있다. 제 9 조 제 2 항은 "경찰은 신원확인을 위한 필요한 소치를 취할 수 있다. 경찰은 특별한 경우 관계사를 정시시켜 신원에 관한 질문을 하고, 검사하기 위해 휴대한 신분증의 제시를 요구할 수 있다. 신원을 다른 방법으로는 확인할 수 없거나 현서히 곤란한 경우에는 관계자를 유치할 수 있다"고 규정하고 있다. 모범초안 제10조 제 1 항은 경찰은 "제 9 조에 따라 허용되는 신원확인이 다른 방법으로는 불가능하거나 현저히 곤란할 개연성이 있는 경우(제 1 호)"와 "당해인이 형벌로 위하되는 행위를 할 혐의를 받고 있고, 그 행위의 방식과 수행이 반복의 위험이 있기 때문에 예방적인 범죄의 진압을 위해 필요한 경우(제 2 호)"에 감식조치를 행할 수 있다고 규정하고 있다. 제 2 항은 "신원이 확인되며 제 1 항 제 1 호의 경우 확인과 관련하여 조사된 자료를 계속 보존하는 것이 제 1 항 제 1 호 또는 다른 법규정에 의해 허용되지 않는 경우에는 그 자료를 폐기해야 한다"고 규정하고 있으며, 제 3 항은 감식조치가 "지문 또는 장문의 채취(제 1 호), 사진촬영(제 2 호), 외형적 신체특징의 확인(제 3 호), 측정(제 4 호)"에 행해질 수 있다고 규정하고 있다. 모범조안 제11조 제 1 항은 경찰은 "그 사람이 일정한 경찰의 임무수행에 필요한 적절한 진술을 할 수 있다는 사실이 인정되는 경우(제 1 호), 그것이 감식조치를 시행하기 위해서 필요한 경우(제 2 호)"에는 사람을 서면 또는 구두로 소환할 수 있다고 규정하고 있다. 제 2 항은 "소환시 그 이유가 제시되어야 한다. 소환의 시점을 결정하는 경우에 당해인의 직업과 그 밖의 생활상황이 고려되어야 한다"고 규정하고 있으며, 제 3 항은 "당해인이 충분한 이유없이 소환에 응하지 않으면 다음의 경우 — 그 진술이 사람의 생명, 신체 또는 자유에 대한 위험의 방지를 위해 필요한 경우(제 1 호), 또는 감식조치를 시행하기 위한 경우(제 2 호)에 강제로 구인할 수 있다고 규정하고 있다.

한편 프랑스의 형사소송법전 법률 제78-2조 제 1 항은 "사법경찰관과 그의 명령을 받거나 그의 책임 아래 사법경찰리는 다음과 같은 의심을 하게 하는 정당한 근거가 있는 자에게 어떠한 수단에 의하든지 그의 신원을 증명할 것을 요구할 수 있다: 1) 그가 어떠한 범죄를 범하였거나 범하려고 하였다는 것, 2) 그가 어떤 범죄를 범하려고 준비하고 있다는 것, 3) 그가 범죄시 조사에 유익한 정보를 제공할 수 있다는 것, 4) 사법기관에 의해 발령된 체포의 대상이 되고 있다는 것"[101]으로 규정하고 있고, 제 3 항은 "누구든지 그의 행태가 어떠하든지 사람 또는 재산의 안전 등 공공질서에 대한 침해를 예방하기 위하여 제 1 항에 규정된 방식에 따라 그 신원의 증명을 요구받을 수 있다"고 규정하고 있다.[102] 프랑스의 규정내용도 우리의 불심검문 조항과 별반 차이가 없다고 볼 수 없으나, 신원통제의 성질이 사법경찰작용과 행정경찰작용으로 혼재되어 규정되어 있는 점에서 특징을 보이고 있다.

2) 불심검문의 법적 성질과 대상

가. 불심검문의 법적 성질

경찰관직무집행법상의 불심검문의 법적 성질은 그 대상이 특정되지 않은 불특정범죄를 대상으로 한다는 점에서, 경찰관이 독자적으로 행한다는 점에서, 목적이 범죄의 예방과 이를 통한 질서유지에 있으면 행정경찰작용으로 보는 것이 타당하다.

그러나 이에 대하여 경찰관직무집행법 제 3 조의 규정에 비추어 볼 때 불심검문은 "이미 범죄의 혐의가 있다"는 판단을 전제로 하고 있기 때문에 이를 행정경찰작용으로만 파악할 수 없고, 동 법률에 경찰관의 직무범위로서 범죄의 예방, 진압 이외에 수사까지 함께 규정하고 있는 점에서 비추어볼 때, 사법경찰작용도 포함하고 있다고 보아야 한다는 반론이 제기되고 있다. 그 외에도 준사법경찰작용설, 병유설, 이원설 등이 주장되고 있다.

---

101) 이 신원통제는 사법경찰작용에 속하는 경찰작용이다.
102) 이 신원통제는 행정경찰작용에 속한다.

불심검문에 대해서는 일반적으로 대인적 즉시강제의 성질을 가진다고 보는 견해(박윤흔 · 정형근)와 대인적 경찰조사의 성질을 가진 작용으로 보는 견해(최영규) 등이 있다.

나. 불심검문의 대상

우리나라 경찰관직무집행법은 불심검문의 대상자로 ① 어떠한 죄를 범하였거나 범하려 하고 있다고 의심할 만한 상당한 이유가 있는 자, ② 이미 행하여진 범죄나 행하여지려고 하는 범죄행위에 관하여 그 사실을 안다고 인정되는 자를 들고 있다(제 3 조 제 1 항).

> **판례** 형사소송법 제211조가 현행범인으로 규정한 범죄의 실행의 직후인 자라고 함은 범죄의 실행행위를 종료한 직후의 범인이라는 것이 체포자의 입장에서 볼 때 명백한 경우를 일컫는 것으로서, 범죄의 실행을 종료한 직후라고 함은 범죄행위를 실행하여 끝마친 순간 또는 이에 아주 접착된 시간적 단계를 의미하는 것으로 해석되므로 시간적으로나 장소적으로 보아 체포를 당하는 자에게 방금 범죄를 실행한 범인이라는 점에 관한 죄증이 명백히 존재하는 것으로 인정되는 경우에만 현행범인으로 볼 수 있다(대판 1995. 5. 26, 94다37226).

따라서 법률상 불심검문의 대상은 반드시 직접적으로 범죄행위를 한 자에 국한하지 않고 이에 가세하거나 또는 이를 목격한 자 등에 대하여 광범위하게 행하여질 수 있는 것으로 볼 수 있다.[103] 이는 시민법전통 주요국가들의 입법례와 거의 일치하고 있다. 나누어 살펴보면 다음과 같다.

(가) 어떠한 죄를 범하였거나 범하려 하고 있다고 의심할 만한 상당한 이유가 있는 자 "어떠한 범죄"로 규정한 취지는 일응 어떠한 죄에 해당하는 것이면, 구체적인 범죄사실이 특정될 필요는 없다는 것이다. 범죄의 종류가 특정될 필요도 없다. 따라서 "어떠한 범죄"에는 형법 제41조의 형벌의 대상이 되는 행위가 모두 포함된다. 그러므로 행정형벌은 불심검문의 대상이 되지만 행정질서벌은 범죄를 대상으로 하지 않으므로 그 행위자는 불심검문의 대상이 되지 않는다. 그리고 불심검문에서의 상당한 이유는 합리적인 가능성(reasonable possibility)으로 족하다고 보아야

103) 김성수, 앞의 책, 474쪽.

할 것이다.

(나) 이미 행하여진 범죄나 행하여지려고 하는 범죄행위에 관하여 그 사실을 안다고 인정되는 자 범죄의 피해자, 범죄현장의 목격자나 교통사고시의 승객 등이 이에 해당할 수 있을 것이다. 이들은 경찰위반상태에 대하여 직접적으로 책임이 있는 자가 아니라 제 3 자의 입장에 있는 자들이라고 할 수 있다. 이들에 대한 불심검문은 경찰책임의 원칙에 대한 예외라고 할 수 있다.

제 3 자에 대한 불심검문은 범죄예방이나 수사단서를 얻기 위한 목적으로 행해지므로 현실적 필요성을 부정할 수 없으나, 미국의 경우에 합리적인 혐의가 있는 자에 대해서만 정지와 질문을 인정하고 있고,[104] 독일의 경우에도 원칙적으로 범죄의 혐의가 있는 자 또는 위험의 방지를 위한 대상자에 대해서만 신원확인을 인정하고 있는 것을 볼 때, 제 3 자에 대한 불심검문을 인정하고 있는 우리 법의 태도는 비판의 여지가 있다.

3) 불심검문의 판단요소와 판단기준

가. 불심검문의 판단요소

(가) 수상한 거동 수상한 거동이라 함은 언행이나 차림새 따위가 보통과 달리 이상하거나 자연스럽지 못한 것을 말한다.

판례 교통법규 위반차량이 순찰차의 정지지시를 무시하고 그 추적을 피하여 과속으로 신호를 위반하면서 도주하다가 교통사고를 일으킨 경우, 교통법규위반 차량이 정지지시를 무시하고 도주한 것은 소위 거동수상자로서 다른 어떤 범죄에 관계가 있는 것이라고 판단할 수 있는 상황으로서 추적의 필요성 및 상당성이 인정되고 또한 사고 당시는 야간으로서 인적이나 차량의 통행이 한산하여 제 3 자의 피해가 발생할 수 있는 구체적 위험성을 예측할 수 있었다고 볼 수 없고, 다른 순찰차량과의 공조체제 등 다른 조치를 취할 가능성이 희박한 점 등을 고려할 때 경찰관의 위 추적행위는 직무를 벗어난 위법한 과잉추적으로 보기 어려우며 피해자에 대한 국가의 손해배상책임은 인정되지 않는다(광주지판 1999. 4. 22, 97가합9989, 98가합187).

경찰관을 보고 도망하거나 골목길을 배회한다거나 아파트 복도를 이

104) Roraldo V. Del Carmen, Criminal Procedure, p. 102.

리저리 서성거린다든가 하는 것들이다.[105)]

수상한 거동을 불심검문의 판단요건으로 하는 것에 대해 오늘날 불심검문을 피하기 위하여 치밀하게 준비하는 현실에 비추어 볼 때 회의적인 견해를 표명하기도 하나,[106)] 판단요건으로 큰 문제가 될 수는 없다고 본다.

(나) 주위의 사정 주위의 사정이라 함은 불심검문 상대방의 직접적인 거동을 제외한 주변사정을 말하는 것으로 주위의 사람이나 검문시간·검문장소 등이 고려될 수 있을 것이다.

주위의 사람들이 다수인가 소수인가의 여부(인적 상황), 위험한 물건이 있는가의 여부(물적 상황), 주간인가 야간인가의 여부(시간적 상황), 번화한 거리인가 으슥한 골목인가의 여부(장소적 상황) 등은 주위의 사정의 대표적인 예들로 들어지고 있다.

이 판단요건과 관련하여 문제되는 것은 수상한 거동이 없는 경우에도 주위의 사정만으로 불심검문의 요건이 채워졌다고 볼 수 있느냐이다. 법문상으로는 가능한 것으로 해석될 여지가 있으나, 수상한 점이 전혀 없는 사람을 주위의 사정만으로 그의 자유를 제한하는 것은 불가하다고 보아야 한다.

나. 불심검문의 판단기준

경찰이 불심검문을 행함에 있어서 그 정황과 대상자를 판단하는 기준은 합리적인 것이어야 한다. 판단이 합리적이라고 하기 위해서는 당해 직무를 행하는 경찰관의 주관적이고 자의적인 판단이 아닌 사회통념에 비추어 객관적인 합리성이 담보되는 판단이어야 한다.

그러나 이것은 일반인의 지식 및 경험의 수준에 서서 판단하는 것을 의미하는 것이 아니라, 추론과정에 있어서 객관적인 합리성이 있으면, 그 과정에서 경찰관의 직업적인 전문지식 및 경험을 반영하는 것은 당연히 인정될 수 있다.[107)]

105) 이 밖에 혈흔이 묻어있는 옷을 입고 있다든지 하는 경우를 들 수 있다. 綱川政雄·半田嘉弘, 不審檢問, 27～28頁.

106) 경찰청, 앞의 책, 2001, 28쪽.

107) 古谷洋一, 前揭書, 55頁.

미국 판례는 혐의자를 정지(stop)시킬 수 있기 위한 요건으로 "합리적인 혐의"(reasonable suspicion)를 들고 있다. 확실성의 정도는 경찰이 그의 경험에 비추어 "막연한 혐의"(vague suspicion)만으로는 부족하지만,[108] 체포의 요건으로 되는 범죄혐의의 "상당한 이유"(probable cause)보다는 낮다[109]고 한다.

4) 불심검문의 방법

가. 정 지

(가) 정지의 법적 성질 정지란 보행자일 경우에는 불러 세우는 것, 자동차나 자전거에 타고 있는 자의 경우에는 정차시키는 것을 말한다.

그런데 움직이고 있는 상대방의 어깨에 손을 얹는다든가 상대방의 앞에서 팔을 벌리고 서는 등의 실력을 사용하여 정지시키는 것이 허용될 것인가가 문제된다.

학설은 강제행위설, 임의처분설, 중간단계설 등으로 나뉘어져 있으나, 법문이 "정지시켜"라고 규정하고 있는 취지를 감안하면 정지에 대해 강제성을 인정하는 것으로 이해할 여지도 있으나, "정지시켜"의 의미를 불러 세운다고 하는 정도의 의미로 파악하는 것이 타당하기 때문에 임의처분설이 타당하다고 생각한다. 한편 일본의 통설에 의하면 정지는 임의수단이고 실력을 행사하여 정지시키는 것은 원칙적으로 부적법하다.

(나) 정지의 허용 한계

판례 경찰관은 수상한 거동 기타 주위의 사정을 합리적으로 판단하여 어떠한 죄를 범하였거나 범하려 하고 있다고 의심할 만한 상당한 이유가 있는지 또는 이미 행하여진 범죄나 행하여지려고 하는 범죄행위에 관하여 그 사실을 안다고 인정되는 자를 정지시켜 질문할 수 있고, 또 범죄를 실행중이거나 실행 직후인 자는 현행범인으로, 누구임을 물음에 대하여 도망하려 하는 자는 준현행범인으로 각 체포할 수 있으며, 이와 같은 **정지 조치나 질문 또는 체포 직무의 수행을 위하여 필요한 경우에는 대상자를 추적할 수도 있으므로,** 경찰관이 교통법규 등을 위반하고 도주하는 차량을 순찰차로 추적하는 직무를 집행하는 중에 그 도주차량의 주행에 의하여 제3자가 손해를 입었다고 하더라도 그 추적이 당해 직무 목적을 수행하는 데에 불필요

108) Brown v. Texas, 443 U.S. 47(1979).
109) Albama v. White, 58 L.W. 4747(1990).

하다거나 또는 도주차량의 도주의 태양 및 도로교통상황 등으로부터 예측되는 피해 발생의 구체적 위험성의 유무 및 내용에 비추어 **추적의 개시·계속 또는 추적의 방법이 상당하지 않다는 등의 특별한 사정이 없는 한 그 추적행위를 위법하다고 할 수 없다**(대판 2000. 11. 10, 2000다26807).

일본 판례는 ① 도주하려고 하는 자의 앞에 가로막아 서는 행위,[110] ② 직무질문 중에 도망친 자를 추적하는 행위,[111] ③ 임의동행을 거부하고 도망친 자를 추적하는 행위,[112] ④ 추적하여 배후에서 팔에 손을 걸어 정지시키는 행위,[113] ⑤ 앞가슴을 붙잡고 보도로 밀어올리는 행위[114] 등은 적법하다고 보았다.

그러나 판례는 ① 멈추지 않으면 체포한다, 도망가면 쏜다고 겁주는 행위,[115] ② 몇 분 동안에 걸쳐 양복바지의 뒤를 밸트와 함께 쥐고 목덜미를 잡고 순찰차에 승차시키는 행위,[116] ③ 경찰관 3명이 신체에 접촉하여 꼼짝 못하게 하는 행위[117] 등은 위법하다고 보았다.

나. 질 문

(가) 질문의 의의 질문이라 함은 피검문자에 대해 경찰관이 의심을 품은 사항을 해소하기 위하여 또는 경찰목적상 필요한 사항을 알기 위하여 행하는 것을 말한다.

질문을 권력적 사실행위로 보는 견해(김성수)도 있으나 불심검문을 당한 자는 그 의사에 반하여 답변을 강요당하지 아니하므로(제 3 조 제 7 항) 질문은 비권력적인 사실행위라고 보는 것이 타당하다(박균성).

질문의 법적 성질은 대체로 임의수단으로 보고 있다. 그러나 임의수단의 한도 내에 질문에 응하도록 설득을 하는 것은 가능하다.

(나) 질문의 내용 질문사항은 선행지, 출발지, 용건, 출생지, 주소,

110) 廣島高判 昭和 51. 4. 1, 高刑集 29卷 2號, 240頁.
111) 廣島高判 昭和 29. 5. 18, 高刑集 7卷 2號, 483頁.
112) 最決 昭和 30. 7. 19, 刑集 9卷 9號, 1908頁.
113) 最判 昭和 29. 7. 1, 刑集 8卷 7號, 1137頁.
114) 最決 平成 元年. 9. 26, 刑集 8卷 7號, 1137頁.
115) 大阪地判 昭和 43. 9. 20, 判タ 228號, 229頁.
116) 大阪地判 平成 2. 11. 9, 判タ 759號, 268頁.
117) 東京地判 平成 4. 9. 3, 判時 1453號, 173頁.

직업, 이름, 소지품의 유무 또는 내용, 의심나는 점 등이 통상적으로 거론된다.

상대방이 경찰관의 질문을 위한 정지요구에 응하지 않거나 질문 도중 현장을 떠나려고 하는 경우 경찰관은 물리력을 행사하여 이를 저지할 수 있는가 하는 것이 문제된다. 상대방의 의사를 제압하지 않는 정도의 물리력의 행사(정지를 위하여 길을 막아서거나 추적하거나 팔을 붙잡는 행위)는 허용된다고 보는 것이 일반적 견해이다.

5) 불심검문과 적법절차

불심검문은 적법한 사전영장 없이 상대방의 신체를 수색하는 것이므로 신체의 자유와 인권의 보장을 위하여 경찰관직무집행법은 이러한 불심검문에 대한 절차적 요건을 규정하고 있다. 즉, 경찰관은 질문하는 경우 당해인에게 자신의 신분을 표시하는 증표를 제시하면서 성명을 밝히고 그 목적과 이유를 설명하여야 한다(제 3 조 제 4 항). 법 제 3 조 제 4 항의 신분을 표시하는 증표는 국가경찰공무원의 공무원증으로 한다(동법 시행령 제 5 조).

그리고 불심검문시에 당해인은 형사소송에 관한 법률에 따르지 아니하고는 신체를 구속당하지 아니하며, 그 의사에 반하여 답변을 강요당하지 아니한다(제 3 조 제 7 항).

만약 경찰관의 불심검문이 고지의무나 시간적 제약 등 절차적인 규정을 준수하지 않은 경우에는 위법한 권력적 사실행위로 평가되며 해당인은 국가를 상대로 손해배상을 청구할 수 있다.[118)]

6) 신원확인을 위한 감식조치

우리나라의 경찰관직무집행법은 신원확인을 위한 감식조치에 대해서는 규정하고 있지 않다. 독일 모법초안상 신원확인을 위한 감식조치에 대해 살펴보자.

피의자의 신원을 확인하기 위한 감식조치(erkennungsdienstliche Maßnahme)(지문과 손바닥의 채취, 사진촬영, 신체적 특성의 확인 및 신장이나 체중의

---

118) 김성수, 앞의 책, 476쪽.

측정 등)를 취하는 것은 불가피하다.

독일 모범초안 제10조에 따르면, 감식조치는 다음과 같은 두 가지 경우에 행해질 수 있다. 우선 감식조치는 모범초안 제 9 조에 따라 허용되는 신원확인이 다른 방법으로는 불가능하거나 현저히 곤란할 때 행해진다. 다음으로 그것이 범죄행위의 예방을 위하여 필요할 때 행해진다. 물론 이 경우에 있어서는 관계인이 범죄를 행하였다는 혐의를 받고 있고, 행위의 종류나 성질상 반복될 위험이 존재할 것이 전제조건이 된다. 즉, 모범초안 제10조 제 1 항은 경찰은 "제 9 조에 따라 허용되는 신원확인이 다른 방법으로는 불가능하거나 현저히 곤란할 개연성이 있는 경우(제 1 호)"와 "당해인이 형벌로 위하되는 행위를 할 혐의를 받고 있고, 그 행위의 방식과 수행이 반복의 위험이 있기 때문에 예방적인 범죄의 진압을 위해 필요한 경우(제 2 호)"에 감식조치를 행할 수 있다고 규정하고 있다. 제 2 항은 "신원이 확인되며 제 1 항 제 1 호의 경우 확인과 관련하여 조사된 자료를 계속 보존하는 것이 제 1 항 제 1 호 또는 다른 법규정에 의해 허용되지 않는 경우에는 그 자료를 폐기해야 한다"고 규정하고 있으며, 제 3 항은 감식조치가 "지문 또는 손바닥의 채취(제 1 호), 사진촬영(제 2 호), 외형적 신체특징의 확인(제 3 호), 측정(제 4 호)"에 행해질 수 있다고 규정하고 있다.

그런데 한 가지 주의할 것은 형사소송법 제81조의b는 모범초안 제10조 및 그와 동일한 효력을 갖고 있는 주법상의 규율에 아무런 영향을 받지 않는다는 점이다. 그것은 형사소송법 제81조의b에 의한 감식조치는 계류중인 형사절차의 목적을 위하여 집행될 때에는 사후진압적 형사소추로, 피의자에 대하여 형사절차의 기회(오로지 감식목적을 위한)에 이루어질 때에는 예방경찰적 활동으로 분류할 수 있기 때문이다. 형사절차적 이유에서 형사소송법 제81조의b의 소정 조치는 범인의 유죄를 인정하기 위하여 지문채취가 필요한 경우에만 가능하고, 예방경찰적 감식의 불가결성은 피의자의 인적 사항과 피의자의 책임으로 귀속된 범행의 종류를 파악하여 현재 또는 장래에 다른 범죄행위로 인하여 추적되어야 할 경우에 대비하여 존재한다.[119]

---

119) 법무부, 각국의 사법경찰제도, 132쪽.

따라서 그것이 형사절차의 시행을 위하여 또는 감식업무의 수행을 위하여 필요한 경우에는 피의자의 사진과 지문을 그의 의사에 반하여서도 채취할 수 있고, 신장이나 체중의 측정 및 그와 유사한 조치가 행해질 수 있다. 위험방지를 위한 내용을 담고 있는 이 규정에 대하여는 그것이 감식자료의 보관을 대상으로 하는 한 학설이 다양하게 주장되는 견해에도 불구하고 권한법적 관점에서 아무런 의문도 있을 수 없다. 형사소송법 제81조의b에 규정된 감식조치는 형사절차와 밀접한 관련이 있다는 점을 고려할 때, 연방의 입법자의 권한은 내용상의 관련성(Sachzusammenhang)이라는 관점으로부터 나오는 것이다.[120)]

7) 신원확인을 위한 억류 등

관계인이 신원을 증명하기를 거부하거나 증명할 수 없는 경우에는 필요한 경우 현장에서 또는 그의 신원을 확인하기 위하여 동행된 경찰서에서 그를 기다리게 할 수 있다. 이 경우 그는 즉시 경찰관에게 인계되고 당해 경찰관은 그로 하여금 모든 수단을 동원하여 그의 신원을 확인할 수 있는 자료를 제시하도록 하고 필요한 경우 필요한 확인을 행한다. 그는 즉시 당해 경찰관으로부터 그가 받고 있는 신원확인에 대하여 검사에게 통보하고 그의 가족과 그가 원하는 사람에게 언제든지 알릴 수 있는 권리가 있다는 것을 통보받는다. 특별한 상황에 의해 필요한 경우에는 사법경찰관 자신이 가족 또는 선정된 사람에게 알릴 수 있다(프랑스 형사소송법 제78-3조 제 1 항). 그가 18세 이하의 미성년자인 때에는 억류시부터 검사에게 알려야 하고 불가능한 경우를 제외하고는 그 미성년자는 그의 법정대리인으로부터 조력을 받아야 한다(동법 제78-3조 제 2 항).

신원확인을 받는 자는 그의 신원확인을 위하여 요구되는 시간 동안만 억류될 수 있다. 그 억류는 제78-2조의 적용에 따른 통제로부터 4시간을 초과할 수 없고 검사는 언제든지 그 억류를 종료할 수 있다(동법 제78-3조 제 3 항).

질문을 받은 자가 그의 신원을 입증하는 것을 계속 거부하거나 명백

120) Wolf-Rüdiger Schenke, a.a.O., S. 55.

하게 틀린 신원정보를 제공하는 경우에는 검사 또는 예심판사의 허가를 받은 후 전자지문 또는 사진을 그것이 관계인의 신원을 확인하기 위한 유일한 수단인 경우에는 찍을 수 있다(동법 제78-3조 제 4 항).

사법경찰관은 지문 또는 사진의 촬영에 관한 사항 등을 포함하는 조서를 작성하여야 한다(동법 제78-3조 제 5 항 이하).

사법경찰은 억류과정등을 조서에 기록하여야 하며 이 조서는 검사에게 송치하여야 한다. 그리고 이 신원확인사실은 전과기록에 등재되지 않으며, 조서와 부속서류등은 검사의 통제하에 6개월 내에 파기된다(동법 제78-3조 제10항).

그리고 신원확인이 보호유치를 동반하는 경우에는 신원확인하는 동안 억류된 기간은 보호유치기간에 산입된다(동법 제78-4조).

8) 신원확인을 위한 사무실 등에의 출입

검사 또는 사법경찰관의 요구 및 이들의 명령 또는 책임 아래 사법경찰리는 다음의 목적을 위하여 건설, 생산, 개조, 수선, 서비스제공 또는 상업활동중인 사무실 및 그 부속장소에 들어갈 수 있다. 그 장소가 거주장소인 경우에는 그러하지 아니하다(동법 제78-2-1조 제 1 항). ① 이들 활동이 의무적인 직업등록부 또는 상업 및 회사등록부에 등록되었다는 것 및 사회보장기관 및 조세행정기관에 의해 요구되는 신고를 하였다는 것을 확인할 목적, ② 직원명부 및 채용신고가 사전에 되었다는 것을 증명하는 서류를 제출하도록 할 목적, ③ 사용중인 사람(personnes occupées)의 신원을 그가 등록부에 등록되어 있는지 또는 전항의 신고를 했는지를 확인하기 위하여 통제할 목적

검사의 요구는 서면으로 하고 노동법전 법률 제324-9조 및 제341-6조에 규정된 범죄 중 그가 수사하고자 하는 범죄 및 신원통제가 행해질 장소를 명시하여야 한다. 이 요구는 최대 1개월로 하며 당해 장소를 관리하는 자 또는 그를 대표하는 자에게 제시되어야 한다(동법 제78-2-1조 제 2 항).

본조 규정의 적용상 취해진 조치는 관계인에 대한 조서로 작성된다

(동법 제78-2-1조 제3항).

9) 불심검문으로서의 자동차검문

가. 자동차검문의 의의

자동차검문은 주행중인 자동차의 정지를 요구하거나 또는 자동차를 정지시켜 그 자동차의 상황(자동차의 외관이나 내부상황 및 탑승자 등)을 살펴봄과 동시에 단속 또는 수사상 필요한 사항에 관하여 운전자나 동승자에게 질문함으로써 자동차 주행에 수반하는 위험의 방지 및 교통위반을 포함한 범죄의 예방·적발을 꾀하려는 것이다.[121)]

이러한 형태의 검문은 구체적으로는 ① 범행현장으로부터 도주하는 범인의 발견, ② 교통위반단속, ③ 일반범죄의 발견, ④ 출입국경비, ⑤ 위험성있는 도로나 지역에로의 접근방지 등의 목적을 위해 실시되고 있다.

특히 주행 중의 자동차를 대상으로 하는 자동차검문은 우선 상대방을 정지시키지 않으면 행할 수 없고, 말하자면 무차별적으로 정지시켜 질문을 행하는 점에서 보통의 불심검문과 구별된다.

자동차검문은 1차적으로 불심검문의 요건을 확인하기 위한 질문을 위한 활동, 즉 불심검문의 전단계적 조치로서의 성질을 가지게 된다.

나. 자동차검문의 유형별 고찰

자동차검문에는 그의 목적에 따라 특정범죄의 범인검거 등을 목적으로 하는 긴급배치검문, 불특정 범죄의 예방과 검거를 목적으로 하는 경계검문 및 교통단속을 목적으로 하는 교통검문의 3가지 유형이 있다.

또한 그 형태에 따라 통행차량을 무차별적으로 정지시키는 일제검문과 특정의 차량만을 정지시키는 개별검문이 있으나, 법적으로 경찰관직무집행법으로서 행해지는 것과 그 밖의 것으로 구분할 수 있다.

프랑스는 테러, 마약 등에 관한 차량조사, 일반차량의 조사, 사람과 재산의 안전에 대한 중대한 침해를 예방하기 위한 차량조사 등으로 구분하여 규율하고 있다.

---

121) 강동욱, 불심검문(고시원, 1994), 263쪽.

(가) 목적에 따른 분류

① 긴급배치검문

대개 긴급배치검문을 하는 경우는 탈영병 발생이나 중범죄자의 탈주 등인데, 이에 대해서는 적법성 여부가 논란되고 있는데, 긍정하는 것이 다수설의 입장이다.

프랑스에서는 테러행위, 무기 및 폭발물 관련 범죄 및 마약범죄의 수사목적을 위한 검사의 요구가 있는 경우에 필요한 경우 사법경찰리의 조력을 받는 사법경찰관은 검사가 정하는 장소 및 시간에 제78-2조 제 6 항에 규정된 신원통제뿐만 아니라 도로 및 공중이 접근할 수 있는 장소에 운행중이거나 정차하고 있는 차량에 대한 조사를 할 수 있다(형시소송법 제78-2-2조 제 1 항).

본조의 적용을 위하여 운행중인 차량은 운전자의 입회하에 실시되어야 하는 조사의 진행에 엄밀하게 필요한 시간 내에서만 정지될 수 있다. 정차중인 차량에 대한 조사에 있어서는 그 조사는 운전자 또는 차량소유자 또는 운전자나 차량소유자가 없는 경우에는 사법경찰관 또는 사법경찰리에 의해 지정된 그 행정기관에 속하지 않는 사람의 입회하에 진행되어야 한다. 다만, 조사에 있어 사람과 재산의 안전에 중대한 위험이 있는 경우에는 외부인의 입회는 요구되지 않는다(동법 제78-2-2조 제 2 항).

범죄의 발견시 또는 차량의 운전자 또는 소유자가 요구하는 경우 및 조사가 그들이 없는 가운데 진행되는 경우에는 이 조사활동의 장소 및 시작일시와 종료일시를 적은 조서를 작성하여야 한다. 관계인에게 사본을 주고 검사에게도 지체없이 사본을 송부하여야 한다(동법 제78-2-2조 제 3 항). 그러나 주거용 차량 또는 실제로 주거용으로 사용되는 차량의 조사는 주거의 압수 및 주거에 대한 조사에 관한 규정에 따라 행해져야 한다(동법 제78-2-2조 제 4 항).

이 조사활동이 검사의 압수에서의 범죄 이외의 범죄에 속하는 경우에도 그 사실이 부대절차의 무효의 원인이 되지 않는다(동법 제78-2-2조 제 5 항).

또한 사법경찰관은 필요한 경우 사법경찰리의 도움을 받아 도로 또는 접근할 수 있는 장소에서 운행중이거나 정차한 차량을, 운전자 또는 승객에 대하여 그가 정범 또는 공범으로서 현행범이라고 의심할 정당한 이유가 있는 때에는 조사할 수 있다. 이 규정은 범죄의 시도에 대하여도 적용된다(동법 제78-2-3조 제 1 항). 제78-2-2조 제 2 항, 제 3 항 및 제 4 항은 본조의 규정에 적용된다(동법 제78-2-3조 제 2 항).

② 경계검문

일본에서 경계검문은 경찰관직무집행법 제 2 조 제 1 항의 요건을 충족하고 당해 차량에 불심사유가 인정되는 경우 자동차의 정지를 요구할 수 있으며, 또한 형사소송법 제199조 제 1 항에 따라 피의자의 차량을 정지시킬 수도 있다.

도난차량의 경우 수배차량과 비슷한 차량의 경우 범죄현장의 방향에서 주행하여 왔다고 생각되는 경우 그 차량의 외형·주행방법에 의심스러운 점이 있는 경우 등이 이에 해당한다. 그러나 이들 규정은 전 차량의 일제검문을 근거지우는 것은 아니다.

프랑스의 경우에 사람과 재산의 안전에 대한 중대한 침해를 예방하기 위하여 사법경찰관과 그의 명령 또는 책임하에 사법경찰리는 형사소송법 제78-2조 제 7 항에 규정된 신원통제를 할 수 있을 뿐만 아니라 운전자의 동의하에 또는 운전자의 동의가 없는 경우에는 모든 수단에 의해 연락된 검사의 지시에 따라 도로 또는 공중이 접근할 수 있는 장소에서 운행중이거나 정차하고 있는 차량을 조사할 수 있다(형사소송법 제78-2-4조 제 1 항). 검사의 지시를 기다리는 동안 30분을 초과하지 않는 기간동안 정차될 수 있다(동조 제 2 항). 제78-2-2조 제 2 항, 제 3 항 및 제 4 항은 본조 규정에 적용된다(동조 제 3 항).

③ 교통검문

일본에서 교통검문은 부분적으로는 도로교통단속법이 정하는 정지권 등의 행사로 볼 수 있다고 한다(도로교통법 제61조: 위험방지의 조치, 동법 제63조 제 1 항: 정비불량차량, 동법 제67조: 무면허운전·음주운전·과로운전 등). 그러나 도로교통단속법상 전 차량의 일제검문을 근거지우는 규정은 없다.

(나) 형태에 따른 분류

① 일제검문

일제검문에 대해서는 위법하다는 주장도 있으나 다수설은 주행 중 혐의사유를 수반하지 않는 자동차 본래의 성질을 고려하여 위법하지 않다고 주장한다. 그러나 음주운전자가 운전하는 자동차의 경우에는 혐의사유를 수반하는 경우도 없지 않다.

일본에서 일제검문의 법적 근거에 대해서는 세 가지의 견해가 있다. 첫째는 경찰관직무집행법 제 2 조 제 1 항을 그 근거로 드는 견해이다.[122] 즉, 직무질문의 전제요건의 충족의 유무를 조사하기 위해 통과자동차의 무차별·일제정지가 인정된다고 한다. 둘째는 경찰법 제 2 조 제 1 항을 그 근거로 드는 견해이다. 경찰의 책무인 교통의 단속을 수행하는 데 필요하고 또한 합리적인 범위 내에서 일제자동차검문이 허용된다고 본다.[123] 셋째는 전 차량의 검문이나 경계검문에서는 직접적인 법적 근거가 없고 오로지 상대방의 임의의 협력을 전제로 하여 실시하여야 한다고 보는 견해이다.[124]

② 개별검문

개별검문은 특정차량만을 정지시켜 검문하는 것을 말한다.

다. 검문방법

차량정지 후 경찰관이 할 수 있는 행위는 질문과 수색인데, 자동차를 정차 후 운전자 또는 동승자에 대한 질문, 차체 등의 외관상의 조사 및 운전면허증의 제시요구 등은 일반적으로 인정된다.[125]

그러나 트렁크 내부 등의 수색에 대해서는 소지품검사의 원리를 적용하여 사회공공의 위험이 큰 경우라면 제한적으로 경찰상 즉시강제의 법리에 따라 긍정하는 것이 타당하다. 그러나 공공장소에서 휴대용 사물함에 대한 영장 없는 수색[126]이나 사유지에 있는 미운행 차량에 대한 수

122) 관련 판례로는 大阪高判 昭和 38. 9. 6, 高刑集 16卷 7號, 526頁.
123) 관련 판례로는 最判 昭和 55. 9. 22, 刑集 34卷 5號, 272面.
124) 松尾浩也, 前揭書, 44頁. 관련 판례로는 大阪地判 昭和 37. 2. 28, 判時 296號, 6面.
125) 경찰청, 앞의 책, 43쪽.
126) U.S. v. Chadwick, 433 U.S. 1, 1977.

색은 정당하지 않다.[127]

라. 자동차의 정지와 실력행사와의 관계

자동차의 정지행위는 임의수단이지 않으면 안된다. 이것은 학설·판례가 일치하여 인정하는 바이다.

일본 판례는 다음과 같은 행위는 정지행위로서 적법하다고 한다. ① 적색등을 깜빡이고 경적을 울리는 것, ② 자동차의 전후에 어느 정도의 간격을 두고 수사용 자동차를 접근시키는 협공검문, ③ 좌측 운전수석 문을 양손으로 잡는 것, ④ 핸들과 문을 잡는 것, ⑤ 차내에 손을 넣어 엔진을 꺼는 것, ⑥ 엔진의 스위치를 꺼려고 하거나 발진한 자동차의 핸들을 왼손으로 잡고 자동차를 노변(路邊)으로 바싹 붙이려고 하는 것, ⑦ 엔진키를 빼앗는 행위, ⑧ 운전면허증을 반환하지 않는 행위, ⑨ 도주하는 차량을 경찰봉으로 파손하는 행위 등이 그것이다. 그러나 ②~⑨의 행위를 임의수단으로 보는 것에 대해서는 의문이 있을 수 있다.

(3) 미국에서의 Stop & Frisk

1) Stop & Frisk의 의의

우리의 경찰관직무집행법상 불심검문에 대하여 미국에서는 정식의 수사절차가 개시되기 이전의 경찰작용을 가두검문(field interrogation)의 문제로 다루고 있다. field interrogation는 정지(stop), 신체수색(frisk), 질문(question)을 총칭하는 것으로 그 중 시민에 대한 억압적 요소가 강한 stop & frisk의 문제로 다루는 것이 보편적이다.[128]

이 방법은 보통 혐의자를 체포하거나 체포에 부수하여 수색할 권한이 없을 때 채택되었기 때문에 그 관행[129]이 수정헌법 제4조로 포괄될 수 있는가가 의문시되어 왔다. 즉, 가두검문은 경찰관이 수상한 정황에 있는 자를 정지시켜 그의 특정한 행위에 대하여 만족할 만한 설명을 요구하는

127) Coolidge v. New Hampshire 4033 U.S. 433, 1971.

128) 표성수, 경찰관직무집행법의 불심검문과 강제처분에 관한 고찰(서울대 대학원 석사학위논문, 1985), 10쪽.

129) 영미에서는 오래전부터 경찰관이 거리에서나 공공장소에서 질문하거나, 다른 수사를 위하여 또는 정지에 부수하여 위험한 무기를 찾을 목적으로 의심스러운 사람을 정지시키는 관행이 있었다.

것이다. 이와 같이 경찰관이 공공장소에 있는 사람을 정지시켜 그 사람의 신원과 그 시각의 행동에 대해서 질문을 할 수 있는가 그리고 위험한 무기를 찾기 위해 그 사람의 신체의 소지품을 검사할 수 있는가의 여부가 수정헌법 제 4 조로 포괄될 수 있는가 하는 점에서 법률상 쟁점이 되었다.

따라서 몇몇 주들은 만약 경찰관이 그 사람이 중죄를 범했거나 범하려고 한다는 "합리적인 혐의"를 갖는 경우에는 공공장소에서 그 사람을 정지시켜 그 사람의 이름과 주소, 그의 행동에 대한 설명을 요구할 수 있도록 허용하는 Stop & Frisk Law를 통과시켰다.

실정법상 권한을 부여하고 있지 않은 다른 주와 몇몇 연방법원들도 판결에 있어서는 stop & frisk의 관행을 지지했다. 현재에는 이러한 관행이 비록 수정헌법 제 4 조에 해당할지라도 체포를 구성하는 것이 아니므로 체포를 위한 상당한 이유보다 낮은 정도에서 정당화될 수 있다는 사고가 stop & frisk에 대한 실정법과 판례의 근간을 이루고 있다.[130)]

2) "합리적인 혐의" – Stop & Frisk의 기준

연방하급법원은 1960년대 전까지는 체포 또는 수색의 "상당한 이유"(probable cause)가 있는가라고 하는 점에서 stop & frisk문제를 파악하려고 하였다. 미국 수정헌법 제 4 조가 경찰관이 상당한 이유가 없이 수색(search)과 체포(seizure)를 하는 것을 금지하고 있는 것으로 이해한 것이다.[131)]

이 "상당한 이유" 기준은 미국 헌법구조하에서 자의적인 체포에 대한 필수적인 보루(essential bulwark)로 인시되고 있었다. 그런데 1968년에 연방대법원은 "상당한 이유" 조건에 대한 예외를 판시하였다.

1968년의 기념비적인 Terry v. Ohio사건[132)]에서 연방대법원은 범죄의 "합리적인 혐의"(reasonable suspicion)가 있으면 상대방을 상세적으로 정시

130) Rolando V. del Carmen, Criminal Procedure, p. 109.

131) 수정헌법 제 4 조 "불합리한 수색과 압수에 대하여 인민의 신체·가택·서류 및 재산을 보장받는 권리는 침해할 수 없다. 영장은 선서 또는 확약에 의하여 지지되는 진실이라고 믿을 만한 원인에 기하여 발할 수 있고 특히 수색할 장소와 체포·압수할 사람 또는 물품을 기재하여야 한다."

132) John W. Terry v. State of Ohio 392 US 1, 20 L Ed 889, 88 S. Ct. 1968; "Stop & Frisk" Report, http://www/oag/state.ny.us/press/reports/stop-frisk/ch1-part1.html

시킬 수 있고 그때 상대방이 무기를 소지하여 위해를 가할 우려가 있다고 합리적으로 의심되는 때에는 무기검색을 행할 수 있다고 판시한 것이다.[133)]

아래에서 Terry사건에 대한 연방대법원의 판결에 대해 자세히 살펴보고자 한다.

3) Stop & Frisk와 Terry판결

가. 사건개요

경찰관 McFadden이 테리와 두 남자가 한 가게를 반복적으로 오가는 모습을 주시하고 있었다. 그 경찰관은 39년의 베테랑(veteran)이었고 세 사람이 매우 의심스러운 행동(extremely suspicious behavior)을 하고 있는데, 그 행동이 "강도를 위한 탐색"(caseing a store for a robbery)을 하는 것으로 짐작하였다. 경찰관은 세 사람에게 다가가서 그들의 이름을 물어보았으나 중얼중얼거리는 답변을 해서 테리를 뒤로 돌아서게 하여 가볍게 옷을 두드려 보니(pat down) 그의 옷 속에 권총이 있었다. 그런 다음에 다른 두 명에 대해서도 옷을 검사해 본 결과 한 명에게서는 권총을 찾아내었으나 다른 한 명에게서는 발견하지를 못하였다. 경찰관은 그의 행위를 옷 외피(外皮)를 검색하는 것에 국한하였었다.[134)]

나. Terry판결내용의 분석

연방대법원은 범죄의 "합리적 혐의"가 있으면 상대방을 강제적으로 정지시킬 수 있고 그때 상대방이 무기를 소지하여 위해를 가할 우려가 있다고 합리적으로 의심되는 때에는 무기검색을 행할 수 있다고 판시하였다. 수색(pat down frisk)이 정당화되기 위해서는 경찰관은 "무기를 가진 그리고 위험한 상대방을 다루는 데" 합리적인 두려움(reasonable fear)을 반드시 가져야 한다. 모든 경찰－시민간 상호작용이 수정헌법 제 4 조의 "상당한 이유" 또는 "합리적인 혐의" 기준을 함축하는 것은 아니다. 예를 들어, 경찰과 시민 간의 비강제적인 대화는 수정헌법 제 4 조의 분명한 근거를

133) Robert M. Bloom · Mark S. Brodin, Criminal Procedure, p. 73.

134) Robert M. Bloom · Mark S. Brodin, op. cit, p. 73; http://optimism.cc/college/ps157b/terry.html

요구하지 않는다. 수정헌법 제 4 조의 분석을 위해서는 "사람의 체포"가 반드시 발생하여야 한다. 적어도 헌법적 체포의 강제적인 형태는 여전히 최소한 "합리적인 혐의"를 요구한다는 것이 Terry판결에서의 stop이라 할 수 있다.135)

Terry사건에서 물리적인 강제수단이나 위력(authority)을 보여줌으로써 stop은, 경찰관은 합리적인 사람이라면 그가 자유롭지 않다는 것을 믿을 수 있게끔 시민을 짧은 시간 억류하면서 일어났다. 여러 경찰의 위협의 존재, 경찰에 의한 무기의 전시, 시민에 대한 물리적 접촉, 또는 경찰의 요구에 따라야만 한다는 강제를 암시하는 언어 또는 목소리의 사용 등은 수정헌법 제 4 조상의 체포와 구별되는 요소들이다.136)

Terry사건에서 stop이 적절하려면 경찰관은 "합리적인 혐의"를 분명히 밝힐 수 있어야 한다는 점을 분명히 하였다. "합리적인 혐의"란 경험, 관찰, 그리고 다른 사람들로부터의 정보에 근거하였을 때 범죄행위가 경찰간섭이 충분한 "진행 중"(afoot)에 있다는 것이 경찰관의 입장에서 볼 때의 합리적인 믿음을 말한다.137)

Terry판결에 의해 범죄의 "합리적 혐의"가 있으면 상대방을 강제적으로 정지시킬 수 있고, 그때 상대방이 무기를 소지하여 위해를 가할 우려가 있다고 합리적으로 의심되는 때에는 무기수색을 행할 수 있다고 하는 원칙이 확립되었다.

Terry원칙은 1968년의 Peters사건,138) 1972년의 Williams사건139) 등에 시 확인되면서 원칙으로 확립되기에 이르렀다.

다. Terry판결 이후의 판례경향

stop & frisk에 대해서는 연방하급법원에서는 Terry원칙이 유지되고 있다. 즉, 이미 발생했거나 현재 진행 중인 범죄수사를 목적으로 정지·질문하는 것도 인정하고 있다. 다만, 용의자나 피의자에 대한 요건을 증인이

135) Terry, 392 U.S. p. 21.
136) United States v. Mendenhill, 446 U.S. 544, 554(1980).
137) Terry, 392 U.S. p. 30.
138) Peters v. New York, 392 U.S. 40(1968).
139) Adams v. Williams, 407 U.S. 143(1972). 이에 대해서는 Robert M. Bloom·Mark S. Brodin, op. cit., p. 75.

나 참고인의 정지에까지 확대 적용하는 것에 대하여는 부정적 태도를 취하고 있는 것으로 보인다.

그리고 소지품검사에 대해서는 판례의 전반적인 경향은 위해를 미칠 우려의 인정 및 실제로 허용되는 소지품검사의 태양과 범위의 양면에 걸쳐 적법성의 범위를 확대하는 경향에 있다고 한다. 즉, 시민의 무기소지가 자유로우므로 경찰관의 안전을 확보하기 위해 소지품검사의 개시요건은 다소 넓혀가면서도 그 태양은 엄격하게 규제하는 것으로 보인다.[140)]

한편 연방대법원은 범죄의 증가, 직무집행 중의 경찰관의 사상자의 증가 등으로 인해 흉기의 발견목적으로 허용되는 처분의 태양이 넓어지는 경향에 있음을 보여주고 있으나, 소지품검사는 어디까지나 무기의 발견목적에 한정되어 있고, stop & frisk에 밀접히 관련해서 질문을 실효화함에 유효하고 필요한 때에 증거나 단서의 발견을 목적으로 하는 소지품검사는 허용하지 않고 있다.[141)]

뉴욕 브롱스지방법원의 로버트 코헨 판사는 에이프럴 포프라는 사람이 지난 2000년 경찰의 불심검문을 받는 과정에서 가짜 운전면허증을 소지한 혐의로 체포되자 헌법상의 권리를 침해당했다며 제기한 위헌심사소송에서, 경찰의 불심검문은 "부당한 검문과 압류로부터 보호받을 권리"를 보장한 수정헌법 제 4 조에 위배된다고 판결했다. 이에 대해 레이몬드 켈리 뉴욕시경국장은 "당장 불심검문 제도를 중단할 계획은 없으며, 판결문의 내용을 검토 중"이라고 밝히고, "불심검문은 지역사회의 요청에 따른 것"이라면서 위헌판결에 대해 간접적인 불만을 나타냈다. 뉴욕시경은 지난 1998년부터 마약거래와 매춘 등을 단속하기 위해 불심검문지역을 지정, 보행자들에게는 신분증을, 운전자들에게는 면허증과 차량등록증 등을 요구해 왔었다.[142)]

4) 통일체포법상의 Stop & Frisk

통일체포법에서는 질문을 위한 정지권과 무기수색을 인정하고 있다.

---

140) 이에 대해서는 강동욱, 앞의 책, 53~63쪽 참조.
141) 연방대법원의 판례경향에 대해서는 강동욱, 앞의 책, 87쪽 참조.
142) http://www.police.go.kr.data/dataForeignNewsView.jsp

이것은 대체로 보통법을 정리한 것이다. 불심검문에 대해서는 통일체포법 제 2 조에서 규정하고 있다. 제 1 항은 "경찰관은 집 밖에서 현재 범죄를 범하고 있거나, 범하였거나 또는 범하려 하고 있다고 의심함에 충분한 합리적인 이유가 있을 때에는 그 자를 정지시켜 성명, 주소, 밖에 있는 이유 및 행선지를 물을 수 있다"고 규정하고 있고, 제 2 항은 "이 질문을 받은 자가 신원을 명백히 하지 않거나 또는 자기의 행위에 대해 경찰관이 납득하는 해명을 하지 못한 때에는 신체를 구속하고 나아가 질문·조사할 수 있다"고 규정하고 있으며, 제 3 항은 "본조에서 규정하는 신체구속은 전부 합쳐서 2시간을 초과해서는 안된다. 구속기간의 종료 후 피구속자는 체포된 범죄로 소추를 받지 않는 한 석방되어야만 한다"고 규정하고 있다.

그리고 제 3 조는 무기의 수색에 대해 규정하고 있는데, "경찰관은 제 2 조의 규정에 따라 정지시키거나 또는 구속하고 있는 자가 위험한 무기를 가지고 위해를 가할 우려가 있다고 하는 믿음에 충분한 합리적인 이유가 있는 때에는 이러한 무기를 수색할 수 있다. 무기를 발견한 경우에는 질문의 종료시까지 이것을 영치·보관할 수 있다. 그 후 체포하지 않는 한 이것을 반환해야만 한다. 또 이 경우에 무기의 불법소지를 이유로 체포할 수 있다"고 규정하고 있다.

5) 모범법전상의 Stop & Frisk

가. 정지를 인정할 수 있는 요건

모범법전 제 2 조는 "법집행관은 적법하게 현재 있는 장소에서 이하의 사정이 있는 때에는 다음의 각호가 정하는 목적을 달성함에 합리적으로 필요한 시간 동안 그 장소 부근에서 집행관의 면전에 머물 것을 명할 수 있다. 다만, 어떠한 경우에도 20분을 초과해서는 안된다"고 규정하고 있다.

모범법전에서 정하는 대상자로는 ① 특정한 범죄 또는 중죄에 관해 의심스러운 사정이 인정되는 자(a항)와, ② 특정한 경죄 또는 중죄의 범행장소 부근에 있는 목격자(b항) 및 ③ 이미 범하여진 특정한 범죄에 관해 수배되어 있는 피의자(c항)를 들 수 있다.

(가) 특정한 범죄 또는 중죄에 관해 의심스러운 사정이 인정되는 자 "특정한 범죄 또는 중죄에 관해 의심스러운 사정이 인정되는 자"에 해당하는 자로는 ① 법집행관이 신체에 대한 상해 또는 재산의 절취나 손해야기의 우려가 있는 경죄 또는 중죄를 범하였거나 범하고 있거나 또는 범하려고 하고 있다고 합리적으로 의심함에 충분한 사정이 있다고 인정되는 자이고(ⅰ호), 동시에 ② 그 자의 신원에 관한 정보를 입수하거나 또는 명백히 하고, 그 자가 그 장소에 있는 이유 또는 행동에 관한 해명을 얻거나 또는 이것을 명백히 하기 위해 또는 그 자의 체포여부를 판단함에 합리적으로 필요한 경우(ⅱ호)이다.

(나) 특정한 경죄 또는 중죄의 범행장소 부근에 있는 목격자 "특정한 경죄 또는 중죄의 범행장소 부근에 있는 목격자"에 해당하는 자로는 ① 법집행관이 신체에 대한 상해 또는 재산의 절취나 손해야기의 우려가 있는 경죄 또는 중죄가 범하여진 직후라는 믿음에 충분한 합리적 이유가 있고, 그 장소 부근에서 발견한 자로서(ⅰ호), 동시에 ② 법집행관이 당해 범죄의 수사상 중요한 단서가 될 지식을 가지고 있는 자라는 믿음에 충분한 합리적 이유를 가지고 있는 때로(ⅱ호), ③ 그 자의 신원을 명백히 하거나 또는 당해 범죄의 정보를 얻기 위해 합리적으로 필요한 경우(ⅲ호)이다.

(다) 이미 범하여진 특정한 범죄에 관해 수배되어 있는 피의자 "이미 범하여진 특정한 범죄에 관해 수배되어 있는 피의자"에 해당하는 경우로는 ① 법집행관이 신체에 대한 상해 또는 재산의 절취나 손해야기의 우려가 있는 중죄가 범하여졌다는 믿음에 충분한 합리적 이유가 있고(ⅰ호), ② 합리적으로 생각해서 그 자가 위 범죄를 범했다는 의심이 있는 때(ⅱ호), ③ 그 자를 당해 중죄로 체포할 것인가를 판단할 목적으로서 그 신원에 관한 정보를 입수하거나 또는 이것을 명백히 하기 위해 합리적으로 필요한 경우(ⅲ호) 등이다.

이것이 긴급배치의 정지·질문인데, 순찰 중의 경찰관이 특정범죄(강도, 침입절도 등)의 발생연락을 받고 현장부근으로 급히 가서 연락받은 범인의 특징 등을 단서로 하여 이와 일치하는 사람과 차량을 중심으로 정지·

질문을 하는 것이다. 이 경우에는 범행 직후에 범인이 아직 주변에 있을 가능성이 크다고 하는 긴급성과 주위의 사정에 역점을 두고 합리성 판단이 이루어진다. 즉, 일선경찰관의 경험에 근거한 직감적 판단[143]이나 상대방의 행위에 미심쩍은 점이 없더라도 위의 긴급성과 심야이고, 사람이 다니지 않는 지역이라고 하는 특징만에 근거한 차량의 정지[144]를 합리적이라고 하였다.

나아가 경찰관은 정보수집을 하는 동안 잠시 현상을 유지할 권한이 있다고 하면서 그를 위해 합리적인 실력행사가 허용된다고 하였다.[145]

나. 자동차검문

중죄가 범하여졌다는 믿음에 충분한 합리적 이유가 있고(a항), 특정 방향으로 달리는 자동차, 트럭, 버스 및 그 밖의 차량전부 또는 대부분을 정지하는 것이 당해 범죄의 중대성 및 특별한 사정에 비추어 범인 또는 피해자를 발견함에 합리적이고 필요한 경우에는 이러한 차량의 운전자에게 정지를 명령하고, 이러한 목적을 달성함에 필요한 범위 내에서 차량을 수색할 수 있다. 이러한 처분은 당해 사정하에서 가능한 한 신속하게 이루어져야만 한다(b항).[146]

---

143) United States v. Jacktion, 448 F. 2d 963(9th Cir. 1971).

144) Orricer v. Erickson, 471 F. 2d 1204(8th Cir. 1973).

145) United States v. Purry, 545 F. 2d 217(D.C.Cir. 1976); 한편 미국연방대법원은 "익명 제보에 따른 경찰의 불심검문을 금지"하는 판결을 내렸다. 연방대법원은 지난 1995년 마이애미 경찰이 익명의 전화제보에 의거, J. L로 알려진 청소년을 무기소지 혐의로 불심검문, 체포한 것은 경찰의 불합리한 압수·수색행위를 금지한 수정헌법 제 4 조에 위반된다고 전원일치로 판결하였다. 수정헌법 제 4 조(수색·체포·압수)는 부당한 수색과 체포·압수에 대하여 신체·가택·서류·재산을 보호받는 국민의 권리를 침해할 수 없다고 규정하고 있는데, 이와 관련 두스바더긴스버그 판사는 '익명의 제보만 가지고 경관이 그 사람을 붙잡아 몸수색하는 것이 정당화될 수 있는지 여부가 문제'라면서 '최소한의 제보'가 불심검문 수사를 정당화할 정도로 범죄행위에 대한 합리적인 의혹을 준다고 보기 어렵다고 설명하였다. 한편 이 판결에 대해 시민단체들은 시민들의 자유권을 보장하는 것이라며 환영을 표시했으며, 미국총기협회도 무기의 평화적인 소지권리를 보장하는 것이라면서 환영했으나 전국경찰조직협회는 '법원의 결정에 크게 실망했으며, 당혹스럽다'면서 '이번 판결로 더 많은 경관과 시민들이 공격·살해당하게 될 것이라는 점이 두렵다'고 비판하였다. http://www.police.go.kr/data/dataForeignNewsView.jsp

146) 뉴욕주 대법원은 지난 2002년 12월 12일, 1996년에 뉴욕시 도로범죄반 소속 경찰관들이 아무런 혐의가 없는 찰스 잭슨 씨를 마약소지 혐의로 체포한 것은 수정헌법 제 4 조를 위반한 것이라며 검찰의 찰스 씨에 대한 기소를 기각한다고 판결했다. 주 대법원이 이번 판결문을 통해 '경찰이 당시 할렘 도로를 통제하고 의심할 만한 사항이 발견되지

다. 실력행사

법집행관은 본항 제 1 호, 제 2 호에서 규정하는 권한을 행사할 목적으로 사람 또는 차량을 정지시키거나 집행관의 면전에 머물도록 하기 위해 합리적으로 필요한 실력을 행사할 수 있다. 다만, 상대방을 죽음에 이르게 하는 실력은 제외한다.

라. 위험한 무기의 검사

본항에 따라 사람을 정지시킨 법집행관이 자기의 안전 또는 현재 그 장소에 있는 다른 사람의 안전상 필요하다고 합리적으로 판단되는 경우에는 정지시킨 자가 입고 있는 옷의 외부를 손으로 두드려 위험한 무기를 수색할 수 있다(frisk for dangerous weapons). 이러한 수색 중에 위험한 무기라고 합리적으로 판단되는 물건을 감지한 때에는 이것을 검사함에 필요한 처분을 할 수 있다.

마. 긴급유치의 적법성

Terry원칙에서는 불심검문의 안전한 집행이라고 하는 소극적인 행정경찰목적을 달성함에 필요한 한도에서 흉기에 한하여 강제적 소지품검사를 허용하였다.

그러나 최근 약물단속과 관련하여 상당한 이유가 없더라도 마약발견을 목적으로 소지품검사를 할 필요성이 증대됨에 따라 수정되고 있다.[147]

Place사건에서 연방대법원은 혐의를 불러일으키게 한 사정에 대하여 신문하기 위해 흉기 이외의 물건인 가방을 단기간 유치하는(detain) 것이 허용된다고 판시하였다.[148] 법원은 유치의 허용범위는 경찰관이 단기간 해당 물건의 배타적 권리를 취득함에 그치므로 현장에서 강제적으로 행하여지는 소지품검사의 대상은 흉기에 한정한다고 하는 원칙은 유지하였다. 다만, 소지품검사가 허용되는 범위가 확대되는 경향에 있는 것은 사

않은 시민을 마구잡이로 수색했다'며 '찰스 씨의 차에서 마약이 발견됐다 해도 경찰이 피고의 헌법적 권리를 위반한 만큼 기소 자체가 무효'라고 지적함으로써 뉴욕市 경찰이 특별한 이유 없이 지나가는 자동차를 세우고 차량 내부를 뒤지는 등의 임의수색행위 관행에 제동이 걸리게 되었다. http://www.police.go.kr/data/dataForeignNewsView.jsp

147) United States v. Place, 103 Ct. 2637(1983).

148) United States v. VanLeeuwen, 397 U.S. 249(1970).

실이다.[149)]

바. 피의자의 심문

(가) 권리고지　권리고지에 대해서는 a항이 규정하고 있다. "법집행관이 범죄를 범했다고 의심하거나 또는 의심함에 충분한 합리적 이유를 가지고 있는 자를 정지시킨 경우에 당해 사정하에 합리적으로 생각하더라도 가장 빠른 시기에 또 어떠한 경우에도 질문을 계속하기 전에 다음의 경고를 해야 한다. (ⅰ) 아무것도 진술할 의무는 없고, 진술한 것은 불리한 증거로 이용될 수 있다는 것, (ⅱ) 체포되는 경우를 제외하고 20분 이내에 석방되는 것, (ⅲ) 체포된 경우에는 경찰서로 연행되지만 즉시 변호인, 친척 또는 친구에게 전화로서 연락할 수 있다는 것, (ⅳ) 그 뜻에 반해서 질문되지 않는 것, 변호인과의 상담 또는 질문 중에 변호인의 입회를 요구한 때에는 그 시점에서 질문은 행해지지 않는다는 것, 경찰서로 연행한 후 질문에 앞서 스스로 변호인을 고용할 수 없는 때에는 변호인이 선임되는 것(a항).

(나) 질문의 제한　질문의 제한에 대해서는 b항에서 규정하고 있다. "법집행관이 범죄를 범했다고 의심하거나 또는 의심함에 충분한 합리적 이유를 가지고 있는 자로서 본항의 권한에 근거하여 신체를 구속당하고 있는 자가 질문을 받고 싶지 않다거나 또는 질문에 앞서서 변호인과 상담하고 싶다는 것을 어떠한 형태로든지 나타낸 경우에는 질문을 해서는 안된다."

사. 정지기간의 종료 후의 조치

자기의 면전에 정지할 것을 요구할 수 있는 기간 내에 법집행관이 체포하는 경우를 제외하고는 위 기간이 종료한 때에 그 자에 대해 자유로이 되거할 수 있다는 것을 고지해야만 한다.

아. 정지시킨 자에 관한 기록

본항에 따라 자기의 면전에 정지하도록 명령한 법집행관은 제10조 제3항에 따라 발령된 규칙에 따라 합리적으로 생각해서 가장 빠른 시기에

149) 강동욱, 앞의 책, 92쪽.

정지의 정황과 목적에 관한 기록을 작성해야만 한다.

6) 자동차검문

미국에 있어서도 범죄현장으로부터 도주하는 범인의 발견·검거를 위한 자동차검문은 법집행관의 고유한 권한이자 의무라고 인식하고 있으며 교통위반단속을 위한 자동차검문도 당연히 인정되고 있다. 거의 모든 주에서 운전자에게 운전중에는 면허증 휴대가 의무로 되어 있고, 법집행관의 요구에 따라 그것을 제시하도록 주법으로서 규정하고 있다.

> 예를 들면, 일리노이주에서는 "모든 운전면허취득자 또는 허가취득자는 자동차를 운전하는 때에 항상 운전면허증 또는 운전허가증을 휴대해야만 한다. 나아가 이 요구에 따르고 있음을 나타내기 위해 그들이 그것들을 휴대하고 있으면 제복을 입고 있든가, 기장 등 권위를 나타내는 증장(證章)을 가진 주 경찰관, 군보안관, 그 외의 경찰관 또는 국무장관이 지정한 관리의 지시에 따라서 그들에게 그것들을 제시해야 할 것이다"라고 규정하고 있다.[150)]

또한 음주운전을 발견하기 위한 검문에 대해서도 인정하고 있다.

우리나라와 마찬가지로 통상 음주운전을 발견하기 위한 검문에 있어서 검문소의 설치장소, 시간 및 그 규모는 경험적 데이터에 근거하여 검문담당관 이외의 경찰관 — 통상은 상급경찰관 — 에 의해서 결정된다. 운전자나 탑승자에게는 정지되는 것과 그 목적 등에 대하여 어떤 표시를 통해 검문을 하고 있다는 것을 경고한다. 정지시킨 차량에 대해서는 운전면허증과 차량등록증의 제시를 요구하고, 몇 마디 대회를 주고 받는 가운데 취기 여부를 관찰하여 없으면 통과시키고 의심스러운 경우에는 제 2 차 검문소로 가게 한다. 이 경우에는 차 바깥으로 나오게 하여 술이 취했는지 여부를 도로면에서 검사하거나 호기검사(呼氣檢査)를 하기도 한다. 그리고 이 검사에 합격하지 않으면 음주운전으로 체포된다.[151)]

미국에서는 음주운전을 하고 있다고 의심받을 만한 짓을 전혀 하지 않은 정상운행의 무고한 시민의 검문은 인권침해에 다름 아니라는 의견도 있지만, 대체로 음주운전을 막아야 할 공익, 그리고 일제검문제도가 음주

---

150) Ⅲ. Rev. Stat. ch. 95 1/2 §6-112.

151) Wayne R. LaFave, Search and Seizure, p. 69.

운전 적발에 이용되어야 할 필요성과 잠시 정차해야 하는 운전자의 불편함을 비교형량해 보면 그 합헌성이 인정되어야 한다는 입장을 취하고 있다.

또한 일반범죄를 발견하기 위한 검문은 부근에서 특정범죄가 발생하고 그 범인이 도망중이라고 하는 사정이 존재하지 않는 경우에 중요범인을 발견하기 위해 실시되고 있다. 이 검문은 수정헌법 제 4 조에 위반될 우려가 크고, 모범법전에도 규정되어 있지 않다.

그리고 국경경비담당관에 의한 검문도 있다. 국경경비라고 하는 직무목적으로부터 국경경비담당관에게 광범한 재량권을 인정해 둘 필요성은 면허·등록검사를 행하는 경찰관에 비해 훨씬 높지만, 차량의 정지·수색에 관해서는 정차 일정한 틀이 과하여지고 있다. 국경경비담당관은 국경으로부터 10평방 마일 이내에서는 영장 없이 외국인 유무의 확인을 위해 차량, 그 외 운반수단을 수색할 권한을 가지고 동시에 외국인 또는 외국인이라고 생각되는 자에게 미국에 머물 수 있는 권리유무에 대하여 질문할 권한을 갖고 있다.[152)]

Mikelson사건[153)]에서 주대법원은 "본 주에 있어서는 체포를 위한 상당한 이유에 이르지 않는 상황에 있더라도 질문을 위해 가로상에 있어서 경찰관이 통행인을 정지시키거나 자동차를 정지시키는 것은 정당하다"고 판시하였다.[154)]

미국에서는 자동차검문에 대하여 그것이 일시적일지라도 각 개인의 프라이버시의 인권 또는 이동의 자유에 간섭하는 것이므로 이 문제를 헌법문제로서 파악하고, 수정헌법 제 4 조의 보장과 관련하여 논하고 있음을 유의할 필요가 있다.[155)]

---

152) 8 U.S.C.§1357(a)1.

153) People v. Mickelson, 59 Cal. 2d 448, 380 P. 2d 658.

154) 한편 펜실베니아州는 지난 2003년 6월 11일 "경찰관들이 차량을 세웠을 때 운전자와의 대화를 녹음할 수 있게 하는 法"을 승인하였다. 이 법의 통과로 그간 경찰관이 차량을 세웠을 때 필요한 경우 비디오 테이프만으로 녹화할 수 있었던 것에서 나아가 소형 마이크나 무선 송신기를 이용해 대화 내용까지 녹음할 수 있게 되어, 앞으로 범인 검거(더 나아가서는 테러예방)에 중요한 증거 역할을 할 수 있게 되었다고 한다. http://www.police.go.kr/data/dataForeignNewsView.jsp

155) 강동욱, 앞의 책, 284쪽.

3. 임의동행

> 제 3 조(불심검문) ① 경찰관은 수상한 거동 기타 주위의 사정을 합리적으로 판단하여 어떠한 죄를 범하였거나 범하려 하고 있다고 의심할 만한 상당한 이유가 있는 자 또는 이미 행하여진 범죄나 행하여지려고 하는 범죄행위에 관하여 그 사실을 안다고 인정되는 자를 정지시켜 질문할 수 있다.
> ② 그 장소에서 제 1 항의 질문을 하는 것이 당해인에게 불리하거나 교통의 방해가 된다고 인정되는 때에는 질문하기 위하여 부근의 경찰서·지구대·파출소 또는 출장소(이하 "경찰관서"라 하되, 지방해양경찰관서를 포함한다)에 동행할 것을 요구할 수 있다. 이 경우 당해인은 경찰관의 동행요구를 거절할 수 있다. 〈개정 1988. 12. 31, 1996. 8. 8, 2004. 12. 23〉
> ③ 경찰관은 제 1 항에 규정된 자에 대하여 질문을 할 때에 흉기의 소지여부를 조사할 수 있다.
> ④ 제 1 항 또는 제 2 항의 규정에 의하여 질문하거나 동행을 요구할 경우 경찰관은 당해인에게 자신의 신분을 표시하는 증표를 제시하면서 소속과 성명을 밝히고 그 목적과 이유를 설명하여야 하며, 동행의 경우에는 동행장소를 밝혀야 한다. 〈개정 1991. 3. 8〉
> ⑤ 제 2 항의 규정에 의하여 동행을 한 경우 경찰관은 당해인의 가족 또는 친지등에게 동행한 경찰관의 신분, 동행장소, 동행목적과 이유를 고지하거나 본인으로 하여금 즉시 연락할 수 있는 기회를 부여하여야 하며, 변호인의 조력을 받을 권리가 있음을 고지하여야 한다. 〈신설 1988. 12. 31〉
> ⑥ 제 2 항의 규정에 의하여 동행을 한 경우 경찰관은 당해인을 6시간을 초과하여 경찰관서에 머물게 할 수 없다. 〈신설 1988. 12. 31, 1991. 3. 8〉
> ⑦ 제 1 항 내지 제 3 항의 경우에 당해인은 형사소송에 관한 법률에 의하지 아니하고는 신체를 구속당하지 아니하며, 그 의사에 반하여 답변을 강요당하지 아니한다. 〈신설 1988. 12. 31〉

(1) 임의동행의 의의와 법적 성질

1) 임의동행의 의의

경찰관직무집행법에는 임의동행이란 말은 나오지 아니한다. 다만 경찰관직무집행법 제 3 조 제 2 항이 "질문하기 위하여 … 동행할 것을 요구할 수 있다"고 규정하고 있는 까닭에, 이것을 경찰관직무집행법상의 임의동행이라 한다. 이것은 불심검문에 있어서 질문을 충실히 수행하기 위한 보조수단으로서의 성격을 갖는 것이지만, 질문의 편의보다는 피질문자 등을 보호하기 위하여 마련된 제도이다.156)

여기서 임의라 함은 물론 강제에 대한 개념으로서 본인의 의사에 의한다는 의미이지만, 반드시 본인이 자발적으로 스스로 동행하고자 하는 경우에만 한정되는 것은 아니다. 내심으로는 내키지 않는다고 생각하면서 마지못해 동행한 경우에도 임의라고 할 수 있는 것과 같이, 결국 사회통념에 비추어 신체의 속박이나 강한 심리적 압박에 의한 자유의 구속이 있다고 할 수 있는 것과 같은 제반의 객관적 상황이 없는 한 임의라고 할 수 있을 것이다.

법 제 3 조 제 2 항의 규정에 따른 동행요구를 한 때에는 국가경찰공무원은 소속 국가경찰관서의 장에게 이를 보고하여야 한다(동법 시행령 제 7 조 제 1 호).

2) 임의동행의 법적 성질

임의동행은 피질문자 등의 편의를 위해 인정되고 경찰관직무집행법 제 3 조 제 2 항 단서에서 동행요구거절권을 규정하고 있는 것을 볼 때 임의처분으로 보는 것이 타당하다.

동행에 대한 임의성판단은 평균인을 기준으로 하여 본인의 의사로서 동행에 응하는가의 여부를 판단해야 한다.

임의동행에 관하여 경찰관직무집행법에서 말하는 실분을 위한 임의동행과 수사의 필요에 따른 임의동행으로 구분하는 견해와 구분을 부인하는 견해로 나뉘어져 있다. 경찰관직무집행법상의 임의동행은 불심검문의 후속조치로서 이루어지는 것인 만큼 불심검문의 법적 성질과 밀접한 관련을 가지는 것으로 보는 것이 타당하다. 불심검문은 행정경찰작용으로서의 불심검문에 이은 임의동행은 요건이나 동행의 목적에 분명한 차이가 있는 만큼 일반적 수사로서의 임의동행과 차이가 있다고 보아야 할 것이다.

문제는 임의동행의 형태가 현실적으로 다양하고 동시에 경찰관 자신

---

156) 강동욱, 앞의 책, 196쪽.

이 스스로의 행위에 대한 인식에 있어서 불명확한 경우가 많으므로 구별을 위한 객관적 기준을 설정하는 것은 사실상 곤란하다는 점이다. 더구나 피동행자의 입장에서 볼 때에는 경찰관의 주관적 의도나 목적과 상관없이 실제적으로는 체포와 다름없는 처분이므로 본질적으로 내재하는 인권침해적 요소의 불식을 위해서도 체포나 구속에 준하는 사법절차상의 보장이 요구된다는 견해도 있다. 즉, 경찰관직무집행법에 따른 임의동행과 임의수사로서의 임의동행의 주체에 차이가 없고, 불심검문과 수사의 한계가 명확하지 않을 뿐만 아니라 수사에 대한 법적 규제를 경찰관직무집행법에 따라 피할 수 있는 일을 열어주는 것은 허용될 수는 없기 때문이라고 한다.

3) 동행사유

경찰관직무집행법 제 3 조 제 2 항은 동행사유에 대하여는 "당해인에게 불리하거나," "교통의 방해"가 되는 경우를 규정하고 있다. 당해인에게 불리한 경우로서는 사람이 많이 있는 장소에서 본인의 명예나 수치심을 해하는 경우, 계절적으로 혹서, 혹한 등의 경우 등과 같이 객관적으로 볼 때 물리적, 심리적 및 경제적으로 본인에게 불리한 것이 명백한 경우이다.

판례는 임의동행의 적법성을 인정하기 위한 요건을 다음과 같이 들고 있다.

판례 1 형사소송법 제199조 제 1 항은 임의수사 원칙을 명시하고 있는데, 수사관이 수사과정에서 동의를 받는 형식으로 피의자를 수사관서 등에 동행하는 것은, 피의자의 신체의 자유가 제한되어 실질적으로 체포와 유사한데도 이를 억제할 방법이 없어서 이를 통해서는 제도적으로는 물론 현실적으로도 임의성을 보장할 수 없을 뿐만 아니라, 아직 정식 체포·구속단계 이전이라는 이유로 헌법 및 형사소송법이 체포·구속된 피의자에게 부여하는 각종 권리보장 장치가 제공되지 않는 등 형사소송법의 원리에 반하는 결과를 초래할 가능성이 크므로, 수사관이 동행에 앞서 피의자에게 동행을 거부할 수 있음을 알려 주었거나 동행한 피의자가 언제든지 자유로이 동행과정에서 이탈 또는 동행장소에서 퇴거할 수 있었음이 인정되는 등 오로지 피의자의 자발적인 의사에 의하여 수사관서 등에 동행이 이루어졌다는 것이 객관적인 사정에 의하여 명백하게 입증된 경우에 한하여, 동행의 적법성이 인정된다고 보는 것이 타당하다(대판 2011. 6. 30, 2009도6717〈식품위생법 위반〉).

판례 2 형사소송법 제199조 제 1 항은 "수사에 관하여 그 목적을 달성하기 위하여 필요한 조사를 할 수 있다. 다만, 강제처분은 이 법률에 특별한 규정이 있는 경우에 한하며, 필요한 최소한도의 범위 안에서만 하여야 한다"고 규정하여 임의수사의 원칙을 명시하고 있는바, 수사관이 수사과정에서 당사자의 동의를 받는 형식으로 피의자를 수사관서 등에 동행하는 것은, 상대방의 신체의 자유가 현실적으로 제한되어 실질적으로 체포와 유사한 상태에 놓이게 됨에도, 영장에 의하지 아니하고 그 밖에 강제성을 띤 동행을 억제할 방법도 없어서 제도적으로는 물론 현실적으로도 임의성이 보장되지 않을 뿐만 아니라, 아직 정식의 체포 · 구속단계 이전이라는 이유로 상대방에게 헌법 및 형사소송법이 체포 · 구속된 피의자에게 부여하는 각종의 권리보장 장치가 제공되지 않는 등 형사소송법의 원리에 반하는 결과를 초래할 가능성이 크므로, 수사관이 동행에 앞서 피의자에게 동행을 거부할 수 있음을 알려 주었거나 동행한 피의자가 언제든지 자유로이 동행과정에서 이탈 또는 동행장소로부터 퇴거할 수 있었음이 인정되는 등 오로지 피의자의 자발적인 의사에 의하여 수사관서 등에의 동행이 이루어졌음이 객관적인 사정에 의하여 명백하게 입증된 경우에 한하여, 그 적법성이 인정되는 것으로 봄이 상당하다. 형사소송법 제200조 제 1 항에 의하여 검사 또는 사법경찰관이 피의자에 대하여 임의적 출석을 요구할 수는 있겠으나, 그 경우에도 수사관이 단순히 출석을 요구함에 그치지 않고 일정 장소로의 동행을 요구하여 실행한다면 위에서 본 법리가 적용되어야 하고, 한편 행정경찰 목적의 경찰활동으로 행하여지는 경찰관직무집행법 제 3 조 제 2 항 소정의 질문을 위한 동행요구도 형사소송법의 규율을 받는 수사로 이어지는 경우에는 역시 위에서 본 법리가 적용되어야 한다(대판 2006. 7. 6, 2005도6810〈도주〉).

한편 일본 경찰관직무집행법 제 2 조 제 2 항은 "그 장소에서 전항의 질문을 하는 것이 본인에 대해서 불리하고, 또는 교통의 방해가 된다고 인정되는 경우에는 질문하기 위하여 그 사람에게 부근의 경찰서, 출장소 또는 주재소에 동행하는 것을 요구할 수가 있다"고 규정하고 있다.

직무질문의 이점은 일반적 질문과 달리 직무질문을 하고 있는 동안에 심리적 압박을 가하여 상대방을 불안하게 하는 점에 있다. 따라서 직무질문에는 질문장소의 비일상적 분위기, 질문사항의 일반적인 고성, 표면에 나타나지 않는 위하 등이 유효하고, 그것에 따라 임묵리에 일종의 진술강제가 행해진다.

그러므로 경찰서, 파출소 또는 주재소에 동행을 요구하는 것이고, 임의동행은 경찰의 입장에 보아 유리하므로 반드시 "본인에 대하여 불리하거나 또는 교통의 방해가 되는 경우"에 요구된다고는 할 수 없다고 한다.

예를 들면, 시민이 에워싼 상태에서의 직무질문은 본인의 명예, 프라이버시 등을 훼손하는 측면도 있지만, 동시에 경찰관의 강압적인 태도를 시민이 컨트롤하여 "본인에게 유리"하게 하는 측면도 있다는 점에 주의할 필요가 있다.[157]

임의동행은 직무질문의 중요한 요소이다.

4) 임의동행과 신체구속

법의 취지는 원칙적으로 실력행사를 허용하지 않는다. 따라서 동행이 강제되어서는 안된다. 경찰관직무집행법 제 3 조 제 7 항은 임의동행의 경우에 법률의 근거 없는 신체구속이나 의사에 반한 답변강요를 금지하고 있다. 동행은 정지와 달리 반드시 상대방의 장소적 이동을 수반하는 것으로써 질문을 위해 불가결한 것도 아니다. 더구나 정지에 있어서는 법문이 "정지시켜"라고 규정하고 있음에 반해, 임의동행에 대해서는 "동행할 것을 요구할 수 있다"라고 규정하고 있을 뿐이다. 그러므로 명확히 동행을 거부하고 있는 경우에 실력을 행사하여 동행시키는 것은 위법이 된다.[158]

불법적인 신체구속인가의 여부는 동행시의 제반 상황을 종합적으로 판단해서 통상인이 거부하기 곤란한 형태로 동행·신문이 이루어지거나 또는 자유로운 의사에 따른 시민의 행위라고는 통상 생각하기 어려운 형태로 상대방이 동행·신문에 응하고 있는 경우로서 퇴거의 자유가 없는 상태에 두어졌음이 당시의 구체적 사정에 비추어 객관적으로 인정될 수 있는가 여부를 기준으로 판단해야 할 것이다.[159]

판례1 경찰관이 임의동행요구에 응하지 않는다 하여 강제연행하려고 대상자의 양팔을 잡아 끈 행위는 적법한 공무집행이라고 할 수 없으므로 그 대상자가 이러한 불법연행으로부터 벗어나기 위하여 저항한 행위는 정당한 행위라고 할 것이고 이러한 행위에 무슨 과실이 있다고 할 수 없다(대판 1992. 5. 26, 91다38334).

판례2 경찰관이 임의동행을 요구하며 손목을 잡고 뒤로 꺽어 올리는 등으로 제압하자 거기에서 벗어나려고 몸싸움을 하는 과정에서 경찰관에게 경미한 상해를 입힌 경우, 위법성이 결여된 행위이다(대판 1999. 12. 28, 98도138)

157) 宮田三郎, 前揭書, 91頁 각주 (3) 참조.

158) 原田國南, "時の판례," ジュリスト 924(1988. 12. 15), 50頁.

159) 장영민·박기석, 앞의 보고서, 102쪽.

판례3 임의동행은 상대방의 동의 또는 승낙을 그 요건으로 하는 것이므로 경찰관으로부터 임의동행요구를 받은 경우 상대방은 이를 거절할 수 있을 뿐만 아니라 **임의동행 후 언제든지 경찰관서에서 퇴거할 자유가 있다 할 것이고**, 경찰관직무집행법 제3조 제6항이 임의동행한 경우 당해인을 6시간을 초과하여 경찰관서에 머물게 할 수 없다고 규정하고 있다고 하여 **그 규정이 임의동행한 자를 6시간 동안 경찰관서에 구금하는 것을 허용하는 것은 아니다**(대판 1997. 8. 22, 97도1240).

결국 임의동행에는 거부의 자유가 있는 만큼 본인이 거절하는 경우에는 행할 수 없다는 것을 고려하면 동행에 있어서 실력행사는 일체 허용되지 않는다고 보아야 한다. 따라서 동행에 있어서는 피동행자에 대한 이해와 설득을 통해 사전동의를 얻은 후에 피동행자가 자연스럽게 걸어가도록 해야지, 다수의 경찰관이 에워싸고 동행하거나 손이나 어깨 등을 붙잡고 걸어가거나 또는 경찰차량에 태워 동행하게 되면 임의성을 의심받게 될 것이므로 유의하여야 할 것이다. 다만, 경찰차량에 승차하는 것도 본인이 승낙한 후에 자연스럽게 스스로 승차한 경우는 그러하지 아니하다.[160)]

그리고 경찰관직무집행법에 따른 임의동행에서 상황의 변화에 따라 상대방의 혐의가 농후하게 되는 경우에는 어느 시점에서 형사소송법상의 체포로 되는지 판단하기 어렵다. 경찰관직무집행법상의 임의동행도 보장적인 측면에서는 사법경찰작용의 일환으로 평가되는 것이다. 그러므로 임의동행에 계속하여 체포가 이루어진 경우에는 애초의 임의동행의 위법성이 그 이후의 모든 단계에 당연히 그대로 승계된다고 보아야 한다.

한편 일본 경찰관직무집행법 제2조 제3항은 직무질문과 관련하여 형사소송에 관한 법률의 규정에 의하지 아니라고는 신체를 구속당하지 아니하며 그 뜻에 반하여 경찰서, 출장소 또는 주재소에 연행되거나 또는 답변을 강요당하지 아니한다"고 규정하고 있다.

당사자는 직무질문을 수인할 의무가 있고, 그 때문에 정지하게 되지만, 그 이상의 의무는 없다. 즉, 이 경우 경찰관은 형사소송법의 규정에 의하지 않으면 강제연행을 할 수는 없고, 또한 상대방에게는 직무질문에 대한 진술의무는 없다고 보고 있다. 다만, 직무질문을 하는 경찰관에게는

160) 강동욱, 앞의 책, 218쪽.

묵비권의 고지의무가 없지만, 범죄의 증거 수집을 목적으로 질문하는 경우에는 진술거부권의 고지를 요한다.

5) 임의동행과 체포

우리 경찰관직무집행법 제 3 조 제 7 항은 "제 3 항의 경우에 당해인은 형사소송에 관한 법률에 의하지 아니하고는 신체를 구속당하지 아니한다"고 규정함으로써 임의동행이 체포로 이르러서는 안된다는 것을 명백히 하고 있다.

체포는 실력을 행사하여 피의자의 신체의 자유를 구속하는 것을 그 내용으로 하고, 이 때 피의자는 신문에 대한 출두거부 및 퇴거의 자유가 없는 상태에 놓이게 된다.

따라서 양자는 동행시의 제반 상황을 종합적으로 고려하여 판단하여야 할 것이다.

미국에서는 임의동행 형식에 의한 신문에 대해 실질체포에 해당한다고 한 판례[161)]도 있으나, 연방대법원은 이것이 체포에 해당하는 것은 아니라고 하였다.[162)]

6) 임의동행과 적법절차

경찰관직무집행법에서는 제 3 조 제 4 항에서 동행 전에 경찰관의 신분증명과 동행의 목적과 이유 및 동행장소의 고지의무를, 제 5 항에서는 동행 후에 가족에게 고지할 의무와 본인에게 연락기회의 부여의무 및 변호인의 조력을 받을 권리가 있음을 고지할 의무를 부과하고 있다.

제 3 조 제 6 항은 동행시간을 6시간으로 제한하고 있다. 미국의 1942년의 통일체포법이 2시간으로 정하고 있는 것은 시사하는 바가 크다. 경찰관직무집행법이 6시간으로 정한 것은 신원파악 등에 많은 시간이 필요하기 때문으로 설명되고 있으나 인권침해라는 지적도 제기되고 있다.

161) United States v. Middeton, 344 F. 2d 78(2d Cir. 1965).
162) Fla. v. Royer, 460 U.S. 491(1983).

4. 미아·병자·부상자 등의 보호조치

> 제4조(보호조치등) ① 경찰관은 수상한 거동 기타 주위의 사정을 합리적으로 판단하여 다음 각호의 1에 해당함이 명백하며 응급의 구호를 요한다고 믿을 만한 상당한 이유가 있는 자를 발견한 때에는 보건의료기관 또는 공공구호기관에 긴급구호를 요청하거나 경찰관서에 보호하는 등 적당한 조치를 할 수 있다. 〈개정 1988. 12. 31〉
>
> 1. 정신착란 또는 술취한 상태로 인하여 자기 또는 타인의 생명·신체와 재산에 위해를 미칠 우려가 있는 자와 자살을 기도하는 자
> 2. 미아·병자·부상자등으로서 적당한 보호자가 없으며 응급의 구호를 요한다고 인정되는 자. 다만, 당해인이 이를 거절하는 경우에는 예외로 한다.
>
> ② 제1항의 긴급구호요청을 받은 보건의료기관이나 공공구호기관은 정당한 이유없이 긴급구호를 거절할 수 없다.
>
> ③ 제1항의 경우에 피구호자가 휴대하고 있는 무기·흉기등 위험을 야기할 수 있는 것으로 인정되는 물건은 경찰관서에 임시영치할 수 있다.
>
> ④ 경찰관이 제1항의 조치를 한 때에는 지체없이 이를 피구호자의 가족·친지 기타의 연고자에게 그 사실을 통지하여야 하며, 연고자가 발견되지 아니할 때에는 피보호자를 적당한 공중보건의료기관이나 공공구호기관에 즉시 인계하여야 한다.
>
> ⑤ 경찰관은 제4항의 규정에 의하여 피구호자를 공중보건의료기관 또는 공공구호기관에 인계한 때에는 즉시 그 사실을 소속 경찰서장 또는 지방해양경찰관서의 장에게 보고하여야 한다. 〈신설 1988. 12. 31, 1996. 8. 8〉
>
> ⑥ 제5항의 보고를 받은 소속 경찰서장 또는 지방해양경찰관서의 장은 대통령령이 정하는 바에 의하여 피구호자를 인계한 사실을 지체없이 당해 공중보건의료기관·공공구호기관의 장 및 그 감독행정청에 통보하여야 한다 〈신설 1988. 12. 31, 1996. 8. 8〉
>
> ⑦ 제1항의 규정에 의한 경찰관서에서의 보호는 24시간을, 제3항의 임시영치는 10일을 초과할 수 없다. 〈개정 1988. 12. 31〉

(1) 보호조치의 대상

경찰관직무집행법은 본인의 의사를 존중하여 임의보호조치를 취할 수 있는 대상자로 미아, 병자, 부상자 "등"을 규정하고 있다. 즉, 미아·병자·부상자 등으로서 적당한 보호자가 없는 자로서, 응급의 구호를 요한

다고 믿을 만한 상당한 이유가 있는 경우를 규정하고 있다(제 4 조 제 1 항 제 2 호).

법 제 4 조 제 1 항의 규정에 의한 긴급구호요청 또는 보호조치를 한 때에는 국가경찰공무원은 소속 국가경찰관서의 장에게 이를 보고하여야 한다(동법 시행령 제 7 조 제 2 호).

한편 일본의 경찰관직무집행법상 보호조치대상자는 미아, 병자, 부상자 등으로서 적당한 보호자를 동반하지 않아 응급의 구호를 요한다고 인정되는 자를 말한다(제 3 조 제 1 항 제 2 호).

여기서 미아라 함은 보호자의 보호범위를 벗어나 스스로 안전을 도모할 수 없는 아동을 말한다. 부상자라 함은 자상을 포함하여 부상을 입은 사람으로서 본인의 자력으로 병원을 찾아가거나 귀가할 수 없는 정도에 이른 사람을 말한다. “등”에 해당하는 것으로는 버려진 아이, 기아상태에 있는 자, 조난을 당한 자, 도로에서 길을 잃은 병약한 노인, 도로 또는 승차상태에서 산기로 고통받는 임산부 등을 들 수 있다.

(2) 보호조치의 방법

경찰관직무집행법은 보호조치의 방법으로서 보건의료기관 또는 공공구호기관에 긴급구호를 요청하거나 경찰관서에 보호하는 등 적당한 조치를 할 수 있다고 규정하고 있다(제 4 조 제 5 항). 여기서 보건의료기관이라 함은 보건소, 병원, 한의원, 조산소 등 응급조치로 생명·신체의 구조를 행할 수 있는 공·사 기관을 말하고, 공공구호기관이라 함은 국가나 지방자치단체가 설립한 아동보호소, 부녀보호소, 양로원 등의 일체의 사회보장시설을 말한다.

본인의 의사를 존중하여 임의보호조치를 취할 수 있는 대상자인 미아, 병자, 부상자 등에 대해서는 그들의 의사를 존중하여야 한다.

일본의 경우 경찰관은 보호의 요건에 해당하는 자를 발견한 때에는 우선 경찰서, 병원, 장신병자수용시설, 구호시설 등의 적당한 장소에서 이를 보호하여야 한다(동법 제 3 조 제 1 항).

적당한 장소란 보호를 요하는 구체적 상황에 따라 공공시설, 민가라도 상관없다.

(3) 긴급구조요청의 거부금지

경찰관직무집행법은 "긴급구조요청을 받은 보건의료기관이나 공공구호기관은 정당한 이유없이 긴급구호를 거절할 수 없다"고 규정하고 있다(제 4 조 제 2 항).

정당한 이유란 의사의 장기출장이나 병원의 수리 등과 같이 객관적으로 보아 진료가 불가능한 상태를 말하므로 의사가 취침 중이라든가 병원시설이 일부 부족한 상태와 같은 상황은 적정한 조치하에서 진료가 가능하므로 정당한 이유있는 때에 포함되지 않는다.

5. 사실의 확인 등

> 제 8 조(사실의 확인등) ① 경찰관서의 장은 직무수행에 필요하다고 인정되는 상당한 이유가 있을 때에는 국가기관 또는 공사단체등에 대하여 직무수행에 관련된 사실을 조회할 수 있다. 다만, 긴급을 요할 때에는 소속경찰관으로 하여금 현장에 출장하여 당해 기관 또는 단체의 장의 협조를 얻어 그 사실을 확인하게 할 수 있다.
> ② 경찰관은 미아를 인수할 보호자의 여부, 유실물을 인수할 권리자의 여부 또는 사고로 인한 사상자를 확인하기 위하거나 행정처분을 위한 교통사고조사상의 사실을 확인하기 위하여 필요한 때에는 관계인에게 출석을 요하는 사유·일시 및 장소를 명확히 한 출석요구서에 의하여 경찰관서에 출석할 것을 요구할 수 있다.

(1) 의 의

경찰관서의 장은 직무수행에 필요하다고 인정되는 상당한 이유가 있을 때에는 국가기관 또는 공사단체 등에 대하여 직무수행에 관련된 사실을 조회할 수 있다. 경찰관직무집행법 제 8 조는 직무수행에 필요한 경우에 사실의 확인 등을 할 수 있도록 규정하고 있다. 법 제 8 조 제 1 항 단서의 규정에 의한 사실확인을 한 때에는 국가경찰공무원은 소속 국가경찰관서의 장에게 이를 보고하여야 한다(동법 시행령 제7조 제7호).

이러한 사실의 확인 등은 경찰직무를 위한 예비적인 조치로서 기본권과의 관련성이 크지 않으며, 개념상 예방경찰상의 동일인확인은 형사소송상의 동일인확인(인정신문)과는 구분되는 것이므로 엄격한 규제가 필요한 것은 아니라고 할 수 있다.[163]

(2) 사실조회 및 직접확인

경찰관직무집행법상 사실조회라 함은 사람, 동산, 부동산, 그 밖의 모든 유체물 및 무체물에 대해 물어보는 것을 말한다(제8조 제1항 본문).

경찰관직무집행법상 직접확인이라 함은 긴급을 요할 때에 경찰관서의 장의 지시에 의해 소속 경찰관이 현장에 출장하여 당해 기관 또는 단체의 장의 협조를 얻어 그 사실을 확인하는 것을 말한다(제8조 제1항 단서).

법은 사실조회의 주체에 대해 경찰관서의 장으로, 직접확인의 주체로 개개의 소속경찰관을 규정하고 있다.

그리고 "직무수행에 필요하다고 인정되는 상당한 이유가 있을 때"를 사실조회의 요건으로 규정하고 있으며, 특히 이 경우에 "긴급을 요할 때"를 직접확인의 요건으로 규정하고 있다.

그리고 사실조회 및 직접확인의 대상 중 공·사의 모든 단체라 함은 지방자치단체와 공·사의 모든 단체를 말한다.

사실조회와 직접확인의 수단으로서의 조회는 서면문의 또는 전화문의에 의하는 것이고, 현장출장확인은 구두 또는 서면에 의하여 확인한다.[164]

(3) 출석요구

경찰관직무집행법은 "경찰관은 미아를 인수할 보호자의 여부, 유실물을 인수할 권리자의 여부 또는 사고로 인한 사상자를 확인하기 위하거나

163) 홍준형 외, 앞의 보고서, 93쪽.
164) 장영민·박기석, 앞의 보고서, 165면.

행정처분을 위한 교통사고 조사상의 사실을 확인하기 위하여 필요한 때에는 관계인에게 출석을 요하는 이유·일시 및 장소를 명확히 한 출석요구서에 의하여 경찰관서에 출석할 것을 요구할 수 있다"고 규정하고 있다(제 8 조 제 2 항). 법 제 8 조 제 2 항의 규정에 의한 출석요구서는 별지 제 3 호 서식에 의한다(동법 시행령 제 6 조).

출석요구 자체가 국민에게 실질적 위협이 될 수 있기 때문에 출석요구서 발부는 명문의 규정이 있는 경우에 한하도록 하는 것이 옳다고 본다.

따라서 이 규정은 열거적·제한적 규정으로 보아야지 예시적 규정으로 보아서는 안될 것이다.

6. 경찰의 정보활동

(1) 의 의

정보경찰이라 함은 형식적 의미로는 경찰청 정보국·지방경찰청 및 경찰서 정보과 소속 경찰관을 말한다.

실질적 의미로는 국가안전보장, 사회질서유지, 국민의 생명·신체·재산보호 등 치안상 필요한 정보를 수집·작성하고 이를 배포하는 것을 주임무로 하는 경찰활동이라고 할 수 있다.

정보(intelligence)라 함은 일반적으로 정보기관이 조직활동을 통하여 수집된 첩보를 평가·분석·종합·해석하여 얻어진 지식이라고 정의한다.

정보통신기술의 비약적 발전에 따라 경찰 역시 종래와는 완전히 다른 방식으로 정보를 수집·저장·처리하고 있다. 당연히 종래의 경찰법은 새로운 유형의 경찰활동에 대한 구체적인 법적 규율을 결여할 수밖에 없는 형편에 이르렀다.

우리나라의 경찰관직무집행법에는 경찰의 정보활동에 대해서는 구체적으로 규율하고 있지 아니하다.

독일의 경우에는 1983년 독일 연방헌법재판소의 인구조사판결(Volkszählungsurteil)과 동 판결에서 연방헌법재판소가 인정한 기본법 제 2

조 제 1 항 및 제 1 조 제 1 항에 근거한 개인관련 데이터에 관한 정보의 자기결정권(informationelle Selbstbestimmung)의 결과 최근의 경찰-질서법률들은 경찰의 정보수집과 처리(데이터처리)에 관한 포괄적 규율을 갖고 있는바, 그럼으로써 동 법률들은 개별적 영역에서 데이터보호규정을 둘 것을 요구하는 연방헌법재판소의 요구[165]에 따르고 있다.[166]

이들 규정들은 어느 정도는 상당한 범위에서 모범초안개정시안에 따르고 있다. 그것들은 연방이 그에 유사한 규정을 제정하지 않았기 때문에 범죄행위의 수사를 위한 사전조치(동개정초안 제 1 조 제 1 항 제 2 문)에 포함되어 있는 권한을 넘어서서 더 광범위한 정보의 수집과 그에 관련된 조치를 위한 수권규정들이 발견된다. 이 경우 경찰의 정보수집과 처리에 관한 법률규정들은 매우 상세하고 광범위해서 이미 규율의 홍수를 이루고 있다.[167]

구체적인 규율대상으로는 정보의 수집활동, 정보의 저장·변경·이용, 기관간 정보의 교환, 자동화된 정보검색 등을 들 수 있다.

---

165) BVersGE 65, 1, 46. 인구조사판결은 행정의 정보활동에 대한 법적 근거를 요구하였다.

166) 독일 민법학자들이 총 13,000여 명의 서명을 받아 2011년에 계획되어 있는 인구조사 실시방안에 대한 헌법소원을 제기하였다고 타게스샤우가 보도하였다. 민법학자들의 견해에 따르면 인구조사법률은 기본법에 합치되지 않는다고 하는데, 이들은 특히 인구조사를 통해 얻은 인종, 종교 및 직업적 정보가 개인신상별로 데이터 중앙저장장치에 저장될 가능성이 있다는 점에 대해 우려를 표하고 있다고 한다. 이번 헌법소원을 주도한 변호사 에바 드보르작(Ewa Dworschak)은 “2011년의 인구조사 데이터들이 앞으로 4년 동안 개인식별번호별로 분류될 수 있다”고 말했다고 한다. 한편 지금까지의 통계학적 데이터들은 지난 1980년대에 수집된 낡은 데이터들에 기초하고 있는데, 구동독에서는 인구조사가 마지막으로 실시된 것이 1981년이며, 독일 연방공화국에서는 1987년에 실시된 것이 마지막이라고 한다. 1987년 인구조사 실시 당시에 독일 연방공화국에서는 다수의 시민들이 참여하는 데모가 벌어지기도 했었다고 한다. 당시 연방헌법재판소는 인구조사판결에서 인구조사와 관련한 데이터 수집을 제한하고 정보의 자기결정권을 공식화했었다. EKN NEWS 2010. 6. 19일 기사 참조

167) Wolf-Rüdiger Schenke, a.a.O., S. 80.

(2) 경찰정보활동의 유형

1) 정보의 수집활동

가. 개인관련정보 조사대상

경찰은 그 임무수행을 위하여 필요한 경우, 경찰책임을 지거나 비경찰책임자로서 경찰목적상 일정한 의무를 부과받는 자, 피해자, 무의탁자 또는 실종자 및 그 친족, 법정대리인 또는 친지, 위험에 처한 자, 증인, 단서제공자 또는 기타 정보제공자 등에 관한 개인관련정보를 문서 또는 파일에 보관, 변경하거나 그 밖의 방법으로 이용할 수 있도록 수권하고, 또한 구체적 사실을 기초로 판단할 때 경험칙상 범죄행위의 예방에 필요하다고 인정하는 경우에는 구체적 정황으로 보아 장래 범죄행위를 범할 우려가 있다고 인정되는 자, 그러한 자와 접촉하거나 동반하는 자, 범죄의 피해자가 될 근거가 있는 자, 증인, 단서제공자 또는 기타 정보제공자 등에 관한 개인관련정보를 조사할 수 있도록 수권하는 것이 바람직하다(모범초안개정시안 제 8 조의a).

나. 공개행사, 집회 및 다중집합에 대한 정보수집

모범초안개정시안 제 8 조의b는 공개행사, 집회 및 다중집합에 대한 정보수집에 대해 규정하고 있다. 제 1 항은 "경찰은 공공의 안녕과 질서에 대한 위험이 발생하리라고 인정할 만한 사실상의 근거가 있는 때에는 집회법이 적용되지 않는 공개행사 또는 다중집합이 진행되는 동안 또는 그와 관련하여 개인관련정보를 수집할 수 있다"고 규정하고 있으며, 제 2 항은 "경찰은 공공의 안녕과 질서에 현저한 위험이 발생하리라고 인정할 만한 사실상의 근거가 있는 때에는 공개행사가 진행되는 동안 또는 그와 관련하여 개인관련정보를 수집할 수 있다. 공공의 안녕과 질서가 교란되지 않은 때에는 그 수집결과 작성된 서류를 집회가 종료된 후 지체없이 소멸시켜야 한다"고 규정하고 있으며, 제 3 항은 "제10조의a 제 6 항 및 제10조의g 제 4 항은 본조에 영향을 받지 않는다"고 규정하고 있다.

다. 특별한 정보수집방식

그리고 새로운 경찰법률들은 정보수집을 위한 새로운 수단, 예컨대

장기간에 걸친 관찰, 사진촬영과 비디오녹화를 위한 기계시설의 설치 및 대화의 도청과 녹음을 위한 기계시설의 설치 또는 신분을 위장한 경찰관(verdecker Ermittler)의 배치와 같은 수단을 규정하고 있다. 관찰, 기계시설의 설치와 신분을 위장한 경찰관의 배치와 같은 수단을 규정하고 있다. 관찰, 기계시설의 설치와 같은 신분을 위장한 경찰공무원의 배치는 사실행위이고, 수인의무를 내용으로 하는 행정행위가 아니다. 그 같은 조치가 비밀리에 또는 은폐하에 행하여지고 따라서 통지가 결여되어 있다는 것만으로도 행정행위가 존재하지 않는 것이 되는 경우에는 그러한 조치가 사실행위라는 것은 반드시 인정되어야만 한다(동 개정시안 제 8 조의c).

라. 정보수집을 위한 소환

경찰은 위해방지를 위하여 정보를 수집할 수 있으며 이러한 목적을 위하여 관계인을 소환(Vorladung)할 수 있다. 이러한 소환이 명령과 강제의 형식을 피하고 관계인 역시 자발적으로 응한다면 이러한 정보수집은 경찰의 임무수행의 범위 내에서 이루어지며 따라서 특별한 수권이 별도로 요구되지 않는다. 반면 소환이 명령의 형식을 띠고 필요한 경우 이를 강제로 실현시켜야만 하는 경우에는 특별한 수권이 필요하다.

모범초안 제11조 제 1 항은 경찰은 "그 사람이 일정한 경찰의 임무수행에 필요한 적절한 진술을 할 수 있다는 사실이 인정되는 경우(제 1 호), 그것이 감식조치를 시행하기 위해서 필요한 경우(제 2 호)"에는 사람을 서면 또는 구두로 소환할 수 있다고 규정하고 있다. 제 2 항은 "소환시 그 이유가 제시되어야 한다. 소환의 시점을 결정하는 경우에 당해인의 직업과 그 밖의 생활상황이 고려되어야 한다"고 규정하고 있다. 이 규정은 실정법과 광범위하게 일치하며, 특히 수사목적(Zwecke der Ausforschung)을 위한 소환은 허용되지 않는다는 것을 명백히 하고 있다. 제 3 항은 "당해인이 충분한 이유없이 소환에 응하지 않으면 다음의 경우 — 그 진술이 사람의 생명, 신체 또는 자유에 대한 위험의 방지를 위해 필요한 경우 또는(제 1 호) 감식조치를 시행하기 위한 경우(제 2 호)에 강제로 소환될 수 있다고 규정하고 있다(이른바 구인(Vorfürung).[168]

168) §11 MEPolG.

여기서 감식조치를 위한 강제구인은 일반적인 경우 단지 자유의 제한(Freiheitsbeschränkung)이지 기본법 제10조 제 2 항에 따라 법관의 영장이 필요한 자유의 박탈(Freiheitsentziehung)은 아니다. 모범초안 제14조 제 1 항 제1문에 따르면 경찰은 자유박탈의 허용성 및 계속성에 대하여 법관의 결정을 지체없이 받아야 한다. 소환에 응할 의무로부터 진술의무(Pflicht der Aussage)가 도출되는 것은 아니다.

정보의 수집의 영역에 있어서는 무엇보다도 경찰의 정보수집의 전통적 형식인 개인에 대한 심문(Befragung von Personen)에 관한 규정이 언급되어야 한다. 경찰법률에 따를 때 그 같은 심문은 객관적 사정이 피심문자가 경찰이 지무수행에 필요한 적절한 진술을 할 수 있다는 것이 인정될 것을 전제조건으로 한다. 이 경우 심문권이 피심문자의 정보제공의무(Auskunftspflicht)와 어느 정도까지 일치하는지가 문제된다. 이 경우는 다음과 같이 구분될 수 있다. 피심문자는 성명, 출생지와 출생년월일, 주소, 국적에 대해서는 진술하여야만 한다. 이에 대하여 사실에 대한 진술은 그것이 특별히 규정되어 있을 때에만 행해져야 한다.

정보의 제공은 법률에 다른 규정이 없는 한 공개적으로 행해져야 하고, 또한 부분적으로는 자세한 내용상의 제한에 따른다. 관계인에게는 원칙적으로 정보수집의 법적 근거 및 구체적인 경우에 존재할 수 있는 정보제공의무 또는 정보제공 여부의 자유를 적절한 방법으로 알려주어야 한다.

2) 정보의 저장·변경·이용

정보의 저장(Speichrung)은 정보의 판단과 처리의 일부를 이룬다. 정보의 저장은 그 정보가 수집된 또는 수집될 수 있는 목적의 수행을 위하여서만 허용된다. 저장의 기간은 경찰과제의 수행에 따라 결정된다. 이 같은 원칙은 정보의 이용에도 적용된다. 이용의 가능성이 수반되지 않는다면 단순한 정보의 저장만으로는 경찰의 작업에 아무런 이득도 제공하지 못할 것이다.

정보의 이용에 있어서는 정보의 변경에 관련된 문제가 중요한 의의를 가진다. 무엇보다도 원래의 목적 이외의 다른 목적으로 정보를 사용할 수 있도록 함으로써 이중수집으로 인한 경찰업무의 침해를 피해야 할 것이다. 이 경우 예방경찰적으로 얻어진 정보를 다른 예방경찰적 목적으로 사용하는 것과 진압적으로 얻어진 정보를 예방적으로 또는 예방적으로 얻어진 정보를 진압적으로 사용하는 것과는 구분되어져야 한다.

정보의 저장·변경·이용에 관하여 경찰이 그 임무를 수행하는 데 필요한 경우에 한하여 수권규정을 두되, 당초 경찰이 당해 정보를 입수한 목적과 동일한 목적을 달성하기 위한 경우에만 이용할 수 있도록 제한하는 것이 바람직하다. 또한 경찰이 범죄행위의 예방을 위하여 필요하다고 인정하는 때에는 형사피의자에 대한 조사과정에서 획득된 개인관련정보를 파일에 보관하거나 변경하고 그 밖의 방법으로 이용할 수 있도록 하는 한편, 특히 중대한 범죄로서 집단 또는 조직에 의하여 상습적으로 행해지는 범죄행위를 예방하기 위하여 불가피한 경우에는 그 범죄예방의 범위 안에서 우범자와 접촉하거나 동반하는 자, 범죄의 피해자가 될 것으로 우려할 만한 사유가 있는 자, 증인, 단서제공자 또는 그 밖의 정보제공자에 대한 개인관련정보를 파일로 저장하거나 변경하고 그 밖의 방법으로 이용할 수 있도록 하여야 할 것이다(동 개정시안 제10조의a).

3) 기관간 정보의 교부 등

경찰관청 및 경찰관서들로 하여금 서로 경찰임무의 수행을 위하여 필요한 경우 개인관련정보를 교부할 수 있도록 하고, 다른 행정기관 또는 공공기관이 위험방지를 위한 권한을 가지는 경우, 경찰이 이들 기관이 임무를 수행하는 데 경찰이 보유하는 개인관련정보를 인지하는 것이 필요하다고 인정하는 때에는 당해 개인관련정보를 교부할 수 있도록 하고, 정보의 수령인이 임무를 수행하도록 하기 위하여 불가피하다고 인정되면 다른 방법으로는 수령인이 정보를 얻을 수 없거나 적기에 얻을 수 없고, 또는 정보를 얻는 데 지나치게 과다한 비용이 든다고 인정되는 경우에 한하여 정보를 교부할 수 있도록 하여야 할 것이다(동 개정시안 제10조의c).

가령 노르트라인-베스트팔렌 경찰법 제27조 이하와 같은 규정은 경찰이 개인관련 정보를 다른 경찰행정청에 대하여, 국내외의 공공기관에 대하여, 초국가적 기구 또는 국제기구에 대하여 제공하는 것에 관한 자세한 규정을 갖고 있다. 이 경우 정보의 침해와 관련된, 심지어 그의 하부조직이 상이한 직무를 담당하고 있는 하나의 행정청 내에서 행해지는 경우에도 존재할 수 있다. 자료의 다른 기관에의 제공과 관련하여 개인정보를 컴퓨터로 검색하는 것(Rasterfahndung) 또한 규정되어 있다.[169] 그에 따르면 경찰은 정보의 제공이 특히 중요한 법익에 대한 현저한 위험방지를 위하여 필요한 경우에는 공공기관과 공적 영역 밖에 있는 기관에 대하여 다른 데이터의 내용과 비교·조정할 목적으로 파일상의 특정한 인적 집단의 개인관련 정보의 제공을 요구할 수 있다.

4) 자동화된 정보검색

개인관련정보에 대한 자동화된 정보검색절차(Automatisiertes Abrufverfahren)는 당사자의 정당한 법익과 경찰임무의 달성에 비추어 그와 같은 정보교부의 방식이 적절하다고 인정되는 경우에 한하여 개설될 수 있도록 하고, 경찰관청 및 경찰관서 이외의 다른 기관에 의한 정보의 자동검색은 금지되며, 경찰로 하여금 개인관련정보에 대한 자동화된 정보검색절차를 운용함에 있어 정보보호법의 규정에 의하여 요구되는 보호조치들을 강구하도록 하는 것이 바람직하다(동 개정시안 제10조의d).

5) 정보의 대조

경찰은 경찰책임자 및 경찰의무를 부과받는 비경찰책임자, 범죄행위를 범할 우려가 있는 자에 대한 개인관련정보를 경찰이 보유하고 있는 파일의 내용과 대조할 수 있도록 하되, 그 이외의 자에 대한 개인관련정보는 이를 대조하는 것이 사실상의 근거에 의하여 경찰임무의 수행을 위해 필요하다고 인정되는 때에 한하여 허용하여야 할 것이다(동 개정시안 제10조의e).

6) 정보의 정정·삭제·차단

독일 모범초안개정시안 제10조의g는 "정보의 정정, 삭제, 차단"에 대

169) 예컨대, §§40 BWpolG.

하여 규정하고 있다. 파일로 저장된 개인관련정보가 정확하지 않을 때에는 정정할 수 있다(제 1 항). 그리고 저장이 허용되지 않는 경우(제 1 호)와 일정기간이 경과한 후 행해지도록 되어 있는 재심사(제10조의h 제 1 항 제 1 문 제 8 호)에 의한 경우 또는 개별적 사무처리를 계기로 당해 정보를 인지하는 것이 저장기관의 권한범위에 속하는 임무의 수행을 위하여 더 이상 필요하지 않다고 확인되는 경우(제 2 호)에는 파일로 저장된 개인관련정보는 삭제하고, 그에 속하는 문서들은 폐기하여야 한다(제 2 항).

그리고 경찰이 부정확하거나 삭제되어야 할 개인관련정보가 교부된 것을 확인하고 또한 수령인을 알고 있는 경우에는 수령인에게 그 정정 또는 삭제의 사실을 통지하여야 하며, 다만 이를 통지하는 것이 당해인이나 사안을 평가하는 데 중요하지 않거나 더 이상 중요하지 않게 된 경우에는 그러하지 아니하다(제 3 항).

한편 정보가 이미 삭제된 경우에는 열람청구는 허용되지 않는다. 그 경우에는 저장목적과 다른 기관에의 제공이 있었는지 여부에 관한 청구가 고려될 수 있다.

7. 위험발생에 있어서 경고

제 5 조(위험발생의 방지) ① 경찰관은 인명 또는 신체에 위해를 미치거나 재산에 중대한 손해를 끼칠 우려가 있는 천재, 사변, 공작물의 손괴, 교통사고, 위험물의 폭발, 광견·분마류등의 출현, 극단한 혼잡 기타 위험한 사태가 있을 때에는 다음의 조치를 할 수 있다.

1. 그 장소에 집합한 자, 사물의 관리자 기타 관계인에게 필요한 경고를 발하는 것
2. 특히 긴급을 요할 때에는 위해를 받을 우려가 있는 자를 필요한 한도 내에서 억류하거나 피난시키는 것
3. 그 장소에 있는 자, 사물의 관리자 기타 관계인에게 위해방지상 필요하다고 인정되는 조치를 하게 하거나 스스로 그 조치를 하는 것

② 경찰관서의 장은 대간첩작전수행 또는 소요사태의 진압을 위하여 필요하다고 인정되는 상당한 이유가 있을 때에는 대간첩작전지역 또는 경찰관서·무기

> 고등 국가중요시설에 대한 접근 또는 통행을 제한하거나 금지할 수 있다.
> ③ 경찰관이 제 1 항의 조치를 한 때에는 지체없이 이를 소속경찰관서의 장에게 보고하여야 한다.
> ④ 제 2 항의 조치를 하거나 제 3 항의 보고를 받은 경찰관서의 장은 관계기관의 협조를 구하는 등 적당한 조치를 하여야 한다.

경찰관직무집행법은 경찰관은 위험한 장소에 집합한 자, 사물의 관리자에게 필요한 경고를 발할 수 있다고 규정하여(제 5 조 제 1 항 제 1 호), 경고조치를 위험발생의 방지조치의 하나로 들고 있다.

여기서 경고라 함은 위험으로부터 피난시키거나 위험을 방지하기 위하여 필요한 예고를 하거나 주의를 주는 것을 말한다.

> 예를 들면, 경찰관은 통행인에게 붕괴위험이 있는 건물의 존재를 알려 건물 근처로 통행하지 말도록 주의를 줄 수 있다.

일본의 경우 피난강제조치 요건 중 그 장소에 있는 자, 그 사물의 관리자, 그 밖의 관계자에게 필요한 경고를 발할 수 있다(제 4 조 제 1 항 전단). 이 경우의 경고는 위험방지를 위해 필요한 조치 등에 관하여 주의, 지도 및 권고 등을 하는 것을 말한다.

일본의 경우 경찰관이 취한 경고 등의 조치에 관하여는 순서를 거쳐 공안위원회에 보고하여야 한다. 이 경우 공안위원회는 다른 공공기관에 대해 그 후의 처리에 관하여 필요하다고 인정하는 협력을 구하기 위해 적당한 조치를 취하여야 한다(제 4 조 제 2 항).

8. 범죄의 예방을 위한 경고

> 제 6 조(범죄의 예방과 제지) ① 경찰관은 범죄행위가 목전에 행하여지려고 하고 있다고 인정될 때에는 이를 예방하기 위하여 관계인에게 필요한 경고를 발하고, 그 행위로 인하여 인명·신체에 위해를 미치거나 재산에 중대한 손해를 끼칠 우려가 있어 긴급을 요하는 경우에는 그 행위를 제지할 수 있다.
> ② 삭제 〈1988. 12. 31〉

경찰관직무집행법 제 6 조는 경찰관은 범죄가 목전에 행하여지려고 하고 있다고 인정될 때는 관계인에게 필요한 경고를 발할 수 있다고 규정하고 있다(제 1 항 전단). 일본의 경우에도 경찰관은 범죄가 목전에 행하여지려고 하고 있는 것을 인정하였을 때는 그 예방을 위하여 관계자에게 필요한 경고를 발할 수 있다고 규정하고 있다(제 5 조 전단).

여기서 경고라 함은 범죄의 예방을 위하여 범죄행위로 나아가려고 하는 것을 중지하도록 통고하는 것을 말한다. 동법 제 5 조(위험발생의 방지)의 경고와는 구별된다. 경고의 대상은 관계인이다. 따라서 범죄를 행하고 있는 자, 범죄에 의해 피해를 받는 자가 주된 대상이나 이들이 보호를 요하는 자인 경우에는 그 보호자들도 경고의 대상이 될 수 있다. 그리고 장소, 건물 기타 공작물에 관련된 범죄일 경우에는 건물 등의 관리자, 소유자, 점유자 및 그 장소에 거주하는 자도 대상자가 될 수 있을 것이다.

제 8 절 유치장

> 제 9 조(유치장) 경찰서 및 지방해양경찰관서에 법률이 정한 절차에 따라 체포·구속되거나 신체의 자유를 제한하는 판결 또는 처분을 받은 자를 수용하기 위하여 유치장을 둔다. 〈개정 1996. 8. 8, 1999. 5. 24〉

1. 유치장의 의의

유치장이라 함은 법률이 정한 절차에 따라 구속되거나 신체의 자유를 제한하는 판결 또는 처분을 받은 자를 수용하기 위하여 경찰서에 두는 시설을 말한다.

2. 유치장의 수용자

유치장에 수용될 자는 경찰의 적법절차에 따라 구속(긴급구속 포함)된 자, 구류형의 선고를 받은 자, 다른 수사기관에서 구속하여 입감이 의뢰된 자가 주가 될 것이다.

여기서 법률이 정한 절차에 따라 구속된 사람이라 함은 구속영장이 발부된 사람과 체포영장이 발부된 사람을 말한다.

법률이 정한 절차에 따라 신체의 자유를 제한하는 판결을 받은 사람이라 함은 사회보호법에 따른 보호감호, 치료감호, 보호관찰의 처분을 받은 사람 또는 즉결심판절차에 관한 법률에 따른 구류처분을 받은 사람을 말한다. 법률이 정한 절차에 따라 신체의 자유를 제한하는 처분을 받은 사람이라 함은 현행범으로 체포된 사람, 긴급체포된 사람, 법원의 결정으로 구인장이 발부된 사람 등을 말한다.

참고로 「경찰관직무집행법 일부개정법률안」에서는 유치인을 경찰서 및 지방해양경찰관서에 법률이 정한 절차에 따라 체포·구속되거나 신체의 자유를 제한하는 판결 또는 처분을 받은 자로 규정하고 있다.

3. 유치장 수용요건

유치장 수용요건으로는 첫째, 법률이 정한 절차에 따라 구속(긴급구속 포함)된 자일 것, 둘째, 신체의 자유를 제한하는 판결 또는 처분을 받은 자일 것 등이다.

판례 구속영장에는 청구인을 구금할 수 있는 장소로 특정 경찰서 유치장으로 기재되어 있었는데, 청구인에 대하여 위 구속영장에 의하여 1995. 11. 30. 07 : 50경 위 경찰서 유치장에 구속이 집행되었다가 같은 날 08 : 00에 그 신병이 조사차 국가안전기획부직원에게 인도된 후 위 경찰서 유치장에 인도된 바 없이 계속하여 국가안전기획부 청사에 사실상 구금되어 있었다면, 청구인에 대한 이러한 사실상의 구금장소의 임의적 변경은 청구인의 방어권이나 접견교통권의 행사에 중대한 장애를 초래하는 것이므로 위법하다(대판 1996. 5. 15, 95모94).

4. 수용기간

수용기간은 적법한 수용기간이다. 구류판결의 경우에는 판결 직후부터 구류기간 만료일까지이고, 구속영장의 집행의 경우에는 구속영장에 명시적으로 기재된 기간이다. 보호감호처분의 경우에는 처분서에 기재된 시간까지이다. 현행범 체포, 긴급체포 등은 형사소송법에서 허용된 시간까지이다.

5. 유치장 수용과정에서의 신체수색행위

헌법재판소는 유치장에 수용하는 과정에서 청구인들로 하여금 경찰관에게 등을 보인 채 상의를 속옷과 함께 겨드랑이까지 올리고 하의를 속옷과 함께 무릎까지 내린 상태에서 3회에 걸쳐 앉았다 일어서게 하는 방법으로 실시한 신체수색은 청구인들의 인격권 및 신체의 자유를 침해한 것으로 위헌임을 확인하는 결정을 선고하였다. 헌법재판소는 이러한 신체과잉수색행위는 그 방법에 있어서 필요한 최소한도의 범위를 벗어나 청구인들로 하여금 인간으로서의 기본적 품위를 유지할 수 없도록 하는 것으로 수인하기 어렵고 비례성의 원칙을 넘은 과도한 것으로서 인간의 존엄과 가치로부터 유래하는 인격권과 신체의 자유를 침해한다고 판시하였다.[170]

판례1 1. 유치장 수용자에 대한 신체수색은 유치장의 관리주체인 경찰이 피의자 등을 유치함에 있어 피의자 등의 생명·신체에 대한 위해를 방지하고, 유치장 내의 안전과 질서유지를 위하여 실시하는 것으로서 그 우월적 지위에서 피의자 등에게 일방적으로 강제하는 성격을 가진 것이므로 권력적 사실행위라 할 것이며, 이는 헌법소원심판청구의 대상이 되는 헌법재판소법 제68조 제 1 항의 공권력의 행사에 포함된다.
2. 청구인들에 대한 침해행위는 이미 종료되어 이 사건 신체수색에 대하여 위헌확인을 하더라도 청구인들에 대한 권리구제는 불가능한 상태여서 주관적 권리보호의 이익은 이미 소멸되었다 할 것이나, 이 사건 이후에 이 사건 신체수색의 근거가 된 구 피의자유치및호송규칙이 개정되었지만 현재에도 전국의 일선 경찰서에서 유치장에 수용되는 피의자들에 대한 신체검사가 빈번하게 이루어지고 있고, 개정된 규칙에 의하더라도 정밀신체검사의 요건을 자의적으로 해석하여 청구인들에 대한 이 사건 신체수색과 동일 또는 유사한 조치로 인한 기본권 침해행위가 여러 사람에 대하여, 그리고 반복하여 일어날 위험이 여전히 있다고 보여지므로 심판청구의 이익이 인정된다.

---
170) 헌재결 2002. 7. 18, 2000헌마327.

3. 피청구인이 유치장에 수용되는 자에게 실시하는 신체검사는 수용자의 생명·신체에 대한 위해를 방지하고 유치장 내의 안전과 질서를 유지하기 위하여 흉기 등 위험물이나 반입금지물품의 소지·은닉 여부를 조사하는 것으로서, 위 목적에 비추어 일정한 범위 내에서 신체수색의 필요성과 타당성은 인정된다 할 것이나, 이러한 행정목적을 달성하기 위하여 경찰청장이 일선 경찰서 및 그 직원에 대하여 그 직무권한 행사의 지침을 발한 피의자유치및호송규칙에 따른 신체검사가 당연히 적법한 것이라고는 할 수 없고, 그 목적 달성을 위하여 필요한 최소한도의 범위 내에서 또한 수용자의 명예나 수치심을 포함한 기본권이 침해되는 일이 없도록 충분히 배려한 상당한 방법으로 이루어져야 한다. 그런데 청구인들은 공직선거및선거부정방지법위반의 현행범으로 체포된 여자들로서 체포될 당시 흉기 등 위험물을 소지 · 은닉하고 있었을 가능성이 거의 없었고, 처음 유치장에 수용될 당시 신체검사를 통하여 위험물 및 반입금지물품의 소지·은닉 여부를 조사하여 그러한 물품이 없다는 사실을 이미 확인하였으며, 청구인들이 변호인 접견실에서 변호인을 접견할 당시 경찰관이 가시거리에서 그 접견과정을 일일이 육안으로 감시하면서 일부 청구인의 휴대폰 사용을 제지하기도 하였던 점 등에 비추어 청구인들이 유치장에 재수용되는 과정에서 흉기 등 위험물이나 반입금지물품을 소지·은닉할 가능성이 극히 낮았던 한편, 당해 경찰서의 경우 변호인 접견 후 신체검사를 실시하여 흉기 등 위험물이나 반입금지물품의 소지·은닉을 적발한 사례가 없었던 사실을 피청구인이 자인하였으며, 특히 청구인들의 옷을 전부 벗긴 상태에서 청구인들에 대하여 실시한 이 사건 신체수색은 그 수단과 방법에 있어서 필요 최소한의 범위를 명백하게 벗어난 조치로서 이로 말미암아 청구인들에게 심한 모욕감과 수치심만을 안겨주었다고 인정하기에 충분하다. 따라서 피청구인의 청구인들에 대한 이러한 과도한 이 사건 신체수색은 그 수단과 방법에 있어서 필요한 최소한도의 범위를 벗어났을 뿐만 아니라, 이로 인하여 청구인들로 하여금 인간으로서의 기본적 품위를 유지할 수 없도록 하는 것으로서 수인하기 어려운 정도라고 보여지므로 헌법 제10조의 인간의 존엄과 가치로부터 유래하는 인격권 및 제12조의 신체의 자유를 침해하는 정도에 이르렀다고 판단된다(헌재 전원재판부 2002. 7. 18, 2000헌마327).

판례 2 법률이 정한 절차에 따라 체포되어 경찰서 유치장에 처음으로 수용되는 피의자인 이른바 신입자에 대하여는 신체·의류를 반드시 검사하여야 하나 수용중인 자에 대하여는 당해 경찰서장이 필요하다고 인정하는 예외적인 경우에 한하여 신체검사를 할 수 있는 것이다(서울지판 2000. 11. 10, 2000가합35295)

판례 3 경찰서 유치장 내에서 근무하는 경찰관은 유치실(감방) 내의 상황을 잘 살펴 수감자들 사이에서 폭력행위 등이 일어나지 않도록 예방하고 나아가 폭력행위 등이 일어난 경우에는 이를 제지하여야 할 의무가 있다(대판 1993. 9. 28, 93다17546).

6. 유치장 감찰

(1) 의 의

유치장은 그 동안 인권의 사각지대로 인식되어 왔다. 형사소송법상의 검사의 체포·구속장소 감찰제도는 이러한 유치장의 실상과 매우 밀접한 관련을 가지고 있으며 인권보장이라는 측면에서 제도화된 것이다.

형사소송법 제198조의2 제 1 항에서는 "지방검찰청검사장 또는 지청장은 불법체포·구속의 유무를 조사하기 위하여 검사로 하여금 매월 1회 이상 관할 수사관서의 피의자의 체포·구속장소를 감찰하게 하여야 한다. 감찰하는 검사는 체포 또는 구속된 자를 심문하고 관련서류를 조사하여야 한다"고 규정하고 있으며, 제 2 항은 "검사는 적법한 절차에 의하지 아니하고 체포 또는 구속된 것이라고 의심할 만한 상당한 이유가 있는 경우에는 즉시 체포 또는 구속된 자를 석방하거나 사건을 검찰에 송치할 것을 명하여야 한다"고 규정하고 있다.

자진출석한 피의자를 긴급체포한 후 긴급체포 승인건의서와 구속영장 신청서를 검찰청에 접수한 사법경찰관이 위 피의자를 검사실로 데려오라는 검사의 명령을 전해 듣고도 이를 이행하지 않은 사안에서, 사법경찰관에게 인권옹호직무명령 불준수죄에 대한 고의가 인정된다고 본 사례가 있다.

판례 형사소송법상 수사의 주재자인 검사는 사법경찰관에 대하여 일반적·구체적 수사지휘를 할 수 있고 긴급체포를 포함한 수사 전반의 적법성을 통제하도록 되어 있으므로, 체포의 적법성 등을 따져 구속영장 청구 여부를 판단하는 것은 검사의 권한이자 의무이고, 이를 위해 체포된 피의자를 면담하는 것이 필요한 때에는 경찰이 긴급체포한 피의자이더라도 면담할 수 있으며, 한편 체포 후 수사절차의 적법성 여부를 확인하기 위하여 피의자를 일시적으로 검찰청 등 다른 장소로 옮기는 것을 또 다른 인권제약이라고 볼 수는 없으므로, 수사절차의 적법성 통제를 위하여 체포된 피의자를 검찰청으로 데려오라는 검사의 명령이 법적 근거가 없는 것이라거나 위법하다고 할 수 없다. 나아가 체포된 피의자의 인치를 명할 수 있다는 검찰사건사무규칙(법무부령) 제39조 제 2 항, 인권보호수사준칙(법무부훈령) 제11조 제 4 호 및 체포구속업무처리지침(대검찰청예규)은 형사소송법, 검찰청법 등의 관련 규정을 구체화한 것으로서 법률의 위임 없이 규정된 것이라거나 이에 근거한 검사의 피의자 인치명령이 위법하다고 볼 수 없다(대전지판 2007. 9. 13, 2006고합4: 자진출석한 피의자를 긴급체포한 후 긴급체포 승인건의서와 구속영장 신청서를 검찰청에 접수한 사법경찰관이 위 피의자를 검사실로 데려오라는 검사의 명령을 전해 듣고도 이를 이행하지 않은 사안에서, 사법경찰관에게 인권옹호직무명령 불준수죄에 대한 고의가 인정된다고 본 사례〈인권옹호직무명령불준수·직무유기〉).

(2) 유치장 감찰의 대상

형사소송법 제198조의2 제 1 항은 "피구속자"라고 규정하고 있어 적법한 절차가 구속영장이나 구류판결에 따라 구속된 자만을 포함하는 하는 것으로 해석할 수 있으나, 유치장 감찰의 대상은 유치장, 보호실, 조사대기실 등 형식적 명칭에 구애받지 않고 모든 인신의 구속시설이나 장소가 해당한다고 보는 것이 인신의 자유 제한장소에 대한 통제적 측면에서 볼 때 타당하다고 본다.

(3) 유치장 감찰의 내용과 한계

유치장 감찰의 내용은 불법구속의 유무를 조사하기 위한 피구속자의 심문과 구속관계서류의 조사이다.

형사소송법 제198조의2에 따라 매월 1회 이상 관할 지방검찰청의 검사는 유치장을 감찰하고 관련 서류조사 및 구속된 자에 대한 심문을 행하여야 한다.

판례는 사법경찰관들의 피의자 불법감금과 가혹행위에 대하여 그 사법경찰관들을 지휘·감독할 지위에 있는 검사에게 손해배상책임을 인정하였다.

판례 사법경찰관들의 피의자 불법감금과 가혹행위에 대하여 그 사법경찰관들을 지휘·감독할 지위에 있는 검사에게 손해배상책임을 인정하였다(서울지판 1997. 4. 29, 95가합11219).

제 9 절 사용등록의 보관

> 제11조(사용등록의 보관) 제10조의3의 규정에 의한 분사기나 최루탄 또는 제10조의4의 규정에 의한 무기를 사용하는 경우 그 책임자는 사용일시·사용장소·사용대상·현장책임자·종류·수량 등을 기록하여 보관하여야 한다.

분사기나 최루탄 또는 무기를 사용하는 경우 그 책임자는 사용일시·사용장소·사용대상·현장책임자·종류·수량 등을 기록하여 보관하여야 한다.

제10절 벌 칙

> 제12조(벌칙) 이 법에 규정된 경찰관의 의무에 위반하거나 직권을 남용하여 다른 사람에게 해를 끼친 자는 1년 이하의 징역이나 금고에 처한다.

벌칙규정은 이 법에 규정된 의무에 위반하거나 직권을 남용하여 다른 사람에게 해를 끼친 경찰관을 처벌하기 위한 것이다.

형량에 문제가 있다는 지적이 있다. 즉, 다른 법률에서는 벌칙이 1년 이하의 징역에 해당하는 경우에는 벌금형이 선택형으로 되어 있으나, 본조에서는 벌금형이 규정되어 있지 아니하여, 본법 위반으로 기소될 경우 당연퇴직되게 되는 사유에 해당하여 위반의 정도에 비하여 과한 벌을 받는 경우가 발생하기 때문이라고 한다.[171] 벌금형을 선택적으로 규정할 필요가 있다.

본죄의 주체는 경찰관이다. 경찰관 이외의 자가 경찰관의 자격을 사칭하여 그 직권을 행사한 경우에는 형법 제118조 공무원자격의 사칭죄에 해당하므로 본조에는 해당하지 않는다.

의무위반이라 함은 일반적인 경찰관의 의무를 말하는 것이 아니고 경

171) 경찰청, 앞의 책, 161쪽.

찰관직무집행법에서 규정한 경찰의 의무를 말한다.

다른 사람이라 함은 경찰의 직권행사와 관련이 있는 모든 사람을 가리킨다.

해를 끼친이라 함은 사람의 생명·신체에 직접적인 결과를 발생시킨 것을 말한다.

제11절 경찰관직무집행법의 개선방안

1. 개 설

경찰관직무집행법의 개선방안에는 단기적인 개선방안과 장기적인 개선방안이 있을 수 있다.

단기적인 개선방안은 실무상 및 판례상 현저한 문제가 드러나 즉각적인 개정이 필요한 것으로 비교적 쉽게 개정안을 마련할 수 있는 부분에 대한 방안을 말한다. 불심검문, 보호조치, 무기사용 등 현행법상의 개별적 수권조항이 주된 검토대상이 될 것이다. 전체적으로 볼 때, 개별적 수권조항에 따른 경찰권의 행사는 반드시 국민의 신체의 자유를 제한하게 되므로 권리보호에 만전을 기하기 위해 그 행사요건을 엄격하게 규정하는 동시에, 그 절차를 명확하게 구체화하여야 하며, 인권침해시 이를 구제할 수 있는 제도적 장치가 강구되어야 한다. 이는 법치주의의 실현, 인권의 실질적 보장, 민주적 경찰상의 확립을 위해 현 단계에서 입법적으로 해결하여야 할 과제이다.

장기적인 개선방안은 외국의 경찰관직무집행법의 적용범위를 고려할 때 우리의 경찰관직무집행법상 흠결되어 있는 것으로 비교적 중·장기적인 집중적인 연구가 필요한 부분이 그 대상이 될 수 있다. 현행 경찰관직무집행법은 경찰수단 가운데 주로 즉시강제에 관한 사항을 규율하고 있어 사항적 한계가 존재하고 경찰작용에 관한 일반적인 사항을 규율하지 않아 경찰작용에 관한 일반법으로 기능하기에는 전체적인 체계나 규율사항 등에 있어서 많은 문제점을 지니고 있다고 본다. 그러므로 경찰조직에 관한 일반법인 경찰법에 상응하는 경찰작용에 관한 일반법의 제정이 필요하다. 그리고 경찰조직에 관한 일반법인 경찰법을 포함하는 경찰조직 및 경찰작용에 관한 통합법을 제정하는 방안이 있다.

여기서는 장기적인 개선방안으로는 통합경찰법을 제정하는 방안과 경찰작용에 관한 일반법을 별도로 제정하는 방안을 제시하고, 단기적인 과제로는 현행 경찰관직무집행법 중 개선이 시급한 조항을 중심으로 개정방안을 제시하는 것으로 분류하여 서술하고자 한다.

2. 단기적인 개선방안(현행법의 개정방안)

(1) 직무범위

경찰관직무집행법 제 2 조가 경찰관의 직무범위를 규정하면서 제 6 호에서 "기타 공공의 안녕과 질서유지"를 경찰직무의 범위에 포함시키고 있으나, 위 조항은 원칙적으로 경찰관의 직무집행에 대한 규정이지 개인의 자유와 권리를 제한할 수 있는 경찰권발동의 일반수권조항으로 보기에는 그 요건이나 내용이 불명확한 것이 사실이다.

그러나 경찰작용의 특수성을 고려하여 보면 개별수권조항에서 예상하거나 처리하기 어려운 경찰책임상태가 발생하였을 경우 이에 대한 경찰권행사를 인정하는 조항이 어떠한 형태로든 필요한 것이 현실이다. 따라서 위 조항은 예상하기 어렵고 대처하기 어려운 위해의 방지를 위하여 "조리상 또는 자연법적 경찰권발동"이라는 초법적인 근거를 정당화하는 논리보다는 보다 개선된 입법형식으로 평가할 수 있다고 본다.[172]

따라서 현실적으로 경찰행정청은 이 조항을 근거로 경찰관직무집행법의 다른 규정에 따라 해결할 수 없는 공공의 안녕과 질서에 대한 위해의 방지 및 이미 발생한 침해행위를 제거하기 위하여 조리상의 한계를 준수해 가면서 경찰권을 발동할 수 있을 것이다.

독일의 모범초안 제 1 조(경찰직무)에서 규정하고 있는 바와 같이 경찰

172) 김성수, 앞의 책, 461쪽.

직무의 한계로서 다른 기관 간의 관계에 대한 규정과 민사관계에 대한 경찰의 개입한계를 규정할 필요가 있다.[173]

그리고 현행법은 사이버범죄에 대해 아무런 규율을 하고 있지 않다. 따라서 사이버공간에서도 실세계와 동일하게 경찰권은 행사되어야 하므로 이에 관한 조항을 신설하는 것이 급선무이다. 특히 컴퓨터해킹에 대해 영장이 없어도 범인추적이 가능하도록 사이버범죄에 대한 실시간 대응권을 규정할 필요가 있다. 또한 정보활동을 토대로 경찰활동이 전개되거나 첨단의 컴퓨터기술과 정보통신기술이 경찰활동에 응용되는 사례가 급증하고 있으므로 현행법이 이에 대해 침묵하고 있는 것은 타당하지 않으며 이에 대해 법적 근거와 요건 및 절차를 둘 필요가 있다.[174]

입법론으로는 경찰의 직무범위에 '가상공간의 법질서확립'을 추가할 필요가 있다.

(2) 불심검문

우리나라는 미국과 비교해서 범죄상황이 그다지 심각하지 않고, 일반적으로 무기소지가 금지되고 있다. 현실적으로도 무기소지가 일반화되어 있지도 않고, 무기를 이용한 범죄나 범죄자의 무기사용에 의해 경찰관이 피해를 입는 경우도 상대적으로 볼 때 아직 많지 않다. 이러한 우리나라의 실정을 감안한다면 불심검문의 필요성과 한계 등에 있어서 미국에 있어서 보다 엄격하게 해석되고 운용될 것이 요청된다.

그리고 순찰경찰활동이 일반화되어 있고 무기소지가 일상화되어 있다시피한 미국에 있어서는 경찰관의 안전 등과 관련하여 소지품검사에 중점이 두어져 있지만, 우리나라에서는 오히려 정지·질문에 중점을 두고 고찰할 필요성이 크다고 본다.

불심검문은 범죄의 예방 및 진압이라는 행정경찰작용과 인권보장적 측면을 함께 고려하여야 한다는 측면에서 그 한계를 정하는 것에 어려움이 있는 것이 사실이다.

173) 같은 의견으로는 홍준형 외, 앞의 보고서, 54쪽 참조.
174) 이황우·조병인·최응렬, 경찰학개론(한국형사정책연구원, 2003), 237쪽.

경찰관직무집행법 제 3 조의 불심검문과 관련한 개선방안으로는 ① 용어의 순화, ② 불심검문의 사실상의 주체인 전·의경에 대한 규정보완, ③ 제 3 자에 대한 불심검문, ④ 흉기 이외의 물건에 대한 소지품검사의 허용 여부, ⑤ 자동차검문, ⑥ 신분증제시 요구규정의 명시 등을 들 수 있다.

1) 법률용어의 순화

입법론적으로 경찰관직무집행법에서 사용하고 있는 '검문'이라는 용어는 신체구속, 의사에 반한 연행과 답변의 강요를 포함하는 권위주의적 인상을 줄 우려가 있으므로 민주화된 '협의에 의한 행정'이라는 시대흐름에 맞게 일본의 경찰관직무집행법과 같이 '직무질문'으로 개정하는 것이 타당하다고 생각한다.

2) 불심검문의 사실상의 주체인 전·의경에 대한 규정보완

대부분의 불심검문은 시위·집회현장에서 전·의경에 의하여 집행되고 있으며 범죄예방 및 진압활동의 수단으로서 불심검문은 사실상 활용도가 낮다. 불심검문의 사실상의 주체인 전·의경에 대한 규정이 미비하여 그 실효성이 반감되고 있다.

따라서 불심검문의 주체인 경찰관의 범위에 전·의경이 포함되도록 규정하는 방안을 검토할 필요가 있다.

3) 제 3 자에 대한 불심검문

경찰관직무집행법 제 3 조 제 1 항은 "경찰관은 수상한 거동 기타 주위의 사정을 합리적으로 판단하여 어떠한 죄를 범하였거나 범하려 하고 있다고 의심할 만한 상당한 이유가 있는 자 또는 이미 행하여진 범죄나 행하여지려고 하는 범죄행위에 관하여 그 사실을 안다고 인정되는 자를 정지시켜 질문할 수 있다"고 규정하고 있다.

불심검문의 대상 중 제 3 자에 대한 불심검문은 범죄예방이나 수사단서를 얻기 위한 목적으로 행해지므로 현실적 필요성을 부정할 수 없으나, 미국의 경우에 합리적인 혐의가 있는 자에 대해서만 정지와 질문을 인정하고 있고,[175] 독일의 경우에도 원칙적으로 범죄의 혐의가 있는 자 또는 위험의 방지를 위한 대상자에 대해서만 신원확인을 인정하고 있다(모범초안 제9조).

따라서 우리의 경우에도 원칙적으로 범죄의 혐의가 있는 자 또는 위험의 방지를 위한 대상자에 대해서만 불심검문을 하고 제3자에 대한 불심검문은 원칙적으로 인정하지 않는 것이 타당하다.

4) 흉기 이외의 물건에 대한 소지품검사의 허용 여부

현행법(제3조 제3항)에 따르면, 불심검문시 소지품검사의 대상이 흉기에 제한되어 있다. 즉, 원칙적으로 흉기 이외의 물건에 대하여는 소지품검사가 허용되지 않고 있다. 그러나 경찰실무에서는 현실적으로 불심검문시 경찰은 흉기 여부와 상관없이 일반소지품에 대해서도 검사를 실시하고 있고, 소지품검사의 범위를 흉기로 제한하면 마약류, 음란물, 위조지폐, 장물, 그 밖의 금제품(禁制品) 등과 같이 소지 자체가 범죄인 대상물들을 검사할 수 없는 모순이 생기므로 소지품검사 대상을 확대하는 조치가 시급하다는 주장도 제기되고 있다.[176]

이에 대해 소지품검사 대상을 확대하는 조치는 법을 지나치게 확대해석하여 적용하는 것이며 더욱이 경찰의 소지품검사가 문제가 되는 것은 흉기가 아님은 물론이고 도저히 범죄와 연관지어 생각할 수 없는 개인의 사적인 물건에 대해서조차 경찰이 너무나 쉽게 생각하고 검사를 하는 문제가 있다는 반론도 제기되고 있다. 즉, 이는 직무활동의 범위를 벗어난 공권력행사의 남용이며 개인의 프라이버시권에 대한 명백한 침해라는 것이다.

생각건대, 현행법이 소지품검사 대상을 흉기로만 제한하고 있는 것은 법현실과 괴리를 깊게 하므로 확대하는 것이 타당하다고 본다. 따라서 흉기와 흉기 이외의 타인의 생명 또는 신체에 위해를 가할 수 있는 위험한 물건을 소지하고 있다는 의심에 합리적인 이유가 있는 때에는 소지품검사를 할 수 있도록 규정하여야 하며, 또한 마약 등 소지가 금지된 물건에 대

175) Roraldo V. Del Carmen, Criminal Procedure, 1991, p. 102 이하 참조.
176) 이영란 외, 불심검문 실태와 개선에 관한 연구(치안연구소, 1997), 168~172쪽.

해서도 압수를 할 수 있도록 할 필요가 있다.

5) 자동차검문

현실적인 필요에 의해 자동차검문이 허용되고는 있지만 이는 법률상 근거규정이 없이 행해지고 있는 것이므로 극히 제한적으로 엄격히 해석·적용되어야 함에도 불구하고 법현실적으로 너무나 보편적·강제적으로 행해지고 있어서 문제가 되고 있다.

경찰이 법적 근거로 들고 있는 도로교통법 제47조[177]는 도로운행상의 위험방지를 위하여 인정되는 정지와 운전면허증 제시이지, 불심검문과 같은 종류의 검문을 행하기 위하여 인정되는 정지와 운전면허증 제시에 관한 규정이 아니다.

또한 불심검문에 관한 규정을 준용하기에도 차량의 특성상 많은 무리가 따른다. 자동차검문의 필요성을 인정할 수밖에 없다면 법적 근거 없이 관련 법해석에만 의존하기보다는 자동차검문이 국민의 권리의무와 밀접한 관련이 있는 처분이며, 보행자에 대한 불심검문보다 자동차검문이 더 큰 법익침해를 수반한다는 점과 원활한 교통소통이 필요하다는 점 등을 고려할 때 그 근거와 요건 및 한계를 입법적으로 명확히 규정할 필요가 있다.

아울러 자동차검문에 관한 한 일제검문을 허용할 것인지, 트렁크검사까지 허용할 것인지에 대해 신중한 검토가 필요하다. 다만, 자동차 검문의 남발을 방지하여 국민생활의 불편을 줄이기 위해 그 요건·절차·한계 등을 입법화해야 한다.

따라서 경찰관이 객관적 사정을 합리적으로 판단하여 범죄를 범하였거나 범하려고 하고 있는 자가 차량을 이용하고 있다는 의심이 들 만한 합리적인 이유가 있는 때에는 그 차량을 정지시켜 검문할 수 있고 범인검거와 테러예방 등을 위해 운전자와의 대화를 녹음할 수 있도록 하는 방안

177) 제47조(위험방지를 위한 조치) ① 경찰공무원은 자동차등의 운전자가 제43조(무면허운전등의 금지)부터 제45조까지의 규정을 위반하여 자동차등을 운전하고 있다고 인정되는 경우에는 차를 일시정지시키고 그 운전자에게 자동차 운전면허증(이하 "운전면허증"이라 한다)을 제시할 것을 요구할 수 있다. ② 경찰공무원은 제44조(술에 취한 상태에서의 운전금지) 및 제45조(과로한 때 등의 운전금지)를 위반하여 자동차등을 운전하는 사람에 대하여는 정상적으로 운전할 수 있는 상태가 될 때까지 운전의 금지를 명하고 그 밖의 필요한 조치를 할 수 있다. [전문개정 2011. 6. 8]

도 검토할 필요가 있다.

아울러 일제검문의 경우 경찰청장이나 지방경찰청장의 허가를 얻어 실시하도록 하여야 하며 범행현장으로부터 도주하는 범인의 발견, 교통위반단속, 출입국경비, 위험성있는 도로나 지역에로의 접근방지 등의 목적을 위한 경우에 실시할 수 있도록 규정할 필요가 있다. 다만, 일반범죄의 발견을 위한 검문은 허용해서는 안될 것이다.

6) 신분증 제시 요구규정의 명시

현행 경찰관직무집행법은 불심검문시 피검문자에게 신분증 제시를 요구할 수 있는 규정을 두고 있지 않다. 그리하여 경찰실무에서는 주민등록법 제26조[178]을 적용하여 행히고 있으므로 이를 명문으로 규정할 필요가 있다. 다만, 경찰이 신원확인행위를 할 때 그것이 행정목적을 위한 것인지 수사목적을 위한 것인지는 구별하기 어려우므로 이 제도는 사실상 남용의 여지가 있으므로 목적을 분명히 할 필요가 있다.

따라서 불심검문시 피검문자에게 신분증이나 차량등록증의 제시를 명시하는 것이 타당하다.

(3) 임의동행

경찰관직무집행법 제 3 조 제 2 항의 임의동행과 관련한 개선방안으로는 ① 동행을 거부할 자유와 동행 후 퇴거할 자유의 고지, ② 동행시간의 단축, ③ 체포장 또는 기체포제도의 도입 등이 필요하나.

1) 동행을 거부할 자유와 동행 후 퇴거할 자유의 고지

개정 전의 경찰관직무집행법 제 3 조 제 4 항 후단은 “동행의 경우에는

178) 제26조(주민등록증의 제시요구) ① 사법경찰관리(司法警察官吏)가 범인을 체포하는 등 그 직무를 수행할 때에 17세 이상인 주민의 신원이나 거주 관계를 확인할 필요가 있으면 주민등록증의 제시를 요구할 수 있다. 이 경우 사법경찰관리는 주민등록증을 제시하지 아니하는 자로서 신원을 증명하는 증표나 그 밖의 방법에 따라 신원이나 거주 관계가 확인되지 아니하는 자에게는 범죄의 혐의가 있다고 인정되는 상당한 이유가 있을 때에 한정하여 인근 관계 관서에서 신원이나 거주 관계를 밝힐 것을 요구할 수 있다.
② 사법경찰관리는 제 1 항에 따라 신원 등을 확인할 때 친절과 예의를 지켜야 하며, 정복근무 중인 경우 외에는 미리 신원을 표시하는 증표를 지니고 이를 관계인에게 내보여야 한다.

동행장소를 밝힌 후 거부할 자유와 동행 후 언제든지 경찰관서로부터 퇴거할 자유가 있음을 고지하여야 한다"고 규정하고 있었으나, 경찰관들의 효율적인 업무처리를 위해 삭제되었다. 문제는 이 규정의 삭제로 인해 임의동행이 강제동행, 즉 체포나 강제연행 또는 구금으로 전용될 가능성이 매우 높아졌다는 점과 수사목적으로 악용될 소지가 높아졌음은 부인할 수 없다.

따라서 동행을 거부할 자유와 동행 후 퇴거할 자유의 고지를 법률에 명시하는 것이 임의동행의 법적 성격에 부합된다고 할 수 있다.

2) 동행시간의 단축

현행 경찰관직무집행법 제 3 조 제 6 항은 동행시간을 6시간으로 규정하고 있다. 이 규정은 개정 전에 3시간으로 되어 있던 것을 두 배로 늘린 것이다. 심지어 미국의 1942년의 통일체포법에서도 2시간으로 정하고 있는 것과 비교해볼 때 현행법이 동행시간을 6시간으로 정하고 있는 것은 신원파악 등에 많은 시간이 필요하기 때문이라고는 하나, 전자정부가 본격가동된 현실에 있어서는 각종 정보나 자료의 디지털화로 인하여 신원확인 등에 그리 많은 시간이 소요되는 것은 아니므로 신체의 자유를 제한하고 인권침해의 소지가 큰 동행시간을 법현실에 맞게 단축할 필요가 있다고 본다. 개정 전과 같이 3시간으로 하는 것이 타당하다고 본다.

3) 체포장 또는 가체포제도의 도입

임의동행의 경우에 사실상 체포에 준하여 신체의 자유를 침해하므로 일정한 경우에는 체포장제도를 도입하여 임의를 가장한 강제연행의 폐해를 방지할 필요가 있다. 여기서 체포장제도는 구금 이전에 피의자의 신체를 보전하기 위한 신병확보제도를 말한다. 현행 구속제도는 그 요건이 엄격하여 수사를 종결한 후에 행하는 강제처분의 성격을 띠고 있기 때문에 탈법적인 임의동행과 보호실 유치가 공공연히 행해지고 있음은 주지의 사실이다.

따라서 일정한 요건하에서 수사초기의 피의자 신병확보제도를 둠으로써 법적 통제의 강화와 수사의 효율성을 기할 필요가 있다.

또 달리 도입 여부를 생각해 볼 수 있는 방안으로는 스위스경찰법상의 가체포제도가 있다. 스위스법은 경찰의 가체포제도(Die vorläufige Festnhme)를 도입하고 있는데, 이는 급박한 경우에는 구속영장 없이도 용의자의 인신의 자유를 잠정적으로 박탈할 수 있는 제도이다. 이 제도는 우리나라의 긴급체포와 현행범 체포를 포함하는 개념에 해당한다고 볼 수 있으며 경찰은 구속영장 없이도 용의자를 가체포할 수 있는 권한을 가진다. 스위스의 대부분의 형사소송법은 경찰이 직접 범죄를 인지하거나 또는 사인의 신고 등에 근거하여 용의자가 범죄를 저질렀다는 것을 인정할 만한 근거를 가지고 있다는 것만으로 가체포를 행할 수 있다고 규정하고 있으나[179] 경찰이 가체포를 하기 위해서는 별도의 요건, 예컨대 급박한 위험(Gefahr im Verzug)이 존재할 것이 필요하다고 보는 것이 타당하다고 본다.

(4) 보호조치

보호조치와 관련한 개선방안으로는 ① 보호실의 개선, ② 보호조치자의 처우개선 등을 들 수 있다.

1) 보호실문제

보호실이 현행법상 그 설치근거나 운영 및 규제에 관한 법령의 규정이 없이 형사피의자 등의 수용시설로 이용되고 있는 것은 악성전파의 위험방지라는 차원에서 시급히 개선되어야 할 것이다. 보호실은 그 시설 및 구조에 있어 통상 철창으로 된 방으로 되어 있어 그 안에 대기하고 있는 사람이나 가족들의 출입이 제한되는 등 일단 그 장소에 유치되는 사람은 그 의사에 기하지 아니하고 일정장소에 구금되는 결과가 된다.

따라서 정신착란자 등 본조의 피보호자가 응급의 구호를 요하는 사를 24시간을 초과하지 아니하는 범위 내에서 경찰관서에 보호조치할 수 있는 시설로 제한적으로 운영되어야 한다.[180] 판례는 구속영장을 발부받지 않고 피의자를 보호실에 유치함은 영장주의에 위배되는 위법한 구금으

179) 서정범, 스위스의 경찰제도와 수사구조에 관한 연구(치안연구소, 2000), 79쪽.
180) 경찰청, 앞의 책, 59쪽.

로서 적법한 공무수행이라고 볼 수 없다고 판시하였다.[181)]

2) 보호조치자의 처우문제

보호조치된 자는 비록 24시간 이내로 구금된다하더라도 그 구체적 처우와 관련하여 인권차원의 문제가 많이 발생할 것이므로 그 처우에 관한 상세한 규정을 둘 필요가 있다.

(5) 위험방지를 위한 야간출입

현행법은 위험방지를 위한 가택 등 출입에 있어 주·야간의 구분을 두고 있지 않다. 주간과 야간이 가지는 헌법상의 주거의 자유의 실질적 차이를 고려할 때 야간의 경우에는 보다 엄격한 조건하에서 출입이 가능하도록 명시할 필요가 있다. 독일 모범초안 제19조와 같이 "야간에는 사람의 생명, 신체 또는 자유 또는 중요한 가치있는 물건에 대한 현재의 위험의 방지를 위하여 필요한 경우에만 가택의 출입이 허용된다"고 규정할 필요가 있다.

(6) 유치장

현행법은 제 9 조에서 유치장에 대해 규정하고 있다. 그런데 유치장 감찰에 대해서는 아무런 규율을 하지 않고 있어 인권보장과 관련하여 적지 않은 문제점을 드러내고 있다. 무엇보다도 신체과잉수색행위는 그 방법에 있어서 필요한 최소한도의 범위를 벗어나 인간으로서의 기본적 품위를 유지할 수 없도록 하는 것으로 수인하기 어렵고 비례성의 원칙을 넘은 과도한 것으로서 인간의 존엄과 가치로부터 유래하는 인격권과 신체의 자유를 침해하므로 허용해서는 안될 것이다.

그리고 형사소송법상 검사의 유치장 감찰정도도 매우 미흡한 실정이다. 따라서 유치장에서의 인권침해를 막기 위해서라도 유치장 감찰이 실질화될 필요가 있다. 따라서 검사들에 의한 유치장 감찰을 현행보다 강화하는 외에 경찰자체 감찰에 보다 많은 비중을 둘 필요가 있고, 유치장에서 가혹행위를 하는 경찰관에 대해서는 인권침해사범으로 처리하여 중징

181) 대판 1994. 3. 11, 93도958.

계를 하는 등 강력한 방안이 요구된다.

(7) 무기사용

현행법은 제10조의4에서 무기의 사용에 대해 규정하고 있다. 그러나 독일의 모범초안에 비추어보면 규율정도가 대단히 미흡함을 알 수 있다. 문제는 최근 경찰관의 총기사용례가 빈번하여 일반의 관심을 고조시켜 사회문제화되고 있음에도 불구하고 일반인이 알고 있는 것과는 달리 보통의 경찰관은 실탄사격훈련을 충실히 받고 있지 못하다는 점이다. 개선되어야 할 것이다.

실력행사로서의 총기사용은 그 자체가 목적이 아니며 정당한 고권적인 처분과 명령상의 특정목적의 실현을 위한 도구일 뿐이다. 즉, 그것은 오로지 목적을 위한 수단이며, 특정한 고권적 목적이 없는 총기사용은 예상할 수 없다. 이는 총기사용에 대한 비례원칙의 구체적 표현이며 일반적으로 말한다면 총기사용은 경찰책임자의 공격이나 도주시에 가능하다고 할 것이며 그 경우에도 엄격하게 제한적으로 보아야 할 것이다.

현행 경찰관직무집행법 제11조에서 위해의 요건을 명확히 하고 있으나, 그 해석에 있어서는 몇 가지 문제점이 있다. 예컨대, 경찰관 이외에 무기의 휴대·사용을 인정하고 있는 직종에 관한 근거법령과 법규정방법의 차이 및 형법 제20조의 정당행위와의 관계, 표제나 법문에서 무기의 사용이라고 할 때 구체적 무기사용례에 대한 필요최소한도와 같은 사회상규의 판단기준 등에 있어서 해석의 전제는 개인의 생명의 손실과 사회공공의 이익의 비교형량이 이루어져야 할 것이다.[182)]

구체적인 개선방안은 다음과 같다. 첫째, 사람에 대한 총기의 사용에 대해 구체적으로 규율할 필요가 있다고 본다. 독일모범초안과 같이 외견상 14세 미만으로 보이는 자에 대한 총기의 사용의 불허(제41조 제3항). 둘째, 다중에 대한 무기사용(경찰공무원이 인식할 수 있는 비(非)관여인이 위험에 처할 고도의 개연성이 있는 경우에는 총기의 사용 불허(제43조)), 특수무기, 폭발수단 등에 대해서도 독일의 모범초안 제44조(기관총과 수류탄의 공격억

---

182) 박기호, 경찰활동과 무기사용에 관한 연구(한국형사정책연구원, 1993), 30쪽.

지용도로서 사용 및 수류탄의 다중에 대한 사용금지 그리고 사람에 대한 폭발물 사용의 금지)와 같이 구체적인 규정을 둘 필요가 있다. 셋째, 무기사용의 면책규정을 둘 필요가 있다. 현행법상 무기사용의 면책규정이 마련되어 있지 않아 경찰관들이 직무수행과정에서 총기를 정당하게 사용한 경우에도 사법심사의 대상이 되는 등의 책임이 엄중하므로 일정한 제약하에 면책규정을 마련할 필요가 있다. 즉, 주관적·추상적으로 규정된 무기사용의 기준을 가급적 객관적·구체적으로 정하여 일선경찰관들이 특정상황에서 무기를 사용할 수 있도록 함으로써 무기사용의 부담을 덜어 줄 필요가 있다고 본다.

그리고 무기사용으로 인한 사망자를 줄이기 위해 마취총[183)]이나 테이저권총[184)]을 사용하는 방안도 검토할 필요가 있다. 그리고 경찰관이 소지한 총기에 블랙박스를 부착하여 총기의 발사시간, 발사방향, 발사각도 등에 대한 상세한 내용을 기록하면 경찰관의 총기사용으로 인한 문제를 근본적으로 해결할 수 있을 것이다.[185)]

그리고 총기사용범죄에 실질적으로 대응하기 위해서 이른바 '총기추적실'을 설치하여 범죄 등에 사용되는 총기관련 정보를 축적할 필요가 있다.

(8) 벌 칙

현행법은 제12조에서 벌칙을 규정하고 있다. 다른 법률에서는 벌칙이

183) 영국은 사격으로 인한 사망자를 줄이기 위해 야생동물을 포획할 때 사용하는 마취총을 경찰관들에게 지급할 계획으로 있다고 한다. http://www.police.go.kr/data/dataForeignNewsView.jsp

184) 테이저(Taser)권총은 고압전류(15만v)를 흘러보내 순간적으로 정신을 잃게 하는 것으로 인체에는 무해한 것으로 알려지고 있다.

185) 현재 영국경찰이 이것을 사용하고 있다. 비행기 조종석에 장착되어 조종사의 계기사용 내용을 기록하는 블랙박스와 유사한 이 획기적인 장비는 우표크기로 두께가 2mm에 불과하지만 5천 발의 탄환발사에 대한 상세한 내용을 기록할 수 있으며 이 장비를 작동하지 못하게 하는 방법은 권총을 파기하는 것밖에 없다고 전한다. 한편, 同 장비에 대해 영국의 경찰무기 전문가 '마이크 맥브라이드'는 언제 어떻게 권총이 발사됐는지를 상세하게 측정할 수 있는 능력을 갖추고 있으며 그 총을 발사한 사람의 경력도 체크할 수 있게 돼 있어 수사관들에게 총기발사 상황을 재구성하는 데 최대의 정확성을 제공하게 될 뿐만 아니라 총기의 발사시간, 발사방향, 발사각도 등을 마이크로칩에 기록했다가 프린트해 낼 수 있다고 밝혔다 한다. http://www.police.go.kr/data/dataForeignNewsView.jsp

1년 이하의 징역에 해당하는 경우에는 벌금형이 선택형으로 되어 있으나, 본법에서는 벌금형이 규정되어 있지 아니하여 본법 위반으로 기소될 경우 당연퇴직하게 되는 사유에 해당한다. 따라서 벌금형을 선택적으로 규정할 필요가 있다.

3. 장기적인 개선방안

(1) 경찰작용에 관한 일반법의 제정방안

경찰작용에 관한 일반법을 제정하는 것은 현행 경찰관직무집행법을 대체하는 새로운 입법을 하는 방안을 말한다. 그 동안 발표된 논문이나 연구보고서 등을 분석해 보면 학계에서는 이러한 입법방안에 대해 대체로 긍정하는 것으로 보인다.

구체적으로는 현행 경찰작용법이 통일된 법체계를 가지지 못하고 다수의 개별법령으로 분산되어 있어 이에 따라 수행되는 경찰작용의 통일성·능률성이 결여됨은 물론 국민의 권익보호라는 차원에서도 다수의 문제점을 드러내고 있기 때문이다.[186)]

문제는 경찰실무에서의 현실적 필요성에 기초한 입법수요가 어떠한가이다. 현 단계에서는 그리 적극적이지는 않는 것 같다. 그것은 현행 경찰관직무집행법에 대한 부분적인 개정과 법해석을 통해 해결이 가능함에도 불구하고 비경제적인 입법을 한다는 것은 바람직하지 않다고 보는 것에 기인하는 것으로 판단된다. 그리고 참고적인 사항이긴 하지만, 일본의 경찰관직무집행법도 개정에 관한 적극적인 움직임이 없는 것에도 그 원인이 다소간 있는 듯하다.

그러나 장기적으로는 경찰작용에 관한 일반법을 제정하는 데에는 이견이 없어 보인다. 내부적으로 경찰관직무집행법에 관한 외국법제들에 대한 연구를 통해 준비를 하고 있기는 하나, 문제는 제시된 입법안이 주로 독일의 모범초안을 우리 현행 경찰관직무집행법과 혼합하여 체계에 맞게 나열하는 방식이어서 우리 경찰법의식, 경찰법현실을 통찰한 입법안을 열

186) 홍준형 외, 앞의 보고서, 57쪽.

망하는 기대에는 부응하지 못하고 있는 것으로 보인다.

독일과 우리나라는 법의식, 법현실, 법규범을 아우르는 법문화에 있어 많은 차이를 가지고 있기 때문에 그러한 차이를 감안할 필요가 있고 우리의 경찰법문화에 대한 근본적인 성찰과 사유를 담은 입법안을 마련할 필요가 있다.

따라서 다소 시간이 걸리더라도 선진국가들의 보편적 경찰법제도의 도입과 우리의 경찰법문화를 반영한 우리의 고유성과 특유성이 담긴 입법안을 마련하는 노력이 필요하다고 본다. 그것은 아직은 법현실을 규율하고 있는 현행 경찰관직무집행법이 다소간의 문제점이 있기는 하지만, 즉각적으로 다른 법으로 대체되어야 할 정도로 큰 문제가 있는 것은 아니기 때문이다.

다만, 기존에 제시된 입법안에 대한 정밀한 검토를 통해 귀중한 학술적 성과가 간과되지 않도록 하여야 할 것이다. 또한 입법안 마련시에는 현행 경찰법 등 관련법제들과의 중복규정 여부 등 법체계의 정합성문제도 면밀히 검토하여야 할 것이다

개선방안을 마련하는 경우에 그 적용범위에 포함될 수 있는 사항은 ① 경찰직무집행법으로의 개칭 여부, ② 일반수권조항의 도입, ③ 사법경찰작용의 분리, ④ 경찰책임의 도입(행위책임과 상태책임, 경찰비책임자에 대한 경찰권발동과 손실보상), ⑤ 표준적 직무행위와 행정강제의 분리, ⑥ 구상권규정의 도입, ⑦ 경찰정보수집 및 관리규정의 도입 등을 들 수 있다.

1) 경찰직무집행법으로의 개칭 여부

경찰관직무집행법이라는 법명칭이 타당한가를 검토할 필요가 있다. 일본도 우리나라와 마찬가지로 경찰관직무집행법이란 법명칭을 사용하고 있다. 경찰관직무집행법이라는 명칭은 경찰작용에 관한 기본법이 별도로 존재하는 상황에서 구체적 집행에 관한 사항을 규정한 법률에 대하여 적합한 명칭이기 때문에 적절하지 않으므로 경찰직무법으로 변경하는 것이 타당하다는 견해가 있다.[187]

---

187) 장영민·박기석, 앞의 보고서, 211쪽.

생각건대, 일각에서 제시하는 경찰직무법보다는 경찰직무집행법으로 개칭하는 것이 친숙하면서도 성격을 분명히 드러낸다는 측면에서 바람직하다고 본다.

2) 일반수권조항의 도입

현행 경찰관직무집행법상의 경찰의 직무조항은 단순히 임무규정인지, 아니면 수권규정으로서의 성질을 가지는지가 분명하지 않아 문제점으로 지적되었다.

경찰관직무집행법이 비록 미흡하지만 경찰상의 강제수단 이외에 경찰권행사의 목적과 한계, 직무의 범위 등 경찰작용의 일반적 사항도 아울러 규정하고 있으므로 이를 경찰상의 즉시강제에 관한 일반법으로만 보는 것은 적절치 않으므로 경찰관직무집행법을 경찰작용에 관한 일반법으로 보는 것이 타당하다는 견해도 없지 않으나,[188] 경찰관직무집행법을 경찰상의 즉시강제에 관한 일반법으로 파악하는 것이 다수설이다. 그것은 경찰작용에 관한 일반법으로 기능하기에는 전체적인 체계나 규율사항 등이 너무 미흡하기 때문이고 임무조항을 수권조항으로 보는 것은 옳지 않기 때문으로 판단된다.

따라서 산업사회의 고도화에 따라 예기하지 못한 공공위해발생의 가능성이 높아지고, 이에 대해 경찰권이 능동적으로 대처하고 경찰작용의 명확화와 법적 근거의 마련이라는 측면에서 개별적 수권조항 이외에 보충적으로 적용되는 일반수권조항을 명문화할 필요가 있다.[189]

경찰작용은 주로 공권력의 발동을 그 내용으로 하는 것이므로 법치행정의 원칙, 특히 법률유보원칙이 그 어느 분야보다도 엄격히 요구된다고 할 수 있으나, 반면 경찰의 임무인 위험방지의 특성상 개별수권조항만으로는 경찰임무를 효과적으로 달성할 수 없다는 점에서 이율배반적인 특성을 지닌다. 따라서 일반수권조항이 헌법 제37조 제2항에 위배되는 것은 아니라고 보는 것이 타당하다. 사실 공공의 안녕과 질서에 대한 위해나

188) 박상희·서정범, 앞의 보고서, 157쪽.

189) 같은 의견으로는 장영민·박기석, 앞의 보고서, 211쪽 참조; 홍준형 외, 앞의 보고서, 53쪽 참조.

이미 발생한 장애에 대하여 경찰권을 발동할 수 있는 일반조항을 두는 것은 어느 정도 불가피하다고 볼 수 있다.[190)]

따라서 경찰은 이 법이 다른 규정을 두고 있지 않는 한, 개개의 경우 현존하거나 발생할 우려가 있는 공공의 안녕과 질서에 대한 위험을 방지하고 제거하기 위하여 필요한 조치를 할 수 있다는 규정과 경찰은 다른 법령이 부여한 임무를 수행하기 위하여 그 법률이 규정한 권한을 행사한다. 그러한 법령이 경찰의 권한을 규정하지 아니한 경우에는 이 법에 따라 구속되는 권한을 행사한다는 규정을 신설할 필요가 있다.

3) 사법경찰작용의 분리문제

행정경찰작용과 사법경찰작용은 그 이념, 내용, 절차가 상이하여 분리하여 규정하여야 함에도 불구하고 현행 경찰관직무집행법에는 사법경찰작용과 행정경찰작용이 혼합적으로 규정되어 있어 문제점으로 지적되어 왔다.

따라서 원칙적으로 사법경찰작용에 관한 규정은 형사소송법 등 사법절차법으로 이양하고, 될 수 있는 한 순수한 행정경찰작용만을 규정하는 것이 바람직하다는 견해도 제시되고 있으나 신중한 접근이 필요하다.[191)]

4) 경찰책임의 도입

가. 행위책임과 상태책임

경찰관직무집행은 경찰책임에 대해 규율하지 않고 있다. 명시적인 규율의 부재는 경찰권발동의 대상과 관련하여 일정한 기준이 없이 경찰이 재량으로 경찰권을 발동함으로써 경찰권이 남용될 소지가 다분히 있다. 따라서 경찰책임과 관련하여 학설과 판례에 나타난 내용들을 입법화할 필요가 있다.

그리고 행위책임과 상태책임이 경합하는 경우, 다수의 책임자가 존재하는 경우 등에 대해서도 규율할 필요가 있다. 특히 긴급한 상황하에서 비책임자에 대하여 경찰권이 발동하는 경우에 대해서도 규율할 필요가

190) 김성수, 앞의 책, 460쪽.
191) 장영민·박기석, 앞의 보고서, 212쪽.

있다.

입법안으로는 행위책임과 상태책임이 경합하는 경우에는 행위책임자에게 우선적으로 경찰책임이 발동된다는 것을 명시할 필요가 있다. 그리고 다수의 책임자가 존재하는 경우에는 원칙적으로 의무적합적 선택재량에 달려있다고 보는 것이 일반적이다. 즉, 경찰행정청은 그의 선택재량에 따라 택일적으로 한 명에게만, 또는 다수의 경찰책임자 전부에게 동시에 경찰권을 발동할 수 있다. 이 경우 선택재량은 원인을 야기한 정도, 원인제공의 시점 등을 기준으로 하여 위험방지의 효율성과 비례의 원칙의 틀 내에서 판단하도록 법상 명시하는 것이 바람직하다.[192)]

나. 경찰비책임자에 대한 경찰권발동과 손실보상

(가) 경찰권발동 경찰책임자에 대한 경찰권발동으로 위해방지를 할 수 없는 예외적인 경우에 경찰비책임자에 대한 경찰권발동을 인정할 필요가 있다.

경찰관직무집행법 제 2 조 제 6 호를 일반수권조항임과 동시에 경찰비책임자에 대한 경찰권발동의 근거규정으로 보는 견해와 아주 예외적인 경우에만 허용되는 경찰비책임자에 대한 경찰권발동은 일반수권조항보다 훨씬 엄격한 요건하에서만 허용된다는 견지에서 반대하는 견해가 있다.

독일모범초안 제 4 조, 제 5 조에 따른 책임자 이외의 자(이른바 비책임자)는 동법 제 6 조에 의거하여 엄격한 전제조건하에서만 위험상황의 제거를 위한 경찰권발동의 대상으로 고려될 수 있다. 따라서 비책임자로서 위험야기에 대한 기여가 없는 제 3 자에 대한 의무이행요청은 비책임자만이 위험을 제거할 수 있는 경찰긴급상태에서만 허용된다. 하지만 이러한 사람에 대한 조치는 위와 같은 강화된 전제조건을 충족한 뒤에 이루어질 때만 정당화되며, 만약 그러한 조치를 허용하지 아니하면 신속한 위해제거가 불가능해진다는 측면의 이익이 비책임자에 대한 경찰의 제약조치를 정당화한다.[193)]

경찰비책임자에게 경찰권이 발동되는 경우에는 매우 엄격한 전제조

192) 박상희·서정범, 앞의 보고서, 171쪽.

193) 이기춘, 위험방지를 위한 협력의무로서 경찰책임의 귀속에 관한 연구(고려대 대학원 박사학위논문, 2002), 54쪽.

건이 충족된 경우에만 경찰권이 발동되도록 하여야 할 것이다.

(나) 경찰비책임자에 대한 손실보상규정 현행법에는 경찰권 발동으로 경찰비책임자가 입은 손실의 보상에 관한 규정이 없다. 공공의 안녕과 질서유지를 위해 경찰이 경찰책임과 무관한 제 3 자에 대한 하명(경찰권 발동)을 통해 경찰목적을 실현함으로써 결과적으로 그 제 3 자(경찰비책임자)가 손실을 입었다면 당연히 보상을 해주는 것이 타당하다. 즉, 경찰상 장해를 유발한 자가 경찰하명에 의해 경찰목적을 실현하려다가 손해가 발생하였다면 보상조치가 필요하지 않지만, 경찰위해와 무관한 제 3 자가 같은 상황에 처한 경우는 손실보상을 해주어야 할 것이다. 그럼에도 불구하고 현행법은 이에 대해 아무런 규정도 두지 아니하여 경찰권발동과 관련된 법적 분쟁이 빈발하는 원인이 되고 있다.[194]

따라서 특정한 경우에 비책임자에게는 손실보상청구권이 부여되도록 할 필요가 있다. 경찰권발동의 대상이 된 제 3 자가 입은 손실에 대한 보상이 행해져야 한다는 요건이 비책임자에 대한 경찰권발동의 요건으로 고려될 수 있을 것이다.

5) 표준적 직무행위와 행정강제의 분리

경찰상의 강제수단과 관련하여 경찰관직무집행법은 개별적으로 규정하고 있고, 일반적인 강제집행수단을 규정하고 있지 않다. 그 결과 경찰의무자가 그 의무를 이행하지 않는 경우 및 자발적인 의무이행을 기대하기 어려운 경우 그 이행을 확보하기가 곤란할 수밖에 없다.[195]

경찰관직무집행법은 불심검문(제 3 조), 보호조치(제 4 조), 위험발생의 방지(제 5 조), 범죄의 예방과 제지(제 6 조), 위험방지를 위한 출입(제 7 조), 사실의 확인(제 8 조), 경찰정비의 사용(제10조), 경찰장구의 사용(제10조의2), 분사기 등의 사용(제10조의3), 무기의 사용(제10조의4)에 대하여 개별적으로 규정하고 있다.

다수설이 주장하는 것과 같이 제 3 조 이하의 규정내용이 모두 즉시강제적인 수단이라고 보는 것은 타당하지 않다. 따라서 경찰관직무집행법

194) 이황우·조병인·최응렬, 앞의 책, 235쪽.
195) 이황우·조병인·최응렬, 앞의 책, 235쪽.

제 3 조 이하의 규정을 획일적으로 즉시강제수단으로 보는 것은 타당하지 않으며 이는 오히려 독일경찰법에서의 표현처럼 개인의 기본권을 침해하는 전형적인 경찰조치를 의미하는 표준적인 직무조치로 표현하는 것이 타당하다는 견해가 있다.[196]

따라서 경찰관직무집행법상 일반수권조항에 근거한 경찰권발동을 허용하는 경우에는 이에 대한 일반적인 강제수단, 즉 대집행, 직접강제, 강제징수, 이행강제금 등의 수단도 동시에 마련하여야 한다. 즉, 경찰관직무집행법상 불비된 일반적인 경찰상의 강제집행수단을 규정하여 경찰권발동에 대한 근거규정에 상응하는 완결적인 강제수단 및 그 절차를 마련하여야 할 것이다. 경찰강제는 현존하는 위험을 방어하기 위하여 필요한 경우, 특히 선행하는 경찰상의 처분이 불가능하거나 또는 적시에 이루어질 수 없을 때 또는 그러한 조치의 효과가 기대될 수 없고 그 권한 내에서 행위할 경우에만 선행 행정행위가 없더라도 행해질 수 있도록 하는 것이 타당하다.[197]

경찰상 즉시강제는 다른 행정강제에 비해 침익적 효과가 큰 강제수단인 결과 이에는 보충성의 원칙이 적용되며, 즉시강제수단이 사용될 수 있는 경우에도 엄격한 법률유보원칙이 적용되므로 실력의 행사방법은 법상 예정되어 있는 것에 한한다고 할 수 있다.

6) 구상권규정의 도입

경찰비용을 발생시킨 자에 대한 경찰의 구상권에 관한 규정이 불비이다. 사기의 행위 또는 물건 등을 통하여 경찰위해를 일으킴으로써 결과적으로 비용이 발생하였다면 이는 당연히 경찰위해자(경찰책임자)의 부담으로 되어야 할 것이다.

그러나 경찰책임자(법인 포함)가 한 사람일 경우는 문제가 상대적으로 간단하지만 경찰책임자가 다수인 경우는 상환의무자 또는 상환절차를 정하기가 쉽지 않은데도 일반조항에 속하는 행정대집행법 제 2 조에 따라 비용상환을 요구하는 실정이어서 경찰의 구상권 행사에 혼선이 생기는 사례

196) 박상희·서정범, 앞의 보고서, 174쪽; 정하중, 앞의 논문(하), 12쪽.
197) 박상희·서정범, 앞의 보고서, 175쪽.

가 많다. 이러한 상황은 경찰과 경찰책임자 사이에 불필요한 법률분쟁을 빈발하게 만들어 결과적으로 경찰력의 낭비를 야기하고 경찰의 능률성을 떨어뜨리게 하는 원인이 되고 있다.[198]

7) 경찰정보수집 및 관리 규정의 도입

경찰정보활동과 규범의 괴리가 존재하기 때문에 경찰의 정보관련활동의 법적 근거나 한계 여하가 재판을 통하여 문제될 개연성이 있으므로 경찰법 차원에서 경찰목적의 달성을 위한 정보활동 일반에 대하 수권의 근거나 구체적인 정보수집·처리·교부·관리 등에 관한 규정을 도입할 필요가 있다.[199]

독일의 모범초안개정시안이 ① 정보수집, ② 공개행사, 집회 및 다중집합에 대한 정보수집, ③ 특별한 정보수집방식, ④ 경찰감시, ⑤ 정보의 보관, 변경, 이용, ⑥ 선례관리와 문서보관, ⑦ 정보교부, ⑧ 자동정보검색절차, ⑨ 정보대조, ⑩ 특수정보의 대조방식, ⑪ 정보의 정정·삭제·차단, ⑫ 등재대장의 작성 등에 관한 상세한 규율을 하는 있는데, 모범초안개정시안의 내용을 면밀히 검토하여 입법시 활용할 필요가 있다.

(2) 통합경찰법의 제정방안

통합경찰법 제정방안은 경찰조직에 관한 일반법인 경찰법과 경찰작용법을 통합한 단일 경찰법을 제정하는 방안이다. 즉, 경찰의 조직에 관한 사항(예컨대, 경찰의 조직근거, 경찰위원회, 경찰청, 지방경찰, 경찰공무원 등)과 경찰작용에 관한 사항(경찰의 임무, 경찰책임, 경찰의 직무수행규정(경찰의 권한, 경찰강제, 손해전보 등))을 통합하여 규율하는 방식이 될 것이다.

유의할 것은 통합경찰법 제정에 있어서도 중요한 것은 경찰작용법의 정비가 전제되어야 한다는 점이다. 즉, 경찰작용법이 정비되지 않으면 통합법의 제정이 사실상 어렵게 될 것이다.

통합법의 제정에는 적지 않은 어려움이 있다는 것을 유념할 필요가 있다. 이것은 경찰작용법에 관한 일반법을 제정하는 경우에 제기되었던

---

198) 이황우·조병인·최응렬, 앞의 책, 236쪽.

199) 홍준형 외, 앞의 보고서, 59쪽.

것과 마찬가지로 특정 외국법제를 그대로 우리의 현행법과 혼합하여 체계화하는 방향으로 추진되어서는 장기적인 측면에서 득보다는 실이 많을 것으로 생각되므로 심층적인 검토가 필요하다고 본다.

또한 경찰조직법과 경찰작용법으로 분리되어 있는 법체계를 통합하여야 하기 때문에 입법기술적으로 적지 않은 어려움이 있을 수 있고, 현재 입법추세인 분법화 경향과도 부합하지 않으며, 법률이 지나치게 방대해질 수 있다는 점, 현실적으로 통합법에 대한 입법수요가 과연 있는지 등에 관한 고려하여 보다 신중하게 검토하여야 할 것이다.

3장 일본 · 독일 · 미국의 경찰관직무집행법

제 1 절 개 설
제 2 절 일본의 경찰관직무집행법
제 3 절 독일의 경찰관직무집행법
제 4 절 미국의 경찰관직무집행법
제 5 절 소 결

CHAPTER 3

일본 · 독일 · 미국의 경찰관직무집행법

제 1 절 개 설

경찰관직무집행법은 국가의 질서유지를 위해 반드시 필요한 법률로서 자리매김하고 있다. 거의 모든 국가들이 경찰관직무집행법을 가지고 있지만 경찰관직무집행법이라는 동일한 법률명을 가지고 있는 것은 아니며 프랑스와 같이 형사소송법전 속에 존재하기도 하고, 미국 및 독일과 같은 연방제 국가의 경우에는 주(state, Land)에 입법권이 위임되어 있기 때문에 경찰입법의 지나친 나양성을 방지하기 위해서 연방차원의 모범법전(Model Code)을 제정하여 통일성을 도모하고 있기도 하고, 일본이나 우리나라와 같이 경찰관직무집행법이라는 단행법의 모습으로 존재하기도 하는 등 매우 다양한 형태를 띠고 있다.

그런 까닭으로 각국의 경찰관직무집행법은 입법체계나 구성 및 적용범위에 있어서 상당히 다양한 모습을 보여주고 있다. 그것은 상이한 법전통[1]과 법현실에 비추어볼 때 지극히 자연스런 모습이라 할 수 있다.

1) 세계의 법전통에 대해서는 김재광, 법학(동림사, 2004), 73~79쪽 참조.

경찰에 관한 최초의 실정법으로서 1794년의 프로이센 일반주법을 들 수 있고, 뒤이어 1795년에 프랑스 경죄처벌법(輕罪處罰法)이 제정되었다. 경찰작용의 소극적 목적성, 그 수단의 권력성에 있어 이들 법률에는 공통성이 있었다. 1794년의 프로이센 일반주법, 1931년의 프로이센 경찰행정법은 프로이센 일반주법 제10조상의 경찰관념을 재확인하여 경찰은 기본적으로 위해방지작용(危害防止作用)에 한정되는 것으로 규정하였는데, 1976년의 모범초안에 계승되었다. 한편 연방차원의 미국의 경찰관직무집행 관련법제로는 1942년에 전(全)미국경찰위원회가 제안한 통일체포법과 1975년에 미국 법률협회의 모범법전이 있다. 일본은 소화(昭和) 23년에 경찰관직무집행법을 제정하였고, 우리나라는 1953년에 제정하였다.

독일과 일본은 제 2 차 세계대전 이후에 영·미 점령당국의 통치하에 비경찰화정책(非警察化政策)이 강력히 행해진 공통된 경험을 가지고 있으며 우리나라의 경찰관직무집행법은 일본의 경찰관직무집행법을 모델로 하여 제정된 사정 등을 감안하면, 이들 국가 상호간에 입법에 있어 적지 않은 영향을 주고 받았다고 볼 수 있다.

제 2 절 일본의 경찰관직무집행법

1. 연혁 및 입법체계

경찰법은 경찰의 조직을 정한 일반법이며 경찰관직무집행법은 경찰상의 수단을 정한 것이다. 즉, 경찰관직무집행법은 경찰의 직무를 수행하기 위하여 사용하는 수단에 관하여 규정하고 있으나, 경찰법은 주로 조직법으로서의 성격을 가지고 있지만 동시에 권한에 관한 기본적인 조항도 두고 있다.

특히 신형사소송법에 따라 경찰법상의 사무분장이 재편되어 제89조 제 2 항에 “사법경찰직원은 범죄가 있다고 사료되는 때에는 범인 및 증거를 수사한다”라고 규정함과 동시에, 동법 제191조 제 1 항에 “검사는 필요하다고 인정하는 때는 스스로 범죄를 수사할 수 있다"고 규정하여 경찰이 제 1 차적 수사기관임을 명백히 하여 일본의 사법경찰이 탄생되었다.

2차 세계대전 이전에는 경찰권을 국가에 통일하여 중앙집권적인 경찰조직에 의하여 일체의 경찰작용 이외에 널리 권력행사를 내용으로 하는 행정작용(과세·공용부담 등은 제외)을 집중적으로 담당하였다.

그러나 2차 세계대전 이후에는 경찰권의 지방으로의 분권과 각종 행정기관으로의 분산을 도모하였다.

1947년의 경찰법은 행정의 지방분권화의 일환으로 종래의 중앙집권적·통일적 국가경찰을 분산하여 시정촌(市町村)[2] 자치체경찰을 원칙으로 하고, 자치체경찰을 두지 아니한 구역에 대하여서만 국가지방경찰을 두었다.

그 이후 1954년의 신경찰법은 시정촌자치체경찰이 약체이고 비능률적이며 재정상으로도 시정촌에 대하여 중압(重壓)이 된다는 이유로, 시정촌자치체경찰과 국가지방경찰을 통합·일원화하여 새로이 도도부현(都道府県)[3] 자치체경찰을 설치하였다.

다만, 경찰에 관한 사무는 국가의 이해에도 밀접한 관련이 있으며, 특히 국가의 공안에 관한 특정사항에 대하여는 일정한 범위 안에서 국가가 도도부현경찰에 대하여 지휘권을 가질 필요가 있고, 또한 긴급사태에 있어서는 국가가 스스로 치안상의 책임을 다할 필요가 있다는 이유로 국가의 경찰관리기관으로 수상 소속 아래에 국가공안위원회를 두고, 국가공안위원회에 경시청을 두어 국가의 중앙기관에게 국가의 공안에 관한 경찰의 관리운영권과 도도부현경찰에 대한 지휘·감독권을 인정하고 있다.

한편 경찰관직무집행법은 소화(昭和) 23년 7월에 제정되었다. 종래의 내무대신을 정점으로 하였던 중앙집권적인 경찰조직을 해체하고 30,000명의 국가지방경찰과 95,000명의 시정촌자치체경찰이 조직되었다. 이것이

---

2) 시정촌(市町村)은 일본의 지방자치제도의 기초자치단체인 시(市), 정(町), 촌(村)을 묶어 이르는 말이다.

3) 도도부현(都道府県)은 일본의 광역자치단체인 도(都, 도쿄도), 도(道, 홋카이도), 부(府, 오사카부와 교토부), 현(県, 나머지 43개)을 묶어 이르는 말이다. 도도부현의 하부에는 시정촌이나 군이 설치되어 있으며 일부 도시는 행정상 별도의 정령지정도시, 중핵시, 특례시 등으로 지정되어 있다.

구경찰법으로 소화(昭和) 22년 12월에 제정되어 소화(昭和) 23년 3월부터 시행되었다. 그리고 이 조직법에 대응하는 경찰권한법으로서 그 해 7월에 제정, 시행되었던 것이 경찰관직무집행법이었다. 그리고 2007년에 일부 개정되었다.

경찰관직무집행법은 위와 같은 정치적, 사회적 사정을 배경으로 하여 제정되었기 때문에 내용에 있어서 다음과 같은 특색이 있다.

첫째, 전전(戰前)의 경찰의 운용에 대한 피해의식과 그 부활에 대한 경계심이 강하게 밑바탕에 깔려 있다.

둘째, 개인의 인권보호에 관해서는 주의깊은 규정을 두고 있다.

셋째, 사회공공의 안전과 질서의 유지를 위한 규정은 충분히 정비되어 있지 않다.

경찰관직무집행법이 이러한 특색을 가지게 된 것은 제정 당시의 사회적 배경을 고려하면 부득이한 일이었다. 그러나 현재는 사정이 크게 달라졌다. 즉, 첫째, 헌법적 사고방식이 일본의 민주주의적 기반을 공고하게 하고 있다. 둘째, 경찰조직은 민주성 및 정치적 중립성이 강하게 보장되어 그 실제 운영에 있어서도 새로운 경찰이념을 일탈한 것은 아니고 전전(戰前)에 있어서와 같은 경찰운영이 부활할 우려는 전혀 없다.

이와 같은 상황변화를 고려하면 경찰관직무집행법의 내용은 현재 일본의 상황에 대응하는 것으로서는 충분한 것으로 볼 수 없기 때문에 상황에 맞게 정비를 할 필요가 있다는 지적이 제기되고 있다.[4)]

2. 적용범위

일본의 경찰관직무집행법은 전문 8개조의 간단한 법률이고 그 내용은 장별로 나누어 체계화되어 있지 않다.

경찰관직무집행법 중에서 제 1 조는 목적을 규정하고 제 8 조는 다른 법령에 의한 직권의무에 관하여 규정하고 있다.

따라서 경찰관직무집행법에 따른 경찰상의 수단은 제 2 조부터 제 7

4) 宋戶基男·宮脇磊介, 註解警察官職務執行法, 17~18頁.

조까지의 6개조에 규정되어 있다.

일본의 경찰관직무집행법은 경찰작용 중 종래 즉시강제로 분류되던 것에 관해 단편적으로 규율하고 있을 뿐인데, 이런 점을 고려해 보면 일본의 경찰관직무집행법은 우리나라의 그것과 거의 유사하다고 볼 수 있다. 즉, 일본의 경찰관직무집행법은 주로 행정목적을 실현하기 위한 수단을 규정한 것이다. 경찰은 경찰법 제 2 조가 정하는 바에 따라 "개인의 생명, 신체 및 재산을 보호하고, 범죄의 예방, 진압 및 수사, 피의자의 체포, 교통의 단속 기타 공공안전과 질서유지를 그 책무로 한다"는 것이고, 인명의 보호, 범죄의 예방 등의 행정목적과 함께 범죄수사라는 사법목적을 실현하는 임무를 진다.

이 중에서 사법목적 실현을 위한 경찰수단에 관해서는 일반법으로서 형사소송법이 있지만 경찰관직무집행법은 주로 인명보호, 범죄예방 등의 행정목적 실현을 위한 경찰상의 수단에 관한 일반법이다.

여기서 "주로"라는 말은 경찰관직무집행법 중에서는 제 2 조의 직무질문, 제 7 조의 무기사용제한과 같이 행정목적을 위해서만이 아니라 사법목적을 위한 수단으로서의 역할을 부담하는 것도 있기 때문이다.[5)]

일본의 경찰관직무집행법의 적용범위를 보면, 제 1 조(경찰관직무집행법의 목적), 제 2 조(질문), 제 3 조(보호), 제 4 조(피난등의 조치), 제 5 조(범죄의 예방 및 제지), 제 6 조(출입(立入)), 제 7 조(무기의 사용), 제 8 조(타법령에 의한 직권직무) 등으로 구성되어 있다.

즉, 제 1 조는 목적을 분명히 밝힘으로써 권한의 남용금지를 확인적으로 규정하고 있다. 제 2 조부터 제 7 조까지는 국민의 권리자유를 제한하거나 또는 국민에게 의무를 부과하는 행위(즉시강제 및 명령) 및 국민에게 사실상의 불이익을 줄 수 있는 임의활동에 대해 규정하고 있다.

그 중 즉시강제에 해당하는 것으로는 체포된 자의 신체수검(제 2 조 제 4 항), 정신착란자 및 주취자의 보호(제 3 조 제 1 항 제 1 호), 위험한 사태에 있어서 피난등의 조치(제 4 조 제 1 항), 범죄의 제지(제 5 조 후단), 위험한 사태에 있어서 출입(제 6 조 제 1 항), 무기의 사용(제 7 조) 등이 있다.

5) 宋戸基男 · 宮脇磊介, 前揭書, 1~2頁.

그리고 명령의 성질을 가진 권한으로서는 위험한 사태에 있어서 관리자 등에 대한 조치명령(제4조 제1항), 공개장소에의 출입요구(제6조 제2항)를 들 수 있다.

그리고 국민에게 사실상의 불이익을 부과할 수 있는 임의활동으로서는 ① 직무질문(제2조 제1항), ② 임의동행(동행요구)(제2조 제2항), ③ 병자, 부상자 등의 보호(제3조 제1항 제2호), ④ 위험한 사태에 있어서 경고(제5조 전단) 등의 규정이 있다.

마지막으로 제8조는 경찰관이 경찰관직무직행법의 규정에 의하는 외에 다른 법령에 의한 직권직무를 수행할 것을 규정한 것이다.

경찰관직무집행법이 없더라도 다른 법령에 따라 권한을 행사하는 것이 가능한 것 및 경찰관이 경찰관직무집행법 그 밖의 법령에 의한 직권직무를 충실히 수행해야 하는 입장에 있는 것을 확인적으로 규정한 것도 있다.[6)]

일본의 경찰관직무집행법도 우리나라와 마찬가지와 현행 경찰관직무집행법이 경찰작용의 일반법으로 기능하기에는 그 적용범위가 한정되어 있다.

3. 구체적 내용

(1) 법률의 목적과 경찰비례의 원칙

> 제1조 (법률의 목적) ① 이 법률은, 경찰관이 경찰법(昭和 29년 법률 제162호)으로 규정하는 개인의 생명, 신체 및 재산의 보호, 범죄의 예방, 공안의 유지 및 다른 법령의 집행등의 직권 직무를 충실히 수행하기 위해서, 필요한 수단을 정하는 것을 목적으로 한다.
> ② 이 법률에 규정하는 수단은, 전항의 목적을 위하여 필요한 최소의 한도로 사용하여야 하고 남용하여서는 안된다(제2항).

---

6) 古谷洋一, 註釋警察官職務執行法, 16頁.

1) 경찰관직무집행법의 목적

제 1 조의 제 1 항은 경찰관직무집행법의 목적을 정하고 있고 제 2 항은 경찰비례의 원칙을 규정하고 있다. 즉, 경찰관직무집행법의 목적 및 경찰관직무집행법에 규정된 권한남용금지에 관한 것이다.

제 1 조 제 1 항에서는 경찰관직무집행법이 경찰관이 그의 직권직무를 수행하기 위하여 필요한 수단을 정하였음을 선언함과 아울러 경찰관의 직권직무로서 경찰법에 규정된 것과 다른 법령의 수행 등의 직권직무를 수행하기 위한 수단을 규정하고 있다.[7)]

경찰법에 규정된 직권직무로서는 "개인의 생명, 신체 및 재산의 보호, 범죄의 예방, 공안의 유지"가 거론되고 있으며, 그것은 경찰법 제 2 조 제 1 항에 규정한 경찰의 책무와 같은 내용을 의미한다. 무엇보다도 제 1 조 제 1 항에서는 경찰법 제 2 조 제 1 항의 "범죄의 … 진압 및 수사, 피의자의 체포, 교통의 단속"이 명기되어 있으나, 경찰관직무집행법이 이미 행해진 범죄에 관한 직무질문(제 2 조), 범죄의 제지(제 5 조), 범죄에 관련한 위험한 사태에 있어서의 출입(제 6 조), 범인의 체포를 위한 무기사용(제 7 조) 등을 인정한 것에 비추어보면, 그것은 "공안의 유지"에 포함된다고 할 수 있으며, 경찰관직무집행법의 권한행사의 목적으로부터 배제되는 것이라고 생각할 수는 없다.

경찰관직무집행법에 규정된 권한의 주체는 경찰관이다. 경찰서장 등이 아니라 개개의 경찰관에 권한이 부여된 것은 그 권한이 성격상 현장에서의 임기응변에 대응이 요구되어지기 때문에 경찰관은 스스로의 판단하에 그러한 권한을 행사할 수 있다. 경찰관은 조직적인 통제하에 직권을 행하는 것이기 때문에 상급자의 지휘감독에 복종하여야 하고, 내부의 지휘감독에 위반하여 경찰관직무집행법에 규정된 권한을 행사하게 되면 직무명령위반으로 징계의 대상이 되는 것은 별론으로 하고, 당해 권한행사가 직접적으로 경찰관직무집행법상 위법이 되는 것은 아니다.[8)]

경찰관에는 도도부현(都道府縣) 경찰관 외에 경찰청의 경찰관도 포함

7) 古谷洋一, 前揭書, 25頁.
8) 古谷洋一, 前揭書, 23頁.

된다. 그러나 경찰청은 중앙행정기관으로서 국가적 견제에서 국가와 관련한 일정사항에 대해 도도부현경찰을 지휘감독하는 것을 기본적인 역할로 하는 기관으로서 국민을 직접 대상으로 하여 경찰활동을 행하는 것은 아니기 때문에 경찰청의 경찰관이 경찰관직무집행법에 규정된 권한을 행사하는 경우로는 원조요구에 따라 파견된 경우(경찰법 제60조), 현행범인의 체포에 관한 경우(동법 제65조), 이동경찰등에 종사하는 경우(동법 제66조) 및 긴급사태시에 포고구역에 파견된 경우(동법 제73조)에 한정된다.

또한 경찰관직무집행법의 규정은 경찰관의 직무에 유사한 직무를 행하는 다른 공무원의 직무집행에 있어서 준용되고 있다.

① 경찰관직무집행법 전체의 준용 — 치안출동을 명받은 자위대의 자위관의 직무집행(자위대법 제89조 제 1 항), 방위출동을 명받은 자위대의 자위관이 공공의 질서의 유지를 위해 행하는 직무집행(동법 제92조 제 2 항)

② 경찰관직무집행법 제 2 조, 제 4 조, 제 5 조, 제 6 조 제 1 항, 제 3 항 및 제 4 항 및 제 7 조의 준용 — 황궁호위관의 직무집행(경찰법 제69조 제 5 항. 다만, 제 4 조의 준용은 경비직무를 집행하는 경우에 한한다), 경호출동을 명받은 부대 등의 자위관의 직무집행(자위대법 제91조의2 제 1 항, 제 2 항. 다만, 제 5 조 및 제 7 조 이외의 준용은 경찰관이 그 장소에 없는 경우에 한한다).

③ 제 4 조, 제 5 조, 제 6 조 제 1 항, 제 3 항 및 제 4 항 및 제 7 조의 준용 — 국민보호등파견을 명받은 부대등의 자위관의 직무집행(자위대법 제92조의3 제 1 항, 제 2 항). 다만, 경찰관(제 7 조에 있어서는 경찰관 또는 해상보안관 또는 해상보안관보가 그 장소에 없는 경우에 한한다).

④ 제 4 조, 제 6 조 제 1 항, 제 3 항 및 제 4 항의 준용 — 재해파견 또는 지진방재파견을 명받은 부대등의 자위관의 직무집행(자위대법 제94조. 다만, 경찰관이 그 장소에 없는 경우에 한한다).

⑤ 제 7 조의 준용: 해상보안관 및 해상보안관보의 무기사용(해상보안청법 제20조), 마약단속관 및 마약단속원의 무기사용(마약단속법 제54조 제 8 항). 해상경비행동을 명받은 자위대의 자위관의 직무집행(자위대법 제93조 제 1 항), 부내의 질서유지의 작무에 종사하는 자위관(경무관 및 경무관보)의 직무집행(동법 제96조 제 3 항).

2) 경찰비례의 원칙

일본에서도 비례원직은 경찰법상에 전개되고 있다. 경찰비례의 원칙은 전통적 학설에서는 거의 일치된 내용을 보이고 있다. 즉, 경찰비례의 원칙이란 경찰은 공공의 안전과 질서에 대한 장해의 제거라는 경찰의 목적을 달성하기 위해 필요한 최소한도에서만 사람의 자유를 제한할 수 있으며, 그 한도를 넘어 사람의 자유를 제한하는 것은 법령에 특별히 그 취지의 명시적 규정이 있는 경우 외에는 허용되지 않는 것, 다시 말하면 경찰권의 발동은 그 대상인 사회의 장해와 정당한 비례관계를 유지해야만 하는 것을 의미한다.

따라서 첫째, 경찰권을 발동할 수 있는 것은 공공에 대한 장해가 이미 발생한 경우 외에는 보통의 사회통념에 비추어 그 발생의 개연성이 인정되는 경우에 한한다. 둘째, 그 장해는 사회상 용인되지 않는 장해일 것을 요한다. 셋째, 경찰권의 발동이 허용되는 경우이더라도 장해를 제거하기 위한 수단은 장해를 제거하기 위해 필요한 최소한도에 그칠 것을 요한다. 넷째, 위의 원칙에 반하는 경찰권의 발동은 위법하다.

경찰비례의 원칙에 대해서는 주의할 점이 있다. 첫째, 위의 첫째와 둘째는 경찰권 발동의 조건 또는 요건에 관한 원칙이지만, 위의 셋째 원칙은 목적달성을 위한 수단의 선택 또는 태양(態樣)에 관한 원칙이다. 그러나 경찰비례의 원칙에 관한 일본의 학설의 관심은 경찰권을 발동할 수 있는가 어떤가 하는 문제에 집중되어 있었다고 할 수 있다. 둘째, 비례원칙하에서는 이익의 비교형량이 중요하다. 경찰권의 발동의 조건으로서는 제거해야만 하는 장해가 존재하는가 어떤가의 인정에 관한 문제와 장해의 제거에 따른 이익과 장해의 제거가 초래하는 불이익과의 비교의 문제가 있다. 이 문제는 결국 사회의 평균인의 견해를 표준으로 하는 이익상황에 관한 비교형량에 의해 결정된다. 그러나 종래 비교형량에 관하여는 학설 판례 모두 충분히 구체적으로 전개하고 있지 않았다고 할 수 있다. 셋째, 경찰비례의 원칙은 최소한도의 침해라는 원칙과 동일시되고 있다. 최소한도의 침해라는 원칙은 복수의 취할 수 있는 조치 간의 선택의 문제이며,

이 경우 수단의 선택재량은 부정된다. 그러나 필요한 최소한도의 수단을 선택하더라도 여전히 결과로서 목적과의 관계에서 부당한 요구·과잉의 조치로 되는 일이 있을 수 있다. 필요최소한도의 수단과 목적과의 비례관계가 문제되지 않으면 안된다. 그러나 최소한도의 침해라는 원칙은 실제에는 기능하지 않았다고 할 수 있을 것이다. 넷째, 경찰비례의 원칙은 명치헌법하에서는 조리법상의 원칙으로서 인정되고 있었지만, 현재에는 헌법 제13조에 근거를 가지는 실정법상의 일반법원칙이며, 경찰권에 관해서만 타당한 것이 아니라 모든 권력적 행정작용에 관하여 적용되는 법원칙이라고 할 수 있다. 다섯째, 경찰비례의 원칙은 체계적으로는 일반행정법상의 비례원칙이 경찰권에 관하여 적용된 구체적인 결과이지만, 이론적으로는 일반행정법이론으로서의 "재량권의 한계"의 이론으로 해소되어 독자의 존재의의를 상실하였다는 것이다. 그럼에도 불구하고 경찰비례의 원칙이 강조되는 것은 경찰권의 남용을 저지하기 위해 경찰법의 영역에서 비례원칙을 발동하는 경우가 많다는 실제상의 이유가 있기 때문이다.[9]

(2) 질 문

제 2 조(질문) ① 경찰관은 이상한 거동 기타 주위의 사정으로부터 합리적으로 판단하여 어떠한 범죄를 범하거나 범하려 하고 있다고 의심할 만한 상당한 이유가 있는 자 또는 이미 행해진 범죄나 범죄가 행하여지려고 하는 것은 한다고 인정되는 자를 정지시켜 질문할 수 있다.

② 그 장소에서 전항의 질문을 하는 것이 본인에 대해서 불리하고, 또는 교통의 방해가 된다고 인정되는 경우에는 질문하기 위하여 그 사람에게 부근의 경찰서, 출장소 또는 주재소에 동행하는 것을 요구할 수가 있다.

③ 전2항에 규정하는 자는 형사소송에 관한 법률의 규정에 의하지 아니라고는 신체를 구속당하지 아니하며 그 뜻에 반하여 경찰서, 출장소 또는 주재소에 연행되거나 또는 답변을 강요당하지 아니한다.

④ 경찰관은 형사소송에 관한 법률에 의해 체포당한 자에 대해서는, 그 신체에 대해 흉기를 소지하고 있는지를 조사할 수가 있다.

9) 宮田三郎(한귀현 역), 앞의 책, 65쪽.

1) 직무질문의 의의

경찰관의 직무질문은 경찰관직무집행의 목적을 위해 질문의 상대방의 의사에 구애됨이 없이 또는 그 의사에 반하여 상대방을 정지시켜 행할 수 있는 직무상의 질문이다.10)

이 직무질문은 범죄의 예방 및 수사라는 경찰의 책무를 달성하기 위한 매우 중요한 수단으로서 일상적으로 활용되고 있다.

직무질문은 상대방이 그것을 수인하지 않으면 안되는 경찰의 침해적 조치라고 보는 견해도 있고11) 직무질문은 임의활동이기 때문에 상대방이 그것에 응할 의무를 부과하는 것은 아니고 상대방의 승낙하에 행해야 한다는 견해로 나뉜다.12)

판례는 직무질문의 성격에 대해 "직무질문 또는 그것에 부수하는 소지품검사는 그것이 범죄수사로서 행하는 경우라 하더라도 임의수단이라는 것은 변하지 않는다"는 판례13)와 "소지품검사는 임의수단인 직무질문의 부수행위로서 허용되는 것이기 때문에 소지인의 승낙을 얻어 그 한도에서 그것을 행하는 원칙이라는 것은 말할 나위도 없다"는 판례14) 등이 있다.

2) 직무질문의 상대방

경찰관은 이상한 거동15) 그 밖의 주위의 사정으로부터 합리적으로 판단하여 어떠한 죄를 범하였거나 범하려고 하고 있다고 의심할 만한 상당한 이유가 있는 자 또는 이미 범하여진 범죄에 관하여 또는 범죄가 행해지려 하고 있는 것에 관하여 알고 있다고 인정되는 자를 정지시켜 질문할 수 있다(제 2 조 제 1 항).

직무질문의 상대방은 범죄에 관한 불심자(不審者)라고 생각되는 자 또는 제 사정으로부터 판단하여 범죄에 관하여 유익한 공술(供述)을 할 수

10) 古谷洋一, 前揭書, 49頁.
11) 宮田三郎(한귀현 역), 앞의 책, 77쪽.
12) 古谷洋一, 前揭書, 49頁.
13) 大阪高判 昭和 63. 3. 1. 判タ 676號, 264頁.
14) 最三判 昭和 53. 6. 20 刑集 32卷 4號2, 670頁.
15) 이상한 거동은 그 자의 언어, 동작, 태도, 착의(着衣), 휴대품 등이 통상적인 것은 아니고 부자연스러운 것을 말한다.

있다는 것을 정당화할 수 있는 자(참고인적 지위)이지 않으면 안된다.[16]

불심자와 참고인적 지위에 있는 자는 직무질문의 요건에 해당한다. 즉, "어떠한 죄를 범하였거나 범하려고 하고 있다고 의심할 만한 상당한 이유가 있는 자"와 "이미 범하여진 범죄에 관하여 또는 범죄가 행해지려 하고 있는 것에 관하여 알고 있다고 인정되는 자"에 해당하기 때문이다.

여기서 "상당한 이유"라 함은 어떠한 죄를 범하였거나 범하려고 하고 있다고 의심할 만한 것이 일응 객관적인 합리성이 있는 것으로 인정되는 정도의 이유가 있는 것으로 충분하다.

본조에서는 불심자와 참고인적 지위에 있는 자에 대해서는 규정을 하고 있으나 범죄에 대해 알고 있는지 여부가 분명치 아니한 자에 대해서는 규정이 없다. 이러한 자에 대해서도 본조가 배제되는 것은 아니라고 보아야 할 것이다.[17]

3) 직무질문에 부수하는 행위

법률에 명문의 규정이 없는 직무질문에 부수하는 행위로는 자동차검문 및 소지품검사가 논의될 수 있다.

가. 정 지

경찰관은 질문을 위해 보행자·자동차 등을 정지시킬 수 있다. 정지는 직무질문에 부수하여 당연히 인정되고, 상대방은 그것에 대한 수인의무를 진다. 그러나 통설에 따르면 정지는 임의수단이고 실력을 행사하여 정지시키는 것은 원칙적으로 부적법하다.[18] 즉, 정지권한은 상대방 스스로의 의사로 정지할 것을 구하는 임의활동으로서의 권한이고, 상대방에게 정지의무를 부과하는 정지명령 및 실력을 통해 강제적으로 정지시키는 즉시강제의 성격을 가지는 것은 아니다.

나. 임의동행

그 장소에서 직무질문을 하는 것이 본인에 대하여 불리하거나 또는 교통의 방해가 된다고 인정되는 경우에는 질문하기 위해 그 자에게 부근

16) 宮田三郎(한귀현 역), 앞의 책, 78쪽.
17) 古谷洋一, 前揭書, 66頁.
18) 宮田三郎(한귀현 역), 앞의 책, 78쪽.

의 경찰서, 파출소 또는 주재소(駐在所)에 동행할 것을 요구할 수 있다(제 2 조 제 2 항).

직무질문의 이점은 일반적 질문과 달리 직무질문을 하고 있는 동안에 심리적 압박을 가하여 상대방을 불안하게 하는 점에 있다. 따라서 직무질문에는 질문장소의 비일상적 분위기, 질문사항의 일방적인 고정, 표면에 나타나지 않는 위하(威嚇) 등이 유효하고, 그것에 의해 암묵중에 일종의 진술강제가 행해진다. 그 때문에 경찰서, 파출소 또는 주재소에 동행을 요구하는 것이고, 임의동행은 경찰의 입장에서 보아 유리하므로 반드시 “본인에 대하여 불리하거나 또는 교통의 방해가 되는 경우”에 요구된다고는 할 수 없다. 임의동행은 직무질문의 중요한 요소이다.[19]

4) 직무질문에 수반하는 강제연행 및 공술의무

직무질문에 관련하여 피질문자 본인은 형사소송법의 규정에 따르지 않는 한 신병(身柄)을 구속당하거나 또는 그 의사에 반하여 경찰서, 파출소 또는 주재소에 연행되거나 답변을 강요당하는 것은 아니다(제 2 조 제 3 항).

당사자는 직무질문을 수인할 의무가 있고 그 때문에 정지하게 되지만, 그 이상의 의무는 없다. 즉, 이 경우 경찰관은 형사소송법의 규정에 따르지 않으면 강제연행을 할 수는 없고, 또한 상대방에게는 직무질문에 대한 공술의무는 없다. 다만, 직무질문을 하는 경찰관에게는 묵비권의 고지의무가 없지만, 범죄의 증거수집을 목적으로 질문하는 경우에는 공술거부권의 고지를 요한다.

5) 소지품검사

소지품검사라 함은 경찰관이 직무질문에 부수하여 상대방의 협력에 기초함이 없이 소지품의 내용의 제시·개시를 요구하여 소지품을 점검하는 것을 말한다.

소지품의 내용의 점검으로서는 ⅰ) 소지품을 외부에서 관찰한다. ⅱ) 소지품에 관하여 질문한다. ⅲ) 임의로 제시를 구한다. ⅳ) 의복 또는 휴대품의 외부에 손을 대어 검사한다. ⅴ) 소지품을 경찰관 스스로 개시하거

19) 宮田三郎(한귀현 역), 앞의 책, 79쪽.

나 호주머니 속의 소지품을 꺼내어 검사한다와 같은 행위가 있다.

소지품검사에 관한 명시적인 규정은 없지만 소지품의 내용의 임의의 제시·개시의 요구는 직무질문에 부수하는 일태양(一態樣)으로서 허용되고, 소지품검사는 경찰실무에서는 정착되어 있다. 즉, 위의 ⅰ)~ⅲ)의 행위는 임의의 조사로서의 직무질문의 범위내에 있는 것으로 보고 있다. 그러나 ⅳ)~ⅴ)의 행위는 상대방의 승낙이 없고 유형력의 행사를 포함하기 때문에 이와 같은 소지품검사에 관하여는 법률상의 근거와 점검의 한계에 관하여 법적 문제가 발생한다.

소지품검사의 법적 근거에 관하여는 일본 최고재판소는 그것을 경찰관직무집행법 제 2 조 제 1 항에서 찾고 있다.

판례 경찰관직무집행법은 그 제 2 조 제 1 항에서 동항 소정의 자를 정지시켜 질문할 수 있다고 규정할 뿐이고 소지품의 검사에 관해서는 명문의 규정을 두고 있지 않지만, 소지품의 검사는 구두에 의한 질문과 밀접히 관련되고 또한 직무질문의 효과를 올림에 있어서 필요성, 유효성이 인정되는 행위이므로 동 조항에 의한 직무질문에 부수하여 이것을 행할 수 있는 경우가 있다고 해석하는 것이 상당하다(最判 昭和 53. 6. 20 刑集 32卷 4號, 679頁).

그러나 이것은 법해석론으로는 무리가 있다는 비판이 제기되고 있다. 질문과 소지품검사는 별개의 조치로 보아야 하며, 각기 별개의 법적 근거를 요하고 소지품검사에 관해서는 새로운 법적 정비를 도모할 필요가 있다는 것이다.[20]

점검의 한계라는 문제는 질문 및 내용의 제시·개시의 요구에 따르지 않는 경우에 상대방의 승낙 없이 어느 정도의 실력을 행사할 수 있는가 하는 문제이다.

판례의 입장은 강제에 이르지 않는 한 소지품검사의 필요성, 긴급성, 상당성의 판단에 기초하여 일정한 유형력의 행사를 인정한다는 것이다.

20) 宮田三郎(한귀현 역), 앞의 책, 80쪽.

판례 경찰관직무집행법 제 2 조 제 1 항에 근거하는 직무질문에 부수하여 행하는 소지품검사는 임의수단으로서 허용되는 것이므로 소지인의 승낙을 얻어 그 한도에서 이것을 행하는 것이 원칙이지만, 직무실문 또는 소지품검사의 목적, 성격 및 그 작용 등에 비추어 보면 소지인의 승낙이 없는 한 소지품검사는 일체 허용되지 않는다고 해석하는 것은 상당하지 않고, 수사에 이르지 않는 정도의 행위는 강제에 이르지 않는 한 설령 소지인의 승낙이 없더라도 소지품검사의 필요성, 긴급성, 이것에 의해 침해되는 개인의 법익과 보호되어야만 하는 공공의 이익과의 균형 등을 고려하여 구체적 상황하에서 상당하다고 인정되는 한도 내에서 허용되는 경우가 있다고 해석하여야 한다(最判 昭和 53. 9. 7 刑集 32卷 6號, 1672頁).

이와 같은 생각은 경찰실무의 실태를 추인하는 것일 것이다. 그러나 강제에 이르지 않는 유형력의 행사라는 표현은 자기모순을 포함하고 있으며, 실천가능한 납득이 가는 판단기준이라고는 할 수 없다. 결국 위의 ⅳ)~ⅴ)의 행위는 상대방의 승낙 없이 직무질문에 부수하여 행하는 것은 허용되지 않고 부적법하다고 할 수 있을 것이다.[21]

판례1 원판결이 인정한 사실에 의하면 A순사가 X에 대해 X의 상의좌측 안주머니의 소지품의 제시를 요구한 단계에 있어서는 X에게 각성제의 사용 또는 소지의 용의가 상당히 농후하게 인정되고 또한 동 순사들의 직무질문에 방해가 될는지도 모르는 상황도 있었으므로 위 소지품을 검사할 필요성 또는 긴급성은 이것을 긍정할 수 있는 바이지만, X의 승낙이 없는데도 그 상의좌측 안주머니에 손을 집어넣어 소지품을 끄집어 낸 다음 검사한 동 순사의 행위는 일반적으로 프라이버시침해의 정도가 큰 행위이고 또한 그 태양(態樣)에 있어서 수사에 필적하는 것이므로, 상기와 같은 본건의 구체적인 상황하에 있어서는 상당한 행위라고는 인정하기 어려운 바이고 직무질문에 부수하는 소지품검사의 허용한도를 일탈한 것이라고 해석하는 것이 상당하다(最判 昭和 53. 9. 7 刑集 32卷 6號, 1672頁).

판례2 갑서(甲署)에의 피고인의 동행은 피고인이 마지못해 하면서 손의 힘을 빼고 후부(後部) 좌석에 스스로 승차한 점을 어떻게 해석하더라도 그 전후의 피고인의 저항상황에 비추어 보면 동행에 관하여 승낙이 있었던 것이라고는 인정되지 아니한다. 다음으로, 갑서(甲署)에서의 소지품검사에 관해서도 피고인이 부루퉁한 내노로 상의를 벗어 던졌다 하더라도 피고인이 그 의사에 반하여 경찰서에 연행된 것 등을 생각하면 묵시의 승낙이 있었던 것이라고는 인정되지 아니한다. 본건 소지품검사는 피고인의 승낙이 없고 또한 위법한 연행의 영향하에서 그것을 직접 이용하여 행해진 것이고, 더구나 그 태양(態樣)이 피고인의 왼쪽발목 부근의 양말이 덮힌 부분에

---

21) 宮田三郎(한귀현 역), 앞의 책, 81쪽.

서 당해 물건을 끄집어 낸 것인 점에서 보면 위법한 소지품검사라고 하지 않을 수 없다(最判 昭和 63. 9. 16 刑集 42卷 7號, 1051頁).

판례3 경찰관이 본건 자동차 내를 조사한 행위는 피고인의 승낙이 없는 한 직무질문에 부수하여 행하는 소지품검사로서 허용되는 한도를 넘은 것이라고 하여야 하는바, 위 행위에 대하여 피고인의 임의의 승낙은 없었다고 하는 원판결(原判決)에 잘못이 있다고는 인정되지 않으므로 위 행위가 위법한 것은 부정하기 어렵지만, 경찰관은 정지의 요구를 무시하고 자동차로 도주하는 등의 의심스러운 거동을 보인 피고인에 관하여 각성제의 소지 또는 사용의 혐의가 있고, 그 소지품을 검사할 필요성, 긴급성이 인정되는 상황하에서 각성제가 존재할 가능성이 높은 본건 자동차 내를 조사한 것이며, 또한 피고인은 이것에 대해 명시적으로 이의(異議)를 주장하는 등의 언동을 보이고 있지 않은 것이고, 이들 사정에 비추어 보면 위 위법성의 정도가 크다고는 말할 수 없다(最決 平成 7. 5. 30 刑集 49卷 5號, 703頁).

6) 자동차검문

자동차검문이라 함은 복수의 경찰관이 일정한 장소에서 주행하는 자동차를 정차시켜 행하는 질문, 점검을 말한다. 경찰관직무직행법에 명문 규정은 없다.

자동차검문은 자동차이용범죄 및 교통사고의 발생상황 등을 감안하면 경찰의 책무를 달성하기 위한 중요한 수단으로 실무상으로 폭넓게 활용되고 있다.[22]

자동차검문은 직무질문의 한 변형이며, 그 목적에 따라 도로교통법 위반의 단속을 목적으로 하는 교통검문, 범죄일반의 예방·적발을 목적으로 하는 경계검문 및 특정한 범죄의 발생 후에 범인의 체포 또는 정보수집을 목적으로 하는 긴급배치검문의 3종류로 구별할 수 있다.

자동차검문은 주행중의 자동차를 무차별·일제히 정차시켜 질문을 하는 점에서 통상의 직무질문과 다르고, 특히 교통검문 및 경계검문의 법적 근거가 문제된다.[23]

---

22) 古谷洋一, 前揭書, 88頁.
23) 宮田三郎(한귀현 역), 앞의 책, 83쪽.

(3) 보 호

제 3 조(보호) ① 경찰관은 비정상인 거동 기타 주위의 사정을 합리적으로 판단하여 다음 각 호(① 정신착란 또는 술 취한 상태로 인하여 자기 또는 타인의 생명, 신체 또는 재산에 위해를 미치는 우려가 있는 자, ② 미아, 환자, 부상자등으로 적당한 보호가 없으면 응급의 구호를 요한다고 인정되는 자(본인이 이를 거절한 경우에는 제외한다))의 1에 해당하는 것이 분명하며, 응급의 구호를 요한다고 믿을 만한 상당한 이유가 있는 자를 발견한 때에는 우선 경찰서, 병원, 정신병자수용시설, 구호시설 등의 적당한 장소에 이를 보호하여야 한다.
② 전항의 조치를 과한 경우에 있어서는 경찰관은 지체없이 그 사람의 가족, 아는 사람 기타 관계자에게 이를 통지하여 그 사람의 인수방법에 대하여 필요한 준비를 하여야 한다. 책임 있는 가족, 아는 사람 등이 발견되지 않을 때는, 신속하게 그 사건을 적당한 공중보건기관 또는 공공복지기관 또는 이런 자의 처치에 대하여 법령으로 책임을 지는 자는 공공기관에 그 사건을 인계하여야 한다.
③ 제 1 항의 규정에 의한 경찰의 보호는 24시간을 초과하여서는 아니된다. 단, 계속 보호하는 것을 승인하는 간이재판소(해당보호를 한 경찰관이 속하는 경찰서 소재지를 관할하는 간이재판소를 말한다. 이하 같다)의 재판관의 허가장이 있는 경우에는 그러하지 아니한다.
④ 전항 단서의 허가장은, 경찰관의 청구에 따라 재판관이 부득이한 사정이 있다고 인정한 경우에 한하여 발부하는 것으로서 그 연장의 기간은 5일을 초과하여서는 아니된다. 이 허가장에는 부득이하다고 인정되는 사정을 명기하여야 한다.
⑤ 경찰관은 제 1 항의 규정에 의하여 경찰에서 보호한 자의 성명, 주소, 보호의 이유, 보호한 이유, 보호 및 인도시일과 인도장소를 매주 간이재판소에 통지하여야 한다.

1) 보호의 의의

경찰은 개인의 생명, 신체 및 재산의 보호라는 책무를 수행하기 때문에 정신착란자, 미아, 부상자, 가출인, 자살기도자 등의 구호가 필요한 자의 보호를 행하여야 하는데, 본조는 그 중에 응급의 구호를 요하는 일정한 정신착란자, 만취자, 미아, 병자, 부상자 등에 대해 강제조치를 포함한 일시적인 보호조치를 하도록 경찰관의 권한을 정하고 있다.[24]

보호란 경찰권으로써 사람의 신체를 구속하여 경찰서 그 밖의 일정한 장소에 유치하는 것을 말한다. 보호는 예방적 이유에 따른 자유박탈이다.

보호는 자유로운 의사형성이 불가능한 상태 또는 무력하여 의지할 자가 없는 상태에 있는 경우에 허용되고, 보호의 목적은 개인의 생명, 신체 등의 법익의 보호에 제한된다. 자유로운 의사에 따라 경찰의 신세를 질 것을 요구하는 경우는 보호에 해당하지 아니한다.[25]

2) 보호의 요건

보호를 요하는 것은 경찰관이 이상한 거동 그 밖에 주위의 사정으로부터 합리적으로 판단하여 다음(① 정신착란 또는 만취로 인하여 자기 또는 타인의 생명, 신체 또는 재산에 위해를 미칠 우려가 있는 자(제 1 호) 또는 ② 미아, 병자, 부상자 등으로서 적당한 보호자를 동반하지 않아 응급의 구호를 요한다고 인정되는 자, 본인이 이것을 거절한 경우를 제외한다(제 2 호))에 해당하는 것이 명백하고, 또한 응급의 구호를 요한다고 믿을 만한 상당한 이유가 있는 자를 발견한 경우이다(제 3 조 제 1 항).

3) 보호의 대상

가. 정신착란자·만취자

정신착란이라 함은 정신이 사회통념상 명확히 정상이 아닌 상태·정상적인 판단능력이나 의사능력을 결한 상태에 있는 것을 말한다.

판례에서는 만취나 경찰관에게 제압됨에 따른 이상한 흥분,[26] 각성제의 사용에 기인하는 환각·피해망상·감정마비 및 이상행동,[27] 각성제의 영향에 따른 이상한 정신상태[28] 등이 정신착란에 해당한다고 보며, 정신에 불안정한 면이 있는 것,[29] 정신에 약간 변조(變調: 말이나 행동이 먼저와

---

24) 古谷洋一, 前揭書, 211頁.
25) 宮田三郎(한귀현 역), 앞의 책, 86쪽.
26) 高知地判 昭和 48. 11. 14, 下民集 24卷 9~12號, 836頁.
27) 岡山地判 昭和 54. 9. 28, ジュリスト 712號, 判例カド 97.
28) 札幌高判 平成 4. 7. 21, 高檢速報 144號.
29) 大阪地判 昭和 61. 5. 8, 判時 1219號, 143頁.

다름)를 일으킨 것,[30] 각성제단속법 위반에서의 검거를 면하기 위해 큰 소리를 내거나 저항한 것[31] 등은 정신착란으로는 인정되고 있지 아니하다.

정신착란자가 형법 제39조의 심신상실자에 해당하는 경우도 있으나, 본조의 보호대상으로 되는지 여부의 판단은 형법의 심신상실자에 해당하느냐 여부와는 직접적으로 관계가 없다. 따라서 보호에 해당하는 경찰관에 정신착란자가 폭행 또는 위협을 가하는 경우에는 공무집행방해죄가 성립하게 된다.[32]

만취(滿醉)라 함은 알코올의 영향에 의해 사회통념상 심취하여 정상적인 판단력이나 의사능력을 결할 정도로 취한 상태를 말한다.[33] 판례는 만취란 심신상실의 상태에 달하여 있을 것을 요하지 아니한다[34]고 하며, 약간 음주명정한 것에 지나지 않는 것,[35] 음주 때문에 거칠고 난폭하고 반발적 태도를 보이는 것[36] 등은 만취에 해당하지 아니한 것으로 본다.

나. 미아, 병자, 부상자 등

"미아, 병자, 부상자 등"에는 기아(棄兒), 가출소년·부랑소년, 행방불명자, 조난자 등이 해당한다.[37]

이들은 자구능력이 없고 적당한 보호자를 동반하지 않은 자로서 응급구호를 필요로 한다고 인정되는 경우이다.

4) 보호의 실시

경찰관은 보호의 요건에 해당하는 자를 발견한 때에는 우선 경찰서, 병원, 정신병자수용시설, 구호시설 등의 적당한 장소에서 이를 보호하여야 한다(제3조 제1항). "적당한 장소"란 보호를 요하는 구체적 상황에 따라 법에서는 경찰서, 병원, 정신병자수용시설, 구호시설 등을 예시하고 있

---

30) 浦和地判 平成 3, 9. 26, 判時 1410號, 121頁.
31) 千葉地松戸支判 平成 5. 2. 8, 判時 1458號, 156頁.
32) 古谷洋一, 前揭書, 215頁.
33) 大阪地判 平成 5. 7. 12, 判時 1478號, 146頁.
34) 福岡高判 昭和 36. 7. 14, 高檢速報 851號.
35) 福岡高判 昭和 30. 6. 9, 高刑集 8卷 5號, 643頁.
36) 廣島地判 昭和 41. 10. 27, 判時 472號, 60頁.
37) 宮田三郎(한귀현 역), 앞의 책, 88쪽.

으나, 공민관(公民館), 민가 등이라도 무방하다.

본조의 보호는 경찰시설 이외의 장소에서 행하는 경우에 있어서도 경찰의 책임이 행해지는 것이기 때문에, 본조 제 2 항에 근거한 병원 등에 사건을 인계한 후에 해당 병원 등에 의해 행해진 보호 등의 조치와는 다르다고 보아야 할 것이다.[38)]

응급적인 구호의 조치는 즉시강제이며 상대방에게 수인의 의무가 있다.[39)]

판례에서는 폭언을 하고 침을 뱉는 등을 한 만취자의 양발에 수갑을 채워 제압한 행위[40)]를 적법하다고 하고, 등수갑의 사용[41)]은 위법이라고 한다.

5) 보호개시 후의 조치

경찰관이 보호조치를 취한 경우에는 가능한 한 신속히 그 자의 가족, 지인, 그 밖의 관계자에게 이것을 통지하고 그 자의 인수방법에 관하여 필요한 준비를 하여야 한다. 책임 있는 가족, 지인 등이 발견되지 않은 때에는 신속히 그 사건을 적당한 공중보건 또는 공공복지를 위한 기관 또는 이러한 자의 처치에 관하여 법령에 따라 책임을 지는 다른 공기관에 그 사건을 인계하여야 한다(제 2 항).

통지방법은 상황에 따라 가장 신속·확실하게 전달될 수 방법이면 된다.[42)]

경찰의 보호는 24시간을 초과하여서는 아니된다. 다만, 부득이한 사정이 있다고 인정하여 계속해서 보호하는 것을 승인하는 간이재판소의 재판관의 허가장이 있는 경우에는 그러하지 아니하다(제 3 항). 이 경우에도 5일을 초과하여 보호의 기간을 연장할 수는 없다(제 4 항).

판례는 만취상태를 벗어난 후에 있어서의 보호의 계속은 필요 이상의 신체의 구속으로 위법이고, 또한 피보호자의 상태에서 보아 가족 등에게

---

38) 古谷洋一, 前揭書, 233頁.
39) 宮田三郎(한귀현 역), 앞의 책, 88쪽.
40) 岡山地判 平成 6. 4. 21, 判時 127號, 95頁.
41) 高知地判 昭和 48. 11. 14, 下民集 24卷 9~12號, 836頁.
42) 古谷洋一, 前揭書, 239頁.

인도하는 것이 적당하지 않은 경우에는 신병구속으로부터 24시간 이내의 한도에서 친족 등의 면회·인도요구를 거절할 수 있다고 한다.[43]

6) 범죄수사와의 관계

본조의 보호는 개인의 생명, 신체 및 재산을 보호하기 위한 조치로서 인정되는 것이기 때문에 그것을 범죄의 예방이나 수사를 위해 이용하는 것은 허용되지 아니한다.[44]

그러나 판례는 보호중인 정신착란자로부터의 강제채뇨가 범죄의 수사상 부득이한 경우는 위법하지 않다고 본다.

> **판례** 피고인은 착란상태에 빠져 있어 임의의 소변의 제출을 기대할 수 없는 상황에 있었던 것으로 인정되고 본건 피의사실의 중대성, 혐의의 존재, 당해 증거의 중요성과 그 취득의 필요성, 적당한 대체수단의 부존재 등의 사정에 비추어 보면, 본건 강제채뇨는 범죄의 수사상 실로 부득이한 경우에 실시되는 것이라 할 수 있으므로 위 절차에 위법은 없다(最決 平成 3. 7. 16, 刑集 45卷 6號, 201頁).

7) 다른 법률에 따른 통보의무

경찰관은 경찰관직무집행법 및 명정자규제법(酩酊者規制法)에 따라 보호를 행하는 외에, 정신보건법, 의료관찰법, 마약단속법, 아동복지법, 아동학대방지법, 고령자학대방지법, 호적법 등에 따라 통보의무를 지고 있다.[45]

(4) 피난등의 조치

> 제 4 조(피난등의 조치) ① 경찰관은 사람의 생명 또는 신체에 위험을 미치거나 또는 재산에 중대한 손해를 미치는 우려가 있는 천재지변, 사변, 공작물의 손괴, 교통사고, 위험물의 폭발, 광견, 뷰마류 등의 출현, 극단적인 혼잡 등 위험한 사태가 있는 경우에 있어서는, 그 장소에 있는 자, 그 사물의 관리자 기타 관세사에 대하여 필요한 경고를 발하고, 특히 긴급을 요하는 경우에는 위해를 입을 우려가 있는 자에 대해, 그 장소의 위해를 피하기 위한 필요한

43) 宮田三郎(한귀현 역), 앞의 책, 89쪽.
44) 古谷洋一, 前揭書, 243頁.
45) 古谷洋一, 前揭書, 248頁.

> 한도에서 인류(引留)하거나 피난시키거나 그 장소에 있는 자, 사물의 관리자 기타 관계자에 대하여 위험방지를 위하여 통상 필요하다고 인정되는 조치를 취할 것을 명하거나 스스로 그 조치를 할 수 있다.
> ② 전항의 규정에 의해 경찰관이 한 조치에 대하여는 순서를 거쳐 소속 공안위원회에 보고하여야 한다. 이 경우에 있어서 공안위원회는 다른 공적 기관에 대하여 그 후의 조치에 대해 필요하다고 인정되는 협조를 구하기 위하여 적당한 조치를 취하여야 한다.

1) 피난강제의 의의

피난강제라 함은 사람의 생명·신체 또는 재산에 위해를 미칠 우려가 있는 사태가 있는 경우에 특히 긴급을 요하는 때, 위해를 받을 자에 대해 이것을 만류 또는 피난하게 하거나 스스로 위해방지를 위해 필요한 조치를 취하는 것을 말한다.[46)]

2) 피난강제 조치의 요건

조치의 요건은 ① 사람의 생명·신체 또는 재산에 손해를 미칠 우려가 있는 천재지변, 사변, 공작물의 손괴, 교통사고, 위험물의 폭발, 광견, 분마류 등의 출현, 극단적인 혼잡 등 위험한 사태가 있는 경우 및 ② 특히 긴급을 요하는 경우이다(제 4 조 제 1 항).

3) 조치의 내용

가. 경 고

위험한 사태가 발생한 경우에는 경찰관은 그 장소에 있는 자, 사물의 관리자, 그 밖의 관계자에게 필요한 경고를 발할 수 있다. 이 경우의 경고라 함은 위험으로부터의 피난 또는 위해를 방지하기 위하여 필요한 조치 등으로서 주의, 지도, 권고 등을 행하는 것을 말한다.

경고는 상대방에게 주의를 환기시키거나 상대방에게 일정한 조치를 하도록 지도, 권고 등을 하는 임의활동에 지나지 않기 때문에 상대방은 적법한 경고에 대해서는 수인의무를 지는 것은 별론으로 하고 그것에 따

46) 宮田三郎(한귀현 역), 앞의 책, 90쪽.

라야 할 법적 의무를 부담하는 것은 아니다.[47]

나. 강제적 조치

위험한 사태가 발생한 경우 중에서도 "특히 긴급을 요하는 경우" 즉, 위험이 절박하여, 단순히 경고를 발하여 가지고는 불충분한 경우 또는 경고를 발하기에는 시간적으로 여유가 없는 경우에는 어떠한 구체적인 실력행사를 강구하지 않으면 위해를 피할 수 없는 경우에는 경찰관은 즉시강제 또는 조치명령의 수단을 사용할 수 있다.

(5) 범죄의 예방 및 제지

> 제 5 조(범죄의 예방 및 제지) 경찰관은 범죄가 목전에 행하여지려고 하고 있는 것을 인정하였을 때는 그 예방을 위하여 관계자에게 필요한 경고를 발하고, 또는 그 행위로 인하여 생명, 신체에 위험이 미치거나 재산에 중대한 손해를 끼칠 우려가 있어 긴급을 요하는 경우에 있어서는 그 행위를 제지할 수 있다.

1) 범죄의 예방 및 제지

본조는 범죄를 예방하여 공공의 안전과 질서를 유지하고 범죄의 피해로부터 개인의 생명, 신체 및 재산을 보호한다는 경찰의 책무를 달성하기 위하여 범죄의 발생이 강하게 예상되는 사태에 대처할 수 있는 필요한 경찰관의 권한으로서의 경고와 제지를 하는 규정이라고 할 수 있다.[48]

범죄의 예방이라 함은 범죄를 사전에 방지하는 것을 말한다.

범죄의 제지라 함은 범죄가 행하여지려고 하는 절박한 사태에 직면하여 직접적으로 범죄를 저지하는 조치를 말한다.

2) 경고와 제지

경고는 주의, 권고 등 사실상의 통지행위이고 그 방법으로서는 예컨대 교통위반자에 대해 구두, 경적, 확성기 등에 따라 행한다.[49]

---

47) 古谷洋一, 前揭書, 258頁.
48) 古谷洋一, 前揭書, 264頁.
49) 宮田三郎(한귀현 역), 앞의 책, 92쪽.

제지라 함은 범죄행위를 실력으로 저지하는 것을 말한다. 즉, 실력의 행사에 의한 강제이다.

제지의 수단·방법은 강제이다. 제지의 수단·방법은 다종다양하다. 가장 일반적인 것으로서는 경찰봉의 사용이 있다.

판례는 피켓대나 시위대에 대한 제지의 방법으로서 스크럼을 갈라 놓아 피켓라인을 무너뜨리는 행위,[50] 불법체류하는 시위대를 압축한 다음 잡아 당기고 밀어 넣어 차례차례로 배제하는 행위,[51] 허가조건위반의 선도차량에 차량의 통행금지를 걸쳐 놓고 동 위반의 시위에 대하여 병진규제(竝進規制)를 행하여 버티고 앉은 시위대원을 한 사람씩 잡아내는 행위,[52] 폭도화한 시위를 실력으로 해산시키는 행위,[53] 방수차(放水車)에 의한 방수(放水)[54] 등을 적법한 행위라고 하고, 위법피켓의 배제에 즈음하여 경찰봉으로 팔이나 머리를 때려 장애를 입히는 행위,[55] 기세를 보이는 취객의 팔을 비틀어 올려 점포 밖으로 데리고 나가 순찰차까지 연행하는 행위[56] 등을 위법한 행위라고 한다.[57]

(6) 출 입

> 제 6 조(출입) ① 경찰관은 전 2조에 규정하는 위험한 사태가 발생하여 사람의 생명, 신체 또는 재산에 대해 위해가 절박한 경우에 그 위해를 예방하고 손해의 확대를 방지하거나 피해자를 구조하기 위하여 부득이하다고 인정할 때에는 합리적으로 필요하다고 판단되는 한도 내에서 타인의 토지, 건물 또는 선차(船車) 내에 출입할 수 있다.
>
> ② 흥행장, 여관, 음식점, 역 기타 다수인이 출입하는 장소의 관리자 또는 이에 준하는 자는 그 공개시간중에 있어서 경찰관이 범죄의 예방 또는 사람의 생명, 신체 또는 재산에 대한 위해예방을 위하여 그 장소에 출입할 것을 요

50) 福岡高判 昭和 28. 10. 14 高刑集 6卷 10號, 1366頁.
51) 福岡高判 昭和 45. 10. 30 刑裁月報 2卷 10號, 1068頁.
52) 浦和地判 平成 3. 5. 15 判時 1400號, 106頁.
53) 名古屋高判 昭和 50. 3. 27 判時 775號, 21頁.
54) 東京地判 昭和 40. 8. 9 下民集 7卷 8號, 1603頁.
55) 橫濱地判 昭和 34. 9. 30 下民集 10卷 9號, 2065頁.
56) 廣島地判 昭和 50. 12. 9 判タ 349號, 284頁.
57) 宮田三郎(한귀현 역), 앞의 책, 93쪽.

구한 경우에는 정당한 이유 없이 이를 거절할 수 없다.
③ 경찰관은 전 2항의 규정에 의한 출입에 있어서는 함부로 관계자의 정당한 업무를 방해해서는 안 된다.
④ 경찰관은 제1항 또는 제2항의 규정에 의한 출입에 있어서 그 장소의 관리자 또는 이에 준하는 자로부터 요구받은 경우에는 그 이유를 고지하면서 그 신분을 표시하는 증표를 제시해야 한다.

1) 출입의 의의

경찰은 개인의 생명, 신체 및 재산의 보호, 범죄의 예방 등의 책무를 가지는데, 특히 재해, 사고, 범죄 등에 의한 위험한 사태가 발생한 경우에는 경찰관에 부여된 즉시강제 등의 권한(제4조, 제5조 등)을 적절하게 행사하여 위해의 발생을 방지할 것을 기대하고 있다. 이러한 책무를 적확하게 수행하기 위해서는 경찰관에 의한 사주거(私住居) 등에의 출입이 필요하며, 사주거 그 밖의 사생활의 자유가 인정되는 장소에의 출입에는 그 장소의 관리자 등의 승낙이 있는 경우는 별론으로 하고, 그러한 자의 권리자유의 제한이 되기 때문에 개별의 법률의 근거에 기하지 않으면 불가하다.[58]

출입이란 공무원이 토지 또는 건물의 관리자의 동의 없이 또는 그 의사에 반하여 사람의 생명, 신체 또는 자유에 대한 현실의 위험을 방지하기 위해 또는 물건의 검사·조사를 위한 출입으로 구별할 수 있다.

2) 위험방지를 위한 출입

경찰관은 위험한 사태가 발생하여 사람의 생명, 신체 또는 재산에 대해 위해가 절박한 경우에 그 위해를 예방하고 손해의 확대를 방지하거나 피해자를 구조하기 위하여 부득이하다고 인정할 때에는 합리적으로 필요하다고 판단되는 한도 내에서 타인의 토지, 건물 또는 선차(船車) 내에 출입할 수 있다(제6조 제1항).

흥행장, 여관, 음식점, 역 그 밖에 다수인이 출입하는 장소의 관리자 또는 이에 준하는 자는 그 공개시간중에 있어서 경찰관이 범죄의 예방 또

58) 古谷洋一, 前揭書, 334頁.

는 사람의 생명, 신체 또는 재산에 대한 위해예방을 위하여 그 장소에 출입할 것을 요구한 경우에는 정당한 이유 없이 이를 거절할 수 없다(제 2 항). 관리자가 이것을 거절한 때에는 경찰관은 실력을 행사하여 출입할 수 있다.[59]

(7) 무기의 사용

> 제 7 조(무기의 사용) 경찰관은 범인의 체포 또는 도주의 방지, 자기 또는 타인에 대한 방호 또는 공무 집행에 대한 저항의 억제를 위해 필요하다고 판단되는 한도내에서 무기를 사용할 수 있다. 단, 형법(明治 40년 법률 제 45호) 제36조(정당방위), 제37조 긴급피난에 해당하는 경우 또는 다음 각호(① 사형, 무기 또는 장기 3년 이상의 징역이나 금고에 해당하는 흉악한 죄를 현실로 범하거나 범하였다고 의심할 만한 충분한 이유가 있는 자가 경찰관의 직무집행에 대하여 저항하거나 도망시키려고 하거나 제 3 자가 그 자를 도피시키고자 경찰관에게 저항할 때에 이를 방지 또는 체포하기 위하여 다른 수단이 없다고 경찰관이 믿을 만한 상당한 이유가 있을 때, ② 체포영장에 의해 체포할 경우 또는 구인장 또는 구류장을 집행할 경우에 본인이 경찰관의 직무집행에 대하여 저항하거나 도망하려 할 때 또는 제 3 자가 그를 도망시키려고 경찰관에 저항할 때에 이를 방지 또는 체포하기 위해서 다른 수단이 없다고 경찰관이 믿을 만한 상당한 이유가 있을 때)의 1에 해당하는 경우를 제외하고는 사람에게 위해를 주어서는 안된다.

1) 무기의 의의

무기라 함은 주로 사람의 살상을 할 목적으로 만들어지는 도구로서, 현실적으로 사람을 살상할 수 있는 능력을 가진 것을 말한다.[60]

따라서 무기는 권총 등의 소형총기, 도검(刀劍) 및 폭약의 3종류를 말하고, 그것 이외의 새로운 특별한 무기, 예를 들면 기관총, 수류탄 등의 도입은 특별한 법률의 근거를 필요로 한다.[61]

경찰봉, 최루가스는 본래의 무기에 해당하지 않지만 무기에 준한 취

59) 宮田三郎(한귀현 역), 앞의 책, 94쪽.
60) 古谷洋一, 前揭書, 353頁.
61) 宮田三郎(한귀현 역), 앞의 책, 73쪽.

급을 요한다.

2) 무기사용의 요건

범인의 체포 또는 도주의 방지, 자기 또는 타인에 대한 방호 또는 공무 집행에 대한 저항의 억제를 위해 필요하다고 인정되는 상당한 이유가 있는 경우(제7조 본문)에 한정하고 있다.

여기서 범인이란 범죄를 범한 자 또는 그 혐의가 있는 자, 즉 피의자, 피고인 및 유죄판결이 확정된 자를 말하고, 도주의 방지란 범인이 신병의 구속으로부터 이탈하려고 하는 것을 방지하는 것이며, 방호란 생명·신체의 현재의 위험을 방지하는 것을 말한다.[62]

3) 사살의 정당화에 관한 판례

판례는 다음 사례들은 정당방위에 해당한다고 보았다.

① 전도하여 경찰봉을 놓치고 권총을 끄집어 낸 경고도 효과가 없고 더구나 말뚝으로 두부(頭部)를 때리면서 덤벼들었기 때문에 권총을 발사하여 사망하게 한 사례,[63] ② 2명의 취객에게 폭행당하여 권총을 탈취당할 것 같게 되고 위하사격(威嚇射擊)도 효과가 없었기 때문에 권총을 발사하여 사망하게 한 사례,[64] ③ 반광란상태에 있는 선박납치범에 대하여 인질의 위해를 방지하기 위해 흉복부(胸腹部)를 라이플로 저격하여 사망하게 한 사례,[65] ④ 자동차의 창틀에 끼어 정지를 명하는 경찰관을 무시하고 가속을 계속하는 공무집행방해의 현행범인에 대해 권총을 쏠 자세를 취하여 경고한 다음 상공, 차륜(車輪), 범인의 어깨에 순차 발사하여 범인과 동승자를 사상하게 한 사례,[66] ⑤ 2인조에게 경찰봉을 빼앗겨 집요한 공격을 받고, 더구나 권총을 빼앗기게 될 것 같았기 때문에 권총을 발사하여 사상시킨 사례,[67] ⑥ 집회경비 중에 군중에게 둘러싸여 폭행을 당하는 등의 사태로 되었기 때문에 권총을 발사하여 참가자를 사망하게 한 사

62) 宮田三郎(한귀현 역), 앞의 책, 73쪽.
63) 東京高決 昭和 32. 11. 11 東高時報 8卷 11號, 388頁.
64) 福岡高決 昭和 42. 3. 6 下刑集 9卷 3號, 233頁.
65) 廣島地決 昭和 46. 2. 26 刑裁月報 3卷 2號, 310頁.
66) 熊本地判 昭和 51. 10. 28 刑事裁判資料 217號, 404頁.
67) 東京八王子地決 平成 4. 4. 3 判タ 809號, 226頁.

례[68] 등이다.

(8) 다른 법령에 의한 직권직무

제 8 조(다른 법령에 의한 직권직무) 경찰관은 이 법률이 규정하는 외, 형사소송 그 밖의 법령 및 경찰규칙에 의한 직권직무를 수행하여야 하는 것으로 한다.

경찰관은 이 법률이 규정하는 외, 형사소송 그 밖의 법령 및 경찰규칙에 의한 직권직무를 수행하여야 하는 것으로 한다.

제 3 절 독일의 경찰관직무집행법

1. 연혁 및 입법체계

1794년 프로이센 일반주법(Das Allgemeine Landrecht für Preußischen Staaten) 제 2 장 제 7 절 제10조는 "공적 평온·안전 및 질서를 유지하고 공공단체 또는 그 구성원에 발생하는 위험을 제거하기 위하여 필요한 조치를 하는 것이 경찰의 직무"라고 규정함으로써 경찰을 "위해의 방지·제거"를 위한 소극적 작용에 한정하였으나, 그 후 프랑스 혁명의 이념과 실제에 대한 반동(反動)으로서 이러한 규정은 실현되지 않고,[69] 경찰관념은 실정법상 다시 확대되어 1850년의 프로이센 경찰행정법에서 볼 수 있는 것처럼 소극적 질서유지작용뿐만 아니라 복지증진작용도 경찰임무의 일부로 되었다.

그러나 1931년의 프로이센 경찰행정법(Preußes Polizeiverwaltungsgesetz von 1931) 제14조는 "경찰행정청은 현행법의 범위 내에서 의무에 합당한 재량에 따라 공적 안전이나 질서를 위협하는 공공이나 개인에 대한 위험을 방지하기 위해 필요한 처분을 행하여야 한다. 그 밖에 경찰행정청은

68) 東京地判 昭和 45. 1. 28 下民集 21卷 1·2號, 32頁.
69) 홍정선, 앞의 책, 8쪽.

법률로써 특별히 자신에게 부여된 임무를 수행하여야 한다"고 하여,[70] 프로이센 일반주법 제10조상의 경찰관념을 재확인하여 경찰은 기본적으로 위해방지작용에 한정되는 것으로 규정하였으며, 그를 기초로 모범초안 제 8 조는 "경찰은 공공의 안녕·질서에 대한 위험을 방지하기 위하여 필요한 조치를 취할 수 있다"고 규정하고 있다.

독일에 있어 경찰법은 전통적으로 프러시아를 중심으로 한 중북부의 독일지역과 남독지역은 서로 상이한 전통과 내용을 가지고 출발하였으며, 또한 제 2 차 세계대전 이후에도 빈번한 경찰관계법의 개정으로 인하여 그 체계와 적용범위에 있어 적지 않은 차이를 내포하고 있었다.

독일 기본법(Grundgesetz)상 경찰법은 주(Land)의 관할사항으로 되어 있는 관계로 각 주간의 경찰법의 이질적인 내용은 증대되는 연방과 각 주간에 경찰업무의 통일적 수행 또는 협력에 적지 않은 장애가 되었다.[71]

즉, 일반적인 경찰-질서법에 대해서는 그것이 기본법 제73조 이하가 정하는 연방의 입법권한의 범주에 포함되지 않기 때문에 전적으로 주가 입법권을 가지고 있다(기본법 제30조, 제70조).

독일에서는 각 주별로 별도의 경찰법전(Polizeigesetz)이 제정되어 있다. 각 주가 가지고 있는 경찰고권(警察高權)은 연방국가체제하에서 각 주의 다양성을 유지하는 데 기여를 하고 있다.

그러나 동시에 여러 주들 사이에 경찰법상의 규율이 서로 달라질 우려도 없지 않다. 이 때문에 독일 전 영역에 걸쳐서 통일적인 경찰법을 수립하려는 노력이 계속적으로 경주되어 왔다.

그리하여 1972년 연방 및 각 주의 내무부장관들로 구성된 연석회의(Innenministerkonferenz; IMK)는 "독일연방공화국의 국내치안에 관한 강령(Programm für die innere Sicherheit der Bundesrepublik Deutschland)"을 결의하였다. 이 강령은 연방과 주 경찰관의 공동활동이 증가해짐에 따라 그 당시 이미 내용상 거의 일치하고 있었던 강제수단과 직접강제를 포함한 각 주의 경찰법에 통일적인 틀을 부여하려는 것으로 집행경찰에 관한 실정법제

70) 홍정선, 앞의 책, 9쪽.

71) 정하중, "독일경찰법의 체계와 한국경찰관직무집행법의 개선방향(상)" 「사법행정」(1994. 3), 8쪽.

의 통일을 과제로 하는 것이었다.[72] 이를 위하여 모범초안(Musterentwurf eines einheitliches Polizeigesetzes)을 성안하기로 하였다.

연석회의에 설치된 "공공의 안전과 질서"의 검토부회는 이 강령에 근거하여 1972년 6월 20일 회의에서 6인의 상임위원으로 구성된 특별위원회의 설치를 결의하고 모범초안의 작성임무를 부여하였다. 이 위원회에서 작성된 원안은 1974년 6월 14일에 연석회의에 제출되어 연석회의는 이 위원회안에 대하여 "모범초안의 기초로서 적절하다"는 판단을 내리고, 나아가 사살(제41조 제 2 항), 총, 수류탄, 폭발물의 사용(제44조) 등의 문제를 심사할 것을 차관위원회(Staatssekretär Kommission)에 명하였다.

차관위원회는 P. Bockelmann, R. Lange, P. Lerche, D. Merten, E. Schmidthäuser 등의 저명한 법학교수, 법무장관연석회의와 경찰실무측으로부터의 전문적 의견을 청취하였다.

이와 같은 절차를 거쳐 제출된 수정안은 내무장관연석회의에서 심의되어, 1975년 6월 20일에 "모범초안의 기초로서 적절하다"고 인정되었다.

이 모범초안은 다시 폭넓은 의견을 청취하기 위하여 공표되었고, 그에 따른 다양한 견해를 분석하여 새로운 수정안이 마련되었다. 이 수정안은 1976년 6월 11일의 내무장관연석회의의 결정으로 승인되었다. 그러나 내무장관연석회의는 그 결정에서 모범초안과 형사소송법과의 관계를 조속히 조정할 필요성을 인정하였다.

그리하여 연방 및 특정 주 내무부 및 법무부의 대표로 구성된 조정검토부회가 설치되어, 모범초안과 형사소송법과의 조정작업이 시작되었다. 조정검토부회는 1976년 12월부터 1977년 10월까지 작업을 계속하여 그 결과를 내무장관연석회의에 보고하였다.

그리하여 1977년 11월 25일 내무장관연석회의는 그 검토작업의 성과로서 새롭게 형사소송법에 보충해야 할 규정을 제시하면서 1976년 모범초안에 11조의 수정을 가하여 최종모범초안을 결정하였다.[73]

그 후 내무장관연석회의는 전문위원회에서 검토한 여러 안들을 토대

72) 이관희, "독일의 통일경찰법모범초안에 있어서 몇 가지 법적 문제" 「한국공법의 이론」 (목촌 김도창박사 고희기념논문집, 1993), 670쪽.

73) 이관희, 앞의 논문, 671쪽 참조.

로 하여 1977년 12월 25일 "연방과 각 주의 단일경찰법전을 위한 모범초안(Musterentwurf eines Polizeigesetzes des Bundes und der Länder, MEPolG)을 결의하였다.

이 모범초안은 연방과 각 주를 망라하여 적용되어야 할 유일한 경찰법전으로 제안된 것은 아니며 독일 전역에 걸쳐서 가능한 한 통일적인 법적 기초를 확보하기 위하여 권고적 의견으로 마련된 것이라는 점에 유의할 필요가 있다. 어쨌든 모범초안은 특히 브레멘, 니이더작센, 노르트라인-베스트팔렌, 라인란트-팔쯔와 짜르란트의 새로운 경찰-질서법과 거의 일치한다.

이와 같은 모범초안이 제안되면서 대부분의 주들은 각 주별로 자신들의 경찰법전을 정비하였으며 특히 컴퓨터에 의한 정보의 수집과 가공에 관한 관계규정들을 모범초안에 맞추어 개정하였다.

독일은 경찰법의 통합, 특히 수직적 통합을 위한 가장 현저한 노력을 기울렸다는 평가를 받고 있다. 즉, 연방국가이면서도 각 주 수준에서의 경찰법이 모범초안 및 모범초안개정시안 등과 같은 공통적 모델을 통하여 각 주의 경찰법들이 서로 수렴하는 양상을 보이고 있다.

그리고 한가지 간과해선 안될 것은 모범초안은 당시 독일의 치안사정(범죄의 격증, 빈번한 테러, 데모의 만연 등)에 대비하기 위하여 각 주의 경찰법 통일을 위한 모델로서 작성되었다는 사실이다.[74]

2 적용범위

독일의 모범초안은 제 1 절에서 직무와 총칙을, 제 2 절에서 경찰의 권한, 제 3 절 집행원조, 제 4 절 강제, 제 5 절 손실보상·구상·배상청구, 제 6 절에서 종결규정을 두고 있다. 제 1 절 직무와 총칙에서는 경찰의 직무(제 1 조), 다른 행정청과의 관계(제 1 조의a), 비례의 원칙(제 2 조), 재량, 수단의 선택(제 3 조), 행위책임(제 4 조), 상태책임(제 5 조), 조치의 직접시행(제 5 조의a), 비책임자에 대한 조치(제 6 조), 기본권의 제한(제 7 조) 등의 규정을 두

74) 남승길, "경찰관직무집행법" 「공법연구」 제25집 제 3 호, 94쪽.

고 있다. 제 2 절 경찰의 권한에서는 일반적 권한(제 8 조), 신원확인과 신분증명서의 심사(제 9 조), 감식조치(제10조), 소환(제11조), 퇴거명령(제12조), 보호조치(제13조), 법관의 결정(제14조), 구금된 자에 대한 조치(제15조), 자유박탈의 기간(제16조), 신체의 수색(제17조), 물건의 수색(제18조), 가택출입과 수색(제19조), 가택수색의 절차(제20조), 영치(제21조), 임치(제22조), 제23조(환가, 폐기), 영치된 물건 또는 경락대금의 환부, 비용(제24조)의 규정을 두고 있다. 제 3 절 집행원조에서는 집행원조(제25조), 절차(제26조), 자유박탈에 있어서의 집행원조(제27조)의 규정을 두고 있다. 제 4 절의 강제에서는 제 1 관에서 작위, 수인, 부작위의 강제를, 제 2 관에서는 직접강제의 시행을 두고 있다. 먼저 제 1 관에서는 행정강제의 허용성(제28조), 강제수단(제29조), 대집행(제30조), 강제금(제31조), 대체강제구류(제32조), 직접강제(제33조), 강제수단의 계고(제34조)의 규정을 두고 있고, 제 2 관에서는 법적 근거(제35조), 개념의 정의(제36조), 명령에 따른 행위(제37조), 부상자에 대한 구조(제38조), 직접강제의 계고(제39조), 수갑의 사용(제40조), 총기사용에 관한 일반규정(제41조), 사람에 대한 총기사용(제42조), 다중 속에 있는 사람에 대한 총기사용(제43조), 특수무기, 폭발물(제44조) 등의 규정을 두고 있다. 제 5 절 손실보상, 구상, 배상청구에서는 손해전보의무의 요건(제45조), 손해전보의 내용, 종류, 범위(제46조), 간접적 피해자의 청구권(제47조), 손해전보청구권의 시효(제48조), 손해전보의무자, 구상권(제49조), 경찰책임자에 대한 구상(제50조), 쟁송수단(제51조) 등을 규정하고 있다. 마지막으로 제 6 절 종결규정에서는 다른 주와 연방의 경찰공무원의 직무행위(제52조), 주의 권한영역 밖의 경찰집행공무원의 직무행위(제53조) 등을 규정하고 있다.

내무장관연석회의가 결의하여 제안한 모범초안은 독일의 학계는 물론 일반여론에 있어서 격렬한 논쟁을 야기하였다.

논의의 주요 쟁점을 몇 가지 들어보면, 민주주의와 법치주의의 관점에서 집행결정에 대하여 일반수권조항으로 가능하게 하는 공공질서의 개념이 명확하지 아니한 불확정개념 때문에 법치주의에 위배되는 결과를 가져오게 된다는 비판이 가해졌고, 그 외에도 조준사살행위, 범죄예방을 위

한 정보수집활동의 범위 등도 문제가 되었다.[75]

그리하여 공공의 안녕과 질서의 구분을 포기하고 일원적으로 파악해야 한다는 제안도 나왔으며 이 영향으로 1983년의 브레멘의 새 경찰법에서는 공공의 질서를 삭제하고 공공의 안녕으로 일원화하여 경찰의 임무와 권한에 관하여 "공공의 안녕"에 대한 위험방지라 규정하였으며, 노르트라임-베스트팔렌(1989) 등도 브레멘을 따랐다.[76]

1977년에는 8인의 학자들이 "연방 및 각 주의 단일경찰법전을 위한 대체초안"을 제안하였다. 그리고 1986년 3월 12일 모범초안의 개정을 위한 예비초안(Musterentwurf eines einheitlichen Polizeigesetzes des Bundes und Länder in der Fassung des Vorentwurfs Änderung des MEPolG, VEMEPolG 이하 "모범초안개정시안"이라 한다)이 제안되었다.[77]

이 모범초안개정시안은 컴퓨터를 이용한 경찰정보의 수집과 가공에 있어서 가능한 한 통일적인 업무수행을 확보하려는 데 그 목적을 두고 있었다. 모범초안개정시안에 추가된 것은 제 2 장 경찰의 권한 중 제 8 조의 a(정보수집), 제 8 조의b(공개행사, 군집 및 집회에 있어 정보의 수집), 제 8 조의 c(특별한 정보수집방식), 제 8 조의d(경찰감시)와 제10조의a(정보의 보관, 변경, 이용), 제10조의b(선례행정과 문서작성), 제10조의c(정보전달), 제10조의d(자동소환절차), 제10조의e(정보대조), 제10조의f(정보대조의 특별형식), 제10조의g(정보의 정정, 삭제, 차단), 제10조의h(등재대장의 작성) 등이다.

모범초안을 따르지 않고 그것을 비판적으로 검토하여 제안한 개정시안에 따라 경찰법을 제정한 주도 있으나, 개정시안 자체가 모범초안을 참고한 것이며, 각 주의 경찰법도 일반수권조항에 관한 한 그것을 인정하고 있다는 점에서는 차이가 없다.

통독으로 독일연방에 귀속된 신연방주에서는 주의회선거 및 주헌법

75) 치안연구소, 주요국가의 수사구조 및 사법경찰제도, 88쪽.

76) 그러나 모범초안개정시안에 따른 신브레멘경찰법(1983) 등도 모범초안처럼 일반수권조항을 인정하고 있는 점은 다르지 아니하며 다른 대다수 주는 그 표현내용도 모범초안에 따라 공공의 질서를 포함시키고 있다. 대다수의 학자들도 공공의 질서를 공공의 안녕에 대한 보완적 기능을 가지는 독자적 개념으로 보고 있고, 독일 기본법에서도 이 개념을 사용하고 있다(제13조 제 3 항, 제35조 제 2 항). 남승길, 앞의 논문, 95쪽.

77) Wolf-Rüdiger Schenke, a.a.O., S. 10.

등의 제정 이후, 자매주 경찰법[78]과 모범초안을 모델로 고유한 경찰법 및 경찰조직법 등을 제정하기 시작하였다.

1977년의 모범초안과 1986년의 모범초안개정시안과 같은 가시적인 통합경찰법의 모델을 제시하고 있는 점에서 우리나라의 경찰법제의 정비에 많은 시사점을 제공하고 있다.[79]

모범초안은 경찰행정청의 임무를 비록 집행경찰에 제한시켜 제 2 차 세계대전 이후의 비경찰화를 반영하고 있으나,[80] 일반직무규정과 일반수권조항을 두어 질서행정청이 공공의 안녕과 질서에 대한 위해방지를 적시에 행할 수 없는 위급한 상황에 있어 경찰청으로 하여금 포괄적인 위해방지업무를 행할 수 있는 근거와 권한을 부여하였다.

따라서 동 법전은 19세기 말 이래로 발전되어온 실질적 의미의 경찰개념의 변경을 의미하기보다는 그대로 보존, 발전시키려고 한 노력의 결실이라고 볼 수 있다.[81]

모범초안에 나타난 독일 경찰법제의 특징[82]은 첫째, 직무규범(제 1 조)과 수권규범(제 8 조)을 구분하여 규정함으로써 경찰권발동에 관한 종래의 학설상의 다툼(일반수권조항의 존재가능성 및 필요성, 직무규범에만 근거한 경찰권발동의 가능성 등)의 문제를 입법적으로 해결하였다. 둘째, 경찰비례의 원칙(제 2 조), 경찰상의 편의주의(제 3 조), 경찰책임의 원칙의 내용을 행위책임(제 4 조), 상태책임(제 5 조), 비책임자에 대한 경찰권발동(제 6 조)이란 제

78) 예를 들면, 신연방의 작센주는 서독의 바이에른주 및 바덴-뷔르템베르크주와 자매결연을 맺었는바, 경찰법의 경우는 바이에른주와 바덴-뷔르템베르크 주경찰법을 상당부분 참고하였다.

79) 홍준형 외, 앞의 보고서, 48쪽.

80) 독일에서는 2차 세계대전이 연합국 당국의 비경찰화정책으로 위해방지의 대부분의 업무는 일반행정청에 이관되었고, 경찰행정청의 임무는 단지 집행경찰의 임무와 그 밖의 특별법에 따라 부여된 임무를 담당하고 있다. 특별법에 의하여 부여된 임무에는 형사소송법에 따른 수사업무 이외에 집회시위에 관한 업무, 총포화약류단속에 관한 업무 등 일련의 위해방지업무가 속하고 있다. 제도적 의미의 경찰은 원칙적으로 일반 질서행정청이 위해방지를 적시에 행할 수 없는 급박한 경우의 위해방지임무를 담당하고 있다. 일반적 위해방지임무는 경찰로부터 조직상으로 독립된 일반 내무행정에 귀속되고 지방자치단체장에 의하여 주의 위임사무 또는 지시에 따른 의무적 사무의 형식으로 수행되고 있다.

81) 정하중, 앞의 논문(상), 9쪽.

82) 박상희·서정범, 앞의 보고서, 143쪽.

하에서 3개 조문으로 나누어 명문화하고 구체적으로 규율하고 있다. 셋째, 표준적 직무행위(Standardmaßnahmen)[83]의 유형을 상세히 규정하고 있다(제 9 조~제24조). 즉, 실질적 의미의 경찰작용 중에서도 전형적이고 표준적인 직무행위의 유형을 상세히 규정하고 있다. 일반 경찰-질서법에는 경찰의 개별적 조치(이를 경찰상의 표준적 직무조치라고 한다)를 위한 일련의 개별적 수권조항이 존재한다. 시민의 자유와 재산에 대한 이 같은 경찰의 침해조치 중 일부는 이미 프로이센 경찰법에 명문으로 규정되었었다. 최근의 경찰-질서법은 모범초안에 따라 개별적 수권조항을 상세하게 규율하는 경향이 강해지고 있다. 표준적 직무조치의 법적 성질은 이중적으로 행정행위와 사실행위의 양면적 성질을 갖는다고 본다.[84] 그러나 대부분 행정행위로서의 성격을 갖는다.[85] 넷째, 경찰상의 의무이행확보수단(제 4 장) 및 경찰의 조치로 인한 피해에 대한 구제수단(제 5 장)에 관한 명문규정을 가지고 있다.

이와 같은 점을 고려해 볼 때 독일의 모범초안은 경찰작용에 관한 일반법이라고 할 수 있으며 그 내용면에서도 시사하는 바가 크다고 할 수 있다. 그리고 독일의 경우 우리나라의 불심검문에 일치하는 조문이 경찰법에 독립적으로 존재하는 것이 아니라 질문과 신문, 소환과 유치, 신원확인, 감식조치, 수색 등이 경찰법과 형사소송법에 각각 규정되어 있다.

독일의 경우 신원확인 등 경찰관의 예방경찰활동을 목적으로 하는 신원확인 등의 직무활동은 경찰법에 따르며 형사소추의 목적을 위하여 행하는 신원확인 등의 직무활동은 오로지 형사소송법에 따르고 있다.[86]

그리고 경찰법 개혁은 경찰 및 질서행정에 따른 개인관련정보의 수집 및 처리를 특별한 경찰 및 질서행정법의 권한의 대상으로 만드는 결과를 가져왔다. 그러나 이러한 수권규범들 외에도 연방과 각 주의 데이터보호

83) Schenke 교수는 독일경찰법상 이러한 표준적인 경찰작용으로서 ① 검문 및 면허증소지 여부의 검사, ② 지문의 채취, 사진의 촬영 등 특정인 인식활동, ③ 출두명령, ④ 퇴장조치, ⑤ 보호조치, ⑥ 대인 또는 대물적 조사, ⑦ 주거에의 출입 및 수색, ⑧ 물건의 압수 및 영치, ⑨ 폐기조치, ⑩ 정보처리 등을 들고 있다. 김성수, 앞의 책, 474쪽 각주 32) 참조.

84) 홍정선, 앞의 책, 244쪽.

85) Wolf-Rüdiger Schenke, a.a.O., S. 50.

86) Christoph Gusy, Polizeirecht, S. 111.

법을 통하여 구체화되어 있는 데이터보호법의 일반적인 단면이 경찰과 관련된 정보처리에 관한 법에 대해서도 여전히 중요한 요소로 영향을 미치게 되었다.

독일은 제 2 차 세계 대전 이후 나치체제에 대한 반성에서 개인정보보호에 대한 논의와 입법이 활발한 편이었다. 1970년 헤센주가 세계 최초로 개인정보보호법을 입법화한 데 이어,[87] 1977년 연방데이타보호법(Bundesdatenschutzgesetz, BDSG)이 제정되었다. 이어서 연방데이터보호법을 기초로 각 주의 개인정보보호법이 제정되었고, 연방 및 각 주에 개인정보보호관이 투입되고 이를 감독하기 위한 개인정보보호기구가 설치되었다.

그 후 이 법은 연방헌법재판소의 인구조사판결,[88] 정보·통신기술의 발달, 적용과정에 나타나는 문제점 등으로 개정필요성이 강하게 제기되었고 이에 따라 연방데이터보호법은 1991년 개정되었다.

이후 1995년 제정된 EU의 개인정보보호지침을 반영하기 위한 제 3 차 연방데이터보호법 개정작업이 시작되었다. 원래 지침에서는 1998년까지 기한이 주어졌으나, 독일은 2001년이 되어서야 개정작업이 마무리되었다.

그 이유는 EU의 개인정보보호지침의 반영이라는 1단계 목표뿐만 아니라 연방데이터보호법의 현대화라는 2단계 목표를 갖고 있었기 때문이다. 여기서 현대화라 함은 연방데이터법의 간소화와 간이화를 의미하며, 이를 통하여 국민들이 자신의 권리를 알고 이해하며 실제로 행사할 수 있도록 해야 한다는 목적을 갖고 있었다. 즉, 간소화를 통하여 복잡한 연방데이터보호법을 단순화하고, 개별영역에 있는 100여 개가 넘는 개인정보보호법률들을 통합하려는 것이었다.[89]

독일의 각 주에서 진행된 경찰 및 질서행정법에 관한 입법은 크게 세

---

87) 최초의 개인정보 관련 국내법제는 스웨덴의 Datalag이며, 독일 헤센주의 입법은 개인정보와 관련한 최초의 입법적 결과였지만, 당해 주에만 적용이 한정되어 국내입법으로서는 인정되지 않는다.

88) 독일 연방헌법재판소는 1983년 인구조사법(Voilszählungsgesetz)상의 규정이 일반적 인격권을 침해한다고 판결하였다(BVerfGE 65, 1, 1983. 12. 5). 이는 정보사회에서 시민의 사적 영역 보호, 특히 정보의 자기결정권 보호라는 측면을 강조하는 첫 판결로서의 의미를 갖는다. 한국전산원, 「국외 개인정보보호법제 분석 및 시사점」(2004. 12), 162쪽 참조.

89) 한국전산원, 앞의 보고서, 162쪽.

가지 부분을 적용범위로 하고 있다.

첫째 부분은 고전적인 법치국가적 경찰법으로서, 그 가장 기본적인 요소라고 할 수 있는 일반수권조항, 질서교란자의 책임, 비례원칙 및 경찰 특유의 손실보상규정들이 그 내용을 이루고 있다.

둘째 부분은 경찰작용에 부응하여 만들어진 이른바 표준적 권한의 확대된 목록을 포함하고 있다.

셋째 부분은 데이터수집 및 처리에 관한 방대한 권한들을 규정하고 있다.[90)]

결론적으로 연방국가 구조하에서 경찰법의 분권화를 토대로 하면서도 각 주의 경찰법이 전체적인 법적 통일을 이루어냈다는 점에 독일 경찰법제의 특징이 있다.

3. 모범초안의 주요내용

(1) 직무와 총칙

1) 경찰의 직무

> 제 1 조(경찰의 직무) ① 경찰은 공공의 안녕 또는 질서에 대한 위험을 방지하는 것을 그의 직무로 한다.
> ② 법원에 의한 권리구제가 적시에 행해질 수 없고, 경찰의 개입 없이는 사인의 권리의 실현이 불가능하거나 현저히 곤란한 경우에는 이 법률에 따라 경찰은 사권의 보호를 행한다.
> ③ 경찰은 다른 행정청에 대한 집행원조를 행한다.
> ④ 경찰은 다른 법규에 의해 경찰에게 위임된 직무를 수행하여야 한다.

모범초안 제 1 조는 "경찰의 직무"를 규정하고 있다.

경찰의 직무로서 공공의 안녕 및 질서에 대한 위험방지(제 1 항), 사권보호(제 2 항), 집행원조(제 3 항), 위임사무수행(제 4 항) 등을 들고 있다.

---

90) 홍준형 외, 앞의 보고서, 32쪽.

가. 공공의 안녕

1794년 프로이센 경찰행정법 제14조에 따르면, 공공의 안녕(Öffentliche Sicherheit)이라 함은 개인의 생명·건강·명예·자유·재산 및 국가와 그의 제도의 존속과 기능이 아무런 장해도 받고 있지 않은 상태를 의미한다. 따라서 개인적 법익뿐만 아니라 공공의 이익도 보호를 받는다.[91]

명예와 재산과 같은 법익의 보호는 구체적인 경우에 있어서 그러한 법익침해와 동시에 공익이 침해될 때(예: 형벌법규 위반의 경우) 또는 위험방지행정청의 작용에 따르는 것 이외의 다른 방법으로는 국가적 보호가 행해질 수 없는 경우에만 위험방지행정청, 특히 경찰의 직무가 된다.[92]

경찰에 의한 보호는 경찰의 보호없이는 사권 실현이 불가능하거나 매우 곤란한 경우(예: 도주중인 채무자 발견시 그 채무자의 주소확인)에 예외적으로만 가능하고, 그것도 일시적으로만 가능하고, 종국적인 결정은 행할 수 없다.[93]

나. 공공의 질서

공공의 질서(Öffentliche Ordnung)라 함은 "그때그때의 지배적인 사회적 윤리관에 따를 때 그를 준수하는 것이 경찰영역 내에 살고 있는 인간의 원만한 공동생활을 위한 불가결의 전제조건이라고 간주되는 규율의 총체"를 의미한다.[94]

즉, 공공의 질서란 독일에서는 전통적으로 헌법질서 안에서 건전한 공동생활을 위한 필수적인 전제로서의 지배적인 사회관·윤리관의 준수에 관한 모든 규율의 총괄개념으로 이해되고 있다. 이러한 공공의 질서의 개념은 프로이센 상급행정법원으로부터 나온 것으로 이해되고 있다.[95]

"공공의 질서"라는 개념은 주관적인 것으로서 쉽게 이해하기 어려운 면이 있으며 변화하는 시대적 가치관에 따라 정해진다.

공공의 질서개념은 지금까지 알려져 있지 않은 새로운 위험(예: 환경

---

91) Wolf-Rüdiger Schenke(서정범 역), 앞의 책, 28쪽.
92) Franz-Ludwig Knemeyer(서정범 역), 경찰법 사례연구(고시연구원, 2001), 4쪽.
93) 홍정선, 앞의 책, 16쪽.
94) Land Sachsen-Anhalt(작센-안할트 주), 「공공의 안녕과 질서에 관한 법률」 제 3 조 제 2 호.
95) 홍정선, 앞의 책, 18쪽.

보호영역에서의 급변하는 요청)이기 때문에 아직 형법적으로 또는 질서위반법적으로 중요하게 다루어지지 않는 위험이 문제되는 영역에서만 의미를 갖는다.[96)]

독일 연방행정법원은 공공의 질서를 가치충족을 요하는 불확정개념으로서 법치국가에서 요구되는 명확성을 충분히 갖는 개념으로 이해한다.[97)] 독일 연방헌법재판소도 동 개념이 오랜기간 동안 내용·목적·범위에 관한 판례와 학설에 의해 정밀하게 되었고, 의미가 분명하게 되었으며, 또한 법적 용어로서 확고하게 되었으므로, 경찰법상 일반조항으로서 동 개념의 적용을 의심할 필요가 없다는 입장[98)]이다.[99)]

다. 사권의 보호

국가의 권리구제체계를 고려할 때 사권은 일차적으로 법원에 의해 행하여져야 하며, 법원에 의해서는 충분한 보호가 행해질 수 없을 때에 그 한도에서만 집행권(즉, 경찰)에게 적극적인 보호의무가 귀속된다.

명예와 재산·소유권이라는 보호법익의 보호를 위하여 모범초안 제1조 제2항의 전제조건이 존재하는 경우에, 즉 법원에 의한 권리구제가 적시에 행해질 수 없고 경찰의 개입 없이는 실현이 불가능하거나 현저히 곤란한 경우에만 경찰은 개입할 수 있고 개입하여야 한다.[100)]

라. 집행원조

집행원조는 다른 행정청이 행하는 조치의 시행을 위하여 다른 행정청의 요청이 있는 경우에 경찰이 행하는 직접강제를 의미한다.[101)]

마. 경찰사무수임자

경찰사무수임자(Politessen)라는 개념은 법적으로 확고한 윤곽을 갖고 있지 못하다. 그리하여 때로는 경찰집행기관의 공무원뿐만 아니라 지방자치단체의 공무원과 같은 경찰기구의 공무원들을 경찰사무수임자로 표현하

96) Franz-Ludwig Knemeyer(서정범 역), 앞의 책, 5쪽.
97) BVerwGE, DVBl, 1970, 504.
98) BVerfGE, 54, 143, 144f.
99) 이에 대해서는 홍정선, 앞의 책, 19쪽 참조.
100) Franz-Ludwig Knemeyer(서정범 역), 앞의 책, 24쪽.
101) Wolf-Rüdiger Schenke(서정범 역), 앞의 책, 194~195쪽.

기도 한다. 독일에서 경찰사무수임자의 업무는 교통감독의 영역에 국한되는 것이 일반적이라고 한다. 따라서 그들은 진압적으로 활동하며 예방적 경찰영역에는 개입할 수 없다고 한다.[102)]

2) 다른 행정청과의 관계

> 제 1 조의a(다른 행정청과의 관계) 경찰은 제 1 조 제 1 항 1문의 경우 이외에는 다른 행정기관이 위험을 방지할 수 없거나 적시에 방지할 수 없을 때에만 활동할 수 있다. 경찰은 다른 행정청의 직무수행을 위하여 중요한 의미가 있다고 여겨지는 모든 사항을 지체없이 다른 행정청에 알려주어야 한다. 제10조의c 2항은 이에 영향을 받지 아니한다.

모범초안 제 1 조의a는 "위험방지를 담당하는 여러 행정청 간의 활동영역의 구분"에 관해 규정하고 있다.

위험이 존재한다고 하여 모든 경우에 경찰권을 발동할 수 있는 것은 아니며, 다른 행정청에 의하여서는 위험이 방지될 수 없거나 적시에 방지될 수 없다고 판단되는 경우에 한하여 경찰권을 발동할 수 있다.[103)]

3) 비례의 원칙

> 제 2 조(비례의 원칙) ① 다수의 가능하고 적합한 조치가 존재하는 경우, 경찰은 개인과 공중에게 가장 적은 피해를 가할 것이라고 예견되는 조치를 취하여야 한다.
> ② 어떠한 조치도 그 조치를 통해 달성될 결과와 비례관계에 있지 않은 손해를 초래하여서는 아니된다.
> ③ 경찰의 조치는 그 목적이 달성될 때까지 또는 목적이 달성될 수 없음이 명백해질 때까지만 허용된다.

모범초안 제 2 조는 "비례의 원칙"을 규정하고 있다.

독일에서 비례의 원칙은 행정법의 일반원칙[104)]으로서 오래전부터 인정되었고, 관습법적으로 확립되었다. 그러나 이것은 또한 기본법(개별 기본

102) Franz-Ludwig Knemeyer(서정범 역), 앞의 책, 7쪽.
103) Franz-Ludwig Knemeyer(서정범 역), 앞의 책, 8쪽.
104) BVerwGE DÖV 1971, 858.

권에서, 헌법 제19조 제 2 항)에 기인한다. 나아가서 이 비례의 원칙은 개별적 법영역에서 일반화될 수 있다. 예를 들면, 경찰법에서 적극법적으로 규율되었고, 따라서 '법원칙'에서 유도될 수 있다.[105)]

제 2 조는 먼저 가능하고 적합한 위험방지조치만이 행해진다는 것을 규정하고, 그 다음에 경찰작용에 관한 가장 중요한 원칙으로 비례의 원칙을 규정하고 있다.

경찰의 활동이 인정된다는 것, 그리고 침해적 조치에 있어 경찰권 발동의 전제조건이 충족되어 있다는 것만으로 경찰작용의 적법성이 확보되는 것이라고는 할 수 없다. 즉, 수권규범은 경찰개입에 대한 백지규정이 아니다.[106)] 그런 이유에서 모든 국가작용에 불문의 법원칙인 비례의 원칙(과잉금지의 원칙)이 특히 침해적 성격이 강한 경찰에 의한 위험방지의 영역에 모범적·예시적으로 구체화되어 있다.

경찰작용에 관한 중요한 법적 한계는 과잉금지의 원칙(광의의 비례의 원칙)으로부터 나온다. 동 원칙은 경찰의 결정재량뿐만 아니라 선택재량도 제한한다. 과잉금지의 원칙은 모든 경찰-질서법률에 규정되어 있지만 규정 여하에 관계없이 헌법에 의해 법치국가원리의 본질적 요소로 간주된다.[107)]

비례원칙은 적합성의 원칙, 필요성의 원칙(최소침해의 원칙), 협의의 비례의 원칙(상당성의 원칙)을 포함한다.[108)]

제 2 조 제 1 항은 필요성의 원칙(최소침해의 원칙)을 규정하고 있다. 최소침해의 원칙은 행정청에게 위험 또는 장해의 제기에 적합한 다수의 수단들 중에서 공중, 그리고 위험의 제거를 위하여 경찰권 발동의 대상이 되는 개인에게 가장 적은 침해를 가져올 것으로 예견되는 수단을 선택할 것을 요구한다.

제 2 조 제 2 항은 상당하지 않은 손해를 가져오면 안된다는 원칙, 즉 협의의 비례의 원칙을 규정하고 있다.

105) Harmut Maurer(박수혁 역), 독일행정법(사법발전재단, 2009), 69쪽.
106) Franz-Ludwig Knemeyer(서정범 역), 앞의 책, 26쪽.
107) Wolf-Rüdiger Schenke(서정범 역), 앞의 책, 180쪽.
108) 이에 대해서는 박균성·김재광, 앞의 책, 20쪽 참조.

제 2 조 제 3 항은 시간적 측면에서의 과잉금지의 원칙을 규정하고 있다.[109)]

4) 재량, 수단의 선택

> 제 3 조(재량, 수단의 선택) ① 경찰은 의무적합적 재량에 따라 그의 조치를 행한다.
> ② 위험의 방지를 위하여 다수의 수단이 고려되는 경우에는, 그 중의 어느 하나가 결정되는 것으로 충분하다. 그에 따라 공중에게 더 커다란 피해가 발생하지 않는 한, 관계인은 동일한 효과를 가진 다른 수단을 사용해 줄 것을 청구할 수 있다.

모범초안 제 3 조는 "재량, 수단의 선택"에 대해 규정하고 있다.

가. 재량의 의의

재량은 법률적 규율에 법결과 범위에 해당한다. 만약 경찰행정이 법률적 구성요건의 실행에 있어서 여러 가지 다른 조치방안들 중에서 선택을 할 가능성이 있으면 행정의 재량이 있다. 법률이 법률기속행정에서와 같이 구성요건에 하나의 법결과를 묶어두는 것이 아니라 경찰행정에 둘이나 여러 가지 법결과의 가능성을 제시하거나, 어느 정도의 처분범위를 지정하여서, 경찰행정이 법결과를 스스로 결정하도록 권한을 부여하는 것이다.

다시 말해서, 재량이라 함은 행정이 하나의 허용된 조치(Maßnahme)를 실제로 취할 것인지(결정재량, Entschließungsermessen), 사건의 발생시 여러 가지 허용된 조치들 중에서 어떤 것을 선택(선택재량, Auswahlerermessen)할 것인가 하는 것을 두고 말한다.[110)]

> 예를 들면, 집회법 제15조 제 2 항에 따르면, 사전 신고를 하지 않은 집회는 해산되어야 한다. 당해 행정청은 집회를 해산할 권한이 있으나, 그 집회를 해산시킬 의무는 없다. 해당 행정청은 집회를 해산할 것인지 여부에 관한 선택의 권한이 있다. 경찰법상의 일반조항에 따르면, 경찰은 공공의 안전과 질서

---

109) Franz-Ludwig Knemeyer(서정범 역), 앞의 책, 26쪽.

110) Harmut Maurer(박수혁 역), 앞의 책, 69쪽.

에 위험이 발생하였을 경우에 의무에 따른(적합한) 재량에 의하여 필요한 조치를 취할 수 있다. 조치를 취할 것인지의 여부, 그리고 조치를 취할 것을 결정하였다면 어떠한 조치를 취할 것인가 하는 것은 해당 행정청에 결정권이 주어져 있다. 만약 수수료 규정(Gebührenordnung)에 어떤 특정한 행정상의 용무에 수수료 30마르크에서 50마르크 사이를 징수하도록 되어 있으면 해당 행정청은 그 범위 내에서 수수료를 받을 수 있다.[111]

재량은 입법자에 의하여 부여된다. 재량은 개개의 문제에 그 경우에 분명히 법규정에 근거되어야 한다. 재량권은 때때로 '재량'이라는 문구 그대로 표현되기도 하지만 대부분 '할 수 있다'(kann), '해도 좋다'(darf), '자격이 있다'(ist befugt) 등으로 표현된다. 또한 개별적으로 법규정의 전체적인 연관관계에서 찾아낼 수 있다.

예를 들면, 독일 도로교통법 제48조에 따르면, 교통법규를 어긴 사람은 해당 행정청의 소환에 의하여 교통교육을 받아야 할 의무가 있다. 해당 행정청이 모든 교통법규 위반자를 소환하지 않고, 소환이 해당 행정청의 재량에 의해서 행해진다는 것은 의심의 여지가 없다. 그 반면에 '할 수 있다'(kann)라는 말은, 때때로 행정이 법률의 전제조건이 발생하였을 경우 조치를 취해야 한다(muß)는, 어떤 특정한 권한을 가진다는 의미가 있다. 이러한 경우는 "재량의 '할 수 있다'"가 아니라 "권한의 '할 수 있다'"가 된다.[112]

나. 재량기속

재량은 행정의 자유나 행정의 자의를 제공해 주는 것은 아니다. '자유재량'(FreisErmessen)은 없고, 단지 의무에 적합한 재량(Pflichtgemäßes Ermessen)이나 더 나은 표현은 법기속재량(rechtlich gebundenes Ermessen)이 있다. 제 3 조 제 1 항도 "경찰은 의무적합적 재량에 따라 그의 조치를 행한다"고 하여 '의무적합적 재량'을 사용하고 있다.

해당 행정청은 수권의 목적에 상응하게 재량행사를 하여야 하고, 재량의 법률적 한계를 준수해야 한다. 해당 행정청이 법적 기속을 준수하지 않으면 해당 행정청은 흠있는 재량을 행사하며, 그 결과로서 그 재량

111) Harmut Maurer(박수혁 역), 앞의 책, 114쪽.
112) Harmut Maurer(박수혁 역), 앞의 책, 115쪽.

행사는 위법이다. 행정법원은 재량(권)기속의 준수를 재검토할 수 있다.

다. 조치와 수단의 의미

제 3 조 제 1 항에서는 "조치"라는 용어가, 제 2 항에서는 "수단"이라는 용어가 사용되고 있다. 이 경우 "조치"란 외부로 나타나는 경찰활동 중 국민의 권리를 침해하는 활동을 의미한다. 이에 대하여 "수단"은 구체적 경우에 있어 목적을 달성하기 위한 행위라고 할 수 있다.113)

5) 경찰책임

경찰책임이란 경찰상 위해의 발생에 대한 책임을 말한다. 발생된 위해를 제거하기 위한 경찰권의 행사는 원칙상 경찰책임이 있는 자에게 행해져야 한다. 이것을 경찰책임의 원칙(귀속이론)이라고 한다. 경찰책임에는 행위책임과 상태책임이 있다.

그러나 경찰책임에 관한 규정들(모범초안 제 4 조, 제 5 조, 제 6 조)은 일반적으로 표준적 직무조치가 행해지는 경우에는 적용되지 않는다. 즉, 경찰의 전형적인 조치가 행해지는 경우에는 위험방지조치를 누구에게 취할 것인가의 문제는 개별적 수권조항 자체로부터 밝혀지는 것이 통례이다. 단지 이형적(異形的) 조치가 행해지는 때에만 모범초안 제 4 조, 제 5 조로부터 경찰조치의 수범자가 정해진다.114)

가. 행위책임

> 제 4 조(행위책임) ① 어떤 사람이 위험을 야기한 경우에는, 그에게 조치가 취해져야 한다.
> ② 14세 미만의 자, 금치산자, 후견을 받고 있는 자의 행위에 대해서는 그에 대한 감독의무를 지는 자에 대해서도 조치를 취할 수 있다.
> ③ 업무처리를 위하여 고용된 자가 업무수행 중에 위험을 야기한 경우에는, 그를 고용한 자에 대해서도 조치를 취할 수 있다.

모범초안 제 4 조는 "행위책임"에 대해 규정하고 있다.

행위책임이란 자기 또는 자기의 보호·감독하에 있는 사람의 행위로

113) Franz-Ludwig Knemeyer(서정범 역), 앞의 책, 27쪽.
114) Franz-Ludwig Knemeyer(서정범 역), 앞의 책, 41쪽.

인하여 질서위반의 상태가 발생한 경우에 지는 경찰상의 책임을 말한다.[115] 즉, 행위책임은 위험(Gefahr)이나 장해(Störung)를 직접 야기하는 사람의 행위(예: 지하철의 선로 위에 누운 행위)와 관련된 개념으로, 사람의 행위로 인해 야기되는 위험에 대하여 부담하는 경찰책임을 말한다. 행위책임은 고의나 과실과 무관하다. 행위자가 성년인가 미성년인가도 불문한다.[116]

행위책임은 작위(Handeln)에 의해서뿐만 아니라 관계인에게 위험의 회피에 기여하는 행위를 할 법적 의무(예: 공법상의 도로청소의무)가 존재하는 경우에는 부작위(Unterlassen)에 의해서도 발생할 수 있다.

경찰법에 있어서의 책임은 경찰법상의 위험을 야기한 것과 관련이 있다. 경찰법의 목적에 비추어 볼 때 경찰법에 있어서의 책임은 경찰책임자의 고의·과실 또는 단지 책임능력과는 무관하게 결정되어야 한다.[117]

모범초안 제 4 조 제 1 항은 위험을 야기한 자가 행위책임자임을 규정한 것이다. 다만, 경찰법적으로 중요한 원인을 제공하였는지 여부는 귀속이론에 따라 판단되어져야 한다.

모범초안 제 4 조 제 2 항과 제 3 항은 보호감독책임이 인정되는 결과 타인의 행위에 대하여 추가적 책임을 지는 경우에 관한 것이다. 경찰법은 민법 제831조·제832조 제 1 항 제 2 문과 같은 감독책임의 면제를 규정하고 있지 않다.[118]

나. 상태책임

> 제 5 조(상태책임) ① 물건으로부터 위험이 발생한 경우에는, 그 물건에 대한 사실상의 지배권자에 대해 조치가 취해져야 한다.
> ② 조치는 소유권자 또는 다른 정당한 권원을 가진 자에 대해서도 취해질 수 있다. 사실상의 지배권자가 소유권자 또는 다른 정당한 권원을 가진 자의 의사에 반하여 그를 행사한 경우에는 그러하지 아니한다.
> ③ 위험이 무주물로부터 발생한 경우에는 그 물건에 대한 소유권을 포기한 자에 대해서 조치가 취해질 수 있다.

115) 행위책임에 대해서는 박균성·김재광, 앞의 책, 180쪽 이하 참조.
116) 홍정선, 앞의 책, 301쪽.
117) Wolf-Rüdiger Schenke(서정범 역), 앞의 책, 131쪽.
118) Franz-Ludwig Knemeyer(서정범 역), 앞의 책, 42쪽.

모범초안 제 5 조는 "상태책임"에 대해 규정하고 있다.

(가) 상태책임의 의의 상태책임이란 물건의 소유자 및 물건을 사실상 지배하는 자는 그의 지배범위 안에서 그 물건으로부터 경찰위반의 상태가 발생한 경우 지게 되는 책임을 말한다.[119)]

상태책임은 누구에 의하여 그 물건이 위험한 상태에 놓이게 되었는가와는 상관없이 존재한다. 따라서 그러한 상태가 제 3 자의 책임있는 행위에 의하여 발생한 경우 또는 공권력주체의 행위에 의한 경우에도 상태책임은 존재한다.[120)]

종종 행위책임을 동반하는 상태책임은 모범초안 제 5 조에 따르고 있는 경찰-질서법률에 따르면, 무엇보다도 장해를 일으키고 있는 물건에 대한 지배권(사실상의 지배)과 관련이 있다. 그러나 그 외에 소유권자의 법적 지위와 때로는 소유권 이외의 다른 권한을 가진 자의 법적 지위와도 관련이 있다.

(나) 상태책임의 범위 상태책임에 있어서는 행위책임과 달리 개인의 행위에 의하여 위험이 야기되는 것이 아니고 물건의 상태 그 자체가 직접적으로 위험의 근원이 되고 있다. 따라서 물건의 위험한 상태가 어떤 방식으로 발생되었는지는 하등의 중요한 역할을 하지 않기 때문에 그것이 사실상의 지배권자에 의하여 또는 제 3 자에 의하여 또는 자연력에 의하여 발생되었는지를 묻지 않는다.

> 예를 들면, 전쟁중 폭격으로 건물이 붕괴될 우려가 있는 경우에 소유자는 상태책임을 지며, 유조차가 전복되어 기름이 토지로 스며들어 지하수오염의 우려가 존재하는 경우에는 토지소유자는 상태책임을 면하지 못한다.

이와 같은 엄격한 상태책임은 경우에 따라 가혹한 결과로 이끌 수 있다.

> 예를 들면, 전시 중에 폭격으로 인하여 건물훼손이라는 심각한 재산상의 피해를 입은 건물소유주가 추가적으로 잔해제거의 비용까지 부담하게 되는 것은 납득할 수 없으며 전쟁피해는 국민전체에 의하여 부담되어야 할 책임이

---

119) 상태책임에 대해서는 박균성·김재광, 앞의 책, 182쪽 이하 참조.
120) Franz-Ludwig Knemeyer(서정범 역), 앞의 책, 43쪽.

며 개인 스스로가 부담하여야 할 책임이 아니라는 비판을 받았다.

이에 따라 상태책임의 범위를 제한하려는 시도가 행하여졌는바, 독일의 유력설은 경찰상의 위해가 자연적 재해, 전쟁, 대중교통사고 등과 같은 아주 예외적인 상황에 의하여 발생되거나 또는 위험의 영역이 일반에게 귀속되어야 하는 경우에는 상태책임을 부인할 것을 주장하고 있다.[121]

그러나 독일의 다수설은 이와 같은 상태책임의 제한시도를 효과적인 위해방지의 관점에서 반대하고 있다.[122] 아주 예외적인 사건 또는 일반에 속하는 위험영역과 같은 기준은 평등의 원칙을 충족시키는 충분히 신뢰할 수 있는 기준이 되지 못한다는 비판을 하고 있다. 다수설은 구체적인 상황에서 발생되는 심각한 불공정한 경우는 행정청의 의무에 적합한 원칙의 본질적인 요소인 상당성과 기대가능성의 원칙에 기속되며, 여기서 위해의 원인과 관련자의 경제적 부담이 고려될 수 있다.

예를 들면, 유조차가 전복된 경우 기름제거의 비용은 경찰권을 발동하여야 하며, 부득이한 상황으로 인하여 토지소유자에게 경찰권이 발동된 경우에는 토지소유자는 자동차소유주에게 민사상의 불법행위로 인한 손해배상을 행사할 수 있다. 전쟁중 폭격에 의하여 건물의 붕괴위험이 있는 경우 소유자는 국가의 재정적 지원하에 위해방지조치를 취하여야 한다.[123]

다. 조치의 직접시행

> 제 5 조의a(조치의 직접시행) ① 경찰은 그 조치의 목적이 제 4 조 또는 제 5 조에 따른 책임자에 대한 조치에 의하여서는 달성될 수 없거나 적시에 달성될 수 없는 경우에는, 스스로 또는 위임을 통하여 그 조치를 직접시행할 수 있다. 그 조치의 관계인에게는 지체없이 통지하여야 한다.
> ② 조치의 직접시행에 소요된 비용에 대하여는 제 4 조 또는 제 5 조에 따른 책임자가 상환할 의무를 진다. 비용은 행정강제절차에 의하여 강제징수될 수 있다.

121) Frilauf, FS fur Wacke. 1972, S. 293ff, Allg. Polizei- und Ordnungsrecht, 1982, §5 ME PG Rdn. 12. 정하중, 행정법개론(제 5 판)(법문사, 2011), 1144쪽 각주 16)에서 재인용.
122) Gotz, Allgemeines Polizei-und Ordnungsrecht, 9. Aufl., 1987, S. 105; Drews/Wacke/Vogel/Martens, Gefahrenabwehr, 9. Aufl., 1987, S. 321. 정하중, 앞의 책, 1144쪽 각주 17)에서 재인용.
123) 정하중, 앞의 책, 1145쪽.

제 5 조의a는 "조치의 직접시행"에 대해 규정하고 있다.

경찰의 활동영역은 제한적인 것이 아니기 때문에(모범초안 제 1 조 제 1 항, 제 1 조의a) 그것이 권한규범에 근거한 것으로서 경찰작용에 관한 제 원칙을 준수한 것이고 또한 올바른 수범자에 대해서 발하여졌다면 적법하다.

그러나 행위책임자에게 사전에 작위, 수인 또는 부작위를 요구함이 없이 경찰 자신이 행위책임자에 갈음하여 행한 경우에는 모범초안 제 5 조의a가 특별한 규정을 가지고 있다. 모범초안 제 5 조의a는 그것이 외견상 권한규범인 것처럼 보인다고 할지라도 권한규범은 아니다.[124]

직접시행은 경찰책임자에게 경찰권을 발동하여서는 그 조치의 목적을 달성할 수 없거나 적시에 달성하기 곤란한 경우에만 적법한 것이 된다(제 1 항).

라. 비책임자에 대한 조치

> 제 6 조(비책임자에 대한 조치) ① 경찰은 다음 각호의 경우에는 제 4 조 또는 제 5 조에 따른 책임자 이외의 다른 자에 대해서도 조치를 취할 수 있다.
> 1. 현재의 중대한 위험을 방지하여야 하는 경우
> 2. 제 4 조 또는 제 5 조에 따른 책임자에 대한 조치가 불가능하거나 적시에 행해질 수 없는 경우 및 목적을 달성할 수 없는 경우
> 3. 경찰이 스스로 또는 위임을 통하여 위험을 방지할 수 없거나 적시에 방지할 수 없는 경우
> 4. 그 자가 자신에 대한 현저한 위험없이 그리고 보다 높은 가치를 지닌 의무를 해함이 없이 조치의 대상이 될 수 있는 경우
>
> ② 제 1 항에 따른 조치는 위험의 방지가 다른 방법으로는 불가능한 경우에만 유지된다.

모범초안 제 6 조는 "비책임자에 대한 조치"에 대해 규정하고 있다.

경찰책임자에 대한 경찰권의 발동이 어려운 경우에는 예외적으로 경찰책임이 없는 자에게도 경찰권이 발동될 수 있다. 모범초안 제 6 조 제 1 항은 이러한 취지를 규정하고 있다.

---

124) Franz-Ludwig Knemeyer(서정범 역), 앞의 책, 49쪽.

그러한 경우로는 첫째, 현재의 중대한 위험을 방지하여야 하는 경우(제 1 호), 둘째, 제 4 조 또는 제 5 조에 따른 책임자에 대한 조치가 불가능하거나 적시에 행해질 수 없는 경우 및 목적을 달성할 수 없는 경우(제 2 호), 셋째, 경찰이 스스로 또는 위임을 통하여 위험을 방지할 수 없거나 적시에 방지할 수 없는 경우(제 3 호), 넷째, 그 자가 자신에 대한 현저한 위험없이 그리고 보다 높은 가치를 지닌 의무를 해함이 없이 조치의 대상이 될 수 있는 경우(제 4 호) 등을 들고 있다.

행위책임자에게도 또한 상태책임자에게도 경찰권을 발동하지 않고, 모범초안 제 6 조상의 비책임자에게 경찰권을 발동한 경우, 그러한 조치가 적법한 것이 되기 위하여는 모범초안 제 6 조의 전제요건들이 중첩적으로 충족되어야 한다.[125]

6) 기본권의 제한

> 제 7 조(기본권의 제한) 이 법률에 근거하여 생명과 신체의 불가침성에 대한 기본권(기본법 제 2 조 제 2 항 제 1 문), 개인의 자유(기본법 제 2 조 제 2 항 제 2 문)와 주거의 불가침성(기본법 제13조)이 제한될 수 있다.

모범초안 제 7 조는 "기본권의 제한"에 대해 규정하고 있다.

1814년의 프랑스헌장은 1818년 이후의 독일의 각 주의 헌법에 많은 영향을 미쳤다. 1848년 12월 27일의 독일 프랑크푸르트(Frankfurt)헌법의 기본권소항은 그 시행법에 따라 전 독일에 효력을 가진다고 하였으나 실현되지도 않았다. 이 헌법은 독일 국민의 기본권을 50개조나 나열하고 있었다. 이 기본권규정은 매우 상세하고 진보적인 것으로 그 후 바이마르(Weimar)헌법에 많은 영향을 끼쳤다.

1850년 1월의 프로이센(Preßen)헌법은 인권조항을 두고 있었으나, 국민의 권리로서 국가 내적인 권리로 규정되었으며 형식적인 것이었다. 제 1 차 세계대전의 종료와 함께 제정된 1919년의 바이마르(Weimar)헌법은 1848년의 프랑크푸르트헌법에서 인정된 전통적인 자유권을 규정하였을 뿐

125) Franz-Ludwig Knemeyer(서정범 역), 앞의 책, 58쪽.

만 아니라 최초로 생존권(사회권과 사회주의 기본권)을 규정하게 되었다.[126)]

1919년의 바이마르헌법의 인권보장전통은 1949년의 서독기본법에서 완전히 꽃을 피워 1990년 통일독일의 기본법으로 이어지고 있다.[127)]

기본권이라 함은 인간생활의 바탕이 되는 사생활영역에 대한 국가의 불필요한 생활간섭을 배제하고 동화적 통합의 생활형식인 헌법질서 내에서 적극적 또는 소극적으로 정치적 일원체의 정신적·문화적·사회적·경제적·정치적 생활을 함께 형성해 나갈 수 있는 국민 개개인의 객관적인 질서라고 할 수 있다.[128)]

헌법(기본법)의 지도목표인 인간의 존엄과 가치, 기본권, 그리고 민주국가와 법치국가 등의 보호는 경찰작용의 필요성의 근거이자 동시에 경찰작용의 한계를 이룬다. 따라서 경찰작용(위험방지작용)은 헌법상 요구되는 국가임무이다. 경찰상 위험방지는 국가의 의무이자 민주법치국가에서 포기할 수 없는 기본적 기능이다.

경찰작용도 당연히 법치주의를 따라야 하며, 예외일 수가 없다. 오히려 경찰작용에서는 권력행사 또는 인권에 대한 침해와 상당한 관련을 가지므로 법치주의를 보다 엄격하게 준수할 것을 요구한다.[129)]

그러나 생명과 신체의 불가침성에 대한 기본권(기본법 제 2 조 제 2 항 제1문), 개인의 자유(기본법 제 2 조 제 2 항 제 2 문)와 주거의 불가침성(기본법 제13조)은 공공의 안녕 또는 질서에 대한 위험을 방지하기 위하여 법률에 의해 제한될 수 있다.

(2) 경찰의 권한

1) 일반적 권한

> 제 8 조(일반적 권한) ① 경찰은 제 9 조부터 제24조까지가 경찰의 권한을 특별히 규율하지 않는 한, 구체적인 경우에 존재하는 공공의 안녕 또는 질서에

126) 김철수, 헌법학개론(제20전정신판)(박영사, 2010), 288~289쪽.
127) 허영, 한국헌법론(전정 6판)(박영사, 2010), 212쪽.
128) 허영, 앞의 책, 235쪽.
129) 홍정선, 앞의 책, 51쪽.

> 대한 위험을 방지하기 위하여 필요한 조치를 취할 수 있다.
> ② 다른 법률에 의하여 경찰에게 부여된 직무의 수행을 위하여 경찰은 그 곳에 규정된 권한을 갖는다. 그러한 법규가 경찰의 권한을 규율하지 않는 한, 경찰은 이 법률에 따라 그에게 귀속되는 권한을 갖는다.

모범초안 제 8 조는 "일반적 권한"에 대해 규정하고 있다.

위험의 예방·진압이 필요한 경우이지만, 그 위험의 예방·진압을 위한 법적 근거가 특별경찰법에도 없고, 일반경찰법에도 특별한 규정으로 존재하지 아니하는 경우에 최종적으로 그 위험의 방지를 위하여 필요한 조치를 취할 수 있다.

경찰의 활동영역이 인정되는 경우에도 경찰이 그에 관한 권한을 갖고 있을 때에 한하여 경찰은 위험방지를 위한 조치를 취할 수 있는바, 입법자는 이러한 권한을 다음과 같이 체계화시켜 놓고 있다. 즉, 보충성의 원칙(제 8 조 제 1 항)에 따를 때, 개별적 수권조항으로부터 당해 행위를 할 권한이 도출될 수 있는지 여부가 우선적으로 심사되어야 한다.130)

오늘날 일반적으로 인정되어 있는 법치국가의 원칙에 따를 때, 경찰－질서행정청이 위험방지의 직무를 담당하고 있다는 사실만으로부터 경찰－질서행정청에게 시민의 법적 부담을 초래할 조치를 취할 권한이 부여되어 있다는 결론을 도출하여서는 아니된다. 그 같은 부담적 조치를 취하지 않으면 그 직무를 수행할 수 없을 때에만, 경찰이 위험방지의 직무를 담당하고 있다는 사실로부터 경찰에게 권리침해적 조치를 취할 권한도 부여되어 있다는 결론을 도출할 수 있을 것이다. 따라서 부담적 조치를 취하기 위하여서는 직무규범 외에 그를 위한 수권규범(授權規範)이 필요하다.131)

독일에서는 기본권 침해와 무관한 공적 경고는 직무조항의 근거로 속하지만, 기본권 침해를 수반하는 공적 경고는 일반수권규정을 근거로 하여 이루어진다고 한다.

독일의 경우에 일반수권조항의 헌법적합성에 의문이 없다고 한다. 일

130) Franz-Ludwig Knemeyer(서정범 역), 앞의 책, 61쪽.
131) Wolf-Rüdiger Schenke(서정범 역), 앞의 책, 22쪽.

반수권조항에 불확정개념과 재량조항이 활용된다고 하여도 법치국가의 요구인 명확성에 반하지 않는다. 일반수권조항은 오랜 기간 동안 판례를 통해 그 내용과 목적, 그리고 범위가 충분히 자세하게 되었다. 일반수권조항은 기본권의 법률유보의 요구도 충족시킨다는 것이 일반론이라고 한다.[132]

모범초안 제 1 조 제 4 항과 같은 매개규범이 특별법률상의 예방적 경찰의 직무를 경찰이 담당할 수 있도록 하고 있듯이, 입법자는 권한과 관련하여서도 그와 비슷한 규범을 정립하였다(제 8 조 제 2 항). 그러나 모든 특별법률이 — 경찰법이론에 따라 — 직무와 권한을 명백히 구분하고 있지는 않고 또한 직무로부터 권한을 도출하는 것이 허용되지 않기 때문에, 일반 경찰법상의 수권규범이 적용될 수 있다고 하여야 한다(제 8 조 제 2 항 제 2 문).[133]

독일의 판례는 공동묘지에서 무도회를 개최하는 것, 사형수의 초상을 광고에 사용하는 것, 화장 후에 남은 유골을 전시 판매하는 것, 학교숙제를 대행하는 것 등을 공공의 질서에 반하는 행위의 예로 들고 있다.[134]

2) 신원확인과 신분증명서의 심사

> 제 9 조(신원확인과 신분증명서의 심사) ① 경찰은 다음 각호의 경우에 신원을 확인할 수 있다.
> 1. 위험의 방지를 위하여 필요한 때
> 2. 사람이 다음과 같은 장소에 체류하고 있을 때
>   a) 사실상의 근거에 기초하여 경험칙상 판단에 따를 때 그 곳에서 다음과 같은 것이 인정될 수 있는 경우
>   aa) 범죄의 음모, 예비, 착수가 행해질 염려가 있는 경우
>   bb) 체류를 위하여 필요한 허가없이 체류하고 있는 경우
>   cc) 범인을 은닉하려는 경우
>   b) 매춘을 하려고 하는 경우
> 3. 사람이 교통·공급시설이나 설비·공중교통수단·청사 또는 다른 특히 위

132) 이에 대해서는 홍정선, 앞의 책, 281쪽.
133) Franz-Ludwig Knemeyer(서정범 역), 앞의 책, 64쪽.
134) 정하중, 앞의 책, 1116쪽.

험한 시설 내에 있거나 그에 인접하여 있을 때, 이 같은 시설내부 또는 그 시설 주위에서 그 같은 시설 내에 있거나 주위에 있는 자에 의해 범죄행위가 행해질 것이라는 사실이 인정될 수 있을 때 또는 그 시설 자체가 직접적으로 위험에 처하게 될 때

4. 경찰에 의해 설치된 검문소에서 형사소송법 제100조의a 또는 집회및시위에관한법률 제27조에 규정된 범죄의 저지를 목적으로 할 때

② 경찰은 신원확인을 위하여 필요한 조치를 취할 수 있다. 경찰은 특히 관계인을 정지시키고, 그의 인적사항을 심문하고 심사를 위하여 소지하고 있는 신분증명서의 제시를 요구할 수 있다. 신원확인이 다른 방법으로는 불가능하거나 현저히 곤란한 경우에는 그를 구금할 수 있다. 제 3 항의 요건이 충족되는 한도에서는 관계인이 소지하고 있는 물건에 대해서도 수색을 행할 수 있다.

③ 경찰은 관계인이 신분증명서를 휴대하여야 할 의무가 법규에 규정되어 있는 경우에는 심사를 위하여 신분증명서의 제시를 요구할 수 있다.

모범초안 제 9 조는 "신원확인과 신분증명서의 심사"에 대해 규정하고 있다.

가. 신원확인

제 9 조 제 1 항에 따르면 경찰은 위험방지를 위하여(제 1 호), 사실상의 근거에 기초하여 경험칙에 따를 때 그 곳에서 범죄의 음모(Verabreden), 예비(Vorbereiten), 착수(Veruiben)가 행해질 것이라는 것이 인정될 수 있는 장소에 체류하거나, 체류를 위하여 필요한 허가없이 체류하고 있는 경우 또는 매춘을 하려고 하는 경우(제 2 호)에 사람의 신원을 확인할 수 있다.[135]

제 1 호와 제 2 호에 따라 경찰이 신원확인을 하기 위하여 구체적 위험 또는 신원확인의 대상이 되는 자에 대한 구체적 혐의가 존재할 필요는 없다. 오히려 특정한 장소(우범지역)의 위험성이 기준이 된다.[136]

또한 모범초안 제 9 조 제 1 항 제 3 호에 열거되어 있는 특정한 위험시설 내 또는 그에 인접한 곳에서 범죄행위가 행해지고 그로 인하여 그러한 시설 내에 있는 사람 또는 그 시설 자체에 대한 위험이 초래될 것이라

135) Wolf-Rüdiger Schenke(서정범 역), 앞의 책, 67쪽.
136) Franz-Ludwig Knemeyer(서정범 역), 앞의 책, 65쪽.

는 사실이 인정될 수 있을 때에는, 그러한 위험시설 내에 있거나 그에 근접해 있는 사람에 대해서도 신원확인이 허용하다.[137)]

따라서 이른바 시설보호를 위한 신원확인만이 고려된다. 동 규정상의 위험한 시설이라 함은 무엇보다도 교통시설, 교통수단, 공급설비, 행정청의 청사 등을 말하며, 출판사나 저명인사의 주택과 같은 사적 시설도 이에 포함된다. 그러나 소매상점 또한 습격을 받을 가능성이 있다는 관점하에 소매상점을 여기서에서의 위험한 시설에 포함시키는 것은 위험한 시설의 개념을 지나치게 확대시키는 결과를 초래하게 될 것이다.[138)]

나아가서 신원확인은 형사소송법 제100조의a 또는 집회 및 시위에 관한 법률 제27조에 규정된 범죄를 저지를 목적으로 경찰에 의해 설치된 검문소에서도 적법하게 행해질 수 있다(제 9 조 제 1 항 제 4 호). 즉, 모범초안 제 4 호에 따르는 경우는 경찰은 전적으로 시민의 사법상의 청구권을 보호하기 위하여 활동한다.

모범초안 제 9 조 제 1 항 제 2 호부터 제 4 호까지의 규정에 있어서는 그 규정은 구체적 위험이 존재할 것을 요구하지 않고 그 같은 신원확인(Identitatsfeststellung)에 앞서 이미 구체적 위험의 존재가 인정되어 있다는 것에 유의하여야 한다. 구체적인 위험방지의 전단계로서 행해지는 이같은 조치에 대하여는 그에 대한 실질적인 근거가 존재하기 때문에 원칙적으로 과잉금지의 관점에서 이의를 제기할 수는 없다.

신원확인으로 인하여 비책임자로 성격지워진 사람에 대하여 특별한 희생이 발생한 경우에는 모범초안 제 9 조 제 1 항 제 2 호부터 제 4 호까지에 따른 침해와 관련하여 경찰－질서법에 손실보상규정이 존재하지 않기 때문에 헌법관습법으로 인정된 희생보상이라는 제도의 관점에서 손실보상의 청구가 인정되어야 한다.[139)] 희생보상청구제도는 행정기관의 적법한 공권력 행사에 의해 비재산적 법익이 침해되어 발생한 손실에 대한 보상제도이다.[140)]

---

137) Wolf-Rüdiger Schenke(서정범 역), 앞의 책, 68쪽.
138) Franz-Ludwig Knemeyer(서정범 역), 앞의 책, 66쪽.
139) Wolf-Rüdiger Schenke(서정범 역), 앞의 책, 68쪽.
140) 박균성·김재광, 앞의 책, 526쪽.

독일의 경찰법상 신원확인을 위한 경우에는 12시간까지 자유제한이 가능하다고 한다(SpolG 제 6 조 제 2 항).141)

나. 신분증명서

신분증명서(Berechtigungsschein)의 심사에 대하여 모범초안 제 9 조 제 3 항은 단지 경찰의 권한만을 규정하고 있다. 이에 대하여 그때그때의 수권규정은 특별법률로부터 나와야 한다(예: 도로교통허용규정 제 4 조 제 2 항 제 2문).142)

3) 감식조치

> 제10조(감식조치) ① 경찰은 다음 각호의 경우에 감식조치를 행할 수 있다.
> 1. 제 9 조에 따른 신원확인이 다른 방법으로는 불가능하거나 현저히 곤란할 때
> 2. 관계인이 형벌의 부과가 규정되어 있는 범죄를 행하였다는 혐의를 받고 있고, 행위의 성질이나 시행상 반복될 위험이 존재하기 때문에 범죄행위의 예방을 위하여 필요할 때
>
> ② 제 1 항의 조건이 소멸된 경우에는 관계자는 감식자료의 폐기를 요구할 수 있다.
>
> ③ 감식조치로는 특히 다음과 같은 것이 있다.
> 1. 지문과 장문(掌紋)의 채취
> 2. 사진촬영
> 3. 신체적 특성의 확인
> 4. 신장이나 체중의 측정

모범초안 제10조는 "감식조치"(Erkennungsdienstliche Maßnahmen)에 대해 규정하고 있다.

감식조치로는 ① 지문과 장문(掌紋)의 채취, ② 사진촬영, ③ 신체적 특성의 확인, ④ 신장이나 체중의 측정 등이 있다.

모범초안 제10조 제 1 호와 제 2 호는 감식조치가 가능한 두 가지 경우를 규정하고 있다.

141) 홍정선, 앞의 책, 252쪽.
142) Wolf-Rüdiger Schenke(서정범 역), 앞의 책, 69쪽.

4) 소 환

> 제11조(소환) ① 경찰은 다음 각호의 경우에 서면 또는 구두로 사람을 소환할 수 있다.
> 1. 어떤 자가 특정한 경찰과제의 수행을 위하여 필요한 적절한 진술을 할 수 있다는 것을 인정할 정당성이 있는 경우
> 2. 감식조치의 시행을 위하여 필요한 경우
>
> ② 소환을 행함에 있어서는 그 이유를 상대방에게 알려주어야 한다. 시간의 확정에 있어서는 관계인의 직업과 그 밖의 생활관계를 고려하여야 한다.
>
> ③ 관계인이 충분한 근거없이 소환에 응하지 않으면, 다음 각호의 경우에 소환은 강제적으로 행해질 수 있다.
> 1. 예견되는 진술이 개인의 신체, 생명 및 자유에 대한 위험의 방지를 위하여 필요한 경우
> 2. 감식조치의 수행을 위하여 필요한 경우
>
> ④ 소환과 관련하여서는 형사소송법 제136조의a가 준용된다.
>
> ⑤ 증인 또는 감정인으로 소환된 자에 대한 손실보상에 대해서는 증인과감정인에대한손실보상에관한법률이 준용된다.

모범초안 제11조는 “소환”(Vorladung)에 대해 규정하고 있다.

가. 소환사유

모범초안 제11조 제 1 항에 따르면, 경찰은 ① 어떤 자가 특정한 경찰과제의 수행을 위하여 필요한 적절한 진술을 할 수 있다는 것을 인정할 정당성이 있는 경우, ② 감식조치의 시행을 위하여 필요한 경우에는 그 자를 소환할 수 있다고 규정하고 있다. 소환을 함에 있어서는 그 이유를 상대방에게 알려주어야 한다(제 2 항). 이 규정은 실정법과 광범위하게 일치하며, 특히 수사를 위한 소환은 허용되지 않는다는 것을 명백히 하고 있다.[143)]

나. 소환의 강제적 실행(=구인)의 가능성

소환의 강제적 실행(=구인)의 가능성은 제11조 제 3 항에서 도출된다. 그러나 그러한 수권규범들은 단지 구인의 실질적 요건들을 규율할 뿐이며

143) Wolf-Rüdiger Schenke(서정범 역), 앞의 책, 73쪽.

강제적 실행의 정도와 방법은 경찰작용의 제 2 차적 차원에 관한 규정에 따라 행해진다.[144]

구인의 목적과 그의 시간상의 제약을 고려할 때 구인은 단지 기본법 제104조 제 1 항에 따른 자유의 제한에 그치며, 기본법 제104조 제 2 항의 자유의 박탈은 아니다. 따라서 구인은 법원의 결정을 요하지 않는다.[145]

5) 퇴거명령

> **제12조(퇴거명령)** 경찰은 위험방지를 위하여 어떤 장소로부터의 퇴거를 명하거나 어떤 장소에의 출입을 금지시킬 수 있다. 소방대 또는 응급구조대의 출입에 장해가 되는 자에 대해서도 동일한 조치가 행해질 수 있다.

모범초안 제12조는 "퇴거명령"에 대해 규정하고 있다.

경찰은 제12조에 따라 위험방지를 위하여 퇴거명령, 즉 잠정적으로 어떤 장소로부터의 퇴거를 명하거나 어떤 장소에의 출입을 금지시킬 수 있다.

퇴거명령은 개념정의상 단지 잠정적 조치의 성격을 가지기 때문에 어떤 장소에의 체재를 계속적으로 금하는 것은 모범초안 제12조에 근거하여 행해질 수 없다. 따라서 모범초안 제12조는, 예컨대 도시부랑자에게 특정한 장소에의 체재를 영구적으로 금지하는 것에 대한 법적 근거가 되지 못한다. 나아가서 특정한 장소로의 이전요청은 여기서의 퇴거명령이 아니다. 모범초안이 명시적으로 퇴거명령의 수범자를 열거하고 있지 않는 한, 경찰책임에 관한 일반원칙이 적용된다.[146]

그리고 모범초안 제12조의 퇴거명령은 오로지 위험방지를 위하여서만 허용된다.

출입금지와 퇴거명령은 명령(=행정행위)의 형식으로 행해져야 한다. 구체적인 경우에 있어서는 단호한 행동(예: 경찰관의 손짓) 하나도 모범초안 제12조의 유효한 행정행위로 간주되어야 한다. 퇴거명령이 불특정다수인

144) Franz-Ludwig Knemeyer(서정범 역), 앞의 책, 77쪽.
145) Franz-Ludwig Knemeyer(서정범 역), 앞의 책, 79쪽.
146) Wolf-Rüdiger Schenke(서정범 역), 앞의 책, 76쪽.

또는 군중에 대한 것인 경우에는, 그것은 독일행정절차법 제35조 제 2 문의 일반처분의 형식으로 발해진다.

퇴거명령의 수범자는 위험을 야기한 자이다.

출입금지와 퇴거명령은 시간적·공간적으로 제한된다. 체재금지로서만 허용되는바, 따라서 출입금지와 퇴거명령은 모범초안 제12조에 따를 때, 전적으로 잠정적 조치의 성격을 가진다.

계속적 진입금지 또는 퇴거명령은 특별한 수권규정 또는 일반수권조항에 근거하여서만 행해질 수 있고 모범초안 제12조에 근거하여서는 결코 행해질 수 없다.[147)]

6) 보호조치

> 제13조(보호조치) ① 경찰은 다음 각호의 경우에 보호조치를 취할 수 있다.
> 1. 특히 자유로운 의사결정이 배제되어 있거나 또는 타인의 원조를 필요로 하는 상태에 있는 자를 생명 또는 신체에 대한 위험으로부터 보호하기 위하여 필요한 때
> 2. 범죄행위나 중대한 위험을 초래하는 질서위반행위가 목전에 행해지거나 계속되는 것을 저지하기 위하여 필요한 때
>
> ② 경찰은 보호자의 보호를 벗어난 미성년자를 보호자 또는 청소년 보호시설에 인계하기 위하여 보호조치를 취할 수 있다
>
> ③ 미결구금, 자유형 또는 자유를 박탈하는 조치의 집행을 면한 자 또는 허가없이 행형시설 밖에 거주하는 자를 보호하여 다시 그 시설에 인계할 수 있다.

모범초안 제13조는 "보호조치"(Ingewahrsamnahme von Personen)[148)]를 규정하고 있다.

모범초안 제13조 제 1 항에 따르면, 사람에 대한 보호조치는 ① 특히 자유로운 의사결정이 배제되어 있거나 또는 타인의 원조를 필요로 하는 상태에 있는 자를 생명 또는 신체에 대한 위험으로부터 보호하기 위하여 필요한 때, ② 범죄행위나 중대한 위험을 초래하는 질서위반행위가

147) Franz-Ludwig Knemeyer(서정범 역), 앞의 책, 84쪽.

148) Ingewahrsamnahme를 감금유치로, Schutzgewahrsamnahme를 보호유치로 번역하는 분도 계시다. 예컨대, 홍정선, 앞의 책, 260쪽 참조.

목전에 행해지거나 계속되는 것을 저지하기 위하여 필요한 때에 행해질 수 있다.

모범초안 제13조상의 보호조치는 사람이 상당히 장기간에 걸쳐 보호되고, 그 곳으로부터의 이탈이 저지되는 경우에 존재한다. 그것은 자유의 박탈로서 기본법 제 2 조 제 3 항 제 3 문에 따른 자유제한이 특히 강화된 형태이다.[149)]

일부 견해는 보호조치를 "협의의 보호조치"와 "예방적 보호조치"로 나누기도 한다. 전자는 잠정적 자유박탈을 통하여 사람을 위험한 상태로부터 구하는 것을 목적으로 하는 것을 말하고, 후자는 범죄행위나 중대한 위험을 초래하는 질서위반행위가 목전에 행해지거나 계속되는 것을 저지하기 위한 보호조치를 말한다.[150)]

7) 법관의 결정

> **제14조(법관의 결정)** ① 제 9 조 제 2 항 제 3 문, 제11조 제 3 항 또는 제13조에 근거하여 사람을 구금한 경우에 지체없이 자유박탈의 허용성과 계속성에 대한 법관의 결정을 받아야 한다. 법관의 결정이 경찰조치의 근거가 소멸된 이후에야 비로소 행해질 것이라는 것이 인정될 수 있는 경우에는 법관의 결정을 요하지 않는다.
>
> ② 제 1 항에 따른 결정권한은 그 사람을 구금한 지역을 관할하는 지방법원 지원이 갖는다. 절차는 자유박탈에있어서의사법절차에관한법률의 규정에 따라 행해진다.

모범초안 제14조는 "구금시의 법관의 결정"에 대해 규정하고 있다.

사람을 구금한 경우에 지체없이 자유박탈의 허용성과 계속성에 대한 법관의 결정을 받아야 한다(제14조 제 1 항 제 1 문).

그러나 법관의 결정이 경찰조치의 근거가 소멸된 이후에야 비로소 행해질 것이라는 것이 인정될 수 있는 경우에는 법관의 결정을 요하지 않는다(제14조 제 1 항 제 2 문).

구금장소는 남자와 여자가 달라야 한다(제 3 항).

149) Wolf-Rüdiger Schenke(서정범 역), 앞의 책, 78쪽.
150) Franz-Ludwig Knemeyer(서정범 역), 앞의 책, 85쪽.

8) 구금된 자에 대한 조치

> 제15조(구금된 자에 대한 조치) ① 제 9 조 제 2 항 제 3 문, 제11조 제 3 항 또는 제13조에 근거하여 사람을 구금한 경우에는 지체없이 그 이유를 고지하여야 한다.
> ② 그에 의하여 자유박탈의 목적이 위협을 받지 않는 한 구금된 자에게는 그의 친족이나 친지에게 알릴 기회를 부여하여야 한다. 사법적 자유박탈의 경우에도 고지의무는 영향을 받지 않는다. 구금된 자가 제 1 항에 정한 권리를 행사할 수 없고 고지가 그의 추정적 의사에 반하지 않는 경우에는 경찰이 고지의무를 승계한다. 구금된 자가 미성년자, 금치산자, 피후견자인 경우에는 모든 경우에 그에 대한 보호의무자에게 고지하여야 한다.
> ③ 구금된 자는 그의 동의없이 수형자 또는 미결구금자와 동일한 공간에 수용되어서는 아니된다. 남자와 여자는 분리수용되어야 한다. 구금자에게는 자유박탈의 목적 또는 보호질서를 위하여 요구되는 한도에서 제한이 부과될 수 있다.

모범초안 제15조는 "구금된 자에 대한 조치"를 규정하고 있다.

구금된 자에 대한 조치로서 ① 구금이유고지, ② 친족 등에의 고지기회 부여, ③ 보호의무자에 대한 고지, ④ 수형자 등과의 분리수용, ⑤ 남녀 분리수용, ⑥ 일정한 제한부과 등이 있다.

9) 자유박탈의 기간

> 제16조(자유박탈의 기간) 다음 각호의 경우 구금된 자는 석방되어야 한다(제16조).
> 1. 경찰의 보호조치의 근거가 소멸한 경우
> 2. 계속적인 자유박탈의 법관의 결정에 의하여 허용되지 않는 것으로 판명된 경우
> 3. 어떠한 경우에도 법관이 다른 법률에 근거하여 그의 계속을 사전에 명하지 않는 한 늦어도 다음날 자정까지는.

모범초안 제16조는 "자유박탈의 기간"에 대해 규정하고 있다.

① 경찰의 보호조치의 근거가 소멸한 경우, ② 계속적인 자유박탈의

법관의 결정에 의하여 허용되지 않는 것으로 판명된 경우에는 석방하도록 규정하고 있다.

10) 신체의 수색

> 제17조(신체의 수색) ① 경찰은 제 9 조 제 2 항 제 4 문의 경우 이외에 다음 각 호의 경우에 신체에 대한 수색을 행할 수 있다.
> 1. 이 법률 또는 다른 법규에 의하여 사람을 구금할 수 있는 경우
> 2. 주변정황으로 미루어 보건대 영치될 수 있는 물건을 휴대하고 있다는 것이 인정될 수 있는 경우
> 3. 자유로운 의사결정이 배제되어 있거나 타인의 조력이 필요한 상태에 있다는 것이 인정될 수 있는 경우
> 4. 제 9 조 제 1 항 제 2 호에 열거한 장소에 체재하는 경우
> 5. 제 9 조 제 1 항 제 3 호상의 시설 내에 있거나 인접해 있는 경우 또는 그러한 종류의 시설 내 또는 인근에서 범죄가 행하여질 것이라는 것이 정당화되는 경우
>
> ② 경찰은 사정상 경찰공무원 또는 제 3 자의 신체나 생명에 대한 위험을 보호하기 위하여 필요한 경우에는 이 법률 또는 다른 법규에 따라서 신원확인을 받아야 할 사람이 무기, 기타 위험물 또는 폭발물을 소지하고 있는지 여부를 수색할 수 있다. 신체에 대한 수색은 동성(同性) 또는 의사에 의하여서만 행해질 수 있다. 이것은 생명 또는 신체에 대한 위험을 보호하기 위하여 즉시수색이 필요한 경우에도 적용된다.

모범초안 제17조는 "신체의 수색"(Durchsuchung)에 대해 규정하고 있다.

신체의 수색은 사람이 소지하고 있는 물건을 발견하기 위하여 행해지는바, 모범초안 제17조는 신체의 수색을 하기 위한 여러 종류의 법적 근거를 제공하고 있다.[151)]

모범초안 제17조 제 1 항 제 1 호에 따르면, 동 초안 제 9 조 제 2 항 제 4문의 경우를 제외하고는 "이 법률 또는 다른 법규에 따라서 사람을 구금할 수 있는" 모든 경우에 허용된다. 그러나 연방법적 규율이 갖는 종국성을 고려할 때, 이에 따라 범죄와 질서위반행위의 수사를 위한 수색이 정

151) Franz-Ludwig Knemeyer(서정범 역), 앞의 책, 92쪽.

당화되는 것은 아니다.[152)]

모범초안 제17조 제 1 항 제 4 호에 따르면, 경찰은 모범초안 제 9 조 제 1 항 제 2 호에 열거된 장소, 즉 사실상의 근거에 기초할 때 그 곳에서 범죄의 음모·예비·착수가 행해질 것이라는 것이 인정되는 장소에 체재하고 있는 자에 대하여서도 신체의 수색을 할 수 있다.[153)]

신체의 수색절차와 관련하여 다음과 같은 것이 고려되어야 한다. 모범초안 제17조에 따른 수색은 수색을 받는 자의 신체표면, 의복, 어려움없이 접촉할 수 있는 신체의 제 질(諸膣: 예컨대, 입, 귀)에 대한 확인에만 국한된다. 이 점에서 형사소송법 제81조의a, 제81조의c의 신체검사(Untersuchung)와 구분되는바, 신체검사는 사람의 신체 안에 있는 물건에 대해서도 행해질 수 있다.[154)]

또한 수색은 동성(同性) 또는 의사에 의하여서만 행해질 수 있다(제17조 제 3 항).

11) 물건의 수색

> 제18조(물건의 수색) ① 경찰은 제 9 조 제 2 항 제 4 문의 경우 이외에도 다음 각호의 경우 물건에 대한 수색을 행할 수 있다(제18조 제 1 항).
> 1. 제17조에 따라 수색을 받는 자가 휴대하고 있는 경우
> 2. 주변정황으로 미루어 보건대 다음의 사실이 인정될 때
>   a) 보호조치를 받고 있는 자가 그 안에 있거나
>   b) 사람이 부당하게 구금되어 있거나
>   c) 사람이 타인의 조력이 필요한 상태에 놓여 있는 경우
> 3. 그 안에 영치될 수 있는 다른 물건이 존재한다는 사실이 인정될 때
> 4. 제 9 조 제 1 항 제 3 호에 열거된 장소에 있는 경우
> 5. 제 9 조 제 1 항 제 3 호의 물건 내에 있거나 그와 인접해 있고 그 물건 내 또는 주위에서 범죄행위가 행해질 것이라는 사실이 인정될 때
> 6. 제 9 조 제 1 항 제 4 문에 따른 신원확인이 행해질 수 있는 자가 있는 자동차, 선박, 항공기가 문제되는 경우: 수색은 자동차 내에 있는 물건에 대해서까지도 행해질 수 있다)

152) Wolf-Rüdiger Schenke(서정범 역), 앞의 책, 82쪽.
153) Franz-Ludwig Knemeyer(서정범 역), 앞의 책, 93쪽.
154) Franz-Ludwig Knemeyer(서정범 역), 앞의 책, 94쪽.

② 물건의 수색에 있어 사실상의 지배권자는 그에 참석할 권리를 가진다. 그가 부재중인 경우에는 대리인 또는 다른 증인이 참석하여야 한다. 요구가 있는 경우에는 사실상의 지배권자에게 수색과 그의 근거에 대한 증명서가 발급되어야 한다.

모범초안 제18조는 "물건의 수색"(Durchsuchung von Sachen)에 대해 규정하고 있다.

경찰은 위험방지를 위하여 모범초안 제17조에 따를 때, 그 자체로 수색의 대상이 될 수 있는 사람이 소지하고 있는 물건을 수색할 권한을 가진다(제18조 제 1 항 제 1 호). 소지하고 있는 물건에 대한 수색절차에 있어 경찰은 모범초안 제18조 제 2 항의 규정을 준수하여야 한다. 따라서 물건에 대한 사실상의 지배권자는 자신의 물건의 수색에 참석할 권리를 가진다. 이것이 불가능한 경우에는 경찰은 대리인 또는 다른 증인을 참석시켜야 한다. 나아가서 요구가 있는 경우에는 사실상의 지배권자에게 수색과 그의 근거에 대한 증명서를 발급하여야 한다.[155]

물건의 수색은 모범초안에 제18조 제 1 항에 따를 때, 동 초안 제 9 조 제 2 항 제 4 문의 경우(신원확인을 위하여 구금된 자가 휴대하고 있는 물건의 수색)을 제외하면 모범초안 제17조 제 1 항에 따라 수색을 받을 자가 휴대하고 있는 경우(제 1 호), 그 물건 안에 보호조치를 받을 자가 있거나 사람이 부당하게 구금되어 있거나, 타인의 조력이 필요한 상태에 놓여 있다는 사실이 인정될 때(제 2 호), 그 안에 영치될 수 있는 다른 물건이 존재한다는 사실이 인정될 때(제 3 호)에 허용된다.[156]

12) 가택출입과 수색

제19조(가택출입과 수색) ① 경찰은 다음 각호의 경우에 소유자의 동의없이 가택에 출입하여 수색을 행할 수 있다(제19조 제 1 항).

1. 제11조 제 3 항에 따라 구인될 수 있거나 또는 제13조에 따라 보호조치가 취해질 수 있는 자가 그 안에 있다는 사실이 인정될 수 있을 때

155) Franz-Ludwig Knemeyer(서정범 역), 앞의 책, 95쪽.
156) Wolf-Rüdiger Schenke(서정범 역), 앞의 책, 84쪽.

2. 제21조 제 1 호에 따라 영치될 수 있는 물건이 그 안에 있다는 사실이 인정될 수 있을 때
3. 사람의 생명, 신체 또는 자유 또는 중요한 가치있는 물건에 대한 현재의 위험의 방지를 위하여 필요한 경우. 여기서 주거란 거실, 그 밖의 공간, 작업실, 사무실 및 그 밖에 평온이 보장되어야 할 소유물을 포함한다.

② 야간에는 (형사소송법 제104조 제 3 항) 사람의 생명, 신체 또는 자유 또는 중요한 가치있는 물건에 대한 현재의 위험의 방지를 위하여 필요한 경우에만 제 1 항에 따른 가택의 출입과 수색이 허용된다.

③ 다음 각호의 경우에는 급박한 위험의 방지를 위하여 가택에 출입할 수 있다.

1. 사실에 근거하여 경험칙에 따라 판단하건대, 그 곳에서 다음의 행위가 행해질 것이라고 인정되는 경우
   a) 범죄의 예비, 음모, 착수
   b) 필요한 체류허가가 없는 경우
   c) 범인의 은닉
2. 매춘의 장소로 제공되는 경우

④ 공중에게 개방되어 있거나 있었고 체재하는 사람들이 더 머무를 수 있는 작업실, 사무실 및 다른 토지와 공간에 대해서는 작업시간 및 체재시간 중에는 위험방지(제 1 조 제 1 항을 말함)를 위하여 출입할 수 있다.

모범초안 제19조는 "가택출입과 수색"에 대해 규정하고 있다.

가택출입과 수색은 모든 실정－질서법률에 규정되어 있다. 가택의 출입뿐만 아니라 수색의 경우에도 기본법 제13조에 따라 보호되는 주거불가침의 자유에 대한 침해가 존재한다. 여기서 출입은 가택에의 침입, 가택 내에서의 체류와 조사를 모두 포함한다. 수색은 가택 내의 사람과 물건에 대한 특정한 목표 또는 목적을 가진 수색을 의미한다.[157]

가택의 수색은 주거의 자유에 대한 특히 중대한 침해이기 때문에 가택수색에 관한 경찰법규 자체에 규율되어 있는 그 밖의 절차규정(제20조) 또한 준수되어야 한다.[158]

경찰은 소유자의 동의 없이 ① 제11조 제 3 항에 따라 구인될 수 있거

157) Wolf-Rüdiger Schenke(서정범 역), 앞의 책, 87쪽.
158) Franz-Ludwig Knemeyer(서정범 역), 앞의 책, 97쪽.

나 또는 제13조에 따라 보호조치가 취해질 수 있는 자가 그 안에 있다는 사실이 인정될 수 있을 때, ② 제21조 제 1 호에 따라 영치될 수 있는 물건이 그 안에 있다는 사실이 인정될 수 있을 때, ③ 사람의 생명, 신체 또는 자유 또는 중요한 가치있는 물건에 대한 현재의 위험의 방지를 위하여 필요한 경우에는 주거를 출입하여 수색할 수 있다고 규정하고 있다. 또한 주거에는 거실, 그 밖의 공간, 작업실, 사무실 및 그 밖에 평온이 보장되어야 할 소유물을 포함한다. 예를 들어, 캠핑용 자동차 등도 포함된다.[159]

여기서의 주거의 개념은 모범초안 제19조 제 1 항 제 3 호 제 2 문에 광의로 규정되어 있는바, 그것은 연방헌법재판소의 판례와 일치한다.[160] 그것은 거실(Wohnraum)과 그 밖의 공간(Nebenraum), 작업실(Arbeitsraum), 사무실(Geschäftsraum) 및 그것이 인성의 계발(啓發)을 위한 매개물로서 기여하는 한 평온이 보호되어야 하는 그 밖의 일체의 물건(예: 캠핑용 자동차, 텐트, 수상주택도 포함된다)을 포함한다. 단지 토지(예: 경작지)에 울타리를 두른 것만으로는 주거공간으로서의 성격이 결여되어 있기 때문에 여기서의 주거의 요건을 충족시키지 못한다. 모범초안 제19조 제 2 항은 야간에의 가택출입 및 수색에 대하여는 특별규정을 두고 있다. 모범초안 제19조 제 3 항은 일정한, 특히 위험이 빈발할 가능성이 높은 곳으로 악명높은(verrufene) 주거에는 급박한 위험의 방지를 위하여 출입할 수 있지만, 물론 수색을 할 수는 없다는 것을 규정하고 있다. 모범초안 제19조 제 4 항에는 공중에게 개방되어 있거나 있었고 체재하는 사람들이 더 머무를 수 있는 작업실, 사무실 및 그 밖의 토지와 공간에는 작업시간 및 체재시간 중에는 친입할 수 있음이 규정되어 있다. 따라서 모범초안 제19조 제 4 항에 열거되어 있는 장소의 경우 그 장소가 갖는 고도의 공중관련성 때문에 동소가 열거하고 있는 조건하에서는 기본법 제13조 제 3 항의 제한된 조건을 갖추지 못한 경우에도 출입, 조사권이 허용되어야 한다는 연방헌법재판소의 판례[161]는 고려를 요한다.

159) 최정일, 행정법의 정석(행정법Ⅱ)(박영사, 2009), 290쪽.
160) BVerfGE 32, 54, 68ff.
161) BVerfGE 32, 54, 75ff.

13) 가택수색의 절차

> 第20조(가택수색의 절차) ① 가택의 수색은 임박한 위험이 있는 경우 외에는 단지 법관에 의하여서만 행해질 수 있다. 가택의 소재지를 관할구역으로 하는 지방법원지원이 관할권을 갖는다. 자유로이재판을받을기회에관한법률의 규정이 이 절차에 준용된다.
> ② 가택수색의 경우 가택의 소유자는 그에 참여할 권리가 있다. 그가 부재중인 경우에는 가능하다면 그의 대리인, 성년인 친척, 동거인 또는 인인이 참석하여야 한다.
> ③ 가택의 소유자 또는 그의 대리인에게는 그로 인하여 수색의 목적달성이 현저히 곤란해지지 않는 한, 수색의 이유가 지체없이 통지되어야 한다.
> ④ 수색에 관하여는 조서가 작성되어야 한다. 조서에는 책임있는 부서, 수색의 근거, 시간, 장소와 결과가 기재되어야 한다. 조서에는 수색을 행한 공무원, 가택소유자 또는 그 밖의 참여인이 서명하여야 한다. 서명을 거부하는 경우에는 그에 관한 이의를 부기하여야 한다. 가택의 소유자 또는 대리인의 요구가 있는 경우에는 조서의 사본이 교부되어야 한다.
> ⑤ 조서의 작성 또는 사본의 교부가 특별한 사정으로 인하여 불가능하거나 수색의 목적을 위협하는 경우에는 관계인은 책임있는 부서의 진술하에 서면으로 수색의 시기와 장소를 확인할 수 있어야 한다.

모범초안 제20조는 “가택수색의 절차”를 규정하고 있다.

가택수색의 경우에는 소유권자 또는 그 대리인 등에게 경찰의 활동을 지켜볼 권리를 보장하고 있다(제 2 항).

판례에 따르면 그것이 위험방지의 목적으로 행하여지는 경우에도 주거의 수색은 기본법 제13조 제 2 항에 따라야 하고, 따라서 급박한 위험이 있는 외에는 법관의 명령에 의하여서만 행해질 수 있다.[162] 즉, 그것이 위험방지의 목적으로 행하여지는 경우에도 주거의 수색은 기본법 제13조 제 2 항에 따라야 하고, 따라서 급박한 위험이 있는 경우 외에는 단지 법관의 명령에 의하여서만(모범초안 제20조 제 1 항 제 2 문에 따르면 지방법원지원) 행해질 수 있으며, 수색이 종료된 후에는 법원의 결정은 더 이상 필요치 않으며, 더욱이 관계인에게는 행정법원법 제113조 제 1 항 제 4 문의 유추

162) BVerfGe 28, 285ff; BVerfGE 51, 97, 106.

적용하에 수색의 위법성 확인을 구할 일반적 가능성이 존재한다. 모범초안 제20조 제 2 항은 수색의 경우에 주거의 소유자가 참여할 권리가 있음을 규정하고 있다. 그의 부재중에는 가능한 한 그의 대리인, 성년인 친척, 동거인 또는 이웃이 참석하여야 한다. 주거의 소유자 또는 그의 대리인에게는 그로 인하여 수색의 목적달성이 현저히 곤란해지지 않는 한, 수색의 이유가 지체없이 통지되어야 한다. 그 밖에 모범초안 제20조 제 4 항과 제 5 항은 수색에 대한 조서의 작성을 규율하고 있다.[163]

14) 영 치

> 제21조(영치) 경찰은 다음 각호의 경우에 물건을 영치할 수 있다.
> 1. 현재의 위험을 방지해야 할 때
> 2. 소유권자 또는 적법한 점유자를 물건의 망실 또는 훼손으로부터 보호하기 위하여
> 3. 이 법률 또는 다른 법규에 의하여 구금된 자가 휴대하고 있는 물건이 다음의 목적으로 사용될 수 있을 때
>   a) 자살 또는 자상
>   b) 타인의 생명 또는 건강의 훼손
>   c) 타인의 물건에 대한 손상
>   d) 도주를 가능 또는 용이케 할 목적으로 사용

모범초안 제21조는 "영치"에 대해 규정하고 있다.

모범초안을 비롯한 대다수의 경찰-질서법률은 정당한 권한을 가진 자의 사실상의 지배를 종료시기고 행정청의 새로운 사실상의 지배를 발생시키는 것에 대하여 영치(Sicherstellung)라는 용어를 사용하고 있다. 즉, 모범초안 제21조의 영치란 위험방지를 위하여 어떤 물건의 소유자 또는 그 밖의 정당한 권원을 가진 자의 사실상의 지배(Gewahrsam)를 종료시키고, 경찰이나 행정청 및 그로부터 권한을 위임받은 자의 새로운 사실상의 지배를 발생시키는 것을 말한다. 영치는 영치명령과 사실행위인 그의 집행을 통하여 이루어진다. 영치에 있어서는 물건의 인도가 자의(自意)에 의해 행해질 것이 요구된다. 그 조치의 목적상 물건을 임치하여 타인이 그

163) Wolf-Rüdiger Schenke(서정범 역), 앞의 책, 90쪽.

물건에 대해 영향을 미칠 가능성을 배제하려는 것이 경찰에게 중요한 의미를 가질 때에만 영치라고 할 수 있다.[164)]

모범초안 제21조에 따르면 ① 현재의 위험을 방지해야 할 때, ② 소유권자 또는 적법한 점유자를 물건의 망실 또는 훼손으로부터 보호하기 위하여, ③ 이 법률 또는 다른 법규에 의하여 구금된 자가 휴대하고 있는 물건이 다음의 목적으로 사용될 수 있을 때(a) 자살 또는 자상, b) 타인의 생명 또는 건강의 훼손, c) 타인의 물건에 대한 손상, d) 도주를 가능 또는 용이케 할 목적으로 사용)에 물건을 영치할 수 있다.

15) 임 치

> 제22조(임치) ① 영치된 물건은 임치되어야만 한다. 물건의 성질상 임치할 수 없거나 경찰이 임치하는 것이 적당하지 않은 경우에는 다른 적당한 방법으로 영치하거나 보존할 수 있다. 이 경우 제 3 자에 의한 임치도 가능하다.
> ② 관계인에게는 영치의 이유와 보관된 물건을 표시한 증명서를 교부하여야 한다. 사정상 증명서를 교부할 수 없는 경우에는 증명서를 교부하지 못하는 이유를 밝힌 영치조서를 작성하여, 그 물건의 소유권자 또는 정당한 사실상의 지배권자에게 지체없이 통지하여야 한다.
> ③ 영치된 물건이 임치된 경우에는 경찰은 가능한 한 그 물건의 가치가 감소되지 않도록 하여야 한다. 권리자의 요구에 따라 제 3 자가 물건을 임치한 때에는 그러하지 아니하다.
> ④ 임치된 물건에 대해서는 목록을 작성하고 혼동을 방지하기 위한 표시가 행해져야 한다.

모범초안 제22조는 "임치"에 대해 규정하고 있다.

임치라 함은 금전, 유가증권 등의 보관을 위탁받은 사람이 상대방을 위하여 그 물건을 보관하기로 계약을 하는 것을 말한다.

영치는 원칙적으로 공적 영치행위에 의하여 행해진다. 이러한 임치관계로부터 발생하는 계약에 준하는 공법적 의무의 위반이 있는 경우에는 공행정주체는 그의 유책행위에 대하여 책임을 지는바, 이 경우 그 한도에서 민법 제282조의 과실의 추정 또한 유추적용될 것이 고려된다.[165)]

---

164) Franz-Ludwig Knemeyer(서정범 역), 앞의 책, 99쪽.

모범초안 제 2 조 제 2 항에 따를 때, 경찰은 법원에 의한 권리구제가 적시에 행해질 수 없고 또한 경찰의 개입 없이는 권리의 실현이 불가능하거나 현저히 곤란한 경우에는 사권의 보호를 위하여 활동할 수 있다.

영치(영치명령과 사실행위인 그 집행)는 그 물건에 대한 지금까지의 소유권자 등의 사실상의 지배를 종료시키고 공법상의 임치관계를 발생시키는 바, 임치관계에서 경찰은 물건을 주의깊게 보관하여야 할 의무를 지며, 그 한도에서 책임도 진다. 이 경우 임치는 행하여져야 한다. 따라서 경찰은 영치할 물건을 임의로 처분하여서는 안되고 임치하여야 할 의무를 진다(제22조 제 1 항 제 1 문).[166]

경찰이 자동차를 견인하는 것을 영치로 볼 수 있는지 여부가 다투어지고 있다.[167]

16) 환가, 폐기

제23조(환가, 폐기) ① 다음 각호의 1에 해당하는 경우에는 영치된 물건의 환가가 허용된다.

1. 물건이 망실되거나 가치가 현저히 저하될 염려가 있는 경우
2. 물건의 임치, 보존 또는 유지에 과도한 비용이 들거나 그것이 곤란한 경우
3. 물건의 사실상 그를 영치하여도 공공의 안녕 또는 질서에 대한 위험을 제거할 수 없는 경우
4. 영치의 요건이 새로이 발생함이 없이 1년이 경과한 후에도 권리자에게 반환할 수 없는 경우
5. 일정한 기한을 정하여 그 기한내에 그 물건을 찾아가지 않으면 환가를 하겠다는 취지를 권리자에게 통지하였음에도 불구하고 상당한 기간내에 이를 찾아가지 않은 경우

② 환가에 앞서 그 물건의 소유자, 그 밖의 권리자 및 관계당사자의 의견을 들어야 한다. 환가조치의 사정과 목적이 허용하는 한, 환가명령 및 환가의 시기와 장소가 통지되어야 한다.

③ 환가는 공매 방식에 의하여야 한다. 이에는 민법 제979조 제 1 항이 준용된다. 경매가 성립되지 않거나 처음부터 성립가능성이 없다고 생각되는 경우

165) Wolf-Rüdiger Schenke(서정범 역), 앞의 책, 91쪽.
166) Franz-Ludwig Knemeyer(서정범 역), 앞의 책, 100쪽.
167) Wolf-Rüdiger Schenke(서정범 역), 앞의 책, 91쪽.

> 또는 경매비용이 매각예정가격을 초과함이 명백한 경우에는 수의계약을 통하여 매각할 수 있다. 매각대금은 환가된 물건의 대용물이 된다. 상당한 기간내에 매수인이 나타나지 않는 경우에는 그 물건은 공공의 목적에 제공될 수 있다.
> ④ 다음 각호의 경우에는 영치된 물건을 그 용법대로 사용할 수 없게 하거나 폐기할 수 있다.
> 1. 환가시에 영치의 사유가 존속하고 있거나 새로이 발생한 경우
> 2. 환가가 다른 사유로 인해 불가능한 경우

모범초안 제23조는 "환가와 폐기"에 대해 규정하고 있다.

모범초안 제23조는 경찰이 권리자를 이미 찾아내었고, (일정한 기간 내에 그 물건을 찾아가지 않으면) 환가를 하겠다는 뜻을 통지하였음에도 불구하고 권리자가 찾아가지 않을 때에 한하여서만 환가에 대한 수권규범으로서 고려될 수 있다(제 1 항 제 5 호 및 제 2 항·제 3 항).[168]

모범초안 제23조에 따르면 영치된 물건의 환가는 다음과 같은 5가지의 경우에 허용된다. ① 물건이 망실되거나 가치가 현저히 저하될 염려가 있는 경우, ② 물건의 임치, 보존 또는 유지에 과도한 비용이 들거나 그것이 곤란한 경우, ③ 물건의 사실상 그를 영치하여도 공공의 안녕 또는 질서에 대한 위험을 제거할 수 없는 경우, ④ 영치의 요건이 새로이 발생함이 없이 1년이 경과한 후에도 권리자에게 반환할 수 없는 경우, ⑤ 일정한 기한을 정하여 그 기한 내에 그 물건을 찾아가지 않으면 환가를 하겠다는 취지를 권리자에게 통지하였음에도 불구하고 상당한 기간 내에 이를 찾아가지 않은 경우 등이다(제 1 항). 환가는 일반적으로 공매(公賣)의 방식으로 행해진다(제 3 항).

17) 영치된 물건 또는 경락대금의 환부, 비용

> 제24조(영치된 물건 또는 경락대금의 환부, 비용) ① 영치의 전제조건이 소멸한 경우에는, 영치된 물건을 피영치자에게 반환하여야 한다. 피영치자에게 반환할 수 없는 경우에는 그 물건에 대한 권리를 갖고 있다고 믿을 만한 자에게

168) Franz-Ludwig Knemeyer(서정범 역), 앞의 책, 102쪽.

> 반환할 수 있다. 반환에 의하여 새로이 영치의 요건이 성립되는 경우에는 반환하지 못한다.
> ② 물건이 환가된 경우에는 그 경락대금을 교부하여야 한다. 정당한 권리자가 없거나 소재가 불분명한 경우에는 민법의 규정에 따라 경락대금은 공탁되어야 한다. 경락대금의 교부청구권은 그 물건이 환가된 때로부터 3년이 경과하면 소멸한다.
> ③ 영치와 임치의 비용은 제 4 조 또는 제 5 조에 따른 경찰책임자의 부담으로 한다. 다수의 경찰책임자가 존재하는 경우에는, 그들은 연대채무자로서 책임을 부담한다. 물건의 교부는 비용의 지급을 조건으로 할 수 있다. 물건이 환가된 경우에는 비용은 경락대금에서 충당할 수 있다. 비용은 행정상 강제징수절차에 의해 징수될 수 있다.
> ④ 민법 제938조의 규정은 이에 영향을 받지 아니한다.

모범초안 제24조는 "영치된 물건 또는 경락대금의 환부, 비용"에 대해 규정하고 있다.

진정한 소유자가 그의 권리를 주장하는 경우에는 경찰은 모범초안 제24조 제 1 항 제 2 문에 따라 지체없이 진정한 소유권자에게 반환하여야 한다.[169)]

그리고 제24조 제 3 항에 따라 경찰책임자에게 영치와 임치에 소요된 비용을 청구할 수 있다. 그와 같은 규정이 없는 경우에는 임치관계를 고려하여 민법 제639조의 유추에 따라 비용상환청구가 인정된다. 또한 제24조 제 3 항을 적용함에 있어서는 동조는 견인이 전치(轉置)를 넘어서서 임치장소로의 자동차의 이송이 있는 경우에 있어서의 견인비용에 관한 것임을 유의하여야 한다. 더욱이 전치를 위한 견인비용은 직접시행 및 즉시집행에 있어서의 경찰책임자의 비용상환의무의 관점에서만 발생할 수 있다.[170)]

다수의 경찰책임자가 존재하는 경우에는 그들은 연대채무자로서 책임을 진다(제24조 제 3 항). 그러나 이와 같이 연대채무에 관한 민법규정을 준용한다는 명시적 규정이 없더라도 그들 규정이 유추적용되는 것으로 보

169) Franz-Ludwig Knemeyer(서정범 역), 앞의 책, 102쪽.
170) Wolf-Rüdiger Schenke(서정범 역), 앞의 책, 94쪽.

아야 할 것이다.[171] 경찰은 다수의 경찰책임자 중 누구에게 경찰권을 발동할 것인지에 관한 선택재량을 행사함에 있어서 위험의 상황과 효율성의 측면만을 고려하여 결정하게 되는데, 경찰권이 발동되지 않은 다른 경찰책임자의 경우 책임자로서의 지위에 변동이 생기는 것은 아니므로 경찰권 발동으로 위해제거의 전 비용을 부담하게 된 사람은 다른 경찰책임자에 대하여 내부적으로 비용상환을 청구할 수 있어야 한다. 민법상의 연대채무관계에 있어서는 이행을 청구할 채무자의 선택이 완전히 자유로운 데 비하여, 경찰권 발동에 있어서는 의무에 적합한 재량권 행사에 따라 경찰권 발동의 대상자를 선택하게 된다는 점에서 양자는 차이가 있으므로 민법상의 연대채무규정의 유추적용이 불가능하다는 견해도 제시된다.[172] 그러나 이러한 견해에 따르면 경찰권 발동의 대상으로 선택된 사람은 다른 경찰책임자에게 민법상 비용상환을 청구할 수 없게 되는데, 이러한 결론은 타당하지 않다. 또한 이 견해에 따른다면 누구에게 경찰권을 발동할 것인지 결정함에 있어서 사후적인 비용부담까지 아울러 고려해야 하는데, 경찰권 발동의 시점에 비용부담의 문제까지 고려해야 한다면 신속하고 효과적인 위험방지에 관한 경찰 실무상의 요구를 충족시키지 못하게 될 것이다.[173]

(3) 집행원조

1) 집행원조

> 제25조(집행원조) ① 경찰은 직접강제가 행하여져야 하고 다른 행정청은 그를 위하여 필요한 실력을 갖고 있지 못하거나 그의 조치를 다른 방법으로는 스스로 시행할 수 없는 경우에 있어서 다른 행정청의 요청에 의하여 집행원조를 행한다.
> ② 경찰은 단지 시행의 종류와 방법에 대해서만 책임을 진다. 그 밖의 것에

171) 이러한 견해로는 Kloefer/Thull, “Der Lastenausglich unter mehreren polizei-und ordnungsrechtlich Verantworlichen,” DVBl. 1989, S. 1125: 김연태, “경찰비용의 부담” 「공법연구」 제34집 제 4 권 제 2 호, 341쪽 각주 25) 재인용.

172) 예를 들면, BGH, NJW 1981, S. 2458: 김연태, 앞의 글, 341쪽 각주 26) 재인용.

173) 이에 대해서는 김연태, 앞의 글, 340~342쪽 참조.

> 대해서는 행정응원에 관한 원칙이 준용된다.
> ③ 행정응원에 관한 의무는 이와 관련없다.

모범초안 제25조는 "집행원조"(Vollzughilfe)에 대해 규정하고 있다.

제 1 차적 차원의 위험방지법에 있어서 경찰집행기관과 내근경찰간의 직무배분에 상응하여, 특정한 경우에 있어서 위험방지조치의 강제적 시행은 집행원조라는 관점하에 경찰의 직무로 되어 있다.[174)]

독일 대부분의 란트의 경찰법률은 집행원조가 경찰의 직무라는 것을 명문으로 열거하고 있다. 모범초안 제25조 이하에 따르고 있는 바이에른, 베를린, 브레멘, 니이더작센, 노르트라인－베스트팔렌, 라인란트－팔쯔, 작센과 작센－안할트에서는 집행원조는 다른 행정청이 행하는 조치의 시행을 위하여 다른 행정청의 요청이 있는 경우에 경찰이 행하는 직접강제를 의미한다.[175)]

집행원조는 행정절차법 제 4 조 이하에서 규율하고 있는 행정응원(Amtshilfe)과 관련이 있다. 물론 후자의 경우 경찰은 — 집행원조의 경우에 있어서와는 달리 — 고유의 직무를 수행하는 것이 아니다.

집행원조에 따라 실현될 조치의 적법성에 관하여는 요구를 행하는 행정청에게 적용되는 법이 기준이 되고, 이에 반하여 집행원조의 시행의 종류와 방법에 관하여는 요구를 받은 행정청에게 적용되는 법이 기준이 된다. 이 같은 구분에 따르면, 집행될 조치의 적법성에 대하여는 전적으로 요구를 행하는 행정청이 책임을 부담한다. 요구를 받은 행정청은 단지 직접강제 및 집행조치의 시행의 종류와 방법에 대하여만 책임을 진다. 따라서 관계인이 집행될 조치에 대하여 이의를 제기하는 경우에는 요구를 행한 행정정에 대하여 제기하여야 한다.[176)]

174) Franz-Ludwig Knemeyer(서정범 역), 앞의 책, 103쪽.
175) Wolf-Rüdiger Schenke(서정범 역), 앞의 책, 194~195쪽.
176) Wolf-Rüdiger Schenke(서정범 역), 앞의 책, 196쪽.

2) 절 차

> 第26조(절차) ① 집행원조의 요구는 서면으로 하여야 한다. 그에는 조치의 이유와 법적 근거가 명기되어 있어야 한다.
> ② 급박한 경우에는 요청은 일정한 형식을 갖추지 않아도 된다. 그러나 요구가 있는 경우에는 지체없이 문서로 확인되어야 한다.
> ③ 요구를 하는 행정청은 요구의 시행에 관하여 통지를 받아야 한다.

모범초안 제26조는 "집행원조의 절차"에 대해 규정하고 있다.

집행원조의 요구는 반드시 조치의 이유와 법적 근거가 명기된 서면으로 하여야 한다(제 1 항). 그러나 급박한 경우에는 예외를 허용하고 있다(제 2 항).

3) 자유박탈에 있어서의 집행원조

> 第27조(자유박탈에 있어서의 집행원조) ① 집행원조의 요구가 자유의 박탈을 내용으로 하는 경우에는 자유박탈의 허용성에 대한 법원의 결정이 제시되거나, 요구서에 표시되어야 한다.
> ② 법원의 결정이 사전적으로 행해지지 않은 경우에는, 요구를 하는 행정청이 그를 받지 못하거나 사후적으로 법원의 결정을 지체없이 신청하지 않는 경우에는 경찰은 구금된 자를 석방하여야 한다.
> ③ 제15조와 제16조는 이에 준용된다.

모범초안 제27조는 "자유박탈에 있어서의 집행원조"에 대해 규정하고 있다.

집행원조의 요구가 자유의 박탈을 내용으로 하는 경우에는 자유박탈의 허용성에 대한 법원의 결정이 제시되거나, 요구서에 표시되어야 한다(제 1 항).

법원의 결정이 사전적으로 행해지지 않은 경우에는, 요구를 하는 행정청이 그를 받지 못하거나 사후적으로 법원의 결정을 지체없이 신청하지 않는 경우에는 경찰은 구금된 자를 석방하여야 한다(제 2 항).

(4) 강 제

1) 작위, 수인, 부작위의 강제

가. 행정강제의 허용성

> 제28조(행정강제의 허용성) ① 작위, 수인 또는 부작위를 내용으로 하는 행정행위는 그것이 불가쟁력을 발생하거나 그에 대한 쟁송이 집행정지효를 갖지 못할 때에 강제수단에 의해 시행될 수 있다.
> ② 특히 제 4 조에 따른 자에 대한 조치가 불가능하거나 적시에 행하여질 수 없거나 또는 아무런 효과도 가져오지 못할 것으로 예견되기 때문에 행정강제가 위험방지를 위하여 필요하고 이 경우 경찰이 그의 권한 내에서 행위를 하는 경우에는, 선행 행정행위를 전제함이 없이 행정강제가 행해질 수 있다.

모범초안 제28조는 "행정강제의 허용성"에 대해 규정하고 있다.[177)]

행정강제라 함은 행정목적의 실현을 확보하기 위하여 사람의 신체 또는 재산에 실력을 가함으로써 행정상 필요한 상태를 실현하는 권력적 사실행위이다. 행정강제에는 행정상 강제집행과 행정상 즉시강제가 있다. 행정상 강제집행은 행정법상의 의무불이행을 전제로 하여 이 의무의 이행을 강제하는 것인 데 반하여 행정상 즉시강제는 급박한 상황하에서 의무를 명할 수 없는 경우에 행하여지는 행정강제로서 행정법상의 의무불이행을 전제로 하지 않는다는 점에서 양자는 구별된다. 행정상 강제집행에는 대집행, 강제금수, 직접강제 등이 있다.[178)]

177) 바이에른 국립경찰직무법 제53조(행정강제의 허용성)는 "① 경찰은 작위의 실현, 수인 또는 부작위를 내용으로 하는 행정행위가 불가쟁력을 갖거나, 그 행정행위에 대한 제소가 정지효를 갖지 아니하는 경우, 강제수단으로 그 행정행위를 실현할 수 있다. ② 위험의 방지를 위해 필요한 때, 특히 제 7 조부터 제10조까지에 따른 사람에 대한 처분이 가능하지 아니하거나 효과를 기대할 수 없을 때에는 사전 행정행위 없이 행정강제가 적용될 수 있다. 그리고 이러한 경우 경찰은 자신의 권한의 범위 안에서 행위할 수 있다"고 규정하고 있다. 홍정선, 앞의 책, 423쪽.

178) 박균성·김재광, 앞의 책, 340~341쪽.

나. 강제수단

제29조(강제수단) ① 강제수단은 다음과 같다.
1. 대집행(제30조)
2. 강제금(제31조)
3. 직접강제(제33조)

② 강제수단은 제34조와 제39조가 정하는 바에 따라 사전에 고지되어야 한다.
③ 강제수단은 형벌 또는 과태료와 병과될 수 있고, 행정행위가 이행될 때까지 또는 다른 방법으로 소멸될 때까지 반복되고 변경될 수 있다.

모범초안 제29조는 "강제수단"에 대해 규정하고 있다.

강제수단으로는 ① 대집행(제30조), ② 강제금(제31조), ③ 직접강제(제33조) 등을 들고 있다(제 1 항). 강제수단은 사전에 고지되어야 한다(제 2 항).

다. 대집행

제30조(대집행) ① 타인에 의해 대행될 수 있는 작위(대체적 작위)의무를 이행하지 않는 경우에는, 경찰은 관계인의 비용부담으로 그 작위를 스스로 행하거나 그 시행을 타인에게 위탁할 수 있다.
② 관계인으로 하여금 대집행비용의 개산액(概算額)을 사전에 납부하도록 정할 수 있다. 관계자가 대집행의 비용 또는 예상되는 비용을 기한 내에 지불하지 않은 경우에는 행정상 강제징수절차에 따라 이를 강제징수할 수 있다. 관계인이 요구된 작위의무를 이행하는 즉시 예상비용의 징수는 중지된다.

모범초안 제30조는 "대집행"에 대해 규정하고 있다.

대집행이라 함은 타인에 의해 대행될 수 있는 작위(대체적 작위)의무를 이행하지 않는 경우에 관계인의 비용부담으로 그 작위를 스스로 행하거나 그 시행을 타인에게 위탁할 수 있는 것을 말한다. 즉, 공법상 대체적 작위의무의 불이행이 있는 경우에 당해 경찰이 스스로 행할 행위를 하거나 제 3 자로 하여금 이를 행하게 하고 그 비용을 의무자로부터 징수하는 것을 말한다.[179]

179) 박균성·김재광, 앞의 책, 341쪽.

대집행은 의무자가 행정행위를 통하여 그에게 부과된 행위를 행하지 않으면, 행정청이 제 3 자에게 의무자의 부담으로 그 행위를 행하게 할 수 있다. 다시 말하면, 대집행은 의무자의 비용으로 행정청의 주문에 따른 제 3 자의 실행이다. 이것은 단지 제 3 자를 통해서 할 수 있는 행위에만 가능하고, 극히 사적이거나, 부작위이거나 수인(受忍)에는 적용되지 않는다.

행정청은 제 3 자와 사법상의 계약을 체결한다. 이 계약은 행정청과 제 3 자 사이의 법적 관계가 성립한다. 제 3 자는 계약을 체결할 것인지 아닌지는 자유의사에 달려있다(단지 긴급하고 달리 제거할 수 없는 위험이 있는 경우에는 경찰법상의 비상사태의 전제하에는 계약에 의해서가 아니라 일방적인 행정행위로 강제적으로 투입될 수 있다). 행정청과 의무자 사이의 관계는 언제나 배타적으로 공법적 성질을 가지고 있다.[180]

라. 강제금

> 第31조(강제금) ① 강제금은 10부터 5000마르크까지 사이에서 문서로 정해진다. ② 강제금을 확정함에 있어서는 관계인에게 상당한 납부기한이 허여되어야 한다. ③ 관계인이 강제금을 기한 내에 납부하지 않을 때에는 행정상 강제징수절차에 따라 이를 강제징수할 수 있다. 관계인이 요구된 작위의무를 이행하거나 수인되어야 할 조치를 수인한 경우에는 징수가 중지된다.

모범초안 제31조는 "강제금"에 대해 규정하고 있다.

참고로 바이에른 국립경찰직무법에서는 강제금을 5유로 이상 2500유로 이하의 범위 안에서 서면으로 확정되도록 규정하고 있다(제56조 제 1 항).[181]

마. 대체강제구류

> 第32조(대체강제구류) ① 관계인이 강제금을 납부할 수 없는 경우 강제금의 부과시에 그에 대한 고지가 있었다면, 행정법원은 경찰의 요청에 의하여 대체강제구류를 명할 수 있다. 이 경우 대체강제구류의 기간은 1일 이상 2주 이하로 한다.

180) Harmur Maurer(박수혁 역), 앞의 책, 400~401쪽.
181) 홍정선, 앞의 책, 424쪽.

② 대체강제구류는 경찰의 요청에 의하여 민사소송법 제904조부터 제910조까지에 따라 사법행정기관이 집행한다.

모범초안 제32조는 "대체강제구류"에 대해 규정하고 있다.

강제구류는 독립적인 강제수단이 아니라 과태료를 징수할 수 없을 경우에만 집행될 수 있다. 그래서 행정집행법 제16조는 대체강제구류(Ersatzzwangshaft)라 한다. 강제구류명령은 판사가 결정한다(기본법 제104조 제 2 항). 행정집행법 제16조 제 2 항에 따르면 행정법원이 관할법원이다.[182] 모범초안 제32조는 관계인이 강제금을 납부할 수 없는 경우 대체강제구류를 명하도록 규정하고 있다.

바. 직접강제

제33조(직접강제) ① 경찰은 다른 강제수단이 없거나, 다른 강제수단으로는 강제의 효과를 기대할 수 없는 경우 또는 다른 강제수단이 합목적적이지 못한 경우에 직접강제를 행할 수 있다. 직접강제의 종류와 방법에 대하여는 제35조 이하의 규정이 적용된다.
② 진술의 청취를 위한 직접강제는 허용되지 않는다.

모범초안 제33조는 "직접강제"에 대해 규정하고 있다.

일반적으로 직접강제라 함은 비대체적 의무의 불이행이 있는 경우에 의무자의 신체나 재산 또는 양자에 실력을 가하여 의무의 이행이 있었던 것과 같은 동일한 상태를 실현하는 작용을 말한다.[183] 그러나 모범초안은 직접강제를 신체적 실력, 그의 보조수단과 무기를 통하여 사람 또는 물건에 영향을 미치는 것을 말한다고 정의하고 있다(제36조 제 1 항).

모범초안은 직접강제를 신체적 실력, 그의 보조수단과 무기를 통하여 사람 또는 물건에 영향을 미치는 것을 말한다고 정의하고 있다(제36조 제 1 항). 행정청은 의무자에게 직접 하나의 행위나 수인(受忍) 또는 부작위를 강요하거나 스스로 행위할 수 있다. 직접강제(Unmittelbarer Zwang)는 폭력, 육제적인 힘이나 무기사용 같은 보조수단을 통하여 개인이나 물건에 영향

182) Harmur Maurer(박수혁 역), 앞의 책, 402쪽.
183) 박균성·김재광, 앞의 책, 351쪽.

을 준다. 직접강제는 가장 예리한 강제수단이어서 최후의 수단으로만 실행된다. 강제수단 중 이 그룹의 강제수단은 필요성의 원칙과 비례의 원칙을 유의해야 한다. 무엇보다 총기의 사용은 극단적인 경우에만 허용된다.

직접강제는 행정청이 직접 실행하는데, 대집행은 행정청의 주문에 따라서 제 3 자가 실행하는 점에서 구별된다. 몇몇 연방의 주들이 '직접실행'의 경우를 통하여 대집행이 확장되고 있는 한도 내에서는 직접강제의 적용범위가 제한될 뿐만이 아니라, 경계의 문제가 발생한다. 경계의 문제는 다음과 같이 결정할 수 있다. 즉, 의무자가 해야 할 대체할 수 있는 행위를 의무자 대신 행정청이 실행하면, 직접실행의 의미에서의 대집행이 있다(건물철거). 이에 반하여 행정청이 그의 행위로서 의무자에게 또 하나의 다른 처신, 특히 대체할 수 없는 작위, 부작위 또는 수인을 하도록 한다면 직접강제가 있다(집회해산을 위한 물 분사).[184]

사. 강제수단의 계고

> 第34조(강제수단의 계고) ① 강제수단은 가능한 한 문서에 의해 계고되어야 한다. 계고의 내용에는 관계인이 의무를 이행하기 위한 상당한 기간이 포함되어 있어야 한다. 그러나 수인의무 또는 부작위의무가 강제되는 경우에는 기간을 정하지 않아도 무방하다. 사정상 계고를 할 수 없을 때, 특히 위험방지를 위하여 강제수단을 즉시 취하는 것이 불가피할 경우에는 계고는 생략될 수 있다.
>
> ② 계고는 작위, 수인 또는 부작위의무를 과하는 행정행위와 결합되어 행해질 수 있다 권리구제수단이 집행정지효를 갖지 못하는 경우에는, 계고는 가능한 한 행정행위와 결합하여 행해져야 한다
>
> ③ 계고를 통해 특정한 강제수단이 확정되어야 한다. 다수의 강제수단을 계고하는 경우에는, 강제가 행해지는 순서가 적시되어야 한다.
>
> ④ 대집행이 계고되는 경우에는, 비용의 개산액(概算額)이 고지되어야 한다.
>
> ⑤ 강제금은 정액으로 고지되어야 한다.
>
> ⑥ 계고는 송달되어야 한다. 계고가 그 근거가 되는 행정행위와 결합되어 행해지고, 그 행정행위에 대해서는 송달에 관한 규정이 없는 경우에도 또한 같다.

모범초안 제34조는 "강제수단의 계고"에 대해 규정하고 있다.

184) Harmur Maurer(박수혁 역), 앞의 책, 402쪽.

강제수단은 사전에, 집행이 의무자에게 충분히 납득할 수 있는, 특정한 기한의 제시하에 서면으로 계고되어야 한다. 여기서 계고라 함은 상당한 기간 내에 의무의 이행을 하지 않으면 대집행을 한다는 의사를 사전에 통지하는 행위이다.[185] 계고는 집행할 수 있는 행정행위와 함께 결부될 수 있다. 계고는 특정한 강제수단과 연결되어 있어야 하고, 강제수단을 정확하게 표시하고(예: 액수), 대집행의 경우에는 비용의 견적(개산액)을 포함하여야 한다.[186]

참고로 바이에른 국립경찰직무법은 "송달비용을 징수하도록 하면서, 작위, 수인 또는 부작위를 부과한 행정행위에 비용이 소요되지 아니하였다면, 그러하지 아니하다"(제59조 제 7 항)고 규정하고 있다.[187]

2) 직접강제의 시행

가. 법적 근거

> 제35조(법적 근거) ① 경찰이 기본법 또는 다른 법규에 따라 직접강제를 행할 권한을 갖는 경우 그의 종류와 방법에 대해서는 제36조부터 제44조까지가 적용되며, 이들 규정이 달리 규정하고 있지 않는 한, 본법의 다른 규정들도 적용된다.
> ② 정당방위와 긴급피난에 관한 규정에 따른 민법, 형법상의 효과는 이에 영향을 받지 아니한다.

모범초안 제35조는 "직접강제의 시행의 법적 근거"에 대해 규정하고 있다.

경찰이 기본법 또는 다른 법규에 따라 직접강제를 행할 권한을 갖는 경우 그의 종류와 방법에 대해서는 제36조부터 제44조까지가 적용되며, 이들 규정이 달리 규정하고 있지 않는 한, 본법의 다른 규정들도 적용된다(제 1 항). 정당방위와 긴급피난에 관한 규정에 따른 민법, 형법상의 효과는 이에 영향을 받지 아니한다(제 2 항).

---

185) 박균성·김재광, 앞의 책, 345쪽.
186) Harmur Maurer(박수혁 역), 앞의 책, 404쪽.
187) 홍정선, 앞의 책, 425쪽.

나. 개념의 정의

> 第36条(개념의 정의) ① 직접강제란 신체적 실력, 그의 보조수단과 무기를 통하여 사람 또는 물건에 영향을 미치는 것을 말한다.
> ② 신체적 실력이란 사람 또는 물건에 대한 일체의 직접적인 신체적 작용을 말한다.
> ③ 신체적 실력의 보조수단이란 특히 수갑, 살수기, 기술적 차단기, 경찰견마(警察駄馬), 관용차, 최루탄, 마취제 및 폭발물을 말한다.
> ④ 무기로서는 경찰봉, 권총, 연발권총, 소총, 기관총, 기관소총과 수류탄이 허용된다.

모범초안 제36조는 "직접강제의 개념의 정의"에 대해 규정하고 있다.

직접강제라 함은 신체적 실력, 그의 보조수단과 무기를 통하여 사람 또는 물건에 영향을 미치는 것을 말한다(제36조 제 1 항).

신체적 실력이라 함은 사람 또는 물건에 대한 일체의 직접적인 신체적 작용을 말하며(제 2 항), 신체적 실력의 보조수단이라 함은 특히 수갑, 살수기, 기술적 차단기, 경찰견마(警察駄馬), 관용차, 최루탄, 마취제 및 폭발물을 말한다(제 3 항). 무기로서는 경찰봉, 권총, 연발권총, 소총, 기관총, 기관소총과 수류탄이 허용된다(제 4 항).

다. 명령에 따른 행위

> 第37条(명령에 따른 행위) ① 경찰공무원은 지휘권을 가진 자가 명령한 직접강제를 행할 의무가 있다. 다만 그 명령이 인간의 존엄을 해하거나 직무상의 목적을 위해 발하여진 것이 아닌 경우에는 그러하지 아니하다.
> ② 범죄를 명하는 경우에는 명령에 복종하여서는 아니된다. 그럼에도 불구하고 경찰관이 명령에 따른 경우에는 경찰공무원이 그로 인하여 범죄가 성립한다는 사실을 인식했거나, 그가 알고 있는 사정에 비추어 볼 때 범죄가 성립한다는 사실이 명백한 경우에만 책임을 진다.
> ③ 경찰공무원은 명령의 적법성에 의문이 있는 경우, 이의제기가 허용되어 있다면 그에 대한 이의를 명령자에게 제기하여야 한다.
> ④ 해당 공무원법상의 이의신청권에 관한 규정은 적용되지 아니한다.

모범초안 제37조는 "직접강제의 시행의 명령에 따른 행위"에 대해 규정하고 있다.

경찰공무원은 인간의 존엄을 해하거나 직무상의 목적을 위해 발해진 경우가 아닌 경우를 제외하고는 명령에 복종할 의무가 있다(제1항). 그러나 명령의 적법성에 의문이 있는 경우에는 이의제기를 할 수 있다(제3항).

라. 부상자에 대한 구조

> 第38条(부상자에 대한 구조) 직접강제를 행하는 경우, 그것이 필요하고 또한 사정이 허락하는 한 부상자에 대해서는 구조와 의사의 진찰이 행해져야 한다.

모범초안 제38조는 "부상자에 대한 구조"에 대해 규정하고 있다.

직접강제를 행하는 경우에는 직접강제가 필요하고 또한 사정이 허락하는 한 부상자에 대해서는 구조와 의사의 진찰이 행해지도록 하였다.

마. 직접강제의 계고

> 第39条(직접강제의 계고) ① 직접강제는 그의 시행에 앞서 계고가 있어야만 한다. 사정상 계고를 할 수 없는 경우, 특히 강제수단을 즉시 사용하는 것이 위험방지를 위하여 불가피한 경우에는 계고를 생략할 수 있다. 경고사격 또한 총기사용에 대한 계고로 간주된다.
> ② 총기와 수류탄은 생명 또는 신체에 대한 현재의 위험을 방지하기 위하여 필요한 경우에 한하여 계고없이 사용될 수 있다.
> ③ 다중에 대한 직접강제를 행함에 있어서는 비관여인이 이탈할 수 있도록 가능한 한 적시에 계고가 행해져야 한다. 특히 다중에 대하여 총기를 사용하는 경우에는 언제나 계고가 행하여져야만 한다. 기술적인 차단기와 경찰마(警察馬)의 사용시에는 계고가 생략될 수 있다.

모범초안 제39조는 "직접강제의 계고"에 대해 규정하고 있다.

강제수단은 사전에, 집행이 의무자에게 충분히 납득할 수 있는, 특정한 기한의 제시하에 서면으로 계고되어야 한다. 여기서 계고는 상당한 기간 내에 의무의 이행을 하지 않으면 대집행을 한다는 의사를 사전에 통지하는 행위이다.[188] 계고는 집행할 수 있는 행정행위와 함께 결부될 수 있

188) 박균성·김재광, 앞의 책, 345쪽.

다. 계고는 특정한 강제수단과 연결되어 있어야 하고, 강제수단을 정확하게 표시하여야 한다.[189]

바. 수갑의 사용

> 제40조(수갑의 사용) 다음 각호(① 경찰공무원이나 제 3 자를 공격하거나, 그에 저항하거나 또는 물건을 손상시킬 때, ② 도주하거나 또는 도주시키려고 하는 경우, ③ 자살 또는 자해를 하려는 경우)의 사항이 인정될 경우에는 본법 또는 다른 법령에 의하여 구금된 자에 대하여 수갑을 사용할 수 있다.

모범초안 제40조는 “수갑의 사용”에 대해 규정하고 있다.

수갑이라 함은 경찰이 체포된 죄수의 두 손을 결박하는 데 사용하는 도구를 말한다. 근대 이전에는 2가지 형태의 수갑이 사용되었다. 그 가운데 하나는 8자형으로 양손을 몸의 앞 또는 뒤에서 함께 꽉 조이는 것이었으며, 다른 하나는 짧은 쇠사슬을 연결해 손목 둘레에 꼭 맞게 만든 고리 형태로서, 오늘날 경찰이 사용하는 것과 비슷했다. 수갑은 이전에는 쇠고랑·차꼬·고랑·스위블 등의 이름으로 불렸다. 현대식 수갑은 대부분 손목 크기에 맞추어 강철로 제작되고 자동잠금장치가 부착되어 있다. 지금은 폭동현장 등에서 나일론으로 만든 1회용 수갑도 사용하는데, 이것은 경찰관이 손쉽게 여러 벌을 휴대할 수 있다는 장점이 있다.[190]

모범초안은 ① 경찰공무원이나 제 3 자를 공격하거나, 그에 저항하거나 또는 물건을 손상시킬 때, ② 도주하거나 또는 도주시키려고 하는 경우, ③ 자살 또는 자해를 하려는 경우 등에 수갑을 사용할 수 있도록 허용하고 있다.

사. 총기사용에 관한 일반규정

> 제41조(총기사용에 관한 일반규정) ① 총기는 직접강제의 다른 수단으로는 목적을 달성할 수 없거나 달성할 수 없음이 명백히 예견되는 경우에 한하여 사용할 수 있다. 사람에 대한 총기의 사용은 물건에 대한 총기의 사용에 의하여서는 목적을 달성할 수 없는 경우에 한하여 허용된다.
> ② 사람에 대한 총기의 사용은 공격 또는 도주를 못하게 하도록 하기 위하여

189) Harmur Maurer(박수혁 역), 앞의 책, 404쪽.
190) Daum 백과사전 참조.

> 서만 허용된다. 사망의 결과를 가져올 개연성이 높은 총기의 사용은, 그것이 생명 또는 신체의 불가침성에 대한 중대한 침해에 대한 현재의 위험을 방지하기 위한 유일한 수단인 경우에 한하여 허용된다.
> ③ 외견상 14세 미만으로 보이는 자에 대한 총기의 사용은 허용되지 아니한다. 총기의 사용이 생명 또는 신체에 대한 현재의 위험을 방지하기 위한 유일한 수단인 경우에는 그러하지 아니하다.
> ④ 경찰공무원이 인식할 수 있는 비관여인(非關與人)이 위험에 처할 고도의 개연성이 있는 경우에는 총기의 사용이 허용되지 아니한다. 총기의 사용이 생명에 대한 현재의 위험을 방지하기 위한 유일한 수단인 경우에는 그러하지 아니하다.

모범초안 제41조는 "총기사용에 관한 일반규정"에 대해 규정하고 있다.

총기(무기)는 사람을 살상하는 성능을 가진 기구 일반을 총칭하는 것으로 볼 수 있다. 무기를 성질상의 무기와 용법상의 무기로 분류하는 견해도 있다. 전자는 사람을 살상하는 용도에 사용할 목적으로 제작된 기구를 말하고, 후자는 제작목적은 살상목적이 아니나 그 용법에 따라 사람의 살상에 이용할 수 있는 기구를 말한다.[191)]

모범초안은 무기사용의 일반적 요건에 대해 구체적으로 규정하고 있다.

아. 사람에 대한 총기사용

> 第42조(사람에 대한 총기사용) ① 사람에 대한 총기의 사용은 다음 각호의 1에 해당하는 경우에만 허용된다.
> 1. 생명 또는 신체에 대한 현재의 위험을 방지하기 위한 경우
> 2. 총기 또는 폭발물의 사용, 휴대를 수단으로 하는 중죄(Verbrechen) 또는 경죄(Vergehen)가 행해지려고 하거나 계속 행하여지는 것을 저지하기 위한 경우
> 3. 도주함으로써 체포 또는 신원확인을 피하려고 하는 자를 체포하기 위한 경우(다음 각호의 1에 해당하는 경우에 그러하다)
>   a) 중죄를 범하였다고 의심할 만한 충분한 이유가 있거나
>   b) 경죄를 범하였다고 의심할 만한 충분한 이유가 있고, 그가 총기 또는

191) 박균성·김재광, 앞의 책, 749쪽.

폭발물을 소지하고 있다고 인정되는 사정이 있는 경우
4. 다음 각호의 사유에 근거하여 구금중인 자 또는 연행중인 자의 도주방지 또는 체포를 위한 경우
 a) 중죄를 범하였다는 법관의 결정 또는 중죄를 범하였다는 충분한 혐의가 있는 경우
 b) 경죄를 범하였다는 법관의 결정이 있거나 경죄를 범하였다는 충분한 혐의가 있고 그가 총기나 폭발물을 소지하고 있다고 인정될 만한 사정이 있는 경우
5. 구금중인 자를 폭력을 사용하여 도주시키려고 하는 것을 저지하기 위한 경우
② 소년구금이나 형벌구금을 집행하는 경우 또는 개방시실로부터의 도주를 방지하기 위한 경우에는 제 1 항 제 4 호에 따른 총기의 사용은 허용되지 아니한다.

모범초안 제42조는 "사람에 대한 총기사용"에 대해 규정하고 있다.

우리의 경우에 치명적 사격(사살)은 인질을 구출하는 경우와 같이 그것이 현재의 생명의 위험 또는 신체에 대한 중대한 침해의 방지를 위한 유일한 수단인 경우에만 허용되는 것으로 보고 있으나,[192] 독일의 경우에는 가령, 도주함으로써 체포 또는 신원확인을 피하려고 하는 자를 체포하기 위한 경우에도 총기사용을 허용하고 있어 매우 광범위하게 인정하고 있는 점이 특징이다.

자. 다중 속에 있는 사람에 대한 총기사용

제43조(다중 속에 있는 사람에 대한 총기사용) ① 경찰공무원이 비관여인(非關與人)이 위험에 처할 고도의 개연성이 있다는 것을 인식할 수 있는 경우에는 다중 속에 있는 사람에 대한 총기사용은 허용되지 아니한다. 총기의 사용이 생명에 대한 현재의 위험을 방지하기 위한 유일한 수단인 경우에는 그러하지 아니하다.
② 다중 속에 있지만 폭력을 행사하거나 그를 용인 또는 방조하는 자는, 그가 제39조 제 3 항에 따른 반복적인 경고에도 불구하고 집단을 이탈하지 않는 경우에는 비관여인(非關與人)이라고 볼 수 없다.

192) 박균성·김재광, 앞의 책, 753쪽.

모범초안 제43조는 "다중 속에 있는 사람에 대한 총기의 사용"에 대해 규정하고 있다.

경찰공무원이 비관여인(非關與人)이 위험에 처할 고도의 개연성이 있다는 것을 인식할 수 있는 경우에는 다중 속에 있는 사람에 대한 총기사용은 허용되지 아니한다. 그러나 총기의 사용이 생명에 대한 현재의 위험을 방지하기 위한 유일한 수단인 경우에는 그러하지 아니하다(제 1 항).

차. 특수무기, 폭발물

> 第44조(특수무기, 폭발물) ① 기관총과 수류탄은 제42조 제 1 항 제 1 호, 제 2 호 및 제 5 호의 경우에 한하여, 내무부장관 또는 구체적인 경우에 있어 그에 의하여 위임을 받을 자의 동의하에 다음 각호의 1에 해당하는 경우 사용할 수 있다.
> 1. 총기 또는 수류탄 또는 그와 유사한 폭발물을 사용한 자에 대하여
> 2. 사전에 다른 총기를 사용했으나 효과가 없는 경우
>
> ② 기관총과 수류탄은 공격을 못하게 하기 위하여서만 사용할 수 있다. 수류탄은 다중에 대하여는 사용할 수 없다.
> ③ 총기사용에 관한 다른 규정은 이에 의하여 영향을 받지 않는다.
> ④ 폭발물은 사람에 대하여 사용할 수 없다.

모범초안 제44조는 "특수무기, 폭발물"에 대해 규정하고 있다.

기관총과 수류탄은 ① 총기 또는 수류탄 또는 그와 유사한 폭발물을 사용한 자에 대하여, ② 사전에 다른 총기를 사용했으나 효과가 없는 경우에 사용할 수 있다. 폭발물은 사람에 대하여 사용할 수 없다.

(5) 손실보상, 구상, 배상청구

1) 손해전보의무의 요건

> 第45조(손해전보의무의 요건) ① 제 6 조에 따른 적법한 조치의 결과 손실을 입은 자에 대해서는 정당한 보상이 행해져야 한다. 경찰의 위법한 조치로 인해 손해를 입은 경우에도 또한 같다.
> ② 경찰의 동의를 얻어 경찰업무의 수행에 자발적으로 협조하거나 물건을

> 제공함으로 인하여 손해를 입은 자에 대해서도 손해전보가 행해져야 한다.
> ③ 그 밖의 손해배상청구, 특히 직무의무위반을 이유로 하는 손해배상청구는 이에 영향을 받지 아니한다.

모범초안 제45조는 "손해전보의무의 요건"에 대해 규정하고 있다.

독일 대부분의 주들의 경찰법과 질서법은 — 다른 보상청구권들과 함께 — 하나의 전형적인 위법책임을 규율하고 있다. 그에 따르면, 만약 누가 경찰청이나 질서청의 위법한 조치로 인하여 손해를 보았으면 보상이 보장되어야 한다. 유책성이 있거나 없는 것은 중요하지 않다.

그리고 조치의 개념은 학계와 판례에서 넓게 해석된다. 이것은 좁은 의미의 경찰침해만을 파악하는 것뿐만 아니라 모든 경찰법과 질서법 분야에서의 여타의 조치를 포함한다.[193)]

경찰권 발동으로 인하여 경찰책임자에게 발생한 손실에 대하여는 원칙적으로 손실보상청구가 보장되지 않는바, 그 한도에서는 경찰-질서법률들이 일치하고 있다. 경찰긴급상황의 경우에 손실보상청구권을 인정하고 있는 규정을 경찰책임자에 대한 경찰권 발동의 경우에 유추적용하는 것은 고려되지 않는다.

입법자가 일반 경찰-질서법의 영역에서 의식적으로 관계인이 비책임자인 경우에만 손실보상을 고려하고 있기 때문에, 그 같은 유추적용은 금지된다. 관계인이 실질적 경찰의무를 준수하지 않아서 경찰이 그 의무를 이행할 것을 요구하고, 그와 관련하여 손실이 발생한 경우에는 손실보상규정의 배경을 이루는 손실보상의 이념은 관련이 없다.

경찰법상 경찰책임자는 적법한 경찰작용을 통해 피해를 입었다고 하여도 손실보상청구권을 가지지 아니한다. 다시 말하면, 적법한 경찰작용으로 인해 강해야기자(교란자)에게 재산상 손실이 생긴 경우에는 기본적으로 보상이 인정될 수 없다.[194)]

경찰책임자로 성격이 규정된 자의 손실보상청구권을 인정하는 것은 이익상황을 고려해 볼 때 경찰이 그에게 행한 조치가 비책임자에 대한

193) Harmur Maurer(박수혁 역), 앞의 책, 587쪽.
194) 홍정선, 앞의 책, 465쪽.

조치와 마찬가지로 원칙적으로 공용침해에 해당하는 경우에만 고려될 수 있다.[195)]

경찰책임자에 대하여 위법한 조치가 행하여지고, 그로 인하여 그에게 손해가 발생한 경우에는 경찰책임자의 손실보상청구가 고려된다(제45조 제 1 항). 이것은 부분적으로 명문으로 규정되어 있기도 하지만,[196)] 그와 같은 특별한 규정을 갖고 있지 않은 란트에서도 수용유사침해 및 희생보상청구의 관점으로부터 도출될 수 있다.[197)]

2) 손해전보의 내용, 종류, 범위

> 第46조(손해전보의 내용, 종류, 범위) ① 제45조에 따른 손해전보는 원칙적으로 재산상의 손해에 대해서만 행해진다. 통상의 임금 또는 이용대가를 넘어서는 기대이익과 경찰의 조치와 직접 관계없는 불이익에 대해서는, 불합리한 손해를 방지하기 위하여 손해전보가 필요하다고 인정되는 경우에 한하여 손해전보가 행해질 수 있다.
>
> ② 신체 또는 건강에 대한 침해 또는 자유박탈의 경우에는 비재산적 손해에 대해서도 상당한 보상이 행해져야 한다. 이 청구권은 그것이 소송에 계속되거나 계약에 의해 인정되는 경우가 아니라면 양도 또는 상속될 수 없다.
>
> ③ 손해전보는 금전으로 행한다. 손해전보를 요하게 만든 조치가 생계능력의 소멸 또는 감소, 생활에 필요한 수요의 증가, 부양청구권의 상실 또는 침해를 가져오는 경우에는 손해전보는 정기금지불의 방식으로 행해져야 한다. 민법 제760조가 이에 적용된다. 중대한 사유가 존재하는 경우에는 정기금에 대신하여 일시불로 지급해 줄 것을 요구할 수 있다. 피해자에 대하여 부양의무를 갖는 자가 존재하는 경우에도 이 청구권은 부인되지 아니한다.
>
> ④ 피해자에게 제 3 자에 대한 청구권이 존재하는 경우에는, 그것이 그의 내용과 범위에 있어 손해전보청구권과 합치하는 한, 제 3 자에 대한 청구권을 포기한 경우에만 손해전보가 행해진다.

195) Wolf-Rüdiger Schenke(서정범 역), 앞의 책, 288쪽.

196) 입법례로 니더작센경찰직무법 제70조(보상청구권) ① 제10조(경찰상 긴급상태)에 따른 처분으로 인해 피해를 입은 자는 경찰처분으로 인해 발생한 피해의 범위 안에서, 그리고 피해에 대하여 다른 보상이 주어지지 아니하는 때에 보상을 받을 수 있다. ③ 사망의 경우에는 민법 제844조 제 2 항의 적용을 통해 부양권리자에게 보상하여야 한다. ④ 처분이 직접 사람의 보호 또는 피해자의 재산의 보호를 위한 것인 때에는 제 1 항부터 제 3 항까지에 따른 보상청구권은 인정되지 아니한다. 홍정선, 앞의 책, 464쪽 각주 2).

197) Wolf-Rüdiger Schenke(서정범 역), 앞의 책, 290~291쪽.

⑤ 손해전보액의 산정에 있어서는 제반사정, 특히 손해의 종류와 예견가능성과 피해자와 그의 재산이 경찰의 조치에 의하여 보호되었는지의 여부가 고려되어야 한다. 피해자가 책임져야 할 사정이 손해의 발생 또는 악화에 영향을 미친 경우에는, 손해전보의 의무 및 손해전보의 범위는 피해자에 의해 야기된 손해의 정도와 경찰에 의해 야기된 손해의 정도에 따라 결정된다.

모범초안 제46조는 "손해전보의 내용, 종류, 범위"에 대해 규정하고 있다.

모범초안은 손해전보는 원칙적으로 재산상의 손해에 대해서만 행해진다는 것을 분명히 하고 있으며(제46조 제 1 항), 신체 또는 건강에 대한 침해 또는 사유박탈의 경우에는 비재산적 손해에 대해서도 상당한 보상이 행해져야 한다(제 2 항)고 규정하고 있다.

3) 간접적 피해자의 청구권

제47조(간접적 피해자의 청구권) ① 살해의 경우에는 매장비용을 부담할 의무를 가진 자에게 제46조 제 5 항의 범위 내에서 매장비용을 전보해 주어야 한다.
② 살해시에 피살해자가 제 3 자에 대하여 법률에 의하여 부양의무를 지고 있거나 지게 될 수 있는 관계에 있었고 제 3 자는 살해의 결과 부양청구권을 상실하게 된 경우에는, 제 3 자는 피살해자가 추정생존기간동안 부담하였을 부양의무를 한도로 제46조 제 5 항의 범위 내에서 상당한 손해전보를 청구할 수 있다. 제46조 제 3 항부터 제 5 항까지는 이에 준용된다. 손해발생시에 태아였던 자도 손해전보를 청구할 수 있다.

모범초안 제47조는 "간접적 피해자의 청구권"에 대해 규정하고 있다.

모범초안은 간접적 피해자에 대한 손해전보청구권을 인정하고 있다. 가령, 살해의 경우에는 매장비용을 부담할 의무를 가진 자에게 일정한 범위 내에서 매장비용을 전보해 주도록 하였다(제 1 항). 살해의 경우에 매장비용을 부담할 의무를 가진 자가 간접적 피해자이다.

4) 손해전보청구권의 시효

제48조(손해전보청구권의 시효) 손해전보청구권은 피해자(제47조의 경우에는 청구권자)가 손해와 손해전보의무자를 안 때로부터 3년, 이를 알지 못하는 경우에는 손해가 발생한 때로부터 30년간 행사하지 않으면 시효로 인하여 소멸한다.

모범초안 제48조는 "손해전보청구권의 시효"에 대해 규정하고 있다.

손해전보청구권은 피해자(제47조의 경우에는 청구권자)가 손해와 손해전보의무자를 안 때로부터 3년, 이를 알지 못하는 경우에는 손해가 발생한 때로부터 30년간 행사하지 않으면 시효로 인하여 소멸한다.

5) 손해전보의무자, 구상권

제49조(손해전보의무자, 구상자) ① 당해 조치를 위한 경찰공무원이 근무하는 단체가 손해전보의무를 진다.

② 경찰공무원이 다른 단체를 위하여 활동한 경우에는, 다른 단체도 손해전보의무를 진다.

③ 제 2 항의 경우 그 조치의 실시방법만을 이유로 손해전보를 하여야 하는 경우에는, 손해전보의무를 부담하는 단체는 그 스스로 그 실시방법에 대하여 책임을 지는 경우를 제외하고는 경찰공무원이 근무하는 단체에 대하여 구상권을 행사할 수 있다.

모범초안 제49조는 "손해전보의무자, 구상권"에 대해 규정하고 있다.

헌법 제34조와 민법 제839조는 국가와 공무원 한편과 국민을 다른 한편으로 하는 외부관계에서의 손해배상의무만을 규율한다. 또 다른 문제는 만약 국가가 국민에게 손해배상을 하였으면 내부관계에서 손해에 책임이 있는 공무담당자에게 이를 구상할 수 있는가 하는 것이다. 헌법 제34조 제 2 문은 그러한 구상이 허용된다고 규정하고 있다. 그러나 단지 고의나 중과실의 경우에만 허용되기 때문에 공무담당자는 대부분 단순한 경과실의 경우에는 상환의무가 없다.[198]

198) Harmur Maurer(박수혁 역), 앞의 책, 514쪽.

모범초안은 손해전보의무를 부담하는 단체는 그 스스로 그 실시방법에 대하여 책임을 지는 경우를 제외하고는 경찰공무원이 근무하는 단체에 대하여 구상권을 행사할 수 있다(제 3 항)고 구상권을 규정하고 있다. 여기서 구상권이라 함은 채무를 변제해준 사람이 채무당사자에게 반환을 청구할 수 있는 권리를 말한다.

6) 경찰책임자에 대한 구상

> 제50조(경찰책임자에 대한 구상) ① 제49조에 따라 손해전보의무를 지는 단체가 제45조 제 1 항 제 1 문 또는 제 2 항에 근거하여 손해전보를 행한 경우에는 제 4 조 또는 제 5 조에 의한 경찰책임자에 대하여 구상권을 행사할 수 있다.
> ② 다수인이 함께 책임을 부담하는 경우에는, 그들은 연대채무자로서 책임을 부담한다.

모범초안 제50조는 "경찰책임자에 대한 구상"에 대해 규정하고 있다.

모범초안은 손해전보의무를 지는 단체가 손해전보를 행한 경우에는 경찰책임자에 대하여 구상권을 행사할 수 있다(제 1 항)고 규정하고 있다. 그리고 다수인이 함께 책임을 부담하는 경우에는, 그들은 연대채무자로서 책임을 부담한다(제 2 항).

제 2 항과 같이 다수의 경찰책임자가 존재하는 경우에는 그들은 연대채무자로서 책임을 진다. 그러나 이와 같이 연대채무에 관한 민법규정을 준용한다는 명시적 규정이 없더라도 그들 규정이 유추적용되는 것으로 보아야 할 것이다.[199] 경찰은 다수의 경찰책임자 중 누구에게 경찰권을 발동할 것인지에 관한 선택재량을 행사함에 있어서 위험의 상황과 효율성의 측면만을 고려하여 설정하게 되는데, 경찰권이 발동되지 않은 다른 경찰책임자의 경우 책임자로서의 지위에 변동이 생기는 것은 아니므로 경찰권 발동으로 위해제거의 선 비용을 부담하게 된 사람은 다른 경찰책임자에 대하여 내부적으로 비용상환을 청구할 수 있어야 한다. 민법상의 연대채

199) 이러한 견해로는 Kloefer/Thull, "Der Lastenausglich unter mehreren polizei-und ordnungsrechtlich Verantwortlichen," DVBl. 1989, S. 1125: 김연태, 앞의 글, 341쪽 각주 25) 재인용.

무관계에 있어서는 이행을 청구할 채무자의 선택이 완전히 자유로운 데 비하여, 경찰권 발동에 있어서는 의무에 적합한 재량권 행사에 따라 경찰권 발동의 대상자를 선택하게 된다는 점에서 양자는 차이가 있으므로 민법상의 연대채무규정의 유추적용이 불가능하다는 견해도 제시된다.[200] 그러나 이러한 견해에 따르면 경찰권 발동의 대상으로 선택된 사람은 다른 경찰책임자에게 민법상 비용상환을 청구할 수 없게 되는데, 이러한 결론은 타당하지 않다. 또한 이 견해에 따른다면 누구에게 경찰권을 발동할 것인지 결정함에 있어서 사후적인 비용부담까지 아울러 고려해야 하는데, 경찰권 발동의 시점에 비용부담의 문제까지 고려해야 한다면 신속하고 효과적인 위험방지에 관한 경찰 실무상의 요구를 충족시키지 못하게 될 것이다.[201]

7) 쟁송수단

> 第51조(쟁송수단) 손해전보청구권에 대해서는 통상법원이, 제49조 제3항 또는 제50조에 따른 구상권에 대해서는 행정법원이 관할권을 갖는다.

모범초안 제51조는 "손해전보청구권에 대한 쟁송수단"에 대해 규정하고 있다.

손해전보청구권에 대해서는 통상법원이, 구상권에 대해서는 행정법원이 관할권을 갖는다.

(6) 종결규정

1) 다른 주와 연방의 경찰공무원의 직무행위

> 第52조(다른 주와 연방의 경찰공무원의 직무행위) ① 다음 각호의 1에 해당하는 경우에는 주의 경찰공무원은 다른 주에서 직무를 행할 수 있다. 제3부터 5호까지의 경우에 있어서는 권한있는 행정청에게 지체없이 통지하여야 한다 (제52조 제1항).
> 1. 다른 행정청의 요청 또는 동의가 있는 경우

200) 예를 들면, BGH, NJW 1981, S. 2458: 김연태, 앞의 글, 341쪽 각주 26) 재인용.
201) 이에 대해서는 김연태, 앞의 글, 340~342쪽 참조.

> 2. 기본법 제35조 제 2 항과 제 3 항, 제91조 제 1 항의 경우
> 3. 권한있는 행정청이 필요한 조치를 적시에 취할 수 없을 때에 현재의 중요한 위험방지, 현행범의 수사 및 도주지에 대한 수사와 재체포를 위한 경우
> 4. 죄수호송에 있어 경찰업무를 수행하기 위한 경우
> 5. 범죄와 질서위반행위에 대한 수사 및 다른 주와의 행정협정이 규정하고 있는 경우에 있어서의 위험방지를 위한 경우
>
> ② 다른 주의 경찰공무원이 제 1 항에 따라 활동하는 경우에는 그들은 당해 주의 경찰공무원과 동일한 권한을 갖는다. 그들의 조치는 토지관할 및 사물관할내에서 활동하는 경찰행정청의 조치로 간주된다. 그들은 관할권을 가진 경찰행정청의 지시에 복종하여야 한다.
>
> ③ 제 1 항과 제 2 항은 연방의 경찰집행공무원에게도 적용된다(제 3 항).

보범초안 제52조는 "다른 주와 연방의 경찰공무원의 직무행위"에 대해 규정하고 있다.

첫째, 다른 행정청의 요청 또는 동의가 있는 경우, 둘째, 기본법 제35조 제 2 항과 제 3 항, 제91조 제 1 항의 경우, 셋째, 권한있는 행정청이 필요한 조치를 적시에 취할 수 없을 때에 현재의 중요한 위험방지, 현행범의 수사 및 도주자에 대한 수사와 재체포를 위한 경우, 넷째, 죄수호송에 있어 경찰업무를 수행하기 위한 경우, 다섯째, 범죄와 질서위반행위에 대한 수사 및 다른 주와의 행정협정이 규정하고 있는 경우에 있어서의 위험방지를 위한 경우에 해당하는 때에는 주의 경찰공무원은 다른 주에서 직무를 행할 수 있다(제 1 항).

2) 주의 권한영역 밖의 경찰집행공무원의 직무행위

> 제53조(주의 권한영역 밖의 경찰집행공무원의 직무행위) ① 주의 경찰집행공무원은 본법 제52조 제 1 항 제 1 문과 기본법 제91조 제 2 항의 경우에만, 그것도 당해 주법과 기본법이 그를 규정하고 있는 때에만 다른 주나 연방의 관할구역 내에서 활동할 수 있다.
>
> ② 자신의 주에서의 경찰행정청이 다른 주의 경찰에 대한 응원보다 급박하지 않은 한, 다른 주에 의한 경찰집행공무원의 출동요청에 응하여야 한다. 그 같은 요청은 동 결정에 중요한 출동요청의 요소를 포함하고 있어야 한다.

모범초안 제53조는 "주의 권한영역 밖의 경찰집행공무원의 직무행위"에 대해 규정하고 있다.

주의 경찰집행공무원은 본법 제52조 제 1 항 제 1 문과 기본법 제91조 제 2 항의 경우에만, 그것도 당해 주법과 기본법이 그를 규정하고 있는 때에만 다른 주나 연방의 관할구역 내에서 활동할 수 있다(제 1 항).

4. 모범초안개정시안의 주요내용

모범초안개정시안(Vorentwurf-MEPolG)에 추가된 것은 제 1 조(경찰의 직무), 제 1 조의a(다른 행정청과의 관계), 제 2 장 경찰의 권한 중 제 8 조의a(정보수집), 제 8 조의b(공개행사, 군집 및 집회에 있어 정보의 수집), 제 8 조의c(특별한 정보수집방식), 제 8 조의d(경찰감시)와 제10조(감식조치), 제10조의a(정보의 보관, 변경, 이용), 제10조의b(선례행정과 문서작성), 제10조의c(정보전달), 제10조의d(자동소환절차), 제10조의e(정보대조), 제10조의f(정보대조의 특별형식), 제10조의g(정보의 정정, 삭제, 차단), 제10조의h(등재대장의 작성) 등이다.

(1) 경찰의 직무

> 제 1 조(경찰의 직무) ① 경찰은 공공의 안녕 또는 질서에 대한 위험을 방지하는 것을 그의 직무로 한다. 경찰은 이러한 직무의 범위 내에서 범죄행위에 대한 수사를 하기 위한 준비를 하고 범죄행위를 예방하여야 하며(범죄행위에 대한 예방적 대처), 장래의 위험을 방지할 수 있기 위한 준비(위험방지의 준비)를 하여야 한다.
> ② 법원에 의한 권리구제가 적시에 행해질 수 없고, 경찰의 개입없이는 사인의 권리의 실현이 불가능하거나 현저히 곤란한 경우에는 이 법률에 따라 경찰은 사권의 보호를 행한다.
> ③ 경찰은 다른 행정청에 대한 집행원조를 행한다.
> ④ 경찰은 다른 법규에 의해 경찰에게 위임된 직무를 수행하여야 한다.

모범초안개정시안 제 1 조는 "경찰의 직무"를 규성하고 있다. 이 조문은 모범초안에 있는 것으로서 제 1 항의 내용이 일부 추가된 것이다.

즉, 모범초안은 "경찰은 공공의 안녕 또는 질서에 대한 위험을 방지하는 것을 그의 직무로 한다"고 규정하였으나, 모범초안개정시안은 "경찰은 공공의 안녕 또는 질서에 대한 위험을 방지하는 것을 그의 직무로 한다. 경찰은 이러한 직무의 범위 내에서 범죄행위에 대한 수사를 하기 위한 준비를 하고 범죄행위를 예방하여야 하며(범죄행위에 대한 예방적 대처), 장래의 위험을 방지할 수 있기 위한 준비(위험방지의 준비)를 하여야 한다"고 추가하였다.

(2) 다른 행정청과 관계

> 제 1 조의a(다른 행정청과 관계) 경찰은 제 1 조 제 1 항 제 2 문의 경우 이외에는 다른 행정기관이 위험을 방지할 수 없거나 적시에 방지할 수 없을 때에만 활동할 수 있다. 경찰은 다른 행정청의 직무수행을 위하여 중요한 의미가 있다고 여겨지는 모든 사항을 지체없이 다른 행정청에 알려주어야 한다. 제10조의c 제 2 항은 이에 영향을 받지 아니한다.

모범초안개정시안 제 1 조의a는 "다른 행정청과 관계"를 규정하고 있다. 이 조문은 모범초안에도 있지만 일부 내용이 추가된 것이다.

모범초안은 "경찰은 다른 행정기관이 위험을 방지할 수 없거나 적시에 방지할 수 없을 때에만 활동할 수 있다. 제10조의c 제 2 항은 이에 영향을 받지 아니한다"고 규정하였으나, 모범초안개정시안은 "경찰은 제 1 조 제 1 항 제 2 문의 경우 이외에는 다른 행정기관이 위험을 방지할 수 없거나 적시에 방지할 수 없을 때에만 활동할 수 있다. 경찰은 다른 행정청의 직무수행을 위하여 중요한 의미가 있다고 여겨지는 모든 사항을 지체없이 다른 행정청에 알려주어야 한다. 제10조의c 제 2 항은 이에 영향을 받지 아니한다"고 일부내용을 추가하였다.

(3) 정보수집

> 제 8 조의a(정보수집) ① 경찰은 위험의 방지 또는 제 1 조 제 2 항 및 제 3 항에서 부여된 임무를 위한 개별조치에 필요한 경우에는, 다음 각호에 관한 개인관련정보를 수집할 수 있다.

> 1. 제 4 조 또는 제 5 조 및 제 6 조의 요건하에서 그 규정에 해당하는 자
> 2. 피해자, 무의탁자 또는 실종자 및 그의 친족, 법정대리인 또는 신뢰인
> 3. 위험에 직면한 자
> 4. 증인, 단서제공자 또는 기타 정보제공자
>
> ② 경찰은 사실적 근거에 의거하여 경험칙상 범죄행위의 예방에 필요한 경우에는, 다음 각호에 관한 개인관련정보를 수집할 수 있다.
> 1. 구체적 정황에 비추어 볼 때 장차 범죄행위를 범할 것으로 의심되는 자
> 2. 제 1 호에서 해당하는 자와 접촉하거나 동반하는 자
> 3. 구체적 정황에 비추어 볼 때 범죄의 피해자가 될 것으로 의심하는 자
> 4. 증인, 단서제공자 또는 기타 정보제공자

모범초안개정시안 제 8 조의a는 "정보수집"에 대해 규정하고 있다.

정보수집은 경찰의 직무영역 — 위험방지를 위한 준비·위험에 대한 사전배려 — 에 속함은 인정된다. 그러나 정보의 자기결정권이 존재하기 때문에 — 권리를 침해하는 — 정보수집을 위해서는 그것 이외에 그를 행할 권한이 인정되어야 한다.[202)]

우리나라 헌법재판소는 개인정보자기결정권을 자신에 관한 정보가 언제 누구에게 어느 범위까지 알려지고 또 이용되도록 할 것인지를 그 정보주체가 스스로 결정할 권리를 말한다고 판시하고 있다.[203)]

모범초안 제 8 조의a 제 3 항은 가까운 장래에 발생할 위험상황에 있어서의 긴급구조(Hilfeleistung)를 위한 사전준비, 즉 위험에 대한 사전배려를 위한 준비를 목적으로 하는 정보수집의 경우를 규율하고 있다.

(4) 공개행사, 집회 및 다중집합에 대한 정보수집

> 제 8 조의b(공개행사, 집회 및 다중집합에 대한 정보수집) ① 경찰은 공공의 안녕과 질서에 대한 위험이 발생하리라고 인정할 만한 사실상의 근거가 있는 때에는, 집회법이 적용되지 않는 공개행사 또는 다중집합이 진행되는 동안 또는 그와 관련하여 개인관련정보를 수집할 수 있다.

202) Franz-Ludwig Knemeyer(서정범 역), 앞의 책, 79쪽.
203) 헌재 2005. 7. 21, 2003헌마282.

> ② 경찰은 공공의 안녕과 질서에 현저한 위험이 발생하리라고 인정할 만한 사실상의 근거가 있는 때에는, 공개행사가 진행되는 동안 또는 그와 관련하여 개인관련정보를 수집할 수 있다. 공공의 안녕과 질서가 교란되지 않은 때에는 그 수집결과 작성된 서류를 집회가 종료된 후 지체없이 소멸시켜야 한다.
>
> ③ 제10조의a 제 6 항 및 제10조의g 제 4 항은 본조에 영향을 받지 않는다.

모범초안개정시안 제 8 조의b는 "공개행사, 집회 및 다중집합에 대한 정보수집"에 대해 규정하고 있다.

경찰은 공공의 안녕과 질서에 대한 위험이 발생하리라고 인정할 만한 사실상의 근거가 있는 때에는, 집회법이 적용되지 않는 공개행사 또는 다중집합이 진행되는 동안 또는 그와 관련하여 개인관련정보를 수집할 수 있다(제 1 항).

(5) 특별한 정보수집방식

> 제 8 조의c(특별한 정보수집방식) ① 경찰은 정보수집이 다음 각호를 위해 필요하고, 다른 수단으로는 업무수행에 지장을 초래하지 않고서는 정보수집이 불가능하며, 그 조치가 조사대상 사실과 전혀 무관하지 않은 경우, 제 8 조의a 제 1 항 제 1 호와 제 2 항 제 1 호에 규정된 자, 그와 접촉한 자 및 동반자에 관한 개인관련정보를 제 2 항에 의한 방법으로 수집할 수 있다(제 8 조의c 제 1 항).
>
> 1. 현저한 위험의 방지를 위한 경우
> 2. 다음의 예방을 위한 경우
>   a) 형사소송법 제100조의a 또는 형법 제176조부터 제181조의a까지, 제243조, 제244조, 제260조, 제263조부터 제265조까지, 제266조, 제324조부터 330조a까지가 규정하는 범죄행위 중 하나가 행해질 것이라고 인정할 만한 사실상의 근거가 있는 경우, 당해 범죄
>   b) 그 밖의 범죄로서 그 범죄행위가 직업적, 상습적으로 또는 집단적으로 행해질 것이라고 인정할 만한 사실상의 근거가 있는 경우, 다만 위의 정보수집에도 불구하고 서신, 우편, 통화의 비밀은 영향을 받지 않는다. 정보수집이 지체될 우려가 있을 때에는 경찰관청의 장·경찰관서

> 의 장 또는 그에 의해 위임을 받은 공무원이 정보수집을 위한 조치를 명한다
>
> ② 제 1 항에 따른 방법은 다음과 같다.
>
> 1. 장기간의 관찰
> 2. 기술적 수단의 비밀 투입, 특히 사진촬영 또는 사진기록 및 증인신문 또는 화자에 대한 음색의 기록
> 3. 신분을 위장한 경찰집행공무원의 투입(신분위장수사관)
> 4. 경찰과의 협력이 제 3 자에게 알려지지 않은 자의 투입
>
> ③ 경찰은 주거(제19조 제 1 항 제 2 문) 내외에서는, 개인의 신체, 생명, 자유에 대한 현재의 위험 또는 유가물, 재산의 가치에 대하여 불가피한 경우에 한하여 제 2 항에 규정된 방법으로 개인관련정보를 수집할 수 있다. 기술적 수단이 동반되고 기록이 행해지지 않는 경우, 제 2 항 제 2 호에 의한 정보수집은 주거 내외에 있어서는, 주거에의 경찰적 개입이 개인이 신체, 생명에 대한 위험을 궁극적으로 방지하는 것이 아니라면 위험이 있는 경우 외에는 판사에 의하여만 지시될 수 있다. 절차에는 제20조 제 1 항이 준용된다.
>
> ④ 관찰에 있어 독자적인 기록장치에 설치되어 있는 경우에는 제 1 항에 규정된 자 이외의 다른 자에 대한 기록은 즉시 폐기되어야 한다.
>
> ⑤ 제 1 항과 제 3 항에 규정된 조치가 종결된 후에는 조치의 목적을 저해하지 않고 행해질 수 있는 한 즉시 당사자에게 통지되어야 한다. 이러한 통지는 개인관련정보에 대한 기록이 행해지지 않았거나 기록이 조치의 종결 후에 즉시 폐기된 경우에는 필요하지 않다. 제 1 문에 의한 통지는 발생된 상황에 당사자에 대한 형법상 수사절차에 관련되어 있는 경우에는 행해지지 않는다.

모범초안개정시안 제 8 조의c는 “특별한 정보수집방식”에 대해 규정하고 있다.

경찰은 정보수집이 필요하고, 다른 수단으로는 업무수행에 지장을 초래하지 않고서는 정보수집이 불가능하며, 그 조치가 조사대상 사실과 전혀 무관하지 않은 경우, 제 8 조의a 제 1 항 제 1 호와 제 2 항 제 1 호에 규정된 자, 그와 접촉한 자 및 동반자에 관한 개인관련정보를 수집할 수 있다(제 1 항).

경찰은 주거(제19조 제 1 항 제 2 문) 내외에서는, 개인의 신체, 생명, 자유에 대한 현재의 위험 또는 유가물, 재산의 가치에 대하여 불가피한 경

우에 한하여 제 2 항에 규정된 방법으로 개인관련정보를 수집할 수 있다. 기술적 수단이 동반되고 기록이 행해지지 않는 경우, 제 2 항 제 2 호에 의한 정보수집은 주거 내외에 있어서는, 주거에의 경찰적 개입이 개인이 신체, 생명에 대한 위험을 궁극적으로 방지하는 것이 아니라면 위험이 있는 경우 외에는 판사에 의하여만 지시될 수 있다(제 2 항).

(6) 경찰의 감시

> 제 8 조의d(경찰의 감시) ① 경찰은 범죄행위의 예방을 위한 목적으로, 다음 각 호의 1에 해당하는 경우 다른 경찰관청·경찰관서들이 다른 단서에 의한 조사시 알게 된 사람이나 차량의 출현을 보고하도록 하기 위하여(경찰감시의 통고), 제 8 조의a 제 2 항 제 1 호에 규정된 자의 행장 또는 그가 사용하거나 동원한 차량의 등록번호를 경찰감시자료에 저장할 수 있다(제 8 조의d 제 1 항).
>
> 1. 개인에 대한 총체적 평가 및 이전의 범죄행위로부터 장래의 현저히 중요한 범죄행위의 발생이 예견되는 경우
> 2. 제 8 조의c 제 1 항 제 1 문 2a호 또는 외국인법 제47조의a에 의한 중요한 범위 내의 범죄행위를 행했다고 볼 수 있는 사실상의 근거가 존재하는 경우
>
> ② 경찰감시에 대한 통고명령은, 통고의 근거해서 신고된 그러한 자와 기타의 동반자 및 그들이 지닌 물건 또는 차량에 대한 인지가 제 1 항이 의미하는 범죄행위의 예방을 위하여 필요하다는 것이 사실관계에 의하여 정당화되는 경우에만 허용된다. 조치의 명령은 주무행정청·주재공무원·그 상위직의 공무원을 통하여 행해지며, 문서에 의하여 행해져야 한다.
>
> ③ 명령은 최장 1년을 기간으로 한다. 늦어도 6개월의 경과 후에는 명령의 요건이 존재하는지의 여부가 심사되어야 한다; 심사의 결과는 문서에 의해 나타나야 한다. 진행기간을 연장하기 위하여는 새로운 명령이 있어야 한다.
>
> ④ 명령의 요건이 더 이상 존재하지 않는 경우 또는 조치의 목적이 달성되거나 또는 달성이 불가능하게 된 경우에는 지체없이 경찰감시의 통고를 해제하여야 한다.

모범초안개정시안 제 8 조의d는 "경찰감시"에 대해 규정하고 있다.

경찰은 범죄행위의 예방을 위한 목적으로, 다음 각호(① 개인에 대한

총체적 평가 및 이전의 범죄행위로부터 장래의 현저히 중요한 범죄행위의 발생이 예견되는 경우와, ② 제 8 조의c 제 1 항 제 1 문 2a호 또는 외국인법 제47조의a에 의한 중요한 범위 내의 범죄행위를 행했다고 볼 수 있는 사실상의 근거가 존재하는 경우)에 해당하는 경우 다른 경찰관청·경찰관서들이 다른 단서에 의한 조사시 알게 된 사람이나 차량의 출현을 보고하도록 하기 위하여(경찰감시의 통고), 제 8 조의a 제 2 항 제 1 호에 규정된 자의 행장 또는 그가 사용하거나 동원한 차량의 등록번호를 경찰감시자료에 저장할 수 있다(제 1 항).

명령의 요건이 더 이상 존재하지 않는 경우 또는 조치의 목적이 달성되거나 또는 달성이 불가능하게 된 경우에는 지체없이 경찰감시의 통고를 해제하여야 한다(제 4 항).

(7) 감식조치

> 제10조(감식조치) ① 경찰은 다음 각호의 경우에 감식조치를 행할 수 있다.
> 1. 제 9 조에 따른 신원확인이 다른 방법으로는 불가능하거나 현저히 곤란할 때
> 2. 관계인이 형벌의 부과가 규정되어 있는 범죄를 행하였다는 혐의를 받고 있고, 행위의 성질이나 시행상 반복될 위험이 존재하기 때문에 범죄행위의 예방을 위하여 필요할 때
>
> ② 제 1 항의 조건이 소멸된 경우에는 관계자는 감식자료의 폐기를 요구할 수 있다.
>
> ③ 감식조치로는 특히 다음과 같은 것이 있다.
> 1. 지문과 장문(掌紋)의 채취
> 2. 사진촬영
> 3. 신체적 특성의 확인
> 4. 신장이나 체중의 측정

모범초안개정시안 제10조는 “감식조치”에 대해 규정하고 있다.

이 규정은 모범초안에는 없었던 규정인데 개정시안에 신설된 것이다. 제10조 제 2 항에 따르면 감식조치를 하기 위한 전제조건이 소멸한 경우 관계인의 청구가 있는 경우에는 감식자료는 폐기되어야 한다. 경찰행정청

의 이 같은 의무는 해당 규정이 없는 경우에도 결과제거의 관점과 관련하여 기본법 제 1 조, 제 2 조 제 1 항으로부터 나오는 것이다. 결과제거의 청구는 기본권으로 보호되는 자유의 영역을 침해하는 행정조치가 처음부터 위법했던 경우에만 존재하는 것이 아니라, 침해적 조치가 더 이상 위험방지라는 이유로 정당화될 수 없기 때문에 그를 유지하는 것이 위법한 경우에도 인정되어야만 한다.[204] 여기서 결과제거청구권이란 공행정작용으로 인하여 야기된 위법한 상태로 인하여 자기의 권익을 침해받고 있는 자가 행정주체에 대하여 그 위법한 상태를 제거하여 침해 이전의 원래의 상태를 회복시켜 줄 것을 청구하는 권리를 말한다.[205]

(8) 정보의 보관, 변경, 이용

> 제10조의a(정보의 보관, 변경, 이용) ① 경찰은 그 임무를 수행하기 위하여 필요한 경우, 개인관련정보를 문서 또는 화일에 보관하거나 변경하고 그 밖의 방법으로 이용할 수 있다.
> ② 제 8 조의a 제 1 항 제 1 호 및 제 2 항 제 1 호에 규정된 자 이외의 자에 대한 개인관련정보의 이용은 경찰이 정보를 입수한 목적과 동일한 목적을 위하여만 허용된다. 그 밖의 경찰상의 목적을 위하여는 경찰이 그러한 목적을 위하여 정보를 수집하는 것이 허용되는 경우에 한하여 당해 정보를 이용할 수 있다.
> ③ 경찰은 범죄행위의 예방을 위하여 필요한 경우, 범죄에 대한 혐의자의 형사조사절차 중에 획득한 개인관련정보를 화일에 보관하거나 변경하고 그 밖의 방법으로 이용할 수 있다.
> ④ 경찰은 형법 제138조에 규정된 범죄 및 형법 제84조부터 제89조까지 또는 제129조에 의한 범죄행위 또는 다음 각호에 의한 영업범 또는 조직범죄행위를 예방하기 위하여 불가피한 경우에는, 범죄행위를 예방하기 위한 범위내에서 제 8 조의a 제 2 항 제 2 호부터 제 4 호까지에 규정된 자에 대한 개인관련정보를 화일로 보관하거나 변경하고 그 밖의 방법으로 이용할 수 있다.
> 1. 형법 제243조, 제244조, 제260조, 제264조 또는 제324조부터 제330조a까지
> 2. 무기법 제52조a 또는 제53조 제 1 항 제 1 문 제 1 호 또는 제 2 호
> 3. 전쟁무기의통제에관한법률 제16조 제 1 항부터 제 4 항까지

204) Wolf-Rüdiger Schenke(서정범 역), 앞의 책, 72쪽.
205) 박균성·김재광, 앞의 책, 527쪽.

> 4. 마취제법 제29조 제 3 항 제 1 호 또는 제 4 호, 또는 제30조 제 1 항 제 1 호, 제 2 호, 제 4 호
> 5. 외국인법 제47조a
> 보관기관은 3년을 초과할 수 없다. 경찰은 최후의 보관시점으로부터 매 1 년 경과시마다 제 1 문에 의한 요건이 존재하는지의 여부를 심사하여야 한다; 이에 대하여는 경찰관청의 장/경찰관서의 장 또는 그에 의해 수임된 공무원이 결정한다.
>
> ⑤ 화일에 저장된 사항이 가치평가를 내용을 하는 것인 경우에는, 평가의 기초가 되는 근거들이 어떤 경찰관서에 의해 작성되었는지를 확인할 수 있어야 한다.
>
> ⑥ 경찰은 저장된 개인관련정보를 경찰교육 또는 계속교육을 위하여 이용하거나 통계상의 목적을 위하여 활용할 수 있다. 제 2 항부터 제 4 항까지는 그 한도 내에서 적용이 없다.

모범초안개정시안 제10조의a는 "정보의 보관, 변경, 이용"에 대해 규정하고 있다.

정보의 저장은 직무수행을 위하여 필요한 범위 내에서만 허용되며, 그 경우에도 위험방지를 위한 준비를 위하여 정보를 저장하는 것은 허용되지 않는다.[206]

(9) 선례관리와 문서보관

> **제10조의b(선례관리와 문서보관)** 경찰은 경찰적용의 선례관리 또는 기한부 문서보관의 목적으로 개인관련정보를 저장할 수 있으며 오로지 이러한 목적을 위하여 이용할 수 있다. 그 한도 내에서 제10조a는 적용이 없다.

모범초안개정시안 제10조의b는 "선례관리와 문서보관"에 대해 규정하고 있다.

경찰은 경찰적용의 선례관리 또는 기한부 문서보관의 목적으로 개인관련정보를 저장할 수 있으며 오로지 이러한 목적을 위하여 이용할 수 있

206) Franz-Ludwig Knemeyer(서정범 역), 앞의 책, 80쪽.

다(제 1 항 전단). 이 한도 내에서는 제10조의a의 정보의 보관, 변경, 이용 규정은 적용이 되지 않는다(제 1 항 후단).

(10) 정보교부

> 제10조의c(정보교부) ① 경찰관청·경찰관서들은 서로 경찰임무의 수행을 위하여 필요한 경우 개인관련정보를 교부할 수 있다. 이에 대하여는 제10조의a 제 2 항이 준용된다.
>
> ② 다른 행정기관 또는 공공기관이 위험방지를 위한 권한을 가지는 경우, 경찰은 이들 기관에게, 자신이 보유하고 있는 개인관련정보를 인지하는 것이 그 수령인의 임무수행을 위하여 필요하다고 인정되는 한, 당해 개인관련정보를 교부할 수 있다.
>
> ③ 경찰은 다음 각호의 1에 해당하는 경우 그 밖의 행정기관 또는 공공기관에게 개인관련정보를 교부할 수 있다. 경찰은 제 1 문 제 1 호 또는 제 3 호의 요건하에서 공공기관이 아닌 자 또는 개인에게 개인관련정보를 교부할 수 있다.
>
> 1. 경찰임무의 수행을 위하여 필요한 경우
> 2. 수령인이 위험을 방지하는 데 필요한 경우
> 3. 공공복리 또는 개인의 보호가치있는 이익에 대한 현저한 불이익의 방지 또는 제거를 위하여 필요한 경우
>
> ④ 경찰은 다음 각호의 1에 해당하는 경우, 외국의 공공기관 및 초국가적 기관 또는 국가간에 설립된 기관에게 개인관련정보를 전달할 수 있다. 개인관련정보의 교부는 이로 인해 독일 법률의 목적에 위반되거나 당사자의 보호가치있는 이해가 침해될 것이라고 볼 수 있는 근거가 있는 때에는 허용되지 않는다. 수령인에게는 교부되는 정보가 교부된 목적을 위해서만 사용될 수 있다는 것을 알려야 한다.
>
> 1. 전달하는 경찰관청·경찰관서의 임무수행을 위하여 필요한 경우 또는
> 2. 수령인이 현저한 위험을 방지하는 데 필요한 경우
>
> ⑤ 제 2 항부터 제 4 항까지에 의한 개인관련정보는, 경찰이 정보를 수집하거나 저장하게 된 목적을 위해서만 교부될 수 있다. 제 1 문에 대한 예외로, 수령인을 통한 임무의 수행이 불가피하고 수령인이 다른 방법으로는 정보를 얻는 것이 불가능하거나 시기에 늦거나 과다한 비용이 요구되는 경우에는 그러하지 아니하다. 이 경찰은 범죄예방을 위하여 제 8 조의a 제 2 항 제 1 호에 의하여 수집되거나 제10조의a 제 3 항에 의하여 저장된 개인관련정보를

제 2 항부터 제 4 항까지 규정하는 바에 따라 교부할 수 있다. 다만, 제1문에도 불구하고 경찰은 제10조의a 제 4 항에 의하여 저장된 개인관련정보를 단순히 다른 경찰관청·경찰관서에게 교부할 수 있다.
⑥ 경찰에 의해 교부되는 정보가 영업상 또는 특히 공무상 비밀에 의하여 보호되는 것인 때에는, 경찰은 자신이 당해 정보를 수집했거나 수집할 수 있었을 목적과 동일한 목적을 달성하기 위하여 수령인이 당해 정보를 필요로 하는 경우에만 그 정보를 수령인에게 교부할 수 있다.
⑦ 경찰의 임무수행을 위하여 필요하다고 인정하는 경우 다른 행정기관 및 기타 공공기관은 개인관련정보를 경찰에 교부할 수 있다. 정보는 경찰의 요청이 있을 때 교부될 수 있다. 경찰은 정보수집의 요건이 존재하는 경우에 한하여 그에 상응하는 교부를 요청할 수 있다.
⑧ 정보를 교부하는 경찰관청·경찰관서는 해당 정보의 교부가 적법한 것인지 여부를 심사한다. 수령인의 요청에 의하여 정보가 교부되는 경우에는 교부기관은 단지 교부요청이 수령인의 임무의 범위에 속하는지 여부만을 심사한다. 그 밖의 경우 교부기관은 개별적인 경우 특별한 사유가 존재하는 때에만 교부의 적법성을 심사한다. 수령인은 교부기관에게 심사에 필요한 보고를 할 의무를 진다.
⑨ 수령인은 법률에 특별한 규정이 없는 한, 교부된 개인관련정보를 교부된 목적으로만 이용하여야 한다.
⑩ 정보교부에 대한 그 밖의 특별한 법규정들은 그 효력에 영향을 받지 않는다.

모범초안개정시안 제10조의c는 “정보교부”에 대해 규정하고 있다.

정보의 다른 기관에의 제공 또한 모범초안 제 1 조 제 1 항에 따를 때, 경찰의 직무영역으로 인정된다. 또한 그에 대한 경찰의 권한도 모범초안개정시안 제10조의c 제 2 항에 따라 인정될 수 있다. 한편 정보의 다른 기관에의 제공을 위하여서는 상대방이 다른 위험방지행정청이어야 한다.[207]

개인관련정보를 수령한 자는 법률에 특별한 규정이 없는 한, 교부된 개인관련정보를 교부된 목적으로만 이용하여야 한다(제 9 항).

207) Franz-Ludwig Knemeyer(서정범 역), 앞의 책, 80쪽.

(11) 자동정보검색절차

> **제10조의d(자동정보검색절차)** ① 정보검색을 통하여 개인관련정보를 교부할 수 있도록 해 주는 자동화된 절차를 개설하는 것은 당사자의 보호가치있는 이익과 경찰임무의 수행을 고려하여 그러한 정보교부의 방식이 적절하다고 인정되는 경우에 허용된다. 경찰관청·경찰관서 이외의 다른 기관에 의한 검색은 금지된다.
>
> ② 연방정보보호법 제 6 조·주정보보호법의 관련 규정에 의하여 요구되는 기술적, 조직적 조치들은 이를 서면으로 확정하여야 한다. 제10조의h는 그 효력에 영향을 받지 않는다.
>
> ③ 검색절차를 개설하기 위하여는 내무부장관의 동의를 받아야 한다. 내무부장관 등은 개설명령을 포함하여 제 2 항에 의한 확정을 통지함으로써 연방정보보호담당관·주정보보호담당관에게 그 사실을 통고한다.

모범초안개정시안 제10조의d는 "자동정보검색절차"에 대해 규정하고 있다.

정보검색을 통하여 개인관련정보를 교부할 수 있도록 해 주는 자동화된 절차를 개설하는 것은 당사자의 보호가치있는 이익과 경찰임무의 수행을 고려하여 그러한 정보교부의 방식이 적절하다고 인정되는 경우에 허용된다(제 1 항). 검색절차를 개설하기 위하여는 내무부장관의 동의를 받아야 하며 내무부장관 등은 연방정보보호담당관·주정보보호담당관에게 그 사실을 통고하여야 한다(제 3 항).[208)]

---

208) 우리나라 행정안전부는 전국 시·군·구 CCTV 통합관제센터에 지능형 영상정보 검색체계를 도입, 실종 아동의 이미지 정보를 토대로 CCTV 영상정보에서 실종 아동을 자동 인식·검색할 수 있는 시스템을 갖추기로 했다. 이 정보는 경찰 순찰차 3,675대에 설치된 CCTV 영상 정보 수신 단말기에 전송돼 경찰이 실종 아동을 신속하게 찾도록 돕는 것이다. 행정안전부는 또 2011년 말까지 지방자치단체와 대한적십자사, 실종 아동 전문기관 등이 보유하고 있는 각종 정보가 경찰청의 미아찾기시스템에 연계되도록 한 방침이다. 행정안전부는 어린이 실종에 대비해 보호자의 동의를 얻어 지문 등 아동의 개인정보를 사전 등록하는 캠페인을 5월부터 1년간 전개하기로 했다. 스스로 인적사항을 알릴 수 없는 유아와 지적장애인 등이 실종됐을 때 쉽게 찾을 수 있도록 하기 위해서다. 수집된 개인정보는 실종 아동 찾기 목적 이외에는 활용할 수 없도록 하였다. 국민일보 2011. 5. 24일자 "실종 아동 CCTV로 실시간 찾는다 … 행안부, 이미지 정보 토대로 자동 인식·검색 시스템 추진" 기사 참조.

(12) 정보대조

> 제10조의e(정보대조) ① 경찰은 제 8 조의a 제 1 항 제 1 호 및 제 2 항 제 1 호에 규정된 자에 대한 개인관련정보를 경찰화일의 내용과 대조할 수 있다. 경찰은 그 이외의 자에 대한 개인관련정보를, 그것을 대조하는 것이 사실상의 근거에 비추어 경찰임무의 수행을 위해 필요하다고 인정되는 때에는 대조할 수 있다. 경찰은 나아가 임무수행의 범위 내에서 획득된 개인관련정보를 수사자료와 대조할 수 있다.
> ② 그 밖의 경우 정보대조에 대한 법규정은 그 효력에 영향을 받지 않는다.

모범초안개정시안 제10조의e는 "정보대조"에 대해 규정하고 있다.

경찰은 제 4 조 또는 제 5 조 및 제 6 조의 요건하에서 그 규정에 해당하는 자(제 8 조의a 제 1 항 제 1 호)와 구체적 정황에 비추어 볼 때 장차 범죄행위를 범할 것으로 의심되는 자(제 2 항 제 1 호)에 대한 개인관련정보를 경찰화일의 내용과 대조할 수 있다. 경찰은 그 이외의 자에 대한 개인관련정보를, 그것을 대조하는 것이 사실상의 근거에 비추어 경찰임무의 수행을 위해 필요하다고 인정되는 때에는 대조할 수 있다. 경찰은 나아가 임무수행의 범위 내에서 획득된 개인관련정보를 수사자료와 대조할 수 있다(제 1 항).

(13) 특수한 정보대조방식

> 제10조의f(특수한 정보대조방식) ① 경찰은 사실상 근거에 비추어 볼 때 위험방지를 위하여 필요하다고 인정되는 경우에는, 연방 또는 주의 존립과 안전에 대한 또는 개인의 신체, 생명, 자유에 대한 현존하는 위험을 방지하기 위하여, 공공기관 또는 비공공기관에 대하여 자신이 보유하고 있는 다른 정보자료와의 대조를 목적으로 특정한 인적 집단의 개인관련정보의 교부를 요구할 수 있다. 영업상 또는 특히 공무상 비밀에 관한 규정은 그 효력에 영향을 받지 않는다.
> ② 교부요구는 성명, 주소, 생년월일, 출생지 및 개별적 사안과 관련하여 확인될 수 있는 요소에 내하어서만 힐 수 있다. 적정한 시간이나 비용의 지출로 해소될 수 없는 기술적 난점이 있다는 이유로 그 이상의 정보가 교부되는 경우에는 이를 사용할 수 없다.

③ 제 1 항의 규정에 의한 조치의 목적이 달성되거나 달성이 불가능한 것으로 판명되는 경우, 교부된 정보 및 당해 조치와 관련하여 추가적으로 제공된 정보들은 정보저장매체에서 이를 삭제하여야 하며, 당해 정보가 그 사안과 관련된 절차를 위하여 필요하지 않는 경우에는 그 문서도 폐기하여야 한다. 어떠한 조치들이 행해졌는지에 대하여는 그 사실을 조서에 기록하여야 한다. 이 조서는 특히 기술적, 조직적 조치를 통하여 안전하게 보관되어야 하며 제 1 문에 의하여 문서가 폐기된 시점의 다음 연도말에 폐기되어야 한다.
④ 당해 조치에 대한 명령은 경찰관청의 장이 이를 행한다. 그는 내무부장관의 동의를 받아야 한다.

모범초안개정시안 제10조의f는 "특수한 정보대조방식"에 대해 규정하고 있다.

경찰은 사실상 근거에 비추어 볼 때 위험방지를 위하여 필요하다고 인정되는 경우에는, 연방 또는 주의 존립과 안전에 대한 또는 개인의 신체, 생명, 자유에 대한 현존하는 위험을 방지하기 위하여, 공공기관 또는 비공공기관에 대하여 자신이 보유하고 있는 다른 정보자료와의 대조를 목적으로 특정한 인적 집단의 개인관련정보의 교부를 요구할 수 있다(제 1 항). 교부요구는 성명, 주소, 생년월일, 출생지 및 개별적 사안과 관련하여 확인될 수 있는 요소에 대하여서만 할 수 있으며 적정한 시간이나 비용의 지출로 해소될 수 없는 기술적 난점이 있다는 이유로 그 이상의 정보가 교부되는 경우에는 이를 사용할 수 없다(제 2 항).

(14) 정보의 정정, 삭제, 차단

제10조의g(정보의 정정, 삭제, 차단) ① 화일로 저장된 개인관련정보가 정확하지 않을 때에는 이를 정정할 수 있다. 문서에 저장된 개인관련정보가 정확하지 않다는 것이 확인된 경우에는 이를 당해 문서에 기재하거나 그 밖의 방법으로 확인해야 한다.
② 다음 각호의 1에 해당하는 경우, 화일로 저장된 개인관련정보는 이를 삭제하고 그에 속하는 문서들을 폐기하여야 한다. 재심사의 기간은 내무부장관이 행정규칙을 통하여 정한다(제 2 항).

1. 저장이 허용되지 않는 경우
2. 일정기간이 경과한 후 행해지도록 되어 있는 재심사(제10조의h 제 1 항 제 1문 제 8 호)에 의한 경우 또는 개별적 사무처리를 계기로 당해 정보를 인지하는 것이 저장기관의 권한범위에 속하는 임무의 수행을 위하여 더 이상 필요하지 않다고 확인되는 경우

③ 경찰이 부정확하거나 제 2 항 제 1 호에 의해 삭제되어야 할 개인관련정보가 교부된 것을 확인하고 또한 수령인을 알고 있는 경우에는, 수령인에게 그 정정 또는 삭제의 사실을 통지하여야 하며, 다만, 이를 통지하는 것이 당해 인이나 사안을 평가하는 데 중요하지 않거나 더 이상 중요하지 않게 된 경우에는 그러하지 아니하다.

④ 정보는 다음 각호의 1에 해당하는 경우에는 삭제 또는 폐기될 수 없다(제 4 항).

1. 당사자의 보호가치있는 이익이 침해되어질 것이라는 근거가 존재하는 경우
2. 현존하는 증거의 곤란을 극복하기 위하여 정보가 불가피한 경우 또는
3. 정보의 이용이 학문적 목적을 위하여 필요한 경우. 이 경우에는 정보를 차단하고 그 차단되었다는 뜻을 기입하여야 한다. 정보는 제 1 문에 규정된 목적으로만 또는 그 밖에 당사자의 동의가 있는 경우에 한하여 이용될 수 있다.

⑤ 정보저장매체는 문서보관법이 이를 규정하는 경우에는 제 2 항 제 1 문 제 2 호에 의하여 당해 정보를 삭제, 폐기하는 대신에 국가공문서실에 이관될 수 있다.

모범초안개정시안 제10조의g는 "정보의 정정, 삭제, 차단"에 대해 규정하고 있다.

화일로 저장된 개인관련정보가 정확하지 않을 때에는 이를 정정할 수 있다. 문서에 저장된 개인관련정보가 정확하지 않다는 것이 확인된 경우에는 이를 당해 문서에 기재하거나 그 밖의 방법으로 확인해야 한다(제 1 항).

제 2 항 제 2 호는 정보의 저장이 직무수행에 더 이상 필요하지 않게 된 경우에 주관적 공권으로서의 정보의 삭제청구권을 보장하고 있다.[209]

209) Franz-Ludwig Knemeyer(서정범 역), 앞의 책, 82쪽.

(15) 등재대상의 작성

> 제10조의h(등재대상의 작성) ① 경찰집행업무의 모든 자동화된 화일에 대해서는 등재대장을 작성하여 적어도 다음 각호의 사항을 확정적으로 등재하여야 한다. 이에 관하여 세부적인 사항은 내무부장관이 행정규칙으로 정한다. 내무부장관은 연방 및 주의 정보보호담당관에게 등재대장을 송부한다.
> 1. 화일의 명칭
> 2. 화일의 법적 근거와 목적
> 3. 개인관련정보가 파일에 저장되는 대상의 인적 범위
> 4. 저장되는 개인관련정보의 종류
> 5. 화일의 해명에 유용한 개인관련정보의 종류
> 6. 저장될 개인관련정보의 공급 또는 제출
> 7. 화일에 저장된 정보를 교부할 경우 그 수령인 및 절차에 관한 요건
> 8. 화일에 대한 저장기간의 연장이 임무수행을 위하여 필요한지 여부를 심사할 수 있는 시점, 이 경우 사안의 종류, 중요성 및 당사자의 연령에 따라 개별적으로 정해지는 기한
>
> ② 개인관련정보의 보호는 필요하다고 인정되는 정도로 제한될 수 있다. 상당한 시간적 간격을 두고 화일의 계속보유 또는 변경의 필요성여부가 심사되어야 한다.

모범초안개정시안 제10조의h는 "등재대상의 작성"에 대해 규정하고 있다.

경찰집행업무의 모든 자동화된 화일에 대해서는 등재대장을 작성하여 적어도 화일의 명칭, 화일의 법적 근거와 목적, 개인관련정보가 파일에 저장되는 대상의 인적 범위, 저장되는 개인관련정보의 종류, 화일의 해명에 유용한 개인관련정보의 종류, 저장될 개인관련정보의 공급 또는 제출, 화일에 저장된 정보를 교부할 경우 그 수령인 및 절차에 관한 요건, 화일에 대한 저장기간의 연장이 임무수행을 위하여 필요한지 여부를 심사할 수 있는 시점, 이 경우 사안의 종류, 중요성 및 당사자의 연령에 따라 개별적으로 정해지는 기한 등의 사항을 확정적으로 등재하여야 한다(제1항). 그리고 개인관련정보의 보호는 필요하다고 인정되는 정도로 제한될 수 있으며 상당한 시간적 간격을 두고 화일의 계속보유 또는 변경의 필요

성 여부가 심사되어야 한다(제 2 항).

제 4 절 미국의 경찰관직무집행법

1. 연혁 및 입법체계

미국의 경찰제도는 영국의 전통과 제도를 배경으로 하여 300여년 동안에 독자적인 발전을 하여 왔다. 미국에서 경찰은 좁은 의미로는 공공의 건강·안전·도덕을 촉진·보호하기 위한 강제작용을 의미하나, 넓은 의미로는 그 밖에 공공복리의 촉진을 위한 강제작용을 포함하여 사용한다.

건국 초기에는 경찰은 범인체포자(theif-taker)로서 순찰하는 것이었으나, 사회적·경제적 정세의 변동에 따라 19세기 말 이래 각 행정부문에 걸친 행정경찰작용에까지 그 임무가 확대되어 경찰은 사법경찰 외에 교통경찰·산업경찰·소방경찰·집회경찰·위생경찰·도덕경찰·출판경찰·광고경찰·복지경찰·경제경찰 등을 포함하게 되었다.

미국의 경찰조직에는 연방경찰·주경찰 및 지방경찰의 3종이 있다. 미합중국 헌법은 경찰의 설치와 운영에 관한 아무런 규정을 두고 있지 아니할 뿐만 아니라 그와 같은 것을 금지하는 조항도 두고 있지 않다. 그러나 통설은 연방의회에 국민의 공동방위와 일반복리의 증진을 위한 입법을 할 수 있도록 포괄적인 권한을 부여한 Article Ⅰ, Section 8, clause 18의 규정이 연방정부로 하여금 연방수사기관을 설치할 수 있도록 하는 규정으로 해석하고 있다. 그러나 동 규정은 연방수사기관을 설치할 수 있는 이론적 기초에 불과하고 실제로 어떤 연방수사기관을 설치하기 위하여는 개개의 기관의 설치 및 운영에 관한 구체적인 입법이 필요하므로 연방수사기관의 법적 근거는 연방의회인 셈이다. 그러나 주 및 지방정부 수준의 수사기관은 연방수정헌법 제10조에 따라 합중국에 위임하지 않고 각 주에 금지하지 않은 권한은 각기 각 주 또는 국민에 유보하도록 되어 있어 각 주의 입법에 따라 다양하게 설치·운영되고 있으며, 몇몇 주에서는 주헌법에 수사기관으로 Sheriff[210]나 Constable[211]을 두도록 명시하고 있다.[212] 즉, 미국은 연방제도의 결과로서 연방헌법 제10조에 따라 경찰권은 주에 유보되어 있으므로 주경찰이 중심이다. 그러나 연방은 연방헌법에 따라 부여된 과세권, 주간통상규제권, 대외통상권, 우체국·우편철도건설권 등을 행사하여 사실상 전국적인 사항에 관하여 경찰입법·경찰행정을 수행하는 일이 증가하고 있다. 그리하여 연방경찰조직에 속하는 것으로는 재무부비밀근무부·법무부수사국 등이 있다. 주는 그 고유한 권한으로 경찰권을 가진다. 주는 경찰권을 주의 지방조직이나 관내의 지방자치단체에 위임하여 행사하나 주 자체가 전 주지역을 관할구역으로 하는 주경찰력을 가진다. 나만, 일부 주에서는 이러한 주경찰력을 가지지 아니한다. 주에 따라 다르기는 하지만 보통 주의 지방경찰조직으로는 군(county)의 치안관(sheriff)·검시관(coroner) 등이 있다. 자치체경찰로는 시(city)·읍(town)·면(borough) 경찰이 있다. 미국경찰은 통제되지 않은 철저한 지방분권주의를 채택하고 있으므로 시·읍·면경찰이 기본적인 경찰이 되고 있다.

일반적으로 미국경찰은 관료가 아니라 다른 시민을 위하여 봉사하는 시민의 일원으로 생각되고 시민자유의 존중과 법집행의 능률을 겸유하는 이상적 경찰로 알려진 영국경찰의 정신과 전통을 이어받은 것으로 알려지고 있다.[213] 그 임무의 근거는 보통법(Common Law)과 형평법(Equity Law)[214]에

---

210) Sheriff란 용어는 영국에서 미국으로 전래된 것이다. 이 용어는 앵글로색슨 정착기로 거슬러 올라가는데, 10가구씩 자연스레 모여 형성된 부락인 10호반(tything)이 모여 100호반(hundreds)으로, 100호반들을 모아서 다시 shire를 구성하였으며, 이 shire의 수장으로 왕으로부터 재판권과 행정권을 부여받은 지역 귀족을 reeve라고 칭하였고, 이 shire의 reeve를 1066년 이후 왕이 직접 임명·파견하면서 sheriff라고 칭하게 되었다. M. Brogden, et al., Introducing Policework, Chap. 4. 참조.

211) 이 용어는 영국에서 유래한다. 영국에서 경찰관을 지칭하는 용어로 가장 일반적으로 사용되어 온 Constable은 주민들이 스스로 뽑은 자치치안의 대표자에서 유래한다. 지역귀족 또는 왕이 파견한 중앙 귀족인 shire-reeve 또는 sheriff에 비해 평민 치안수행자인 constable은 100호반 내에서 선출한 마을 자치치안의 대장으로 범법자의 추적과 체포 및 마을 전체의 말과 무기관리의 책임을 지는 역할을 수행하였다.

212) 법무부, 각국의 사법경찰제도, 405쪽.

213) 그러나 영국경찰의 경우에 내무부의 영향력이 지나치게 커서 '지방자치경찰'을 표방하는 영국경찰이 "실제로는 중앙집권적 국가경찰(a de facto national police force)이 아니냐"는 비판이 현대영국경찰 제도를 둘러싼 가장 큰 논쟁거리 중의 하나이다. Robert Reiner, The Politics of The Police, Harvester Wheatheaf, 1992, Chap. 6 참조.

214) 형평법은 공정과 정의면에서 보통법과 제정법(Statue Law)의 불비를 보충하는 법인데,

두고 있으며, 범위는 전통적으로 일반치안과 범죄수사에 국한되고 있다. 이는 경찰의 임무를 소극적으로 이해하는 것으로서 시민의 자유를 침해하지 않는 민주적 개념이라고도 볼 수 있다.[215)]

연방차원의 미국의 경찰관직무집행 관련법제로는 1942년에 전미국경찰위원회가 제안한 통일체포법(Uniform Arrest Act)과 1975년에 미국 법률협회(The American Law Institute)의 모범법전(A Model Code of Pre-Arraignment Procedure)이 있다.

통일체포법은 1930년대에 있어서 경찰의 수사관행을 정리하고, 합리적인 범위에서 이를 성문화하려고 한 것이었다. 이 모델안을 모범으로 입법을 한 주는 델라웨어(Delaware), 뉴 햄프셔(New Hampshire), 로드 아일랜드(Rhode Island) 등 3개 주에 불과하였다. 왜냐하면 법률상의 "합리적 혐의"의 내용이 모호하고, "상당한 이유"와의 구별도 불명확하여 당시 위법하게 행하여지고 있던 경찰실무에 법적 근거를 부여할 위험이 있었기 때문이다.

또 통일체포법에서 인정하고 있는 것 이상으로 행하여지고 있는 현행실무의 대부분을 방치할 우려가 있으며, 비록 2시간으로 한정한다고 하더라도 구속임에는 틀림없으므로 결국 수정헌법 제 4 조를 개정하는 것으로 되지만, 그 정도의 필요성은 실증되지 않았었기 때문이었다.

미국법률협회는 1963년부터 수사절차에 관한 모범법전의 작성에 착수해, 1966년에 예비초안 제 1 호(Tentative Draft No.1)를 공표하였다. 이 초안은 수사관계자의 기대를 부풀게 하였지만, 이 초안이 발표된 날로부터 1개월도 지나지 않아 연방대법원이 미란다(Miranda) 판결을 선고하여 동 초안의 기본적인 사고방식에 일격을 가함으로써 검토의 여지를 없게 만들었다. 그러나 그 후 동 협회는 계속해서 제 2 호(1969년), 제 3 호(1970년), 제 4 호(1971년), 제5A호(1972년), 제 5 호(1973년), 제 6 호(1974년)를 잇달아 공표하였으며, 1972년에는 그때까지의 성과를 정리하여 공식초안 제 1 호(Official Draft No.1)를 공표하였다. 이러한 경과를 거쳐 1975년에 완성한

보통법과 유사한 과정을 거쳐 판례의 축적으로 형성된다.

215) 정진환, 영국의 경찰제도, 28~29쪽.

확정안이 최종초안(Proposed Official Draft)이다. 이것은 제한적이지만 통일체포법의 취지가 계승된 것으로 볼 수 있다.[216]

한편 이것은 경찰관에 의해 행하여지고 있었던 법집행의 실제를 잘 알고 있지 못함으로써 그 법집행의 영향이라든가, 법적 통제의 필요성 등이 거의 의식되지 않았던 것에도 기인한다고 볼 수 있다.[217] 수정헌법 제 4 조와 관련하여 stop & frisk를 입법상 정면으로 인정하는 것보다는 기능적으로 인정했다고 평가되는 법률들[218]이 등장하게 되었다.[219]

2. 적용범위

통일체포법 제 2 조는 불심검문과 피의자의 신체구속에 대해 규정하고 있으며, 제 3 조는 무기의 수색에 대해, 제 4 조는 체포 — 허용되는 무력에 대해 규정하고 있다. 제 5 조는 체포에 대한 저항에 대해 규정하고 있으며, 제 6 조는 영장없는 체포에 대해, 제 7 조는 부당한 근거에 기한 체포에 대해, 제 8 조는 경찰관이 영장을 소지하지 않은 경우에 영장에 의한 체포에 대해, 제 9 조는 체포를 대신한 호출에 대해, 제10조는 피체포자의 석방에 대해, 제11조는 치안판사에 송치가 허용된 유예기간에 대해, 제12조는 증인의 신원조사에 대해, 제13조는 효력의 분할에 대해 규정하

---

216) 강동욱, 앞의 책, 98쪽.

217) 강동욱, 앞의 책, 94쪽.

218) 뉴욕주에서는 1964년에 소위 정지·소지품검사법(Stop and Frisk Act)(형소법 제180조a)이 시행되었다. 이 규정은 연방헌법상의 인권보장조항을 근거로 하여 경찰권능을 축소시키려는 연방대법원의 판례(Mapp v. Ohio, 367 U.S. 643(1961) 등)에 대하여 '경찰의 손을 결박하지 말라'(Don't Hand Cuff Police)는 반발적 충동에서 나온 것으로 볼 수 있다.

219) 미 연방법무부 산하 범죄통계실이 발표한 '93~'99년 직업·업종별 범죄발생 및 희생자 현황조사에 따르면, 이 기간 동안 경찰관은 1,000명당 260.8명이 사상당해 가장 위험한 직종으로 꼽혔고 기결수들을 관리하는 교도관들이 155.7명으로 두 번째를, 택시운전사가 128.3명으로 세 번째를 차지한 것으로 집계되었으며, 이 밖에 경비원(86.6명), 바텐더(81.6명), 정신병원 근무자(68.6명), 특수교육교사(68.4명), 주유소 종업원(68.3명)의 순으로 나타났다 한다. 또한, 업종별로는 치안관련 업종이 1,000명당 127명이 범죄피해를 당해 가장 위험했고 다음은 정신병원(55명), 소매업(20명), 운수업(16명)의 순이었다 한다. 가장 안전한 직종은 대학교수로 직장에서의 범죄 희생률이 1,000명당 1.6명에 그쳤다고 한다. http://www.police.go.kr/data/dataForeignNewsView.jsp

고 있다.

한편 미국 법률협회 모범법전은 제110조에서 “경찰관에 의한 체포전 접촉(pre-arrest contact)”에 대해 규정하고 있다. 제 1 항은 법집행관에 의한 협력의 요청을 규정하고 있는데, ① 협력요청권과, ② 피의자의 질문과 권리고지의 요건, ③ 경찰서에 출두 요청을 받은 자에 대한 권리고지 등이 주요내용을 이룬다. 제 2 조는 정지(stoping of persons)에 대해 규정하고 있는데, ① 정지를 인정할 수 있는 요건, ② 자동차검문, ③ 실력행사, ④ 위험한 무기의 행사, ⑤ 피의자의 질문, ⑥ 정지기간의 종료 후의 조치, ⑦ 정지시킨 자에 대한 기록 등에 대한 것이 주요 적용범위이다.

3. 주요내용

(1) 법집행관에 의한 협력의 요청

1) 협력요청권

법집행권은 본 법전이나 다른 법률에 따라 누구에게라도 정보를 제공하거나 그 밖의 방법으로서 범죄수사 또는 억지에 대하여 협력할 것을 요청할 수 있다. 경찰관은 질문에 대답하거나 경찰서로 출두하거나 또는 그 밖의 합리적인 요구에 따를 것을 요구할 수 있다. 본항에 따라 요청할 때 정보를 제공하거나 협력할 법적 의무가 없음에도 불구하고 이러한 의무가 있다고 시사해서는 안된다. 본항에 근거해서 이루어진 정보제공이나 그 밖의 협력요청에 따를 때 이러한 요청이 법집행관에 의해 이루어졌다는 인식만을 이유로 임의성을 흠결하거나 또는 강제된 것이라고 간주해서는 안된다(제110조 제 1 항 제 1 호).

2) 피의자의 질문과 권리고지의 요건

본항에 따라 법집행관이 활동 중 범죄를 범하였다고 의심하거나 또는 의심함에 충분한 합리적 이유가 있는 경우에는 당해 사정하에서 합리적으로 생각해서 가장 빠른 시기에 또는 어떠한 경우에도 질문을 계속하기 전에 당해 사정하에서 질문에 대답할 법률상 의무가 없다는 것을 명백히 함에 충분한 합리적인 수단을 강구해야만 한다. 경찰청, 검찰청 및 이와 유사한 장소에서 질문하는 경우에는 먼저 피질문자에게 변호인, 친척 또는 친구에게 즉시 연락할 수 있고, 변호인, 친척 또는 친구는 제140조 제 7 항의 규정에 의해 면회할 수 있다는 것을 고지해야만 한다(제110조 제 1 항 제 2 호).

3) 경찰서에 출두요청을 받은 자에 대한 권리고지

본항에 따라 법집행관이 활동 중 경찰청, 검찰청 및 이와 유사한 장소에 출두하거나 또는 머물 것을 요구하는 때에는 당해 시정하에서 이러한 요청에 따를 법적 의무가 없다는 것을 명백히 함에 충분한 합리적인 수단을 강구해야만 한다(제110조 제 1 항 제 3 호).

(2) 정 지

1) 정지를 인정할 수 있는 요건(제110조 제 2 항 제 1 호)

법집행관은 적법하게 현재 있는 장소에서 이하의 사정이 있는 때에는 다음의 각호가 정하는 목적을 달성함에 합리적으로 필요한 시간 동안 그 장소부근에서 집행관의 면전에 머물 것을 명할 수 있다. 단 어떠한 경우에도 20분을 초과해서는 안된다.

가. 특정한 범죄 또는 중죄에 관해 의심스러운 사정이 인정되는 자

(i) 법집행관이 신체에 대한 상해 또는 재산의 절취나 손해야기의 우려가 있는 경죄 또는 중죄를 범하였거나 범하고 있거나 또는 범하려고 하고 있다고 합리적으로 의심함에 충분한 사정이 있다고 인정되는 자이고, 동시에,

(ii) 그 자의 신원에 관한 정보를 입수하거나 또는 명백히 하고, 그 자가 그 장소에 있는 이유 또는 행동에 관한 해명을 얻거나 또는 이것을 명백히 하기 위해 또는 그 자의 체포 여부를 판단함에 합리적으로 필요한 경우

나. 특정한 경죄 또는 중죄의 범행장소 부근에 있는 목격자

(i) 법집행관이 신체에 대한 상해 또는 재산의 절취나 손해야기의

우려가 있는 경죄 또는 중죄가 범하여진 직후라는 믿음에 충분한 합리적 이유가 있고, 그 장소부근에서 발견한 자로서, 동시에

(ii) 법집행관이 당해 범죄의 수사상 중요한 단서가 될 지식을 가지고 있는 자라는 믿음에 충분한 합리적 이유를 가지고 있는 때로,

(iii) 그 자의 신원을 명백히 하거나 또는 당해 범죄의 정보를 얻기 위해 합리적으로 필요한 경우

다. 이미 범하여진 특정한 범죄에 관해 수배되어 있는 피의자

(i) 법집행관이 신체에 대한 상해 또는 재산의 절취나 손해야기의 우려가 있는 중죄가 범하여졌다는 믿음에 충분한 합리적 이유가 있고,

(ii) 합리적으로 생각해서 그 자가 위 범죄를 범했다는 의심이 있는 때,

(iii) 그 자를 당해 중죄로 체포할 것인가를 판단할 목적으로서 그 신원에 관한 정보를 입수하거나 또는 이것을 명백히 하기 위해 합리적으로 필요한 경우

2) 도로검문시 자동차의 정지

a) 중죄가 범하여졌다는 믿음에 충분한 합리적 이유가 있고, b) 특정 방향으로 달리는 자동차, 트럭, 버스 및 그 밖의 차량 전부 또는 대부분을 정지하는 것이 당해 범죄의 중대성 및 특별한 사정에 비추어 범인 또는 피해자를 발견함에 합리적이고 필요한 경우에는 이러한 차량의 운전자에게 정지를 명령하고, 이러한 목적을 달성함에 필요한 범위 내에서 차량을 수색할 수 있다. 이러한 처분은 당해 사정하에서 가능한 한 신속하게 이루어져야만 한다(제110조 제 2 항 제 2 호).

3) 실력행사

법집행관은 본항 제 1 호, 제 2 호에서 규정하는 권한을 행사할 목적으로 사람 또는 차량을 정지시키거나 집행관의 면전에 머물도록 하기 위해 합리적으로 필요한 실력을 행사할 수 있다. 단, 상대방을 죽음에 이르게 하는 실력행사는 제외한다(제110조 제 2 항 제 3 호).

4) 위험한 무기의 수검

본항에 의해 사람을 정지시킨 법집행관이 자기의 안전 또는 현재 그 장소에 있는 다른 사람의 안전상 필요하다고 합리적으로 판단되는 경우에는 정지시킨 자가 입고 있는 옷의 외부를 손으로 두드려 위험한 무기를 수색할 수 있다. 이러한 수색 중에 위험한 무기라고 합리적으로 판단되는 물건을 감지한 때에는 이것을 점검함에 필요한 처분을 할 수 있다(제110조 제 2 항 제 4 호).

5) 피의자의 심문(제110조 제 2 항 제 5 호)

가. 권리고지

법집행관이 범죄를 범했다고 의심하거나 또는 의심함에 충분한 합리적 이유를 가지고 있는 자를 정지시킨 경우에 당해 사정하에 합리적으로 생각하더라도 가장 빠른 시기에 또 어떠한 경우에도 질문을 계속하기 전에 다음의 경고를 해야 한다.

(i) 아무 것도 진술할 의무는 없고, 진술한 것은 불리한 증거로 이용될 수 있다는 것, (ii) 체포되는 경우를 제외하고 20분 이내에 석방된다는 것, (iii) 체포된 경우에는 경찰서로 연행되지만 즉시 변호인, 친척 또는 친구에게 전화로써 연락할 수 있다는 것, (iv) 그 뜻에 반해서 질문되지 않는다는 것, 변호인과의 상담 또는 질문 중에 변호인의 입회를 요구한 때에는 그 시점에서 질문은 행해지지 않는다는 것, 경찰서로 연행한 후 질문에 앞서 스스로 변호인을 고용할 수 없는 때에는 변호인이 선임되는 것

나. 질문의 제한

법집행관이 범죄를 범했다고 의심하거나 또는 의심함에 충분한 합리적 이유를 가지고 있는 자로서 본항의 권한에 근거하여 신체를 구속당하고 있는 자가 질문을 받고 싶지 않다거나 또는 질문에 앞서서 변호인과 상담하고 싶다는 것을 어떠한 형태로든지 나타낸 경우에는 질문을 해서는 안된다.

6) 정지기간의 종료 후의 조치

본항 제 1 호, 제 1 호에 의해 자기의 면전에 정지할 것을 요구할 수 있는 기간 내에 법집행관이 체포하는 경우를 제외하고는 위 기간이 종료한 때에 그 자에 대해 자유로이 퇴거할 수 있다는 것을 고지해야만 한다 (제110조 제 2 항 제 6 호).

7) 정지시킨 자에 관한 기록

본항에 따라 자기의 면전에 정지하도록 명령한 법집행관은 제10조 제 3 항에 의해 발령된 규칙에 따라 합리적으로 생각해서 가장 빠른 시기에 정지의 정황과 목적에 관한 기록을 작성해야만 한다(제110조 제 2 항 제 7 호).

제 5 절 소 결

일반적으로 시민법전통국가(독일, 일본 및 한국 등)는 경찰의 주체가 국가이지만, 보통법전통국가(영국, 미국 등)에서는 지방자치단체가 곧바로 경찰의 주체가 되는 자치체경찰을 위주로 하고 있다.

그리고 기능면을 보더라도 시민법전통국가의 국가경찰제도는 광의의 경찰개념을 채택하고 있는 반면에 보통법전통국가의 자치체경찰은 협의의 경찰개념을 취하고 있다. 보통법전통국가의 경찰관념은 자위제도에 대신하여 전문적 직업인을 채용하여 그에게 생명·신체·재산의 보호 및 사회질서의 유지에 관한 임무를 맡기는 것이고 경찰조직도 지방분권적인 자치체경찰제도를 유지하고 있다.

반면에 시민법전통국가에 있어서는 개인의 생명·신체·재산의 보호뿐만 아니라 국가의 정책을 촉진하기 위하여 필요한 행정까지 경찰개념 속에 포함시키고 경찰은 곧 국가경찰로서 중앙집권적 조직을 갖게 되었다.[220] 결국 경찰관직무집행법은 각국의 상이한 법전통과 법의식을 반영함으로써 독특한 모습으로 발전을 하였다고 볼 수 있다.

---

220) 김형만 외, 앞의 책, 44쪽.

위에서 살펴본 주요국가의 경찰관직무집행법은 나름대로 특징을 가지고 있는데, 시민법전통국가 중 독일은 경찰법의 적용범위가 일반수권조항, 경찰책임, 신원확인, 보호조치, 총기사용, 행정강제, 손실보상·구상·배상청구 등에 미쳐 일반법으로서의 체계를 갖추고 있는 반면에, 일본과 우리나라의 경찰관직무집행법은 적용범위가 제한적이어서 일반법으로서의 체계나 역할을 하지 못하고 있다. 따라서 독일의 입법은 일본이나 우리나라의 법제개선에 많은 시사점을 제공하고 있다.

보통법전통국가 중 미국은 국민들의 총기소지가 허용되는 관계로 인해 무기의 수색과 체포에 대한 상세한 규정을 두고 있으며 그 동안 관행적으로 인정되어 오던 stop & frisk에 대해서도 구체적인 규율을 하고 있는 것이 특징이며 이에 대한 판례법도 우리 법제의 정비에 많은 시사점을 제공하고 있다.

사실 독일과 일본이 2차대전 후에 미국의 점령하에 경찰에 있어서 보통법전통을 강하게 이식받는 계기가 되었으며 특히 일본의 경찰관직무집행법은 미국의 영향을 강하게 받았다고 볼 수 있다. 그런 점에서 본다면 일본법제를 참고하여 제정한 우리 경찰관직무집행법도 보이지 않게 보통법전통의 영향을 적지 않게 받았다고 볼 수 있는바, 이러한 측면에서 비교법적 고찰은 필요하고 또한 중요한 의미를 가진다고 할 수 있다.

부 록

Ⅰ 우리나라의 경찰관직무집행법

Ⅱ 일본의 경찰관직무집행법

Ⅲ 독일의 경찰관직무집행법

Ⅳ 미국의 경찰관직무집행법

1. 경찰관직무집행법

[시행 2011. 8. 4] [법률 제11031호, 2011. 8. 4, 일부개정]

제 1 조(목적) ① 이 법은 국민의 자유와 권리의 보호 및 사회공공의 질서유지를 위한 경찰관(국가경찰공무원에 한한다. 이하 같다)의 직무수행에 필요한 사항을 규정함을 목적으로 한다. <개정 2006. 2. 21>

② 이 법에 규정된 경찰관의 직권은 그 직무수행에 필요한 최소한도 내에서 행사되어야 하며 이를 남용하여서는 아니된다.

제 2 조(직무의 범위) 경찰관은 다음 각호의 직무를 행한다. <개정 2011. 8. 4>

1. 국민의 생명·신체 및 재산의 보호
2. 범죄의 예방·진압 및 수사
3. 경비·요인경호 및 대간첩작전수행
4. 치안정보의 수집·작성 및 배포
5. 교통의 단속과 위해의 방지
6. 기타 공공의 안녕과 질서유지

제 3 조(불심검문) ① 경찰관은 수상한 거동 기타 주위의 사정을 합리적으로 판단하여 어떠한 죄를 범하였거나 범하려 하고 있다고 의심할 만한 상당한 이유가 있는 자 또는 이미 행하여진 범죄나 행하여지려고 하는 범죄행위에 관하여 그 사실을 안다고 인정되는 자를 정지시켜 질문할 수 있다.

② 그 장소에서 제 1 항의 질문을 하는 것이 당해인에게 불리하거나 교통의 방해가 된다고 인정되는 때에는 질문하기 위하여 부근의 경찰서·지구대·파출소 또는 출장소(이하 "경찰관서"라 하되, 지방해양경찰관서를 포함한다)에 동행할 것을 요구할 수 있다. 이 경우 당해인은 경찰관의 동행요구를 거절할 수 있다. <개정 1988. 12. 31, 1996. 8. 8, 2004. 12. 23>

③ 경찰관은 제 1 항에 규정된 자에 대하여 질문을 할 때에 흉기의 소지여부를 조사할 수 있다.

④ 제 1 항 또는 제 2 항의 규정에 의하여 질문하거나 동행을 요구할 경우 경찰관은 당해인에게 자신의 신분을 표시하는 증표를 제시하면서 소속과 성명을 밝히고 그 목적과 이유를 설명하여야 하며, 동행의 경우에는 동행장소를 밝혀야 한다. <개정 1991. 3. 8>

⑤ 제 2 항의 규정에 의하여 동행을 한 경우 경찰관은 당해인의 가족 또는 친지등에게 동행한 경찰관의 신분, 동행장소, 동행목적과 이유를 고지하거나 본인으로 하여금 즉시 연락할 수 있는 기회를 부여하여야 하며, 변호인의 조력을 받을 권리가 있음을 고지하여야 한다. <신설 1988. 12. 31>

⑥ 제 2 항의 규정에 의하여 동행을 한 경우 경찰관은 당해인을 6시간을 초과하여 경찰관서에 머물게 할 수 없다. <신설 1988. 12. 31, 1991. 3. 8>

⑦ 제 1 항 내지 제 3 항의 경우에 당해인은 형사소송에 관한 법률에 의하지 아니하고는 신체를 구속당하지 아니하며, 그 의사에 반하여 답변을 강요당하지 아니한다. <신설 1988. 12. 31>

제 4 조(보호조치등) ① 경찰관은 수상한 거동 기타 주위의 사정을 합리적으로 판단하여 다음 각호의 1에 해당함이 명백하며 응급의 구호를 요한다고 믿을 만한 상당한 이유가 있는 자를 발견한 때에는 보건의료기관 또는 공공구호기관에 긴급구호를 요청하거나 경찰관서에 보호하는 등 적당한 조치를 할 수 있다. <개정 1988. 12. 31>

1. 정신착란 또는 술취한 상태로 인하여 자기 또는 타인의 생명·신체와 재산에 위해를 미칠 우려가 있는 자와 자살을 기도하는 자
2. 미아·병자·부상자등으로서 적당한 보호자가 없으며 응급의 구호를 요한다고 인정되는 자. 다만, 당해인이 이를 거절하는 경우에는 예외로 한다.

② 제 1 항의 긴급구호요청을 받은 보건의료기관이나 공공구호기관은 정당한 이유없이 긴급구호를 거절할 수 없다.

③ 제 1 항의 경우에 피구호자가 휴대하고 있는 무기·흉기등 위험을 야기할 수 있는 것으로 인정되는 물건은 경찰관서에 임시영치할 수 있다.

④ 경찰관이 제 1 항의 조치를 한 때에는 지체없이 이를 피구호자의 가족·친지 기타의 연고자에게 그 사실을 통지하여야 하며, 연고자가 발견되지 아니할 때에는 피보호자를 적당한 공중보건의료기관이나 공공구호기관에 즉시 인계하여야 한다.

⑤ 경찰관은 제 4 항의 규정에 의하여 피구호자를 공중보건의료기관 또는 공공구호기관에 인계한 때에는 즉시 그 사실을 소속 경찰서장 또는 지방해양경찰관서의 장에게 보고하여야 한다. <신설 1988. 12. 31, 1996. 8. 8>

⑥ 제 5 항의 보고를 받은 소속 경찰서장 또는 지방해양경찰관서의 장은 대통령령이 정하는 바에 의하여 피구호자를 인계한 사실을 지체없이 당해 공중보건의료기관·공공구호기관의 장 및 그 감독행정청에 통보하여야 한다. <신설 1988. 12. 31, 1996. 8. 8>

⑦ 제 1 항의 규정에 의한 경찰관서에서의 보호는 24시간을, 제 3 항의 임시영치는 10일을 초과할 수 없다. <개정 1988. 12. 31>

제 5 조(위험발생의 방지) ① 경찰관은 인명 또는 신체에 위해를 미치거나 재산에 중대한 손해를 끼칠 우려가 있는 천재, 사변, 공작물의 손괴, 교통사고, 위험물의 폭발, 광견·분마류등의 출현, 극단한 혼잡 기타 위험한 사태가 있을 때에는 다음의 조치를 할 수 있다.

1. 그 장소에 집합한 자, 사물의 관리자 기타 관계인에게 필요한 경고를 발하는 것
2. 특히 긴급을 요할 때에는 위해를 받을 우려가 있는 자를 필요한 한도 내에서 억류하거나 피난시키는 것
3. 그 장소에 있는 자, 사물의 관리자 기타 관계인에게 위해방지상 필요하다고 인정되는 조치를 하게 하거나 스스로 그 조치를 하는 것

② 경찰관서의 장은 대간첩작전수행 또는 소요사태의 진압을 위하여 필요하다고 인정되는 상당한 이유가 있을 때에는 대간첩작전지역 또는 경찰관서·무기고등 국가중요시설에 대한 접근 또는 통행을 제한하거나 금지할 수 있다.

③ 경찰관이 제 1 항의 조치를 한 때에는 지체없이 이를 소속경찰관서의 장에게 보고하여야 한다.

④ 제 2 항의 조치를 하거나 제 3 항의 보고를 받은 경찰관서의 장은 관계기관

의 협조를 구하는 등 적당한 조치를 하여야 한다.

제 6 조(범죄의 예방과 제지) ① 경찰관은 범죄행위가 목전에 행하여지려고 하고 있다고 인정될 때에는 이를 예방하기 위하여 관계인에게 필요한 경고를 발하고, 그 행위로 인하여 인명·신체에 위해를 미치거나 재산에 중대한 손해를 끼칠 우려가 있어 긴급을 요하는 경우에는 그 행위를 제지할 수 있다.

② 삭제 <1988. 12. 31>

제 7 조(위험방지를 위한 출입) ① 경찰관은 제 5 조 제 1 항·제 2 항 및 제 6 조 제 1 항에 규정한 위험한 사태가 발생하여 인명·신체 또는 재산에 대한 위해가 절박한 때에 그 위해를 방지하거나 피해자를 구조하기 위하여 부득이 하다고 인정할 때에는 합리적으로 판단하여 필요한 한도 내에서 타인의 토지·건물 또는 선차 내에 출입할 수 있다.

② 흥행장·여관·음식점·역 기타 다수인이 출입하는 장소의 관리자 또는 이에 준하는 관계인은 그 영업 또는 공개시간 내에 경찰관이 범죄의 예방 또는 인명·신체와 재산에 대한 위해예방을 목적으로 그 장소에 출입할 것을 요구한 때에는 정당한 이유없이 이를 거절할 수 없다.

③ 경찰관은 대간첩작전수행에 필요한 때에는 작전지역 안에 있어서의 제 2 항에 규정된 장소 안을 검색할 수 있다.

④ 제 1 항 내지 제 3 항의 규정에 의하여 경찰관이 필요한 장소에 출입할 때에는 그 신분을 표시하는 증표를 제시하여야 하며, 함부로 관계인의 정당한 업무를 방해하여서는 아니 된다.

제 8 조(사실의 확인등) ① 경찰관서의 장은 직무수행에 필요하다고 인정되는 상당한 이유가 있을 때에는 국가기관 또는 공사단체등에 대하여 직무수행에 관련된 사실을 조회할 수 있다. 다만, 긴급을 요할 때에는 소속경찰관으로 하여금 현장에 출장하여 당해 기관 또는 단체의 장의 협조를 얻어 그 사실을 확인하게 할 수 있다.

② 경찰관은 미아를 인수할 보호자의 여부, 유실물을 인수할 권리자의 여부 또는 사고로 인한 사상자를 확인하기 위하거나 행정처분을 위한 교통사고조사상의 사실을 확인하기 위하여 필요한 때에는 관계인에게 출석을 요하는 사유·일시 및 장소를 명확히 한 출석요구서에 의하여 경찰관서에 출석할 것을 요구할 수 있다.

제 9 조(유치장) 경찰서 및 지방해양경찰관서에 법률이 정한 절차에 따라 체포·

구속되거나 신체의 자유를 제한하는 판결 또는 처분을 받은 자를 수용하기 위하여 유치장을 둔다. <개정 1996. 8. 8, 1999. 5. 24>

제10조(경찰장비의 사용등) ① 경찰관은 직무수행중 경찰장비를 사용할 수 있다. 다만, 인명 또는 신체에 위해를 가할 수 있는 경찰장비에 대하여는 필요한 안전교육과 안전검사를 실시하여야 한다.

② 제1항의 "경찰장비"라 함은 무기, 경찰장구, 최루제 및 그 발사장치, 감식기구, 해안감시기구, 통신기기, 차량·선박·항공기등 경찰의 직무수행을 위하여 필요한 장치와 기구를 말한다.

③ 경찰장비를 임의로 개조하거나 임의의 장비를 부착하여 통상의 용법과 달리 사용함으로써 타인의 생명·신체에 위해를 주어서는 아니된다.

④ 제1항 단서의 경찰장비의 종류 및 그 사용기준, 안전교육·안전검사의 기준등에 대하여는 대통령령으로 정한다.

[본조신설 1999. 5. 24]

제10조의2(경찰장구의 사용) ① 경찰관은 현행범인인 경우와 사형·무기 또는 장기 3년 이상의 징역이나 금고에 해당하는 죄를 범한 범인의 체포·도주의 방지, 자기 또는 타인의 생명·신체에 대한 방호, 공무집행에 대한 항거의 억제를 위하여 필요하다고 인정되는 상당한 이유가 있을 때에는 그 사태를 합리적으로 판단하여 필요한 한도 내에서 경찰장구를 사용할 수 있다. <개정 1991. 3. 8, 1999. 5. 24>

② 제1항의 "경찰장구"라 함은 경찰관이 휴대하여 범인검거와 범죄진압등 직무수행에 사용하는 수갑·포승·경찰봉·방패등을 말한다. <신설 1999. 5. 24>

[제목개정 1999. 5. 24]

제10조의3(분사기등의 사용) ① 경찰관은 범인의 체포·도주의 방지 또는 불법집회·시위로 인하여 자기 또는 타인의 생명·신체와 재산 및 공공시설안전에 대한 현저한 위해의 발생을 억제하기 위하여 부득이한 경우 현장책임자의 판단으로 필요한 최소한의 범위안에서 분사기(총포·도검·화약류등 단속법의 규정에 의한 분사기와 최루등의 작용제) 또는 최루탄을 사용할 수 있다. <개정 1999. 5. 24>

② 삭제 <1999. 5. 24>

[본조신설 1989. 6. 16]

[제목개정 1999. 5. 24]

제10조의4(무기의 사용) ① 경찰관은 범인의 체포·도주의 방지, 자기 또는 타인의 생명·신체에 대한 방호, 공무집행에 대한 항거의 억제를 위하여 필요하다고 인정되는 상당한 이유가 있을 때에는 그 사태를 합리적으로 판단하여 필요한 한도 내에서 무기를 사용할 수 있다. 다만, 형법에 규정한 정당방위와 긴급피난에 해당하는 때 또는 다음 각호의 1에 해당하는 때를 제외하고는 사람에게 위해를 주어서는 아니 된다. <개정 1988. 12. 31, 1999. 5. 24>

1. 사형·무기 또는 장기 3년 이상의 징역이나 금고에 해당하는 죄를 범하거나 범하였다고 의심할 만한 충분한 이유가 있는 자가 경찰관의 직무집행에 대하여 항거하거나 도주하려고 할 때 또는 제삼자가 그를 도주시키려고 경찰관에게 항거할 때에 이를 방지 또는 체포하기 위하여 무기를 사용하지 아니하고는 다른 수단이 없다고 인정되는 상당한 이유가 있을 때
2. 체포·구속영장과 압수·수색영장을 집행할 때에 본인이 경찰관의 직무집행에 대하여 항거하거나 도주하려고 할 때 또는 제삼자가 그를 도주시키려고 경찰관에게 항거할 때 이를 방지 또는 체포하기 위하여 무기를 사용하지 아니하고는 다른 수단이 없다고 인정되는 상당한 이유가 있을 때
3. 범인 또는 소요행위자가 무기·흉기등 위험한 물건을 소지하고 경찰관으로부터 3회 이상의 투기명령 또는 투항명령을 받고도 이에 불응하면서 계속 항거하여 이를 방지 또는 체포하기 위하여 무기를 사용하지 아니하고는 다른 수단이 없다고 인정되는 상당한 이유가 있을 때
4. 대간첩작전수행에 있어 무장간첩이 경찰관의 투항명령을 받고도 이에 불응하는 경우

② 제 1 항의 "무기"라 함은 인명 또는 신체에 위해를 가할 수 있도록 제작된 권총·소총·도검등을 말한다. <신설 1999. 5. 24>

③ 대간첩·대테러작전등 국가안전에 관련되는 작전을 수행할 때에는 개인화기외에 공용화기를 사용할 수 있다. <신설 1999. 5. 24>

제11조(사용등록의 보관) 제10조의3의 규정에 의한 분사기나 최루탄 또는 제10조의4의 규정에 의한 무기를 사용하는 경우 그 책임자는 사용일시·사용장소·사용대상·현장책임자·종류·수량등을 기록하여 보관하여야 한다.

[본조신설 1999. 5. 24]

제12조(벌칙) 이 법에 규정된 경찰관의 의무에 위반하거나 직권을 남용하여 다

른 사람에게 해를 끼친 자는 1년 이하의 징역이나 금고에 처한다.

[전문개정 1988. 12. 31]

제13조(시행령) 이 법 시행에 관하여 필요한 사항은 대통령령으로 정한다.

부칙 〈제11031호, 2011. 8. 4〉

이 법은 공포한 날부터 시행한다.

2. 경찰관직무집행법시행령

[시행 2012. 1. 6] [대통령령 제23488호, 2012. 1. 6, 타법개정]

제 1 조(목적) 이 영은 경찰관직무집행법(이하 "법"이라 한다)의 시행에 관하여 필요한 사항을 규정함을 목적으로 한다.

제 2 조(임시영치) 국가경찰공무원이 법 제 4 조 제 3 항의 규정에 의하여 무기·흉기등을 임시영치한 때에는 소속 국가경찰관서의 장(지방해양경찰관서의 장을 포함한다. 이하 같다)은 그 물건을 소지하였던 자에게 별지 제 1 호서식에 의한 임시영치증명서를 교부하여야 한다. <개정 1996·8·8, 2006. 6. 29>

제 3 조(피구호자의 인계통보) 법 제 4 조 제 6 항의 규정에 의한 경찰서장 또는 해양경찰서장의 공중보건의료기관·공공구호기관의 장 및 그 감독행정청에 대한 통보는 별지 제 2 호서식에 의한다. <개정 1996·8·8>

[전문개정 1989·3·7]

제 4 조(대간첩작전지역등에 대한 접근등의 금지·제한) 국가경찰관서의 장은 법 제 5 조 제 2 항의 규정에 의하여 대간첩작전지역등에 대한 접근 또는 통행을 제한하거나 금지한 때에는 보안상 부득이한 경우를 제외하고는 지체없이 그 기간·장소 기타 필요한 사항을 방송·벽보·경고판·전단살포등 적당한 방법으로 일반인에게 널리 알려야 한다. 이를 해제한 때에도 또한 같다. <개정 2006. 6. 29>

제 5 조(신분을 표시하는 증표) 법 제 3 조 제 4 항 및 법 제 7 조 제 4 항의 신분을 표시하는 증표는 국가경찰공무원의 공무원증으로 한다. <개정 1989·3·7, 2006. 6. 29>

제 6 조(출석요구서) 법 제 8 조 제 2 항의 규정에 의한 출석요구서는 별지 제 3 호서식에 의한다.

제 7 조(보고) 국가경찰공무원은 다음의 조치를 한 때에는 소속 국가경찰관서의 장에게 이를 보고하여야 한다. <개정 2006. 6. 29>

1. 법 제3조 제2항의 규정에 의한 동행요구를 한 때
2. 법 제4조 제1항의 규정에 의한 긴급구호요청 또는 보호조치를 한 때
3. 법 제4조 제3항의 규정에 의한 임시영치를 한 때
4. 법 제6조 제1항의 규정에 의하여 범죄행위를 제지한 때
5. 삭제 <1989·3·7>
6. 법 제7조 제2항 및 제3항의 규정에 의하여 다수인이 출입하는 장소에 대하여 출입 또는 검색을 한 때
7. 법 제8조 제1항 단서의 규정에 의한 사실확인을 한 때
8. 삭제 <1999. 11. 27>
9. 삭제 <1999. 11. 27>

제8조(민감정보 및 고유식별정보의 처리) 국가경찰공무원은 법 제2조에 따른 경찰관의 직무를 수행하기 위하여 불가피한 경우 「개인정보 보호법」 제23조에 따른 건강에 관한 정보, 같은 법 시행령 제18조 제2호에 따른 범죄경력자료에 해당하는 정보, 같은 영 제19조에 따른 주민등록번호, 여권번호, 운전면허의 면허번호 또는 외국인등록번호가 포함된 자료를 처리할 수 있다.
[본조신설 2012. 1. 6]

부칙 <제23488호, 2012. 1. 6>(민감정보 및 고유식별정보 처리 근거 마련을 위한 과세자료의 제출 및 관리에 관한 법률 시행령 등 일부개정령)

제1조(시행일) 이 영은 공포한 날부터 시행한다. <단서 생략>
제2조 생 략

[별지 제 1 호서식] <개정 1998. 3. 7>

임시영치증명서

제 호

<table>
<tr><td rowspan="2">영 치 인</td><td>① 성명</td><td colspan="2"></td><td>② 생년월일</td><td></td></tr>
<tr><td>③ 주소</td><td colspan="4"></td></tr>
<tr><td rowspan="3">영 치 물</td><td>④ 품명</td><td>⑤ 단위</td><td colspan="2">⑥ 수량</td><td>⑦ 비고</td></tr>
<tr><td></td><td></td><td colspan="2"></td><td></td></tr>
<tr><td></td><td></td><td colspan="2"></td><td></td></tr>
<tr><td>⑧ 임시영치기간</td><td colspan="5">. . . 시~ . . . 시(일간)</td></tr>
<tr><td>⑨ 수령일시</td><td colspan="2">. . . 시</td><td colspan="2">⑩ 수령장소</td><td></td></tr>
<tr><td colspan="6">위 물건을 경찰관직무집행법 제 4 조 제 3 항의 규정에 의하여 임시영치하오니 지정된 날짜에 이 증명서와 주민등록증 및 인장을 가지고 수령하시기 바랍니다.

. . .
○○경찰서장
(○○지·파출소장)

귀 하</td></tr>
</table>

2106-34A 190mm×268mm

81. 5. 2 승인 (인쇄용지(2급) 60g/㎡)

※기입요령: ⑧ 임시영치기간은 임시영치한 날로부터 수령한 날까지 10일을 초과할 수 없음

[별지 제 2 호서식] <개정 1989. 3. 7>

○○경찰서

분류기호 및
문서번호

시행일 . . .

수 신 발 신(인)

제 목피구호자 인계서 송부

<table>
<tr><td>피</td><td>① 성명</td><td></td><td>② 생년월일</td><td>. . .</td></tr>
<tr><td>구</td><td>③ 직업</td><td></td><td>④ 주민등록번호</td><td>~</td></tr>
<tr><td>호</td><td>⑤ 주소</td><td colspan="3"></td></tr>
<tr><td>자</td><td>⑥ 인상착의</td><td colspan="3"></td></tr>
<tr><td>발</td><td>⑦ 일시</td><td>. . .</td><td rowspan="2">⑨ 당시개황</td><td></td></tr>
<tr><td>견</td><td>⑧ 장소</td><td></td><td></td></tr>
<tr><td colspan="2">⑩ 인계일시</td><td>. . .</td><td>⑪ 인계장소</td><td></td></tr>
<tr><td colspan="2">⑫ 인계인</td><td>소속</td><td>계급</td><td>성명</td></tr>
<tr><td colspan="2">⑬ 인수인</td><td>소속</td><td>직위</td><td>성명</td></tr>
<tr><td colspan="5">경찰관직무집행법 제 4 조 제 6 항의 규정에 의하여 피구호자인계서를 위와 같이 송부합니다.</td></tr>
</table>

2106-32D 190mm×268mm

81. 5. 2 승인 (인쇄용지(2급) 60g/㎡)

※ 기입요령: ⑥ 피구호자의 인적사항이 확인되지 아니한 때에는 성별·신장·체격·착의등 피보호자를 특정할 수 있는 사항을 기입

[별지 제3호서식] <개정 1996. 8. 8> (전면)

우편엽서

□□□-□□

우표

(받을 분)
① 성 명 ______________________

② 주 소 ______________________

○○경찰서장 또는 해양경찰서장

□□□-□□

2106-41A
81. 5. 2 승인

95mm×150mm
(인쇄용지(특급) 120g/㎡)

(이면)

③ 제 호

출석요구서

④ 출석일시	. . . 시
⑤ 출석장소	○○경찰서 ○○과 ○○계(실) (전화)
⑥ 출석요구사유	
⑦ 지참품	
⑧ 담당경찰관	계급 성명

귀하에게 위 사항에 대한 사실을 확인하고자 하오니 이 출석요구서와 주민등록증 및 인장을 가지고 나와 주시기 바랍니다.

. . .

⑨ ○○경찰서장 또는 해양경찰서장

※ 작성요령
⑨ 경찰서장 또는 해양경찰서장의 직인을 날인함

3. 경찰관직무집행법 일부개정법률안(대안)

警察官職務執行法 일부개정법률안

警察官職務執行法 일부를 다음과 같이 개정한다.

제명 "警察官職務執行法"을 "경찰관직무집행법"으로 한다.[1)]

제 1 조에서 제 3 조까지를 각각 다음과 같이 한다.

제 1 조(목적) ① 이 법은 국민의 자유와 권리를 보호하고 사회공공의 질서를 유지하기 위한 경찰관(국가경찰공무원만 해당한다. 이하 같다)의 직무수행에 필요한 사항을 규정함을 목적으로 한다.

② 이 법에 규정된 경찰관의 직권은 그 직무 수행에 필요한 최소한도에서 행사되어야 하며 남용되어서는 아니 된다.

제 2 조(직무의 범위) 경찰관은 다음 각 호의 직무를 수행한다.

1. 범죄의 예방·진압 및 수사
2. 경비, 주요 인사(人士) 경호 및 대간첩작전 수행
3. 치안정보의 수집·작성 및 배포
4. 교통 단속과 교통 위해(危害) 방지
5. 그 밖의 공공의 안녕과 질서 유지

제 3 조(직무질문) ① 경찰관은 수상한 행동이나 그 밖의 주위 사정을 합리적으로 판단하여 다음 각 호의 어느 하나에 해당하는 사람을 정지시켜 질문할 수 있다.

1. **어떠한 죄를 지었거나 지으려 하고 있다고 의심할 만한 이유가 있는 사람**
2. **이미 저질러졌거나 저질러지려는 범죄나 위해에 관하여 그 사실을 안다고 인정되는 사람**

② 경찰관은 제 1 항 제 1 호에 해당하는 사람에게 질문을 할 때에 의심할 만한 상당한 이유가 있는 경우 무기, 흉기, 그 밖의 위험한 물건의 소지여부를 조사할 수 있다.

---

1) 개정안 각 조문의 **진한 부분**이 개정내용이다.

③ 경찰관은 범인의 검거를 위하여 필요하다고 인정되는 상당한 이유가 있는 때에는 차량·선박 등을 정지시켜 운전자 및 탑승자에게 질문할 수 있으며, 무기, 흉기, 마약 등 공공의 안전에 위해를 끼칠 수 있는 물건의 적재 여부 등을 조사할 수 있다.

④ 경찰관은 제1항부터 제3항까지의 규정에 따른 질문 또는 조사를 할 때에는 제복을 착용하거나 신분을 표시하는 증표를 제시하면서 소속과 성명을 밝히고, 그 목적과 이유를 설명하여야 한다. 이 경우 상대방의 요청이 있는 때에는 제복을 착용한 경찰관도 신분을 표시하는 증표를 제시하여야 한다.

⑤ 제1항부터 제3항까지의 규정에 따라 질문을 받은 사람은 형사소송에 관한 법률에 의하지 아니하고는 신체를 구속당하지 아니하며, 그 의사에 반하여 답변을 강요당하지 아니한다.

제3조의2 및 제3조의3을 각각 다음과 같이 신설한다.

제3조의2(신원확인) ① 경찰관은 제3조 제1항 또는 제3항에 따라 질문을 하는 경우에 대상자의 신원 또는 거주사실을 확인하기 위하여 주민등록증, 운전면허증, 그 밖에 신분을 증명할 수 있는 증서의 제시를 요구할 수 있다.

② 경찰관은 제1항에 따른 신원확인이 다른 방법으로는 불가능하거나 현저히 곤란한 경우에는 연고자에게 연락을 하거나 대상자의 동의를 얻어 지문의 동일성을 확인하는 방법 등으로 신원을 확인할 수 있다.

제3조의3(동행요구) ① 경찰관은 제3조에 따른 직무질문과 제3조의2에 따른 신원확인을 할 때에 다음 각 호의 어느 하나에 해당하는 경우에는 대상자에게 부근의 경찰서·지구대·파출소 또는 출장소(이하 "경찰관서"라 하되, 지방해양경찰관서를 포함한다)에 동행할 것을 요구할 수 있다. 이 경우 경찰관은 대상자에게 동행 요구를 거절할 수 있음을 알려야 하며, 대상자는 동행요구를 거절할 수 있다.

1. 대상자가 현장에서 질문받는 것을 원하지 않는 경우
2. 질문이나 신원확인하는 것이 교통에 방해가 되는 경우
3. 현장에서 대상자의 신원확인이 불가능하거나 현저히 곤란한 경우

② 제1항에 따라 동행을 요구받은 사람은 형사소송에 관한 법률에 의하지 아니하고는 신체를 구속당하지 아니하고 의사에 반하여 답변을 강요당하지 아니한다.

③ 경찰관은 제1항에 따라 동행을 한 사람의 가족 또는 친지 등에게 동행한

경찰관의 신분, 동행 장소, 동행 목적과 이유를 알리거나 본인으로 하여금 즉시 연락할 수 있는 기회를 주어야 하며, 변호인의 조력을 받을 권리가 있음을 알려야 한다.

④ 경찰관은 제 1 항에 따라 동행을 한 사람 또는 그 법정대리인, 배우자, 직계친족, 형제자매 등의 신청이 있는 경우 변호인을 동행에 따른 질문 과정에 참여하게 하여야 한다. 다만, 변호인이 상당한 시간 내에 참여하지 않는 등 대통령령으로 정하는 정당한 사유가 있는 경우에는 그러하지 아니하다.

⑤ 경찰관은 제 1 항에 따라 동행한 사람을 6시간을 초과하여 경찰관서에 머물게 할 수 없다.

제 4 조부터 제10조까지, 제10조의2부터 제10조의4까지 및 제11조를 각각 다음과 같이 한다.

제 4 조(보호조치 등) ① 경찰관은 수상한 행동이나 그 밖의 주위의 사정을 합리적으로 판단해 볼 때 다음 각 호의 어느 하나에 해당하는 것이 명백하고 응급의 구호를 요한다고 믿을 만한 이유가 있는 사람(이하 "구호대상자"라 한다)을 발견하였을 때에는 보건의료기관이나 공공구호기관에 긴급구호를 요청하거나 경찰관서에 보호하는 등 적절한 조치를 할 수 있다.

1. **정신착란을 일으키거나 술에 취하여 자기 또는 다른 사람의 생명·신체·재산에 위해를 끼칠 우려가 있는 사람**
2. **자살을 시도하는 사람**
3. **실종아동등(「실종아동등의 보호 및 지원에 관한 법률」 제 2 조 제 2 호에 따른 실종아동등을 말한다. 이하 같다)**
4. **병자·부상자 등으로서 적당한 보호자가 없는 사람. 다만, 대상자가 구호를 거절하는 경우에는 예외로 한다.**

② 제 1 항에 따른 긴급구호요청을 받은 보건의료기관이나 공공구호기관은 정당한 이유없이 긴급구호를 거절할 수 없다.

③ 경찰관은 제 1 항에 따른 보호조치를 하는 경우 신원확인, 연고자 발견 및 위험물 수거를 위하여 구호대상자의 소지품 등을 검사할 수 있고, 구호대상자가 휴대하고 있는 무기·흉기 등 위험을 일으킬 수 있는 것으로 인정되는 물건을 경찰관서에 임시로 보관할 수 있다.

④ 경찰관은 제 1 항에 따른 조치를 하였을 때에는 지체없이 구호대상자의 가족·친지 또는 그 밖의 연고자에게 그 사실을 알려야 하며, 연고자가 발견되

지 아니할 때에는 구호대상자를 공공보건의료기관이나 공공구호기관에 즉시 인계하여야 한다.

⑤ 경찰관은 제 4 항에 따라 구호대상자를 공공보건의료기관, 공공구호기관에 인계하는 경우에는 지문채취, 사진촬영, 신체·복장의 특징파악 등 신원확인에 필요한 자료를 확보하거나 연고자를 찾기 위한 조치를 할 수 있다.

⑥ 경찰관은 제 5 항에 따라 확보한 자료를 구호대상자의 신원을 확인하거나 연고자를 찾는 목적 외에 다른 용도로 사용하여서는 아니되며, 연고자에게 구호대상자를 인계한 때에는 지체 없이 이를 폐기하여야 한다.

⑦ 제 1 항에 따른 경찰관서에서의 보호기간은 24시간을 초과할 수 없고, 제 3 항에 따른 임시 보관기간은 10일을 초과할 수 없다.

⑧ 이 조에서 "보건의료기관 및 공공보건의료기관"이란 「보건의료기본법」 제 3 조 제 4 호·제 5 호에서 규정하는 기관을 말하며, "공공구호기관"이란 국가·지방자치단체가 설립·운영하는 아동보호소·부녀보호소·갱생원·양로원·고아원 등을 말한다.

제 5 조(위험 발생의 방지 등) ① 경찰관은 인명 또는 신체에 위해를 끼치거나 재산에 중대한 손해를 끼칠 우려가 있는 천재(天災), 사변(事變), 인공 구조물의 파손이나 붕괴, 교통사고, 위험물의 폭발, 위험한 동물 등의 출현, 극도의 혼잡, 그 밖의 위험한 사태가 있을 때에는 다음 각 호의 조치를 할 수 있다.

1. 그 장소에 모인 사람, 물건의 관리자, 그 밖의 관계인에게 필요한 경고를 하는 것
2. 매우 긴급한 경우에는 위해를 입을 우려가 있는 사람을 필요한 한도에서 억류하거나 피난시키는 것
3. 그 장소에 있는 사람, 물건의 관리자, 그 밖의 관계인에게 위해를 방지하기 위하여 필요하다고 인정되는 조치를 하게 하거나 직접 그 조치를 하는 것

② 경찰관서의 장은 대간첩작전 수행이나 소요(騷擾) 사태 진압을 위하여 필요하다고 인정되는 상당한 이유가 있을 때에는 대간첩작전지역이나 경찰관서·무기고 등 국가중요시설에 대한 접근 또는 통행을 제한하거나 금지할 수 있다.

③ 경찰관이 제 1 항의 조치를 하였을 때에는 지체 없이 그 사실을 소속 경찰관서의 장에게 보고하여야 한다.

④ 제 2 항의 조치를 하거나 제 3 항의 보고를 받은 경찰관서의 장은 관계기관

의 협조를 구하는 등의 적절한 조치를 하여야 한다.

제 6 조(범죄의 예방과 제지) ① 경찰관은 범죄행위가 목전(目前)에 일어나려고 하고 있다고 인정될 때에는 이를 예방하기 위하여 관계인에게 필요한 경고를 하고, 그 행위로 인하여 인명·신체에 위해를 끼치거나 재산에 중대한 손해를 끼칠 우려가 있는 긴급한 경우에는 그 행위를 제지할 수 있다.

② 경찰관은 공공장소·공공기관·대중교통수단 내에서 술에 취하여 소란을 피우는 등 현저히 공공의 안녕을 침해하는 행위를 하는 사람에게 미리 경고를 하고, 그 행위를 제지할 수 있다.

③ 경찰관은 제 2 항의 경고와 제지에도 불구하고 그 행위를 계속하는 경우에는 대상자가 현장에 접근하지 못하도록 필요한 조치를 할 수 있다.

제 7 조(위험 방지를 위한 출입) ① 경찰관은 제 5 조 제 1 항·제 2 항 및 제 6 조 제 1 항에서 규정한 위험한 사태가 발생하여 인명·신체 또는 재산에 대한 위해가 임박하고 그 위해를 방지하거나 피해자를 구조하기 위하여 부득이하다고 인정할 때에는 합리적으로 판단하여 필요한 한도에서 다른 사람의 토지·건물·차량 또는 선박에 출입할 수 있다.

② 흥행장(興行場), 여관, 음식점, 역, 그 밖에 많은 사람이 출입하는 장소의 관리자나 이에 준하는 관계인은 경찰관이 범죄의 예방 또는 인명·신체·재산에 대한 위해를 예방하기 위하여 영업시간이나 공개시간에 그 장소에 출입하겠다고 요구하면 정당한 이유 없이 경찰관의 출입을 막을 수 없다.

③ 경찰관은 대간첩작전 수행에 필요할 때에는 작전지역에서 제 2 항에 규정된 장소 안을 검색할 수 있다.

④ 경찰관은 제 1 항부터 제 3 항까지의 규정에 따라 필요한 장소에 출입할 때에는 그 신분을 표시하는 증표를 제시하여야 하며, 함부로 관계인의 정당한 업무를 방해해서는 아니 된다.

제 8 조(사실의 확인 등) ① 경찰관서의 장은 직무 수행에 필요하다고 인정되는 상당한 이유가 있을 때에는 국가기관이나 공사(公私) 단체 등에 직무 수행에 관련된 사실을 조회할 수 있다. 다만, 긴급한 경우에는 소속 경찰관으로 하여금 현장에 나가 해당 기관 또는 단체의 장의 협조를 받아 그 사실을 확인하게 할 수 있다.

② 경찰관은 다음 각 호의 어느 하나에 해당하는 때에는 관계인에게 출석하여야 하는 사유·일시 및 장소를 명확히 적은 출석 요구서를 보내 경찰관서에

출석할 것을 요구할 수 있다.

1. 실종아동등을 인수할 보호자인지 확인할 때
2. 유실물(遺失物)을 인수할 권리자인지 확인할 때
3. 사고로 인한 사상자(死傷者)를 확인할 때
4. 행정처분을 위한 교통사고 조사에 필요한 사실을 확인할 때

제9조(유치장) ① 경찰서 및 지방해양경찰관서에 법률이 정한 절차에 따라 체포·구속되거나 신체의 자유를 제한하는 판결 또는 처분을 받은 자(이하 "유치인"이라 한다)를 수용하기 위하여 유치장을 둔다.

② 경찰관은 유치인을 유치장에 수용하는 때에는 접견·서신, 그 밖의 유치인의 권리에 관하여 말이나 서면으로 고지하여야 한다.

③ 경찰관은 유치인의 생명·신체에 대한 위해를 방지하고, 유치장 내의 안전과 질서를 유지하기 위하여 필요하다고 인정될 때에는 유치인의 신체·의복·소지품(이하 "신체등"이라 한다) 및 유치실을 검사할 수 있고, 생명·신체에 위해를 초래할 수 있는 위험한 물건의 제출을 요구할 수 있다.

④ 경찰관은 제3항에 따라 유치인의 신체등을 검사하는 경우에는 유치인이 고통이나 수치심을 느끼지 아니하도록 주의하여야 하며, 다른 사람이 볼 수 없는 장소에서 같은 성(性)의 경찰관이 실시하여야 한다. 다만, 성전환자 등 성적소수자에 대한 신체검사의 경우에는 당사자의 요청이 있으면 대통령령이 정하는 바에 따라 당사자가 지정하는 성별의 경찰관이 실시할 수 있다.

⑤ 경찰관은 제3항의 규정에 따라 제출된 위험한 물건과 유치인의 소지품을 유치인이 출감하기 전까지 보관할 수 있다.

⑥ 경찰관은 유치인의 안전과 유치장 내의 질서유지를 위하여 필요하다고 인정되는 상당한 이유가 있을 때에는 그 사태를 합리적으로 판단하여 필요한 최소한도에서 유치인에 대하여 수갑·포승 등의 경찰장구를 사용하거나 강제력을 행사할 수 있다.

⑦ 제2항부터 제6항까지의 규정에 따른 유치인의 권리, 신체등의 검사, 위험한 물건의 범위, 소지품의 보관, 장구의 사용 등에 관하여 필요한 사항은 대통령령으로 정한다.

제10조(경찰장비의 사용등) ① 경찰관은 직무수행 중 경찰장비를 사용할 수 있다. 다만, 인명이나 신체를 해칠 수 있는 경찰장비는 필요한 최소한도에서 사용하여야 하고, 필요한 안전교육과 안전검사를 실시하여야 한다.

② 제 1 항에서 "경찰장비"란 무기, 경찰장구(警察裝具), 최루제(催涙劑)와 그 발사장치, 감식기구(鑑識機具), 해안 감시기구, 통신기기, 차량·선박·항공기 등 경찰이 직무를 수행할 때 필요한 장치와 기구를 말한다.

③ 경찰관은 경찰장비를 함부로 개조하거나 임의의 장비를 부착하여 통상적인 용법과 달리 사용함으로써 다른 사람의 생명·신체를 해쳐서는 아니 된다.

④ 제 1 항 단서에 따른 경찰장비의 종류 및 그 사용기준, 안전교육·안전검사의 기준 등은 대통령령으로 정한다.

⑤ 경찰청장은 최루제 및 그 발사장치를 새로 도입하거나 변경하는 경우에는 공청회를 개최하고, 안전성 검사 보고서를 국회에 제출하여야 한다.

제10조의2(경찰장구의 사용) ① 경찰관은 다음 각 호의 직무를 수행하기 위하여 필요하다고 인정되는 상당한 이유가 있을 때에는 그 사태를 합리적으로 판단하여 필요한 한도에서 경찰장구를 사용할 수 있다.

1. 현행범이나 사형·무기 또는 장기 3년 이상의 징역이나 금고에 해당하는 죄를 지은 범인의 체포 또는 도주 방지
2. 자신이나 다른 사람의 생명·신체의 방어 및 보호
3. 공무집행에 대한 항거의 억제

② 제 1 항에서 "경찰장구"란 경찰관이 휴대하여 범인 검거와 범죄 진압 등의 직무 수행에 사용하는 수갑, 포승(捕繩), 경찰봉, 방패 등을 말한다.

제10조의3(분사기 등의 사용) 경찰관은 다음 각 호의 직무를 수행하기 위하여 부득이한 경우에는 현장책임자가 판단하여 필요한 최소한의 범위에서 분사기(「총포·도검·화약류 등 단속법」에 따른 분사기와 최루 등의 작용제를 말한다) 또는 최루탄을 사용할 수 있다.

1. 범인의 체포 또는 도주 방지
2. 불법집회·시위로 인한 자신이나 다른 사람의 생명·신체와 재산 및 공공시설 안전에 대한 현저한 위해의 발생 억제

제10조의4(무기의 사용) ① 경찰관은 범인의 체포, 범인의 도주 방지, 자신이나 다른 사람의 생명·신체의 방어 및 보호, 공무집행에 대한 항거를 억제하기 위하여 필요하다고 인정되는 상당한 이유가 있을 때에는 그 사태를 합리적으로 판단하여 필요한 한도에서 무기를 사용할 수 있다. 다만, 「형법」에 규정된 정당방위와 긴급피난에 해당할 때 또는 다음 각 호의 어느 하나에 해당할 때를 제외하고는 사람에게 위해를 끼쳐서는 아니 된다.

1. 다음 각 목의 어느 하나에 해당할 때 이를 방지하거나 그 행위자를 체포하기 위하여 무기를 사용하지 아니하고는 다른 수단이 없다고 인정되는 상당한 이유가 있을 때
   가. 사형·무기 또는 장기 3년 이상의 징역이나 금고에 해당하는 죄를 짓거나 지었다고 의심할 만한 충분한 이유가 있는 사람이 경찰관의 직무집행에 항거하거나 도주하려고 할 때
   나. 체포·구속영장과 압수·수색영장을 집행할 때에 경찰관의 직무집행에 항거하거나 도주하려고 할 때
   다. 제3자가 가목 또는 나목에 규정된 사람을 도주시키려고 경찰관에게 항거할 때
   라. 범인이나 소요(騷擾)를 일으킨 사람이 무기·흉기 등 위험한 물건을 지니고 경찰관으로부터 3회 이상 그 물건을 버리라는 명령이나 항복하라는 명령을 받고도 따르지 아니하면서 계속 항거할 때
2. 대간첩작전 수행 시 무장간첩이 경찰관의 투항(投降) 명령을 받고도 이에 따르지 아니할 때

② 제1항에서 "무기"란 사람의 생명이나 신체에 위해를 끼칠수 있도록 제작된 권총·소총·도검(刀劍) 등을 말한다.

③ 대간첩·대테러작전 등 국가안전에 관련되는 작전을 수행할 때에는 개인화기(個人火器) 외에 공용화기(共用火器)를 사용할 수 있다.

제11조(**사용기록**의 보관) 제10조의3의 규정에 의한 분사기나 최루탄 또는 제10조의4의 규정에 의한 무기, **그 밖에 대통령령으로 정하는 인명 또는 신체에 위해를 가할 수 있는 경찰장비**를 사용하는 경우 그 책임자는 사용일시·사용장소·사용대상·현장책임자·종류·수량·사용방법, 그 밖에 대통령령으로 정하는 사항을 기록하여 보관하여야 한다.

제11조의2 및 제11조의3을 각각 다음과 같이 신설한다.

제11조의2(무전기 사용기록의 보관) ① 경찰청장, 지방경찰청장 또는 경찰서장은 제10조 제2항에 따른 경찰장비 중 기술적으로 녹음이 가능한 무전기를 사용할 때에는 그 기록(로그기록을 포함한다)을 보관하여야 한다.

② 기록을 보관하여야 하는 무전기의 종류 및 보관기간 등에 관하여 필요한 사항은 행정안전부령으로 정한다.

제11조의3(손실보상) ① 국가는 경찰관의 적법한 직무집행으로 인하여 다음 각

호의 어느 하나에 해당하는 손실을 입은 자에 대하여 정당한 보상을 하여야 한다.

1. 경찰상 책임이 없는 자가 생명·신체 또는 재산상의 특별한 손실을 입은 경우
2. 경찰상 책임이 없는 자가 경찰관의 직무집행에 자발적으로 협조하거나 물건을 제공하여 생명·신체 또는 재산상 손실을 입은 경우
3. 경찰상 책임이 있는 자가 자신의 책임한도를 초과하는 생명·신체에 대한 특별한 손실을 입은 경우

② 제 1 항의 보상을 청구할 수 있는 권리는 손실이 있음을 안 날부터 3년, 보상사유가 발생한 날부터 10년간 행사하지 아니하면 시효로 소멸한다.

③ 손실보상의 기준, 보상금액, 지급절차 등에 관하여 필요한 사항은 대통령령으로 정한다.

제12조를 다음과 같이 한다.

제12조(벌칙) 이 법에 규정된 경찰관의 의무에 위반하거나 직권을 남용하여 다른 사람에게 해를 끼친 자는 1년 이하의 징역이나 금고 또는 500만원 이하의 벌금에 처한다

제13조를 삭제한다.

부 칙

제 1 조(시행일) 이 법은 공포 후 6개월이 경과한 날부터 시행한다. 다만 제11조의3의 개정규정은 공포 후 1년이 경과한 날부터 시행한다.

제 2 조(다른 법률의 개정) 제주특별자치도 설치 및 국제자유도시 조성을 위한 특별법 일부를 다음과 같이 개정한다.

제115조 제 1 항 중 "제 3 조(불심검문)"을 "제 3 조(직무질문), 제 3 조의2(신원확인), 제 3 조의3(동행요구)"로 하고, 같은 조 제 2 항 제 2 호를 다음과 같이 한다.

2. 같은 법 제 3 조의3 제 1 항 전단 중 "경찰서·지구대·파출소 또는 출장소(이하 "경찰관서"라 하되, 지방해양경찰관서를 포함한다)"는 "경찰서·지구대·파출소·출장소 또는 자치경찰단 사무소"로 보고, 같은 조 제 6 항 중 "경찰관서"는 "경찰서·지구대·파출소·출장소 또는 자치경찰단 사무소"로 보며, 같은 법 제 4 조 제 1 항 각 호 외의 부분·제 3 항 및 제 8 항 중 "경찰관서"는 각각 "자치경찰단 사무소"로 본다.

제 3 조(다른 법령과의 관계) 이 법 시행 당시 다른 법령에서 종전의 「경찰관직무집행법」의 규정을 인용한 경우에 이 법 중 그에 해당하는 규정이 있는 때에는 종전의 규정에 갈음하여 이 법의 해당 조항을 인용한 것으로 본다.

1. 대안의 제안경위

가. 2008년 7월 15일 강창일의원이 대표발의한 경찰관직무집행법 일부개정법률안, 2008년 8월 12일 황영철의원이 대표발의한 경찰관직무집행법 일부개정법률안, 2008년 8월 26일 권경석의원이 대표발의한 경찰관직무집행법 일부개정법률안, 2008년 11월 10일 원유철의원이 대표발의한 경찰관직무집행법 일부개정법률안, 2008년 11월 18일 이성헌의원이 대표발의한 경찰관직무집행법 일부개정법률안, 2008년 12월 9일 주광덕의원이 대표발의한 경찰관직무집행법 일부개정법률안, 2008년 12월 18일 이인기의원이 대표발의한 경찰관직무집행법 일부개정법률안, 2008년 12월 29일 정부가 제출한 경찰관직무집행법 일부개정법률안 등 8건의 개정법률안을 제282회 국회(임시회) 제 3 차 행정안전위원회('09. 4. 15)에 상정하여 제안설명 및 검토보고와 대체토론을 거쳐 법안심사소위원회에 회부함.

나. 2009년 4월 13일 박은수의원이 대표발의한 경찰관직무집행법 일부개정법률안을 제285회 국회(임시회) 제 1 차 행정안전위원회('09. 12. 10)에 상정하여 제안설명 및 검토보고와 대체토론을 거쳐 법안심사소위원회에 회부함

다. 2009년 4월 28일 장세환의원이 대표발의한 경찰관직무집행법 일부개정법률안, 2009년 5월 13일 강기정의원이 대표발의한 경찰관직무집행법 일부개정법률안, 2009년 5월 18일 최규식의원이 대표발의한 경찰관직무집행법 일부개정법률안, 2009년 8월 6일 김재균의원이 대표발의한 경찰관직무집행법 일부개정법률안, 2009년 9월 11일 최규식의원이 대표발의한 경찰관직무집행법 일부개정법률안, 2009년 10월 9일 안경률의원이 대표발의한 경찰관직무집행법 일부개정법률안 등 6건의 개정법률안을 제289회 국회(임시회) 제 3 차 행정안전위원회(2010. 4. 14)에 상정하여 제안설명 및 검토보고와 대체토론을 거쳐 법안심사소위원회에 회부함.

라. 제289회 국회(임시회) 제 3 차 법안심사소위원회(2010. 4. 26)에서 이상 15

건의 개정안에 대하여 종합·심사한 결과, 각각 본회의에 부의하지 아니하기로 하고, 이를 통합·조정한 위원회 대안을 제안하기로 함.

마. 제289회 국회(임시회) 제5차 행정안전위원회(2010. 4. 27)에서 법안심사소위원회의 심사결과를 받아들여 위원회 대안을 제안하기로 의결함.

2. 대안의 제안이유

경찰관직무집행법은 경찰작용의 기본법으로서 그 중요성에도 불구하고 1953년 일본 경찰관직무집행법을 모방하여 제정된 태생적 한계로 인하여 변화된 사회환경을 반영하지 못하고 있다는 지적을 받아왔음.

따라서, 국민의 인권보호와 공공의 안녕의 확보를 위하여 일본식 표현인 '불심검문'이란 용어를 '직무질문'으로 변경하고, 범죄혐의자에 대한 신원확인 근거를 마련하는 등 불심검문에 관한 사항을 정비하며,

유치인의 인권을 보호하고 유치장 내의 안전을 도모하기 위하여 신체검사는 동성(同性)의 경찰관이 하도록 하는 등 유치장의 설치·운영에 관한 사항을 규정하고, 시민의 안전을 위하여 경찰장비인 최루제 및 그 발사장치를 새로 도입하거나 변경하는 경우에는 공청회를 개최하여 안전성을 검증하도록 하며,

경찰관의 적법한 공무집행으로 재산·생명·신체에 특별한 손실을 입은 경우에는 국가가 보상하도록 하는 규정을 신설하고, 시위진압 등에 있어서 책임을 명확하게 하기 위하여 기술적으로 녹음이 가능한 무전기에 대해서는 그 기록을 일정기간 보관하도록 하며, 공공의 안녕을 위하여 공공장소에서 술에 취하여 소란을 피우는 등의 행위를 하는 자에 대해서는 그 행위를 제지하거나 격리할 수 있도록 하였음.

그 밖에 법 문장 중 어려운 용어와 표현 등을 쉽게 고치며, 복잡한 문장을 체계적으로 정리하여 쉽고 간결하게 하는 등 국민이 법 문장을 이해하기 쉽게 정비하고, 그 밖에 현행 제도의 운영상 나타난 일부 미비점을 개선·보완함.

3. 대안의 주요내용

가. 불합리한 불심검문 규정 개정 및 신원확인의 근거 마련함(안 제3조, 제3조의2 및 제3조의3 신설)

(1) 일본식 표현인 '불심검문'이란 용어를 '직무질문'으로 변경하고, 불심검문이 진행되는 절차에 따라 '직무질문, 신원확인, 동행요구'로 세분

화함.

(2) 직무질문과 관련된 소지품 검사 범위를 흉기 외에 '무기 등 위험한 물건'까지 확대하고, 자동차·선박 등에 대한 검문 근거규정을 신설함.

(3) 범죄혐의자 등에 대한 신원확인을 위해 신분증명서의 제시요구를 할 수 있는 근거를 마련하고, 신원확인이 불가능한 경우에는 연고자에게 연락하거나, 지문의 동일성을 확인하는 방법 등으로 필요한 신원확인을 할 수 있도록 함.

(4) 임의동행을 할 때에는 동행요구를 거절할 수 있다는 점을 고지하도록 하고, 동행에 동의한 사람 또는 그 법정대리인, 배우자 등의 신청이 있는 경우 동행에 따른 질문 과정에 변호인을 참여할 수 있도록 근거를 마련함.

나. 보호조치의 대상을 명확히 하고, 보호대상자의 신원확인 및 연고자발견을 위해 필요한 조치를 할 수 있도록 규정함(안 제 4 조).

(1) "미아"라는 용어를 「실종아동등의 보호 및 지원에 관한 법률」에서 사용중인 "실종아동등"으로 변경하고, 실종아동 및 정신지체장애인의 경우 보호조치 거부의사에도 불구하고 적당한 보호조치를 할 수 있도록 임의적 보호조치 대상자에서 제외함.

(2) 보호조치를 하는 경우 신원확인 및 연고자 발견, 위험물 수거를 위하여 피구호자의 소지품을 검사할 수 있도록 하고, 연고자가 발견되지 않는 경우 지문채취, 사진촬영 등 연고자 발견을 위해 필요한 조치를 할 수 있도록 함.

(3) 피구호자의 연고자 발견을 위해 보관한 자료는 그 목적 외에는 사용할 수 없고, 연고자를 발견하여 피보호자를 인계할 때에는 지체없이 보관한 자료를 폐기하도록 함.

다. 주취 소란자에 대한 제지를 통해 공공의 평온과 안전을 확보할 법적 근거를 마련함(안 제 6 조 제 2 항 및 제 3 항 신설).

(1) 공공장소·공공건물·대중교통수단 내에서 술 취한 상태 등으로 소란을 피워 공공의 안녕을 침해하는 사람에 대하여 경고후 제지할 수 있도록 함.

(2) 경찰관의 제지에도 불구하고 행위를 계속할 경우 대상자가 현장에 접근하지 못하도록 필요한 조치할 수 있도록 함.

라. 유치인의 인권을 보호하고 유치장 내의 안전을 도모하기 위하여 피의자 유치에 필요한 절차와 운영에 관한 사항을 법률에 명시함(안 제 9 조).

(1) 유치인의 신체·의복 등의 검사 근거를 명시하고, 신체검사시 수치심을 느끼지 않도록 같은 성(性)의 경찰관이 실시하도록 하되, 성적 소수자에 대해서는 예외를 인정할 수 있도록 함.

(2) 유치인에게 생명·신체에 위해를 초래할 수 있는 위험한 물건의 제출을 요구할 수 있는 근거와 출감시까지 임시보관할 수 있는 근거를 마련함.

(3) 유치인의 안전 및 질서유지를 위하여 필요한 경우 수갑·포승 등을 사용하거나 강제력을 행사할 수 있도록 함.

마. 국민 인권보호를 위해 위해성 경찰장비의 도입시 공청회를 통하여 안전성을 검증하도록 하고, 사용기록을 보관하여야 하는 경찰장비의 범위를 확대함(안 제10조, 제11조, 제11조의 2).

(1) 인명 또는 신체에 위해를 가할 수 있는 장비는 필요최소한의 범위에서 사용하도록 하고, 최루제 및 그 발사장치를 새로 도입하거나 변경하는 경우에는 공청회를 개최하고, 안전성검사 보고서를 국회에 제출하도록 함.

(2) 사용기록을 보관하여야 하는 장비를 분사기, 최루탄, 무기 외에 대통령령으로 정하는 인명 또는 신체에 위해를 가할 수 있는 경찰장비로 확대함.

(3) 법집행 과정의 투명성 확보를 위하여 무전기의 사용기록을 보관하는 근거를 마련함.

바. 경찰관의 적법한 공무집행으로 재산·생명·신체에 특별한 손실을 입은 경우 보상할 수 있는 규정을 신설함(안 제11조의3 신설).

(1) 적법한 직무집행으로 인해 경찰상 책임이 없는 자의 생명·신체 또는 재산상 손실 및 경찰관의 직무수행에 자발적으로 협조하거나 물건을 제공하여 발생한 생명·신체 또는 재산상 손실에 대하여 정당한 보상을 하도록 함.

(2) 적법한 직무집행으로 인해 경찰상 책임이 있는 자의 생명·신체에 대한 책임한도를 초과하는 손실에 대하여도 정당한 보상을 하도록 함.

(3) 손실보상의 기준, 보상금액, 지급절차에 관한 사항은 대통령령으로 정하도록 함.

사. 경찰관의 의무위반 및 직권남용으로 다른 사람에게 해를 끼친 경우 경찰관에 대한 벌칙으로 벌금형을 추가함(안 제12조).

아. 법 문장 중 한자를 한글로 바꾸되, 한글만으로 이해가 어렵거나 혼동의 우려가 있는 경우에는 괄호 안에 한자를 병기(倂記)하고, 어려운 법령 용어를 순화(醇化)하며, 한글맞춤법 등 어문 규범을 준수하고, 정확하고 자연스러운 법 문장이 되도록 함.

4. 경찰장비의 사용기준등에 관한 규정(대통령령)

[시행 2009. 11. 25] [대통령령 제21842호, 2009. 11. 23, 타법개정]

제 1 조(목적) 이 영은 경찰관직무집행법 제10조 제 4 항의 규정에 의하여 국가경찰공무원이 직무를 수행함에 있어 인명 또는 신체에 위해를 가할 수 있는 경찰장비의 종류·사용기준·안전교육 및 안전검사기준 등을 규정함을 목적으로 한다. <개정 2006. 6. 29>

제 2 조(경찰장비의 종류) 인명 또는 신체에 위해를 가할 수 있는 경찰장비(이하 "경찰장비"라 한다)의 종류는 다음 각호와 같다.

1. 경찰장구: 수갑·포승(포승)·호송용포승·경찰봉·호신용경봉·전자충격기·방패 및 전자방패
2. 무기: 권총·소총·기관총(기관단총을 포함한다. 이하 같다)·산탄총·유탄발사기·박격포·3인치포·함포·크레모아·수류탄·폭약류 및 도검
3. 분사기·최루탄등: 근접분사기·가스분사기·가스발사총(고무탄 발사겸용을 포함한다. 이하 같다) 및 최루탄(그 발사장치를 포함한다. 이하 같다)
4. 기타장비: 가스차·살수차·특수진압차·물포·석궁·다목적발사기 및 도주차량차단장비

제 3 조(경찰장비의 일반적 사용기준) 경찰장비는 통상의 용법에 따라 필요한 최소한의 범위 안에서 이를 사용하여야 한다.

제 4 조(영장집행등에 따른 수갑등의 사용기준) 경찰관(국가경찰공무원에 한한다. 이하 같다)은 체포·구속영장을 집행하거나 신체의 자유를 제한하는 판결 또는 처분을 받은 자를 법률이 정한 절차에 따라 호송하거나 수용하기 위하여 필요한 때에는 최소한의 범위안에서 수갑·포승 또는 호송용포승을 사용할 수 있다. <개정 2006. 6. 29>

제 5 조(자살방지등을 위한 수갑등의 사용기준 및 사용보고) 경찰관은 범인·주취자 또는 정신착란자의 자살 또는 자해기도를 방지하기 위하여 필요한 때에는 수

갑·포승 또는 호송용포승을 사용할 수 있다. 이 경우 경찰관은 소속 국가경찰관서의 장(경찰청장·해양경찰청장·지방경찰청장·경찰서장 또는 해양경찰서장 기타 경무관·총경·경정 또는 경감을 장으로 하는 국가경찰관서의 장을 말한다. 이하 같다)에게 그 사실을 보고하여야 한다. <개정 2006. 6. 29>

제6조(불법집회등에서의 경찰봉·호신용경봉의 사용기준) 경찰관은 불법집회·시위로 인하여 발생할 수 있는 타인 또는 경찰관의 생명·신체의 위해와 재산·공공시설의 위험을 방지하기 위하여 필요한 때에는 최소한의 범위 안에서 경찰봉 또는 호신용경봉을 사용할 수 있다.

제7조(경찰봉·호신용경봉의 사용시 주의사항) 경찰관이 경찰봉 또는 호신용경봉을 사용하는 때에는 인명 또는 신체에 대한 위해를 최소화하도록 주의하여야 한다.

제8조(전자충격기등의 사용제한) ① 경찰관은 14세 미만의 자 또는 임산부에 대하여 전자충격기 또는 전자방패를 사용하여서는 아니된다.

②경찰관은 전극침(電極針) 발사장치가 있는 전자충격기를 사용하는 경우 상대방의 얼굴을 향하여 전극침을 발사하여서는 아니된다.

제9조(총기사용의 경고) 경찰관은 경찰관직무집행법(이하 "법"이라 한다) 제10조의4의 규정에 의하여 사람을 향하여 권총 또는 소총을 발사하고자 하는 때에는 미리 구두 또는 공포탄에 의한 사격으로 상대방에게 경고하여야 한다. 다만, 다음 각호의 1에 해당하는 경우로서 부득이한 때에는 경고하지 아니할 수 있다.

1. 경찰관을 급습하거나 타인의 생명·신체에 대한 중대한 위험을 야기하는 범행이 목전에 실행되고 있는 등 상황이 급박하여 특히 경고할 시간적 여유가 없는 경우
2. 인질·간첩 또는 테러사건에 있어서 은밀히 작전을 수행하는 경우

제10조(권총 또는 소총의 사용제한) ① 경찰관은 법 제10조의4의 규정에 의하여 권총 또는 소총을 사용하는 경우에 있어서 범죄와 무관한 다중의 생명·신체에 위해를 가할 우려가 있는 때에는 이를 사용하여서는 아니된다. 다만, 권총 또는 소총을 사용하지 아니하고는 타인 또는 경찰관의 생명·신체에 대한 중대한 위험을 방지할 수 없다고 인정되는 때에는 필요한 최소한의 범위안에서 이를 사용할 수 있다.

② 경찰관은 총기 또는 폭발물을 가지고 대항하는 경우를 제외하고는 14세

미만의 자 또는 임산부에 대하여 권총 또는 소총을 발사하여서는 아니된다.

제11조(동물의 사살) 경찰관은 공공의 안전을 위협하는 동물을 사살하기 위하여 부득이한 때에는 권총 또는 소총을 사용할 수 있다.

제12조(가스발사총등의 사용제한) ① 경찰관은 범인의 체포 또는 도주방지, 타인 또는 경찰관의 생명·신체에 대한 방호, 공무집행에 대한 항거의 억제를 위하여 필요한 때에는 최소한의 범위 안에서 가스발사총을 사용할 수 있다. 이 경우 경찰관은 1미터 이내의 거리에서 상대방의 얼굴을 향하여 이를 발사하여서는 아니된다.

② 경찰관은 최루탄발사기로 최루탄을 발사하는 경우 30도 이상의 발사각을 유지하여야 하고, 가스차·살수차 또는 특수진압차의 최루탄발사대로 최루탄을 발사하는 경우에는 15도 이상의 발사각을 유지하여야 한다.

제13조(가스차·살수차·특수진압차·물포의 사용기준) ① 경찰관은 불법집회·시위 또는 소요사태로 인하여 발생할 수 있는 타인 또는 경찰관의 생명·신체의 위해와 재산·공공시설의 위험을 억제하기 위하여 부득이한 경우에는 현장책임자의 판단에 의하여 필요한 최소한의 범위 안에서 가스차 또는 살수차를 사용할 수 있다.

② 경찰관은 소요사태의 진압, 대간첩·대테러작전의 수행을 위하여 부득이한 경우에는 필요한 최소한의 범위안에서 특수진압차를 사용할 수 있다.

③ 경찰관은 불법해상시위를 해산시키거나 정선명령에 불응하고 도주하는 선박을 정지시키기 위하여 부득이한 경우에는 현장책임자의 판단에 의하여 필요한 최소한의 범위안에서 경비함정의 물포를 사용할 수 있다. 다만, 사람을 향하여 직접 물포를 발사하여서는 아니된다.

제14조(석궁의 사용기준) 경찰관은 총기·폭발물 기타 위험물로 무장한 범인 또는 인질범의 체포, 대간첩·대테러작전등 국가안전에 관련되는 작전을 은밀히 수행하거나 총기를 사용할 경우에는 화재·폭발의 위험이 있는 등 부득이한 때에 한하여 현장책임자의 판단에 의하여 필요한 최소한의 범위 안에서 석궁을 사용할 수 있다.

제15조(다목적발사기의 사용기준) 경찰관은 인질범의 체포 또는 대간첩·대테러작전등 국가안전에 관련되는 작전을 수행하거나 공공시설의 안전에 대한 현저한 위해의 발생을 방지하기 위하여 필요한 때에는 최소한의 범위 안에서 다목적발사기를 사용할 수 있다.

제16조(도주차량차단장비의 사용기준등) ① 경찰관은 무면허운전이나 음주운전 기타 범죄에 이용하였다고 의심할 만한 차량 또는 수배중인 차량이 정당한 검문에 불응하고 도주하거나 차량으로 직무집행중인 경찰관에게 위해를 가한 후 도주하려는 경우에는 도주차량차단장비를 사용할 수 있다.

② 도주차량차단장비를 운용하는 경찰관은 검문 또는 단속장소의 전방에 동 장비의 운용중임을 알리는 안내표지판을 설치하고 기타 필요한 안전조치를 취하여야 한다.

제17조(경찰장비의 안전교육) 제2조의 경찰장비에 대한 안전교육기준은 별표 1과 같다.

제18조(경찰장비의 안전검사) 제2조의 경찰장비에 대한 안전검사기준은 별표 2와 같다.

제19조(경찰장비의 개조등) 경찰관서장은 폐기대상인 경찰장비 또는 성능이 저하된 경찰장비를 개조할 수 있으며, 소속경찰관으로 하여금 이를 본래의 용법에 준하여 사용하게 할 수 있다.

제20조(사용기록의 보관등) ① 제2조 제2호 또는 제3호의 경찰장비를 사용하는 경우 그 현장책임자 또는 사용자는 별지 서식의 사용보고서를 작성하여 직근상급 감독자에게 보고하고, 직근상급 감독자는 이를 3년간 보관하여야 한다.

② 제1항의 규정에 의하여 제2조 제2호의 무기 사용보고를 받은 직근상급 감독자는 지체없이 지휘계통을 거쳐 경찰청장 또는 해양경찰청장에게 보고하여야 한다.

제21조(부상자에대한 긴급조치) 경찰관이 경찰장비를 사용하여 부상자가 발생한 경우에는 즉시 구호 기타 필요한 긴급조치를 취하여야 한다.

부칙 <제21842호, 2009. 11. 23>(경찰청과 그 소속기관 직제)

제1조(시행일) 이 영은 2010년 1월 1일부터 시행한다. 다만, … <생략> … 부칙 제2조의 개정규정은 2009년 11월 25일부터 시행한다.

제2조(다른 법령의 개정) ①부터 ④까지 생략

⑤ 경찰장비의사용기준등에관한규정 일부를 다음과 같이 개정한다.

별표 1 제2호 중 "경찰종합학교"를 "경찰교육원"으로 하고, 같은 표 비고 중 "경찰종합학교장"을 "경찰교육원장"으로 한다.

⑥부터 ⑧까지 생략

[별표 1] <개정 2009. 11. 23>

경찰장비의 안전교육기준(제17조관련)

1. 경찰장비사용기관에서의 교육

경찰장비 \ 안전교육기준		교육내용	교육대상	교육빈도
경찰장구	수갑	사용요건 및 사용방법	경위이하 소속 경찰관	부서발령시 1회, 연간 1회
	포승·호송용포승	사용요건·포박요령 및 해제방법	경위이하 소속 경찰관	부서발령시 1회, 운용요원은 반기1회
	경찰봉·호신용경봉	사용요건 및 안전수칙	경위이하 소속 경찰관	부서발령시 1회, 외근·기동대요원은 반기 1회
	전자충격기	사용요건·작동요령 및 안전수칙	경위이하 소속 경찰관	부서발령시 1회, 운용요원은 반기1회
	방패·전자방패	사용요건·사용방법 및 안전수칙	경위이하 소속 경찰관	부서발령시 1회, 운용요원은 반기1회
무기	권총	사용요건·안전수칙·사격술 및 안전장치작동요령	경정이하 소속 경찰관	반기별 1회, 외근요원은 분기 1회
	소총·수류탄	사용요건·안전수칙·사격술 및 안전장치작동요령	경감이하 소속 경찰관	부서발령시 1회, 운용요원은 반기 1회
	기관총·산탄총·유탄발사기	사용요건·안전수칙·사격술 및 안전장치작동요령	운용요원 및 소속경찰관서장이 필요하다고 인정하는 자	부서발령시 1회, 운용요원은 반기 1회
	박격포·3인치포·함포·크레모아·폭약류	사용요건·사용방법 및 안전수칙	운용요원 및 소속경찰관서장이 필요하다고 인정하는 자	부서발령시 1회, 운용요원은 반기 1회 (다만, 폭약류취급요원·폭발물제거요원은 분기 1회)
	도검	사용요건 및 안전수칙	운용요원 및 소속경찰관서장이 필요하다고 인정하는 자	부서발령시 1회, 운용요원은 반기 1회
분사기·최루탄등	근접분사기·가스분사기·가스발사총·최루탄	사용요건, 분사법(발사·투척법) 및 안전수칙	경감이하 소속경찰관	부서발령시 1회, 운용요원은 반기 1회

기타 장비	가스차 · 살수차 · 특수진압차 · 물포	사용요건 · 운용방법 및 안전수칙	운용요원 및 소속경찰관서장이 필요하다고 인정하는 자	부서발령시 1회, 운용요원은 반기 1회
	석궁 · 다목적발사기 · 도주차량차단장비	사용요건 · 사용방법 및 안전수칙	운용요원 및 소속경찰관서장이 필요하다고 인정하는 자	부서발령시 1회, 운용요원은 반기 1회

비 고

1. 교육빈도란중 "부서발령시"라 함은 경찰관이 "경찰장비사용부서에 발령된 때"를 말한다.
2. 해당경찰관서장은 최근 6월 이내에 당해 경찰장비에 대한 안전교육을 이수한 소속경찰관에 대하여는 부서발령시에 받아야 하는 교육을 면제할 수 있다.

2. 경찰교육기관(경찰대학 · 경찰교육원 및 중앙경찰학교)에서의 교육

안전교육기준 / 경찰장비	교육내용	교육대상	교육빈도
수갑	사용요건 및 사용방법	경정이하의 신규임용과정 교육대상자	1회이상
경찰봉 · 호신용경봉	사용요건 및 안전수칙	경정이하의 신규임용과정 교육대상자	1회이상
방패	사용요건 및 안전수칙	경정이하의 신규임용과정 교육대상자	1회이상
권총 · 소총	사용요건 · 안전수칙 · 사격술 및 안전장치작동요령	경정이하의 신규임용과정 교육대상자	1회이상

비고: 경찰대학장 및 경찰교육원장은 필요하다고 인정되는 경우 직무교육과정교육생에 대하여도 위 표의 신규임용과정교육대상자에 대한 안전교육을 실시할 수 있다.

[별표 2]

경찰장비의 안전검사기준(제18조관련)

경찰장비 \ 안전검사기준		검사내용	검사빈도
경찰장구	수갑	1. 해제하는 경우 톱날의 회전이 자유로운지여부 및 과도한 힘을 요하는지 여부 2. 물리적 손상에 의하여 모서리등에 날카로운 부분이 있는지 여부	연간 1회
	포승·호송용포승	면사·나이론사 이외의 재질이 사용되었는지여부	연간 1회
	경찰봉·호신용경봉	1. 물리적 손상등으로 날카로운 부분이 있는지 여부 2. 호신용경봉은 폈을 때 봉의 말단이 부착되어 있는지 여부 및 접혀짐·펴짐이 자유로운지 여부	반기 1회
	전자충격기	1. 작동순간 전압 60,000볼트, 실효전류 0.05암페어, 1회 작동시간 30초를 초과하는지여부 2. 자체결함·기능손상·균열등으로 인한 누전현상 유무	반기 1회
	방패	균열등으로 모서리 기타 표면에 날카로운 부분이 있는지 여부	반기 1회
	전자방패	1. 균열등으로 모서리 기타 표면에 날카로운 부분이 있는지 여부 2. 작동순간 전압 50,000볼트, 실효전류 0.0039암페어를 초과하는지 여부 3. 자체결함·기능손상·균열등으로 인한 누전현상 유무	반기 1회
무기	권총·소총·기관총·산탄총·유탄발사기	1. 총열의 균열 유무 2. 방아쇠를 당길 수 있는 힘이 1킬로그램이상인지 여부 3. 안전장치의 작동 여부	연간 1회
	박격포·3인치포·함포	포열의 균열 유무	연간 1회
	크레모아·수류탄·폭약류	1. 신관부 및 탄체의 부식 또는 충전물 누출여부 2. 안전장치의 이상 유무	연간 1회
	도검	대검멈치쇠의 고장 유무	연간 1회
분사기·최루탄등	근접분사기	1. 안전핀의 부식 여부 2. 용기의 균열 유무	반기 1회
	가스분사기	1. 안전장치의 결함 유무 2. 약제통의 균열 유무	반기 1회
	가스발사총·최루탄발사장치	1. 구경의 임의개조 여부 2. 방아쇠를 당길 수 있는 힘이 1킬로그램이상인지 여부	반기 1회

	최루탄(최루탄발사장치를 제외한 것을 말한다)	물 또는 습기에 젖어 있는지 여부	반기 1회
기타 장비	가스차 · 살수차 · 특수진압차	최루탄발사대의 각도가 15도이상인지 여부	반기 1회
	물포	곧은 물줄기의 압력이 제곱센티미터당 15킬로그램의 압력이하인지 여부	반기 1회
	석궁	방아쇠를 당길 수 있는 힘이 1킬로그램이상인지 여부	반기 1회
	다목적발사기	1. 안전장치의 작동 여부 2. 방아쇠를 당길 수 있는 힘이 1킬로그램이상인지 여부	연간 1회
	도주차량차단장비	원격조정버튼 미조작시 차단핀이 완전히 눕혀지는지 여부	분기 1회

[별지 서식]

<table>
<tr><td colspan="4">(무기, 분사기등)사 용 보 고 서</td><td></td><td></td><td></td><td>결재</td></tr>
<tr><td>사용일시</td><td colspan="7"></td></tr>
<tr><td>사용장소</td><td colspan="7"></td></tr>
<tr><td rowspan="4">사용대상자</td><td>성 명</td><td></td><td>직 업</td><td colspan="4"></td></tr>
<tr><td>주민등록번호</td><td colspan="6"></td></tr>
<tr><td>주 소</td><td colspan="6"></td></tr>
<tr><td colspan="7">□ 사용대상자가 2인이상</td></tr>
<tr><td rowspan="3">종류 · 수량</td><td rowspan="2">□ 무 기</td><td colspan="6">종류: 수량(회수):</td></tr>
<tr><td colspan="6">구경: 모델명: 일련번호:</td></tr>
<tr><td colspan="7">□ 분사기등(종류: 수량(사용량):)</td></tr>
<tr><td>사용경위</td><td colspan="7"></td></tr>
<tr><td>피해상황
(인적 · 물적)</td><td colspan="7"></td></tr>
<tr><td>사후조치</td><td colspan="7"></td></tr>
<tr><td>현장책임자
(사용자)</td><td colspan="7">소속: 계급: 성명: (서명 또는 인)</td></tr>
<tr><td>감 독 자</td><td colspan="7">계급: 성명: (서명 또는 인)</td></tr>
</table>

비 고

1. 사용대상자의 주민등록번호를 알 수 없는 경우 사용대상자를 특정할만한 사항을 기재한다
2. 사용대상자가 2인이상인 경우에는 그 인적사항을 별지에 기재한다.
3. 총기를 사용한 경우에는 구경, 모델명, 일련번호를 모두 기재한다.

210mm×297mm

(일반용지 60g/㎡(재활용품)

5. 경찰법

[시행 2011. 8. 4] [법률 제11032호, 2011. 8. 4, 일부개정]

제1장 총 칙 <개정 2011. 5. 30>

제1조(목적) 이 법은 국가경찰의 민주적인 관리·운영과 효율적인 임무수행을 위하여 국가경찰의 기본조직 및 직무 범위와 그 밖에 필요한 사항을 규정함을 목적으로 한다.

[전문개정 2011. 5. 30]

제2조(국가경찰의 조직) ① 치안에 관한 사무를 관장하게 하기 위하여 행정안전부장관 소속으로 경찰청을 둔다.

② 경찰청의 사무를 지역적으로 분담하여 수행하게 하기 위하여 특별시장·광역시장 및 도지사(이하 "시·도지사"라 한다) 소속으로 지방경찰청을 두고, 지방경찰청장 소속으로 경찰서를 둔다.

[전문개정 2011. 5. 30]

제3조(국가경찰의 임무) 국가경찰의 임무는 다음 각 호와 같다.

1. 국민의 생명·신체 및 재산의 보호
2. 범죄의 예방·진압 및 수사
3. 경비·요인경호 및 대간첩작전수행
4. 치안정보의 수집·작성 및 배포
5. 교통의 단속과 위해의 방지
6. 그 밖의 공공의 안녕과 질서유지

[전문개정 2011. 8. 4]

제4조(권한남용의 금지) 국가경찰은 그 직무를 수행할 때 헌법과 법률에 따라 국민의 자유와 권리를 존중하고, 국민 전체에 대한 봉사자로서 공정·중립을 지켜야 하며, 부여된 권한을 남용하여서는 아니 된다.

[전문개정 2011. 5. 30]

제 2 장 경찰위원회 <개정 2011. 5. 30>

제 5 조(경찰위원회의 설치) ① 경찰행정에 관하여 제 9 조 제 1 항 각 호의 사항을 심의·의결하기 위하여 행정안전부에 경찰위원회(이하 "위원회"라 한다)를 둔다.

② 위원회는 위원장 1명을 포함한 7명의 위원으로 구성하되, 위원장 및 5명의 위원은 비상임(非常任)으로 하고, 1명의 위원은 상임(常任)으로 한다.

③ 제 2 항에 따른 위원 중 상임위원은 정무직으로 한다.

[전문개정 2011. 5. 30]

제 6 조(위원의 임명 및 결격사유) ① 위원은 행정안전부장관의 제청으로 국무총리를 거쳐 대통령이 임명한다.

② 행정안전부장관은 위원 임명을 제청할 때 국가경찰의 정치적 중립이 보장되도록 하여야 한다.

③ 위원 중 2명은 법관의 자격이 있는 사람이어야 한다.

④ 다음 각 호의 어느 하나에 해당하는 사람은 위원이 될 수 없다.

1. 당적(黨籍)을 이탈한 날부터 3년이 지나지 아니한 사람
2. 선거에 의하여 취임하는 공직에서 퇴직한 날부터 3년이 지나지 아니한 사람
3. 경찰, 검찰, 국가정보원 직원 또는 군인의 직(職)에서 퇴직한 날부터 3년이 지나지 아니한 사람
4. 「국가공무원법」 제33조 각 호의 어느 하나에 해당하는 사람

[전문개정 2011. 5. 30]

제 7 조(위원의 임기 및 신분보장) ① 위원의 임기는 3년으로 하며, 연임(連任)할 수 없다. 이 경우 보궐위원의 임기는 전임자 임기의 남은 기간으로 한다.

② 위원은 정당에 가입하거나 제 6 조 제 4 항 제 2 호 또는 제 3 호의 직에 취임 또는 임용되거나 제 4 호에 해당하게 된 때에는 당연히 퇴직된다.

③ 위원은 중대한 신체상 또는 정신상의 장애로 직무를 수행할 수 없게 된 경우를 제외하고는 그 의사에 반하여 면직되지 아니한다.

[전문개정 2011. 5. 30]

제 8 조(「국가공무원법」의 준용) 위원에 대하여는 「국가공무원법」 제60조 및 제65조를 준용한다.

[전문개정 2011. 5. 30]

제 9 조(위원회의 심의·의결 사항) ① 다음 각 호의 사항은 위원회의 심의·의결을 거쳐야 한다.

1. 국가경찰의 인사, 예산, 장비, 통신 등에 관한 주요정책 및 국가경찰 업무 발전에 관한 사항
2. 인권보호와 관련되는 국가경찰의 운영·개선에 관한 사항
3. 국가경찰 임무 외에 다른 국가기관으로부터의 업무협조 요청에 관한 사항
4. 제주특별자치도의 자치경찰에 대한 국가경찰의 지원·협조 및 협약체결의 조정 등에 관한 주요 정책사항
5. 그 밖에 행정안전부장관 및 경찰청장이 중요하다고 인정하여 위원회의 회의에 부친 사항

② 행정안전부장관은 제 1 항에 따라 심의·의결된 내용이 적정하지 아니하다고 판단할 때에는 재의(再議)를 요구할 수 있다.

[전문개정 2011. 5. 30]

제10조(위원회의 운영 등) ① 위원회의 사무는 경찰청에서 수행한다.

② 위원회의 회의는 재적위원 과반수의 출석과 출석위원 과반수의 찬성으로 의결한다.

③ 이 법에 규정된 것 외에 위원회의 운영 및 제 9 조 제 1 항 각 호에 따른 심의·의결 사항의 구체적 범위, 재의 요구 등에 필요한 사항은 대통령령으로 정한다.

[전문개정 2011. 5. 30]

제 3 장 경찰청 <개정 2011. 5. 30>

제11조(경찰청장) ① 경찰청에 경찰청장을 두며, 경찰청장은 치안총감(治安總監)으로 보한다. <개정 2011. 5. 30>

② 경찰청장은 경찰위원회의 동의를 받아 행정안전부장관의 제청으로 국무총리를 거쳐 대통령이 임명한다. 이 경우 국회의 인사청문을 거쳐야 한다. <개정 2011. 5. 30>

③ 경찰청장은 국가경찰에 관한 사무를 총괄하고 경찰청 업무를 관장하며 소속 공무원 및 각급 국가경찰기관의 장을 지휘·감독한다. <개정 2011. 5. 30>

④ 삭제 <2003. 12. 31>

⑤ 경찰청장의 임기는 2년으로 하고, 중임(重任)할 수 없다. <개정 2011. 5.

30>

⑥ 경찰청장이 직무를 집행하면서 헌법이나 법률을 위배하였을 때에는 국회는 탄핵 소추를 의결할 수 있다. <개정 2011. 5. 30>

[2003. 12. 31 법률 제7035호에 의하여 1999. 12. 23 헌법재판소에서 위헌 결정된 이 조를 삭제함.][제목개정 2011. 5. 30]

제12조(차장) ① 경찰청에 차장을 두며, 차장은 치안정감(治安正監)으로 보한다.

② 차장은 경찰청장을 보좌하며, 경찰청장이 부득이한 사유로 직무를 수행할 수 없을 때에는 그 직무를 대행한다.

[전문개정 2011. 5. 30]

제13조(하부조직) ① 경찰청의 하부조직은 국(局) 또는 부(部) 및 과(課)로 한다.

② 경찰청장·차장·국장 또는 부장 밑에 정책의 기획이나 계획의 입안(立案) 및 연구·조사를 통하여 그를 직접 보좌하는 담당관을 둘 수 있다.

③ 경찰청의 하부조직의 명칭 및 분장 사무와 공무원의 정원은 「정부조직법」 제2조 제4항 및 제5항을 준용하여 대통령령 또는 행정안전부령으로 정한다.

[전문개정 2011. 5. 30]

제4장 지방경찰 <개정 2011. 5. 30>

제14조(지방경찰청장) ① 지방경찰청에 지방경찰청장을 두며, 지방경찰청장은 치안정감·치안감(治安監) 또는 경무관(警務官)으로 보한다.

② 지방경찰청장은 경찰청장의 지휘·감독을 받아 관할구역의 국가경찰사무를 관장하고 소속 공무원 및 소속 국가경찰기관의 장을 지휘·감독한다.

[전문개정 2011. 5. 30]

제15조(차장) ① 지방경찰청에 차장을 둘 수 있다.

② 차장은 지방경찰청장을 보좌하여 소관 사무를 처리하고 지방경찰청장이 부득이한 사유로 직무를 수행할 수 없을 때에는 그 직무를 대행한다.

[전문개정 2011. 5. 30]

제16조(치안행정협의회) ① 지방행정과 치안행정의 업무조정과 그 밖에 필요한 사항을 협의·조정하기 위하여 시·도지사(제주특별자치도지사는 제외한다) 소속으로 치안행정협의회를 둔다.

② 치안행정협의회의 조직·운영과 그 밖에 필요한 사항은 대통령령으로 정한다.

[전문개정 2011. 5. 30]

제17조(경찰서장) ① 경찰서에 경찰서장을 두며, 경찰서장은 총경(總警) 또는 경정(警正)으로 보한다.

② 경찰서장은 지방경찰청장의 지휘·감독을 받아 관할구역의 소관 사무를 관장하고 소속 공무원을 지휘·감독한다.

③ 경찰서장 소속으로 지구대 또는 파출소를 두고, 그 설치기준은 치안수요·교통·지리 등 관할구역의 특성을 고려하여 행정안전부령으로 정한다. 다만, 필요한 경우에는 출장소를 둘 수 있다.

[전문개정 2011. 5. 30]

제18조(직제) 지방경찰청 및 경찰서의 명칭, 위치, 관할구역, 하부조직, 공무원의 정원, 그 밖에 필요한 사항은 「정부조직법」 제2조 제4항 및 제5항을 준용하여 대통령령 또는 행정안전부령으로 정한다.

[전문개정 2011. 5. 30]

제5장 삭 제 <1996. 8. 8>

제19조 삭 제 <1996. 8. 8>

제20조 삭 제 <1996. 8. 8>

제21조 삭 제 <1996. 8. 8>

제22조 삭 제 <1996. 8. 8>

제6장 국가경찰공무원 <개정 2006. 7. 19, 2011. 5. 30>

제23조(국가경찰공무원) ① 국가경찰공무원의 계급은 치안총감·치안정감·치안감·경무관·총경·경정·경감(警監)·경위(警衛)·경사(警査)·경장(警長)·순경(巡警)으로 한다.

② 국가경찰공무원의 임용·교육훈련·복무·신분보장 등에 관한 사항은 따로 법률로 정한다.

[전문개정 2011. 5. 30]

제24조(직무수행) ① 국가경찰공무원은 상관의 지휘·감독을 받아 직무를 수행하고, 그 직무수행에 관하여 서로 협력하여야 한다.

② 국가경찰공무원은 구체적 사건수사와 관련된 제1항의 지휘·감독의 적법성 또는 정당성에 대하여 이견이 있을 때에는 이의를 제기할 수 있다.

③ 국가경찰공무원의 직무수행에 필요한 사항은 따로 법률로 정한다.
[전문개정 2011. 5. 30]

제7장 비상사태 시의 특별조치 <개정 2011. 5. 30>

제25조(비상사태 시 자치경찰에 대한 지휘·명령) ① 경찰청장은 전시·사변, 천재지변, 그 밖에 이에 준하는 국가 비상사태, 대규모의 테러 또는 소요사태가 발생하였거나 발생할 우려가 있어 전국적인 치안유지를 위하여 긴급한 조치가 필요하다고 인정할 만한 충분한 사유가 있는 경우에는 제2항에 따라 제주특별자치도의 자치경찰공무원(이하 "자치경찰공무원"이라 한다)을 직접 지휘·명령할 수 있다. 다만, 제주특별자치도 지역 단위의 치안유지를 위하여 필요한 경우에는 제주특별자치도지방경찰청장이 지휘·명령할 수 있다.

② 경찰청장 또는 제주특별자치도지방경찰청장은 제1항에 따른 조치가 필요한 경우에는 미리 제주특별자치도지사에게 자치경찰공무원을 직접 지휘·명령하려는 사유 및 내용 등을 구체적으로 제시하여 통보하여야 한다. 이 경우 제주특별자치도지사는 정당한 사유가 없으면 즉시 소속 자치경찰공무원에게 경찰청장 또는 제주특별자치도지방경찰청장의 지휘·명령을 받을 것을 명하여야 한다.

③ 경찰청장 또는 제주특별자치도지방경찰청장이 제1항에 따라 지휘·명령권을 인수한 경우에는 경찰청장은 경찰위원회에 즉시 보고하여야 하고, 제주특별자치도지방경찰청장은 「제주특별자치도 설치 및 국제자유도시 조성을 위한 특별법」 제113조에 따른 관할 치안행정위원회에 즉시 통보하여야 한다.

④ 제3항에 따라 자치경찰공무원에 대한 지휘·명령권자가 변동된 사실을 보고받은 경찰위원회는 제1항에 규정된 사유에 해당되지 아니한다고 인정하면 그 지휘·명령권을 반환할 것을 의결할 수 있으며, 같은 사실을 통보받은 치안행정위원회는 제1항에 규정된 사유에 해당되지 아니한다고 인정하면 경찰청장 또는 제주특별자치도지방경찰청장에게 그 지휘·명령권의 반환을 건의할 수 있다.

⑤ 경찰청장 또는 제주특별자치도지방경찰청장은 제1항에 따라 경찰청장 또는 제주특별자치도지방경찰청장이 자치경찰공무원을 지휘·명령할 수 있는 사유가 해소된 때에는 자치경찰공무원에 대한 지휘·명령권을 즉시 제주특별자치도지사에게 반환하여야 한다.

⑥ 제1항 및 제2항에 따라 제주특별자치도의 자치경찰공무원이 경찰청장 또는 제주특별자치도지방경찰청장의 지휘·명령을 받는 경우 그 지휘·명령의 범위에서는 국가경찰공무원으로 본다.

[전문개정 2011. 5. 30]

부칙 <제11032호, 2011. 8. 4>

이 법은 공포한 날부터 시행한다.

Ⅱ. 일본의 경찰관직무집행법

법령 번호　昭和 23년(1948년) 7월 12일 법률 제136호
시행 연월일 昭和 23년(1948년) 7월 12일
최종 개정 平成 18년(2007년) 6월 23일 법률 제94호

제 1 조(법률의 목적) ① 이 법률은, 경찰관이 경찰법(쇼와 29년 법률 제162호)으로 규정하는 개인의 생명, 신체 및 재산의 보호, 범죄의 예방, 공안의 유지 및 다른 법령의 집행등의 직권직무를 충실히 수행하기 위해서, 필요한 수단을 정하는 것을 목적으로 한다.

② 이 법률에 규정하는 수단은, 전항의 목적을 위하여 필요한 최소의 한도로 사용하여야 하고 남용하여서는 안된다.

제 2 조(질문) ① 경찰관은 이상한 거동 기타 주위의 사정으로부터 합리적으로 판단하여 어떠한 범죄를 범하거나 범하려 하고 있다고 의심할 만한 상당한 이유가 있는 자 또는 이미 행해진 범죄나 범죄가 행하여지려고 하는 것은 한다고 인정되는 자를 정지시켜 질문할 수 있다.

② 그 장소에서 전항의 질문을 하는 것이 본인에 대해서 불리하고, 또는 교통의 방해가 된다고 인정되는 경우에는 질문하기 위하여 그 사람에게 부근의 경찰서, 출장소 또는 주재소에 동행하는 것을 요구할 수가 있다.

③ 전2항에 규정하는 자는 형사소송에 관한 법률의 규정에 의하지 아니라고는 신체를 구속당하지 아니하며 그 뜻에 반하여 경찰서, 출장소 또는 주재소에 연행되거나 또는 답변을 강요당하지 아니한다.

④ 경찰관은 형사소송에 관한 법률에 의해 체포당한 자에 대해서는, 그 신체에 대해 흉기를 소지하고 있는지를 조사할 수가 있다.

제 3 조(보호) ① 경찰관은 비정상인 거동 기타 주위의 사정을 합리적으로 판단

하여 다음 각 호의 1에 해당하는 것이 분명하며, 응급의 구호를 요한다고 믿을 만한 상당한 이유가 있는 자를 발견한 때에는 우선 경찰서, 병원, 정신병자수용시설, 구호시설 등의 적당한 장소에 이를 보호하여야 한다.

1. 정신착란 또는 술 취한 상태로 인하여 자기 또는 타인의 생명, 신체 또는 재산에 위해를 미치는 우려가 있는 자
2. 미아, 환자, 부상자등으로 적당한 보호가 없으면 응급의 구호를 요한다고 인정되는 자(본인이 이를 거절한 경우에는 제외한다.)

전항이 조치를 과한 경우에 있어서는 경찰관은 지체없이 그 사람의 가족, 아는 사람 기타 관계자에게 이를 통지하여 그 사람의 인수방법에 대하여 필요한 준비를 하여야 한다. 책임 있는 가족, 아는 사람등이 발견되지 않을 때는, 신속하게 그 사건을 적당한 공중보건기관 또는 공공복지기관 또는 이런 자의 처치에 대하여 법령으로 책임을 지는 자는 공공기관에 그 사건을 인계하여야 한다.

③ 제 1 항의 규정에 의한 경찰의 보호는 24시간을 초과하여서는 아니된다. 단, 계속 보호하는 것을 승인하는 간이재판소(해당보호를 한 경찰관이 속하는 경찰서 소재지를 관할하는 간이 재판소를 말한다. 이하 같다.)의 재판관의 허가장이 있는 경우에는 그러하지 아니한다.

④ 전항 단서의 허가장은, 경찰관의 청구에 따라 재판관이 부득이한 사정이 있다고 인정한 경우에 한하여 발부하는 것으로서 그 연장의 기간은 5일을 초과하여서는 아니된다. 이 허가장에는 부득이하다고 인정되는 사정을 명기하여야 한다.

⑤ 경찰관은 제 1 항의 규정에 의하여 경찰에서 보호한 자의 성명, 주소, 보호의 이유, 보호한 이유, 보호 및 인도시일과 인도장소를 매주 간이재판소에 통지하여야 한다.

제 4 조(피난등의 조치) ① 경찰관은 사람의 생명 또는 신체에 위험을 미치거나 또는 재산에 중대한 손해를 미치는 우려가 있는 천재사변, 사변, 공작물의 손괴, 교통사고, 위험물의 폭발, 광견, 분마류 등의 출현, 극단적인 혼잡 등 위험한 사태가 있는 경우에 있어서는, 그 장소에 있는 자, 그 사물의 관리자 기타 관계자에 대하여 필요한 경고를 발하고, 특히 긴급을 요하는 경우에는 위해를 입을 우려가 있는 자에 대해, 그 장소의 위해를 피하기 위한 필요한 한도에서 인류(引留)하거나 피난시키거나 그 장소에 있는 자, 사물의 관리자 기

타 관계자에 대하여 위험방지를 위하여 통상 필요하다고 인정되는 조치를 취할 것을 명하거나 스스로 그 조치를 할 수 있다.

② 전항의 규정에 의해 경찰관이 한 조치에 대하여는 순서를 거쳐 소속 공안위원회에 보고하여야 한다. 이 경우에 있어서 공안위원회는 다른 공적 기관에 대하여 그 후의 조치에 대해 필요하다고 인정되는 협조를 구하기 위하여 적당한 조치를 취하여야 한다.

제 5 조(범죄의 예방 및 제지) 경찰관은 범죄가 목전에 행하여지려고 하고 있는 것을 인정하였을 때는 그 예방을 위하여 관계자에게 필요한 경고를 발하고, 또는 그 행위로 인하여 생명, 신체에 위험이 미치거나 재산에 중대한 손해를 끼칠 우려가 있어 긴급을 요하는 경우에 있어서는 그 행위를 제지할 수 있다.

제 6 조(출입) ① 경찰관은 전 2조에 규정하는 위험한 사태가 발생하여 사람의 생명, 신체 또는 재산에 대해 위해가 절박한 경우에 그 위해를 예방하고 손해의 확대를 방지하거나 피해자를 구조하기 위하여 부득이하다고 인정할 때에는 합리적으로 필요하다고 판단되는 한도내에서 타인의 토지, 건물 또는 선차(船車) 내에 출입할 수 있다.

② 흥행장, 여관, 음식점, 역 기타 다수인이 출입하는 장소의 관리자 또는 이에 준하는 자는 그 공개 시간중에 있어서 경찰관이 범죄의 예방 또는 사람의 생명, 신체 또는 재산에 대한 위해예방을 위하여 그 장소에 출입할 것을 요구한 경우에는 정당한 이유 없이 이를 거절할 수 없다.

③ 경찰관은 전 2항의 규정에 의한 출입에 있어서는 함부로 관계자의 정당한 업무를 방해해서는 안 된다.

④ 경찰관은 제 1 항 또는 제 2 항의 규정에 의한 출입에 있어서 그 장소의 관리자 또는 이에 준하는 자로부터 요구받은 경우에는 그 이유를 고지하면서 그 신분을 표시하는 증표를 제시해야 한다.

제 7 조(무기의 사용) 경찰관은 범인의 체포 또는 도주의 방지, 자기 또는타인에 대한 방호 또는 공무 집행에 대한 저항의 억제를 위해 필요하다고 판단되는 한도내에서 무기를 사용할 수 있다. 단, 형법(明治 40년 법률 제 45호) 제36조(정당방위), 제37조 긴급피난에 해당하는 경우 또는 다음 각호의 1에 해당하는 경우를 제외하고는 사람에게 위해를 주어서는 안된다.

1. 사형, 무기 또는 장기 3년 이상의 징역이나 금고에 해당하는 흉악한 죄를 현실로 범하거나 범하였다고 의심할 만한 충분한 이유가 있는 자가 경찰관

의 직무집행에 대하여 저항하거나 도망시키려고 하거나 제3자가 그 자를 도피시키고자 경찰관에게 저항할 때에 이를 방지 또는 체포하기 위하여 다른 수단이 없다고 경찰관이 믿을 만한 상당한 이유가 있을 때

2. 체포영장에 의해 체포할 경우 또는 구인장 또는 구류장을 집행할 경우에 본인이 경찰관의 직무집행에 대하여 저항하거나 도망하려할 때 또는 제3자가 그를 도망시키려고 경찰관에 저항할 때에 이를 방지 또는 체포하기 위해서 다른 수단이 없다고 경찰관이 믿을 만한 상당한 이유가 있을 때

제8조(다른 법령에 의한 직권직무) 경찰관은 이 법률이 규정하는 외, 형사소송 기타에 관한 법령 및 경찰규칙에 의한 직권직무를 수행하여야 하는 것으로 한다.

부 칙

이 법률은 공포한 날로부터 시행한다.

1. 독일 통일경찰법모범초안

(Musterentwurf eines Polizeigesetzes des Bundes und der Länder, MEPolG)[1)]

제 1 절 직무와 총칙

제 1 조(경찰의 직무) ① 경찰은 공공의 안녕 또는 질서에 대한 위험을 방지하는 것을 그의 직무로 한다.

② 법원에 의한 권리구제가 적시에 행해질 수 없고, 경찰의 개입없이는 사인의 권리의 실현이 불가능하거나 현저히 곤란한 경우에는 이 법률에 따라 경찰은 사권의 보호를 행한다.

③ 경찰은 다른 행정청에 대한 집행원조를 행한다.

④ 경찰은 다른 법규에 의해 경찰에게 위임된 직무를 수행하여야 한다.

제 1 조의a(다른 행정청과 관계) 경찰은 다른 행정기관이 위험을 방지할 수 없거나 적시에 방지할 수 없을 때에만 활동할 수 있다.

제 2 조(비례의 원칙) ① 다수의 가능하고 적합한 조치가 존재하는 경우, 경찰은 개인과 공중에게 가장 적은 피해를 가할 것이라고 예견되는 조치를 취하여야 한다.

② 어떠한 조치도 그 조치를 통해 달성될 결과와 비례관계에 있지 않은 손해

1) 독일 모범초안 번역본은 서정범, 앞의 역서의 부록을 인용하였다.

를 초래하여서는 아니된다.

③ 경찰의 조치는 그 목적이 달성될 때까지 또는 목적이 달성될 수 없음이 명백해질 때까지만 허용된다.

제 3 조(재량, 수단의 선택) ① 경찰은 의무적합적 재량에 따라 그의 조치를 행한다.

② 위험의 방지를 위하여 다수의 수단이 고려되는 경우에는, 그 중의 어느 하나가 결정되는 것으로 충분하다. 그에 의하여 공중에게 더 커다란 피해가 발생하지 않는 한, 관계인은 동일한 효과를 가진 다른 수단을 사용해 줄 것을 청구할 수 있다.

제 4 조(행위책임) ① 어떤 사람이 위험을 야기한 경우에는, 그에게 조치가 취해져야 한다.

② 14세 미만의 자, 금치산자, 후견을 받고 있는 자의 행위에 대해서는 그에 대한 감독의무를 지는 자에 대해서도 조치를 취할 수 있다.

③ 업무처리를 위하여 고용된 자가 업무수행 중에 위험을 야기한 경우에는, 그를 고용한 자에 대해서도 조치를 취할 수 있다.

제 5 조(상태책임) ① 물건으로부터 위험이 발생한 경우에는, 그 물건에 대한 사실상의 지배권자에 대해 조치가 취해져야 한다.

② 조치는 소유권자 또는 다른 정당한 권원을 가진 자에 대해서도 취해질 수 있다. 사실상의 지배권자가 소유권자 또는 다른 정당한 권원을 가진 자의 의사에 반하여 그를 행사한 경우에는 그러하지 아니한다.

③ 위험이 무주물로부터 발생한 경우에는 그 물건에 대한 소유권을 포기한 자에 대해서 조치가 취해질 수 있다.

제 5 조의a(조치의 직접시행) ① 경찰은 그 조치의 목적이 제 4 조 또는 제 5 조에 따른 책임자에 대한 조치에 의하여서는 달성될 수 없거나 적시에 달성될 수 없는 경우에는, 스스로 또는 위임을 통하여 그 조치를 직접시행할 수 있다. 그 조치의 관계인에게는 지체없이 통지하여야 한다.

② 조치의 직접시행에 소요된 비용에 대하여는 제 4 조 또는 제 5 조에 따른 책임자가 상환할 의무를 진다. 비용은 행정강제절차에 의하여 강제징수될 수 있다.

제 6 조(비책임자에 대한 조치) ① 경찰은 다음 각호의 경우에는 제 4 조 또는 제 5 조에 따른 책임자 이외의 다른 자에 대해서도 조치를 취할 수 있다.

1. 현재의 중대한 위험을 방지하여야 하는 경우
2. 제 4 조 또는 제 5 조에 따른 책임자에 대한 조치가 불가능하거나 적시에 행해질 수 없는 경우 및 목적을 달성할 수 없는 경우
3. 경찰이 스스로 또는 위임을 통하여 위험을 방지할 수 없거나 적시에 방지할 수 없는 경우
4. 그 자가 자신에 대한 현저한 위험없이 그리고 보다 높은 가치를 지닌 의무를 해함이 없이 조치의 대상이 될 수 있는 경우

② 제 1 항에 따른 조치는 위험의 방지가 다른 방법으로는 불가능한 경우에만 유지된다.

제 7 조(기본권의 제한) 이 법률에 근거하여 생명과 신체의 불가침성에 대한 기본권(기본법 제 2 조 제 2 항 제 1 문), 개인의 자유(기본법 제 2 조 제 2 항 제 2 문)와 주거의 불가침성(기본법 제13조)이 제한될 수 있다.

제 2 절 경찰의 권한

제 8 조(일반적 권한) ① 경찰은 제 9 조부터 제24조까지가 경찰의 권한을 특별히 규율하지 않는 한, 구체적인 경우에 존재하는 공공의 안녕 또는 질서에 대한 위험을 방지하기 위하여 필요한 조치를 취할 수 있다.

② 다른 법률에 의하여 경찰에게 부여된 직무의 수행을 위하여(제 1 조 제 4 항) 경찰은 그 곳에 규정된 권한을 갖는다. 그러한 법규가 경찰의 권한을 규율하지 않는 한, 경찰은 이 법률에 따라 그에게 귀속되는 권한을 갖는다.

제 9 조(신원확인과 신분증명서의 심사) ① 경찰은 다음 각호의 경우에 신원을 확인할 수 있다.

1. 위험의 방지를 위하여 필요한 때
2. 사람이 다음과 같은 장소에 체류하고 있을 때
   a) 사실상의 근거에 기초하여 경험칙상 판단에 따를 때 그 곳에서 다음과 같은 것이 인정될 수 있는 경우
      aa) 범죄의 음모, 예비, 착수가 행해질 염려가 있는 경우
      bb) 체류를 위하여 필요한 허가없이 체류하고 있는 경우
      cc) 범인을 은닉하려는 경우
   b) 매춘을 하려고 하는 경우
3. 사람이 교통·공급시설이나 설비·공중교통수단·청사 또는 다른 특히 위험

한 시설 내에 있거나 그에 인접하여 있을 때, 이 같은 시설내부 또는 그 시설 주위에서 그 같은 시설 내에 있거나 주위에 있는 자에 의해 범죄 행위가 행해질 것이라는 사실이 인정될 수 있을 때 또는 그 시설 자체가 직접적으로 위험에 처하게 될 때

4. 경찰에 의해 설치된 검문소에서 형사소송법 제100조의 a 또는 집회및시위에관한법률 제27조에 규정된 범죄의 저지를 목적으로 할 때

② 경찰은 신원확인을 위하여 필요한 조치를 취할 수 있다. 경찰은 특히 관계인을 정지시키고, 그의 인적사항을 심문하고 심사를 위하여 소지하고 있는 신분증명서의 제시를 요구할 수 있다. 신원확인이 다른 방법으로는 불가능하거나 현저히 곤란한 경우에는 그를 구금할 수 있다. 제3항의 요건이 충족되는 한도에서는 관계인이 소지하고 있는 물건에 대해서도 수색을 행할 수 있다.

③ 경찰은 관계인이 신분증명서를 휴대하여야 할 의무가 법규에 규정되어 있는 경우에는 심사를 위하여 신분증명서의 제시를 요구할 수 있다.

제10조(감식조치) ① 경찰은 다음 각호의 경우에 감식조치를 행할 수 있다.

1. 제9조에 따른 신원확인이 다른 방법으로는 불가능하거나 현저히 곤란할 때
2. 관계인이 형벌의 부과가 규정되어 있는 범죄를 행하였다는 혐의를 받고 있고, 행위의 성질이나 시행상 반복될 위험이 존재하기 때문에 범죄행위의 예방을 위하여 필요할 때

② 감식조치로는 특히 다음과 같은 것이 있다.

1. 지문과 掌紋의 채취
2. 사진촬영
3. 신체적 특성의 확인
4. 신장이나 체중의 측정

제11조(소환) ① 경찰은 다음 각호의 경우에 서면 또는 구두로 사람을 소환할 수 있다.

1. 어떤 자가 특정한 경찰과제의 수행을 위하여 필요한 적절한 진술을 할 수 있다는 것을 인정할 정당성이 있는 경우
2. 감식조치의 시행을 위하여 필요한 경우

② 소환을 행함에 있어서는 그 이유를 상대방에게 알려주어야 한다. 시간의

확정에 있어서는 관계인의 직업과 그 밖의 생활관계를 고려하여야 한다.

③ 관계인이 충분한 근거없이 소환에 응하지 않으면, 다음 각호의 경우에 소환은 강제적으로 행해질 수 있다.

1. 예견되는 진술이 개인의 신체, 생명 및 자유에 대한 위험의 방지를 위하여 필요한 경우
2. 감식조치의 수행을 위하여 필요한 경우

④ 소환과 관련하여서는 형사소송법 제136조의 a가 준용된다.

⑤ 증인 또는 감정인으로 소환된 자에 대한 손실보상에 대해서는 증인과감정인에대한손실보상에관한법률이 준용된다.

제12조(퇴거명령) 경찰은 위험방지를 위하여 어떤 장소로부터의 퇴거를 명하거나 어떤 장소에의 출입을 금지시킬 수 있다. 소방대 또는 응급구조대의 출입에 장해가 되는 자에 대해서도 동일한 조치가 행해질 수 있다.

제13조(보호조치) ① 경찰은 다음 각호의 경우에 보호조치를 취할 수 있다.

1. 특히 자유로운 의사결정이 배제되어 있거나 또는 타인의 원조를 필요로 하는 상태에 있는 자를 생명 또는 신체에 대한 위험으로부터 보호하기 위하여 필요한 때
2. 범죄행위나 중대한 위험을 초래하는 질서위반행위가 목전에 행해지거나 계속되는 것을 저지하기 위하여 필요한 때

② 경찰은 보호자의 보호를 벗어난 미성년자를 보호자 또는 청소년 보호시설에 인계하기 위하여 보호조치를 취할 수 있다.

③ 미결구금, 자유형 또는 자유를 박탈하는 조치의 집행을 면한 자 또는 허가없이 행형시설 밖에 거주하는 자를 보호하여 다시 그 시설에 인계할 수 있다.

제14조(법관의 결정) ① 제9조 제2항 제3문, 제11조 제3항 또는 제13조에 근거하여 사람을 구금한 경우에 지체없이 자유박탈의 허용성과 계속성에 대한 법관의 결정을 받아야 한다. 법관의 결정이 경찰조치의 근거가 소멸된 이후에야 비로소 행해질 것이라는 것이 인정될 수 있는 경우에는 법관의 결정을 요하지 않는다.

② 제①항에 따른 결정권한은 그 사람을 구금한 지역을 관할하는 지방법원지원이 갖는다. 절차는 자유박탈에있어서의사법절차에관한법률의 규정에 따라 행해진다.

제15조(구금된 자에 대한 조치) ① 제9조 제2항 제3문, 제11조 제3항 또는 제

13조에 근거하여 사람을 구금한 경우에는 지체없이 그 이유를 고지하여야 한다.

② 그에 의하여 자유박탈의 목적이 위협을 받지 않는 한 구금된 자에게는 그의 친족이나 친지에게 알릴 기회를 부여하여야 한다. 사법적 자유박탈의 경우에도 고지의무는 영향을 받지 않는다. 구금된 자가 제 1 항에 정한 권리를 행사할 수 없고 고지가 그의 추정적 의사에 반하지 않는 경우에는 경찰이 고지의무를 승계한다. 구금된 자가 미성년자, 금치산자, 피후견자인 경우에는 모든 경우에 그에 대한 보호의무자에게 고지하여야 한다.

③ 구금된 자는 그의 동의없이 수형자 또는 미결구금자와 동일한 공간에 수용되어서는 아니된다. 남자와 여자는 분리수용되어야 한다. 구금자에게는 자유박탈의 목적 또는 보호질서를 위하여 요구되는 한도에서 제한이 부과될 수 있다.

제16조(자유박탈의 기간) 다음 각호의 경우 구금된 자는 석방되어야 한다.

1. 경찰의 보호조치의 근거가 소멸한 경우
2. 계속적인 자유박탈의 법관의 결정에 의하여 허용되지 않는 것으로 판명된 경우
3. 어떠한 경우에도 법관이 다른 법률에 근거하여 그의 계속을 사전에 명하지 않는 한 늦어도 다음날 자정까지는 석방되어야 한다.

제17조(신체의 수색) ① 경찰은 제 9 조 제 2 항 제 4 문의 경우 이외에 다음 각호의 경우에 신체에 대한 수색을 행할 수 있다.

1. 이 법률 또는 다른 법규에 의하여 사람을 구금할 수 있는 경우
2. 주변정황으로 미루어보건대 영치될 수 있는 물건을 휴대하고 있다는 것이 인정될 수 있는 경우
3. 자유로운 의사결정이 배제되어 있거나 타인의 조력이 필요한 상태에 있다는 것이 인정될 수 있는 경우
4. 제 9 조 제 1 항 제 2 호에 열거한 장소에 체재하는 경우
5. 제 9 조 제 1 항 제 3 호상의 시설 내에 있거나 인접해 있는 경우 또는 그러한 종류의 시설내 또는 인근에서 범죄가 행하여질 것이라는 것이 정당화되는 경우

② 경찰은 사정상 경찰공무원 또는 제 3 자의 신체나 생명에 대한 위험을 보호하기 위하여 필요한 경우에는 이 법률 또는 다른 법규에 따라서 신원확인

을 받아야 할 사람이 무기, 기타 위험물 또는 폭발물을 소지하고 있는지 여부를 수색할 수 있다.

③ 신체에 대한 수색은 同性 또는 의사에 의하여서만 행해질 수 있다. 이것은 생명 또는 신체에 대한 위험을 보호하기 위하여 즉시수색이 필요한 경우에도 적용된다.

제18조(물건의 수색) ① 경찰은 제9조 제2항 제4문의 경우 이외에도 다음 각호의 경우 물건에 대한 수색을 행할 수 있다.

1. 제17조에 따라 수색을 받는 자가 휴대하고 있는 경우
2. 주변정황으로 미루어보건대 다음의 사실이 인정될 때
   a) 보호조치를 받고 있는 자가 그 안에 있거나
   b) 사람이 부당하게 구금되어 있거나
   c) 사람이 타인의 조력이 필요한 상태에 놓여 있는 경우
3. 그 안에 영치될 수 있는 다른 물건이 존재한다는 사실이 인정될 때
4. 제9조 제1항 제3호에 열거된 장소에 있는 경우
5. 제9조 제1항 제3호의 물건 내에 있거나 그와 인접해 있고 그 물건내 또는 주위에서 범죄행위가 행해질 것이라는 사실이 인정될 때
6. 제9조 제1항 제4문에 따른 신원확인이 행해질 수 있는 자가 있는 자동차, 선박, 항공기가 문제되는 경우: 수색은 자동차내에 있는 물건에 대해서까지도 행해질 수 있다.

② 물건의 수색에 있어 사실상의 지배권자는 그에 참석할 권리를 가진다. 그가 부재중인 경우에는 대리인 또는 다른 증인이 참석하여야 한다. 요구가 있는 경우에는 사실상의 지배권자에게 수색과 그의 근거에 대한 증명서가 발급되어야 한다.

제19조(가택출입과 수색) ① 경찰은 다음 각호의 경우에 소유자의 동의없이 가택에 출입하여 수색을 행할 수 있다.

1. 제11조 제3항에 따라 구인될 수 있거나 또는 제13조에 따라 보호조치가 취해질 수 있는 자가 그 안에 있다는 사실이 인정될 수 있을 때
2. 제21조 제1호에 따라 영치될 수 있는 물건이 그 안에 있다는 사실이 인정될 수 있을 때
3. 사람의 생명, 신체 또는 자유 또는 중요한 가치있는 물건에 대한 현재의 위험의 방지를 위하여 필요한 경우. 여기서 주거란 거실, 그 밖의 공간, 작업

실, 사무실 및 그 밖에 평온이 보장되어야 할 소유물을 포함한다.

② 야간에는 (형사소송법 제104조 제3항) 사람의 생명, 신체 또는 자유 또는 중요한 가치있는 물건에 대한 현재의 위험의 방지를 위하여 필요한 경우에만 제1항에 따른 가택의 출입과 수색이 허용된다.

③ 다음 각호의 경우에는 급박한 위험의 방지를 위하여 가택에 출입할 수 있다.

1. 사실에 근거하여 경험칙에 따라 판단하건대, 그 곳에서 다음의 행위가 행해질 것이라고 인정되는 경우
   a) 범죄의 예비, 음모, 착수
   b) 필요한 체류허가가 없는 경우
   c) 범인의 은닉
2. 매춘의 장소로 제공되는 경우

④ 공중에게 개방되어 있거나 있었고 체재하는 사람들이 더 머무를 수 있는 작업실, 사무실 및 다른 토지와 공간에 대해서는 작업시간 및 체재시간 중에는 위험방지(제1조 제1항)를 위하여 출입할 수 있다.

제20조(가택수색의 절차) ① 가택의 수색은 임박한 위험이 있는 경우 외에는 단지 법관에 의하여서만 행해질 수 있다. 가택의 소재지를 관할구역으로 하는 지방법원지원이 관할권을 갖는다. 자유로이재판을받을기회에관한법률의 규정이 이 절차에 준용된다.

② 가택수색의 경우 가택의 소유자는 그에 참여할 권리가 있다. 그가 부재중인 경우에는 가능하다면 그의 대리인, 성년인 친척, 동거인 또는 이웃이 참석하여야 한다.

③ 가택의 소유자 또는 그의 대리인에게는 그로 인하여 수색의 목적달성이 현저히 곤란해지지 않는 한, 수색의 이유가 지체없이 통지되어야 한다.

④ 수색에 관하여는 조서가 작성되어야 한다. 조서에는 책임있는 부서, 수색의 근거, 시간, 장소와 결과가 기재되어야 한다. 조서에는 수색을 행한 공무원, 가택소유자 또는 기타 참여인이 서명하여야 한다. 서명을 거부하는 경우에는 그에 관한 이의를 부기하여야 한다. 가택의 소유자 또는 대리인의 요구가 있는 경우에는 조서의 사본이 교부되어야 한다.

⑤ 조서의 작성 또는 사본의 교부가 특별한 사정으로 인하여 불가능하거나 수색의 목적을 위협하는 경우에는 관계인은 책임있는 부서의 진술하에 서면

으로 수색의 시기와 장소를 확인할 수 있어야 한다.

제21조(영치) 경찰은 다음 각호의 경우에 물건을 영치할 수 있다.

1. 현재의 위험을 방지해야 할 때
2. 소유권자 또는 적법한 점유자를 물건의 망실 또는 훼손으로부터 보호하기 위하여
3. 이 법률 또는 다른 법규에 의하여 구금된 자가 휴대하고 있는 물건이 다음의 목적으로 사용될 수 있을 때, 즉
   a) 자실 또는 자상
   b) 타인의 생명 또는 건강의 훼손
   c) 타인의 물건에 대한 손상
   d) 도주를 가능 또는 용이케 할 목적으로 사용

제22조(임치) ① 영치된 물건은 임치되어야만 한다. 물건의 성질상 임치할 수 없거나 경찰이 임치하는 것이 적당하지 않은 경우에는 다른 적당한 방법으로 영치하거나 보존할 수 있다. 이 경우 제3자에 의한 임치도 가능하다.

② 관계인에게는 영치의 이유와 보관된 물건을 표시한 증명서를 교부하여야 한다. 사정상 증명서를 교부할 수 없는 경우에는 증명서를 교부하지 못하는 이유를 밝힌 영치조서를 작성하여, 그 물건의 소유권자 또는정당한 사실상의 지배권자에게 지체없이 통지하여야 한다.

③ 영치된 물건이 임치된 경우에는 경찰은 가능한 한 그 물건의 가치가 감소되지 않도록 하여야 한다. 권리자의 요구에 따라 제3자가 물건을 임치한 때에는 그러하지 아니하다.

④ 임치된 물건에 대해서는 목록을 작성하고 혼동을 방지하기 위한 표시가 행해져야 한다.

제23조(환가, 폐기) ① 다음 각호의 1에 해당하는 경우에는 영치된 물건의 환가가 허용된다.

1. 물건이 망실되거나 가치가 현저히 저하될 염려가 있는 경우
2. 물건의 임치, 보존 또는 유지에 과도한 비용이 들거나 그것이 곤란한 경우
3. 물건의 사실상 그를 영치하여도 공공의 안녕 또는 질서에 대한 위험을 제거할 수 없는 경우
4. 영치의 요건이 새로이 발생함이 없이 1년이 경과한 후에도 권리자에게 반환할 수 없는 경우

5. 일정한 기한을 정하여 그 기한 내에 그 물건을 찾아가지 않으면 환가를 하겠다는 취지를 권리자에게 통지하였음에도 불구하고 상당한 기간 내에 이를 찾아가지 않은 경우

② 환가에 앞서 그 물건의 소유자, 그 밖의 권리자 및 관계당사자의 의견을 들어야 한다. 환가조치의 사정과 목적이 허용하는 한, 환가명령 및 환가의 시기와 장소가 통지되어야 한다.

③ 환가는 공매 방식에 의하여야 한다. 이에는 민법 제979조 제1항이 준용된다. 경매가 성립되지 않거나 처음부터 성립가능성이 없다고 생각되는 경우 또는 경매비용이 매각예정가격을 초과함이 명백한 경우에는 수의계약을 통하여 매각할 수 있다. 매각대금은 환가된 물건의 대용물이 된다. 상당한 기간 내에 매수인이 나타나지 않는 경우에는 그 물건은 공공의 목적에 제공될 수 있다.

④ 다음 각호의 경우에는 영치된 물건을 그 용법대로 사용할 수 없게 하거나 폐기할 수 있다.

1. 환가시에 영치의 사유가 존속하고 있거나 새로이 발생한 경우
2. 환가가 다른 사유로 인해 불가능한 경우

제24조(영치된 물건 또는 경락대금의 환부, 비용) ① 영치의 전제조건이 소멸한 경우에는, 영치된 물건을 피영치자에게 반환하여야 한다. 피영치자에게 반환할 수 없는 경우에는 그 물건에 대한 권리를 갖고 있다고 믿을 만한 자에게 반환할 수 있다. 반환에 의하여 새로이 영치의 요건이 성립되는 경우에는 반환하지 못한다.

② 물건이 환가된 경우에는 그 경락대금을 교부하여야 한다. 정당한 권리자가 없거나 소재가 불분명한 경우에는 민법의 규정에 따라 경락대금은 공탁되어야 한다. 경락대금의 교부청구권은 그 물건의 환가된 때로부터 3년이 경과하면 소멸한다.

③ 영치와 인치의 비용은 제4조 또는 제5조에 따른 경찰책임자의 부담으로 한다. 다수의 경찰책임자가 존재하는 경우에는, 그들은 연내채무자로서 책임을 부담한다. 물건의 교부는 비용의 지급을 조건으로 할 수 있다. 물건이 환가된 경우에는 비용은 경락대금에서 충당할 수 있다. 비용은 행정상 강제징수절차에 의해 징수될 수 있다.

④ 민법 제938조의 규정은 이에 영향을 받지 아니한다.

제3절 집행원조

제25조(집행원조) ① 경찰은 직접강제가 행하여져야 하고 다른 행정청은 그를 위하여 필요한 실력을 갖고 있지 못하거나 그의 조치를 다른 방법으로는 스스로 시행할 수 없는 경우에 있어서 다른 행정청의 요청에 의하여 집행원조를 행한다.

② 경찰은 단지 시행의 종류와 방법에 대해서만 책임을 진다. 그 밖의 것에 대해서는 행정응원에 관한 원칙이 준용된다.

③ 행정응원에 관한 의무는 이와 관련없다.

제26조(절차) ① 집행원조의 요구는 서면으로 하여야 한다. 그에는 조치의 이유와 법적 근거가 명기되어 있어야 한다.

② 급박한 경우에는 요청은 일정한 형식을 갖추지 않아도 된다. 그러나 요구가 있는 경우에는 지체없이 문서로 확인되어야 한다.

③ 요구를 하는 행정청은 요구의 시행에 관하여 통지를 받아야 한다.

제27조(자유박탈에 있어서의 집행원조) ① 집행원조의 요구가 자유의 박탈을 내용으로 하는 경우에는 자유박탈의 허용성에 대한 법원의 결정이 제시되거나, 요구서에 표시되어야 한다.

② 법원의 결정이 사전적으로 행해지지 않은 경우에는, 요구를 하는 행정청이 그를 받지 못하거나 사후적으로 법원의 결정을 지체없이 신청하지 않는 경우에는 경찰은 구금된 자를 석방하여야 한다.

③ 제15조와 제16조는 이에 준용된다.

제4절 강 제

제1관 작위, 수인, 부작위의 강제

제28조(행정강제의 허용성) ① 작위, 수인 또는 부작위를 내용으로 하는 행정행위는 그것이 불가쟁력을 발생하거나 그에 대한 쟁송이 집행정지효를 갖지 못할 때에 강제수단에 의해 시행될 수 있다.

② 특히 제4조에 따른 자에 대한 조치가 불가능하거나 적시에 행하여질 수 없거나 또는 아무런 효과도 가져오지 못할 것으로 예견되기 때문에 행정강제가 위험방지를 위하여 필요하고 이 경우 경찰이 그의 권한 내에서 행위를 하는 경우에는, 선행 행정행위를 전제함이 없이 행정강제가 행해질 수 있다.

제29조(강제수단) ① 강제수단은 다음과 같다.

1. 대집행(제30조)
2. 강제금(제31조)
3. 직접강제(제33조)

② 강제수단은 제34조와 제39조가 정하는 바에 따라 사전에 고지되어야 한다.

③ 강제수단은 형벌 또는 과태료와 병과될 수 있고, 행정행위가 이행될 때까지 또는 다른 방법으로 소멸될 때까지 반복되고 변경될 수 있다.

제30조(대집행) ① 타인에 의해 대행될 수 있는 작위(대체적 작위)의무를 이행하지 않는 경우에는, 경찰은 관계인의 비용부담으로 그 작위를 스스로 행하거나 그 시행을 타인에게 위탁할 수 있다.

② 관계인으로 하여금 대집행비용의 개산액을 사전에 납부하도록 정할 수 있다. 관계자가 대집행의 비용 또는 예상되는 비용을 기한 내에 지불하지 않은 경우에는 행정상 강제징수절차에 따라 이를 강제징수할 수 있다. 관계인이 요구된 작위의무를 이행하는 즉시 예상비용의 징수는 중지된다.

제31조(강제금) ① 강제금은 10부터 5,000마르크까지 사이에서 문서로 정해진다.

② 강제금을 확정함에 있어서는 관계인에게 상당한 납부기한이 허여되어야 한다.

③ 관계인이 강제금을 기한 내에 납부하지 않을 때에는 행정상 강제징수절차에 따라 이를 강제징수할 수 있다. 관계인이 요구된 작위의무를 이행하거나 수인되어야 할 조치를 수인한 경우에는 징수가 중지된다.

제32조(대체강제구류) ① 관계인이 강제금을 납부할 수 없는 경우 강제금의 부과시에 그에 대한 고지가 있었다면, 행정법원은 경찰의 요청에 의하여 대체강제구류를 명할 수 있다. 이 경우 대체강제구류의 기간은 1일 이상 2주 이하로 한다.

② 대체강제구류는 경찰의 요청에 의하여 민사소송법 제904조부터 제910조까지에 따라 사법행정기관이 집행한다.

제33조(직접강제) ① 경찰은 다른 강제수단이 없거나, 다른 강제수단으로는 강제의 효과를 기대할 수 없는 경우 또는 다른 강제수단이 합목적적이지 못한 경우에 직접강제를 행할 수 있다. 직접강제의 종류와 방법에 대하여는 제35조 이하의 규정이 적용된다.

② 진술의 청취를 위한 직접강제는 허용되지 않는다.

제34조(강제수단의 계고) ① 강제수단은 가능한 한 문서에 의해 계고되어야 한다. 계고의 내용에는 관계인이 의무를 이행하기 위한 상당한 기간이 포함되어 있어야 한다. 그러나 수인의무 또는 부작위의무가 강제되는 경우에는 기간을 정하지 않아도 무방하다. 사정상 계고를 할 수 없을 때, 특히 위험방지를 위하여 강제수단을 즉시 취하는 것이 불가피할 경우에는 계고는 생략될 수 있다.

② 계고는 작위, 수인 또는 부작위의무를 과하는 행정행위와 결합되어 행해질 수 있다. 권리구제수단이 집행정지효를 갖지 못하는 경우에는, 계고는 가능한 한 행정행위와 결합하여 행해져야 한다.

③ 계고를 통해 특정한 강제수단이 확정되어야 한다. 다수의 강제수단을 계고하는 경우에는, 강제가 행해지는 순서가 적시되어야 한다.

④ 대집행이 계고되는 경우에는, 비용의 개산액이 고지되어야 한다.

⑤ 강제금은 정액으로 고지되어야 한다.

⑥ 계고는 송달되어야 한다. 계고가 그 근거가 되는 행정행위와 결합되어 행해지고, 그 행정행위에 대해서는 송달에 관한 규정이 없는 경우에도 또한 같다.

제 2 관 직접강제의 시행

제35조(법적 근거) ① 경찰이 기본법 또는 다른 법규에 따라 직접강제를 행할 권한을 갖는 경우 그의 종류와 방법에 대해서는 제36조부터 제44조까지가 적용되며, 이들 규정이 달리 규정하고 있지 않는 한, 본법의 다른 규정들도 적용된다.

② 정당방위와 긴급피난에 관한 규정에 따른 민법, 형법상의 효과는 이에 영향을 받지 아니한다.

제36조(개념의 정의) ① 직접강제란 신체적 실력, 그의 보조수단과 무기를 통하여 사람 또는 물건에 영향을 미치는 것을 말한다.

② 신체적 실력이란 사람 또는 물건에 대한 일체의 직접적인 신체적 작용을 말한다.

③ 신체적 실력의 보조수단이란 특히 수갑, 살수기, 기술적 차단기, 警察馱馬, 관용차, 최루탄, 마취제 및 폭발물을 말한다.

④ 무기로서는 경찰봉, 권총, 연발권총, 소총, 기관총, 기관소총과 수류탄이 허용된다.

제37조(명령에 따른 행위) ① 경찰공무원은 지휘권을 가진 자가 명령한 직접강제

를 행할 의무가 있다. 다만 그 명령이 인간의 존엄을 해하거나 직무상의 목적을 위해 발하여진 것이 아닌 경우에는 그러하지 아니하다.

② 범죄를 명하는 경우에는 명령에 복종하여서는 아니된다. 그럼에도 불구하고 경찰관이 명령에 따른 경우에는 경찰공무원이 그로 인하여 범죄가 성립한다는 사실을 인식했거나, 그가 알고 있는 사정에 비추어 볼 때 범죄가 성립한다는 사실이 명백한 경우에만 책임을 진다.

③ 경찰공무원은 명령의 적법성에 의문이 있는 경우, 이의제기가 허용되어 있다면 그에 대한 이의를 명령자에게 제기하여야 한다.

④ 해당 공무원법상의 이의신청권에 관한 규정은 적용되지 아니한다.

제38조(부상자에 대한 구조) ① 직접강제를 행하는 경우, 그것이 필요하고 또한 사정이 허락하는 한 부상자에 대해서는 구조와 의사의 진찰이 행해져야 한다.

제39조(직접강제의 계고) ① 직접강제는 그의 시행에 앞서 계고가 있어야만 한다. 사정상 계고를 할 수 없는 경우, 특히 강제수단을 즉시 사용하는 것이 위험방지를 위하여 불가피한 경우에는 계고를 생략할 수 있다. 경고사격 또한 총기사용에 대한 계고로 간주된다.

② 총기와 수류탄은 생명 또는 신체에 대한 현재의 위험을 방지하기 위하여 필요한 경우에 한하여 계고없이 사용될 수 있다.

③ 다중에 대한 직접강제를 행함에 있어서는 비관여인이 이탈할 수 있도록 가능한 한 적시에 계고가 행해져야 한다. 특히 다중에 대하여 총기를 사용하는 경우에는 언제나 계고가 행하여져야만 한다. 기술적인 차단기와 警察馬의 사용시에는 계고가 생략될 수 있다.

제40조(수갑의 사용) 다음 각호의 사항이 인정될 경우에는 본법 또는 다른 법령에 의하여 구금된 자에 대하여 수갑을 사용할 수 있다.

1. 경찰공무원이나 제3자를 공격하거나, 그에 저항하거나 또는 물건을 손상시킬 때
2. 도주하거나 또는 도주시키려고 하는 경우
3. 자살 또는 자해를 하려는 경우

제41조(총기사용에 관한 일반규정) ① 총기는 직접강제의 다른 수단으로는 목적을 달성할 수 없거나 달성할 수 없음이 명백히 예견되는 경우에 한하여 사용할 수 있다. 사람에 대한 총기의 사용은 물건에 대한 총기의 사용에 의하여서는 목적을 달성할 수 없는 경우에 한하여 허용된다.

② 사람에 대한 총기의 사용은 공격 또는 도주를 못하게 하도록 하기 위하여서만 허용된다. 사망의 결과를 가져올 개연성이 높은 총기의 사용은, 그것이 생명 또는 신체의 불가침성에 대한 중대한 침해에 대한 현재의 위험을 방지하기 위한 유일한 수단인 경우에 한하여 허용된다.

③ 외견상 14세 미만으로 보이는 자에 대한 총기의 사용은 허용되지 아니한다. 총기의 사용이 생명 또는 신체에 대한 현재의 위험을 방지하기 위한 유일한 수단인 경우에는 그러하지 아니하다.

④ 경찰공무원이 인식할 수 있는 비관여인이 위험에 처할 고도의 개연성이 있는 경우에는 총기의 사용이 허용되지 아니한다. 총기의 사용이 생명에 대한 현재의 위험을 방지하기 위한 유일한 수단인 경우에는 그러하지 아니하다.

제42조(사람에 대한 총기사용) ① 사람에 대한 총기의 사용은 다음 각호의 1에 해당하는 경우에만 허용된다.

1. 생명 또는 신체에 대한 현재의 위험을 방지하기 위한 경우
2. 총기 또는 폭발물의 사용, 휴대를 수단으로 하는 중죄(Verbrechen) 또는 경죄(Vergehen)가 행해지려고 하거나 계속 행하여지는 것을 저지하기 위한 경우
3. 도주함으로써 체포 또는 신원확인을 피하려고 하는 자를 체포하기 위한 경우(다음 각호의 1에 해당하는 경우에 그러하다)
   a) 중죄를 범하였다고 의심할만한 충분한 이유가 있거나
   b) 경죄를 범하였다고 의심할만한 충분한 이유가 있고, 그가 총기 또는 폭발물을 소지하고 있다고 인정되는 사정이 있는 경우
4. 다음 각호의 사유에 근거하여 구금중인 자 또는 연행중인 자의 도주방지 또는 체포를 위한 경우
   a) 중죄를 범하였다는 법관의 결정 또는 중죄를 범하였다는 충분한 혐의가 있는 경우
   b) 경죄를 범하였다는 법관의 결정이 있거나 경죄를 범하였다는 충분한 혐의가 있고 그가 총기나 폭발물을 소지하고 있다고 인정될 만한 사정이 있는 경우
5. 구금중인 자를 폭력을 사용하여 도주시키려고 하는 것을 저지하기 위한 경우

② 소년구금이나 형벌구금을 집행하는 경우 또는 개방시설로부터의 도주를 방지하기 위한 경우에는 제1항 제4호에 따른 총기의 사용은 허용되지 아니한다.

제43조(다중속에 있는 사람에 대한 총기사용) ① 경찰공무원이 비관여인이 위험에 처할 고도의 개연성이 있다는 것을 인식할 수 있는 경우에는 다중속에 있는 사람에 대한 총기사용은 허용되지 아니한다. 총기의 사용이 생명에 대한 현재의 위험을 방지하기 위한 유일한 수단인 경우에는 그러하지 아니하다.

② 다중속에 있지만 폭력을 행사하거나 그를 용인 또는 방조하는 자는, 그가 제39조 제3항에 따른 반복적인 경고에도 불구하고 집단을 이탈하지 않는 경우에는 비관여인이라고 볼 수 없다.

제44조(특수무기, 폭발물) ① 기관총과 수류탄은 제42조 제1항 제1호, 제2호 및 제5호의 경우에 한하여, 내무부장관 또는 구체적인 경우에 있어 그에 의하여 위임을 받을 자의 동의하에 다음 각호의 1에 해당하는 경우 사용할 수 있다.

1. 총기 또는 수류탄 또는 그와 유사한 폭발물을 사용한 자에 대하여
2. 사전에 다른 총기를 사용했으나 효과가 없는 경우

② 기관총과 수류탄은 공격을 못하게 하기 위하여서만 사용할 수 있다. 수류탄은 다중에 대하여는 사용할 수 없다.

③ 총기사용에 관한 다른 규정은 이에 의하여 영향을 받지 않는다.

④ 폭발물은 사람에 대하여 사용할 수 없다.

제5절 손실보상, 구상, 배상청구

제45조(손해전보의무의 요건) ① 제6조에 따른 적법한 조치의 결과 손실을 입은 자에 대해서는 정당한 보상이 행해져야 한다. 경찰의 위법한 조치로 인해 손해를 입은 경우에도 또한 같다.

② 경찰의 동의를 얻어 경찰업무의 수행에 자발적으로 협조하거나 물건을 제공함으로 인하여 손해를 입은 자에 대해서도 손해전보가 행해져야 한다.

③ 그 밖의 손해배상청구, 특히 직무의무위반을 이유로 하는 손해배상청구는 이에 영향을 받지 아니한다.

제46조(손해전보의 내용, 종류, 범위) ① 제45조에 따른 손해전보는 원칙적으로 재산상의 손해에 대해서만 행해진다. 통상의 임금 또는 이용대가를 넘어서는

기대이익과 경찰의 조치와 직접 관계없는 불이익에 대해서는, 불합리한 손해를 방지하기 위하여 손해전보가 필요하다고 인정되는 경우에 한하여 손해전보가 행해질 수 있다.

② 신체 또는 건강에 대한 침해 또는 자유박탈의 경우에는 비재산적 손해에 대해서도 상당한 보상이 행해져야 한다. 이 청구권은 그것이 소송에 계속되거나 계약에 의해 인정되는 경우가 아니라면 양도 또는 상속될 수 없다.

③ 손해전보는 금전으로 행한다. 손해전보를 요하게 만든 조치가 생계능력의 소멸 또는 감소, 생활에 필요한 수요의 증가, 부양청구권의 상실 또는 침해를 가져오는 경우에는 손해전보는 정기금지불의 방식으로 행해져야 한다. 민법 제760조가 이에 적용된다. 중대한 사유가 존재하는 경우에는 정기금에 대신하여 일시불로 지급해 줄 것을 요구할 수 있다. 피해자에 대하여 부양의무를 갖는 자가 존재하는 경우에도 이 청구권은 부인되지 아니한다.

④ 피해자에게 제 3 자에 대한 청구권이 존재하는 경우에는, 그것이 그의 내용과 범위에 있어 손해전보청구권과 합치하는 한, 제 3 자에 대한 청구권을 포기한 경우에만 손해전보가 행해진다.

⑤ 손해전보액의 산정에 있어서는 제반사정, 특히 손해의 종류와 예견가능성과 피해자와 그의 재산이 경찰의 조치에 의하여 보호되었는지의 여부가 고려되어야 한다. 피해자가 책임져야 할 사정이 손해의 발생 또는 악화에 영향을 미친 경우에는, 손해전보의 의무 및 손해전보의 범위는 피해자에 의해 야기된 손해의 정도와 경찰에 의해 야기된 손해의 정도에 따라 결정된다.

제47조(간접적 피해자의 청구권) ① 살해의 경우에는 매장비용을 부담할 의무를 가진 자에게 제46조 제 5 항의 범위 내에서 매장비용을 전보해주어야 한다.

② 살해시에 피살해자가 제 3 자에 대하여 법률에 의하여 부양의무를 지고 있거나 지게될 수 있는 관계에 있었고 제 3 자는 살해의 결과 부양청구권을 상실하게 된 경우에는, 제 3 자는 피살해자가 추정생존기간동안 부담하였을 부양의무를 한도로 제46조 제 5 항의 범위 내에서 상당한 손해전보를 청구할 수 있다. 제46조 제 3 항부터 제 5 항까지는 이에 준용된다. 손해 발생시에 태아였던 자도 손해전보를 청구할 수 있다.

제48조(손해전보청구권의 시효) 손해전보청구권은 피해자(제47조의 경우에는 청구권자)가 손해와 손해전보의무자를 안 때로부터 3년, 이를 알지 못하는 경우에는 손해가 발생한 때로부터 30년간 행사하지 않으면 시효로 인하여 소

멸한다.

제49조(손해전보의무자, 구상권) ① 당해 조치를 위한 경찰공무원이 근무하는 단체가 손해전보의무를 진다.

② 경찰공무원이 다른 단체를 위하여 활동한 경우에는, 다른 단체도 손해전보의무를 진다.

③ 제2항의 경우 그 조치의 실시방법만을 이유로 손해전보를 하여야 하는 경우에는, 손해전보의무를 부담하는 단체는 그 스스로 그 실시방법에 대하여 책임을 지는 경우를 제외하고는 경찰공무원이 근무하는 단체에 대하여 구상권을 행사할 수 있다.

제50조(경찰책임자에 대한 구상) ① 제49조에 따라 손해전보의무를 지는 단체가 제45조 제1항 제1문 또는 제2항에 근거하여 손해전보를 행한 경우에는 제4조 또는 제5조에 의한 경찰책임자에 대하여 구상권을 행사할 수 있다.

② 다수인이 함께 책임을 부담하는 경우에는, 그들은 연대채무자로서 책임을 부담한다.

제51조(쟁송수단) 손해전보청구권에 대해서는 통상법원이, 제49조 제3항 또는 제50조에 따른 구상권에 대해서는 행정법원이 관할권을 갖는다.

제6절 종결규정

제52조(다른 주와 연방의 경찰공무원의 직무행위) ① 다음 각호의 1에 해당하는 경우에는 주의 경찰공무원은 다른 주에서 직무를 행할 수 있다.

1. 다른 행정청의 요청 또는 동의가 있는 경우
2. 기본법 제35조 제2항과 제3항, 제91조 제1항의 경우
3. 권한있는 행정청이 필요한 조치를 적시에 취할 수 없을 때에 현재의 중요한 위험방지, 현행범의 수사 및 도주자에 대한 수사와 재체포를 위한 경우
4. 죄수호송에 있어 경찰업무를 수행하기 위한 경우
5. 범죄와 질서위반행위에 대한 수사 및 다른 주와의 행정협정이 규정하고 있는 경우에 있어서의 위험방지를 위한 경우

제3부터 5호까지의 경우에 있어서는 권한있는 행정청에게 지체없이 통지하여야 한다.

② 다른 주의 경찰공무원이 제1항에 따라 활동하는 경우에는 그들은 당해 주의 경찰공무원과 동일한 권한을 갖는다. 그들의 조치는 토지관할 및 사물

관할 내에서 활동하는 경찰행정청의 조치로 간주된다. 그들은 관할권을 가진 경찰행정청의 지시에 복종하여야 한다.

③ 제 1 항과 제 2 항은 연방의 경찰집행공무원에게도 적용된다.

第53조(주의 권한영역 밖의 경찰집행공무원의 직무행위) ① 주의 경찰집행공무원은 본법 제52조 제 1 항 제 1 문과 기본법 제91조 제 2 항의 경우에만, 그것도 당해 주법과 기본법이 그를 규정하고 있는 때에만 다른 주나 연방의 관할구역 내에서 활동할 수 있다.

② 자신의 주에서의 경찰행정청이 다른 주의 경찰에 대한 응원보다 급박하지 않은 한, 다른 주에 의한 경찰집행공무원의 출동요청에 응하여야 한다. 그 같은 요청은 동 결정에 중요한 출동요청의 요소를 포함하고 있어야 한다.

2. 독일 통일경찰법모범초안 개정시안

(Vorentwurf-MEPolG)[2)]

제 1 절　직무와 총칙

제 1 조(경찰의 직무) ① 경찰은 공공의 안녕 또는 질서에 대한 위험을 방지하는 것을 그의 직무로 한다. **경찰은 이러한 직무의 범위내에서 범죄행위에 대한 수사를 하기 위한 준비를 하고 범죄행위를 예방하여야 하며(범죄행위에 대한 예방적 대처, 장래의 위험을 방지할 수 있기 위한 준비(위험방지의 준비)를 하여야 한다**.

② 법원에 의한 권리구제가 적시에 행해질 수 없고, 경찰의 개입없이는 사인의 권리의 실현이 불가능하거나 현저히 곤란한 경우에는 이 법률에 따라 경찰은 사권의 보호를 행한다.

③ 경찰은 다른 행정청에 대한 집행원조를 행한다.

④ 경찰은 다른 법규에 의해 경찰에게 위임된 직무를 수행하여야 한다.

제 1 조의a(다른 행정청과 관계) 경찰은 **제 1 조 제 1 항 제 2 문의 경우 이외에는** 다른 행정기관이 위험을 방지할 수 없거나 적시에 방지할 수 없을 때에만 활동할 수 있다. **경찰은 다른 행정청의 직무수행을 위하여 중요한 의미가 있다고 여겨지는 모든 사항을 지체없이 다른 행정청에 알려주어야 한다**. 제10조의c 2항은 이에 영향을 받지 아니한다.

제 2 조(비례의 원칙) ① 다수의 가능하고 적합한 조치가 존재하는 경우, 경찰은

---

2) 독일 모범초안개정시안은 모범초안에 제 1 조 제 1 항, 제 1 조의a, 제 8 조의a~제 8 조의d, 제10조 제 2 항, 제10조의a~제10조의h가 추가된 것이다. 모범초안은 서정범, 앞의 역서(Schenke 저)의 부록을 인용하였고, 모범초안개정시안 중 제 1 조 제 1 항, 제 1 조의a, 제10조 제 2 항은 서정범, 앞의 역서(Franz-Ludwig Knemeyer 저)의 부록을 인용하였다. 그리고 모범초안개정시안 중 제 1 조 제 1 항, 제 1 조의a, 제10조 제 2 항을 제외한 나머지는 홍준형 외, 앞의 보고서, 208~217면(제 8 조의a~제 8 조의d, 제10조의a~제10조의h: **진한 부분**)을 인용하였다. 물론 서정범, 앞의 역서(Franz-Ludwig Knemeyer 저)의 부록에도 마찬가지로 번역본이 실려 있다.

개인과 공중에게 가장 적은 피해를 가할 것이라고 예견되는 조치를 취하여야 한다.

② 어떠한 조치도 그 조치를 통해 달성될 결과와 비례관계에 있지 않은 손해를 초래하여서는 아니된다.

③ 경찰의 조치는 그 목적이 달성될 때까지 또는 목적이 달성될 수 없음이 명백해질 때까지만 허용된다.

제 3 조(재량, 수단의 선택) ① 경찰은 의무적합적 재량에 따라 그의 조치를 행한다.

② 위험의 방지를 위하여 다수의 수단이 고려되는 경우에는, 그 중의 어느 하나가 결정되는 것으로 충분하다. 그에 의하여 공중에게 더 커다란 피해가 발생하지 않는 한, 관계인은 동일한 효과를 가진 다른 수단을 사용해 줄 것을 청구할 수 있다.

제 4 조(행위책임) ① 어떤 사람이 위험을 야기한 경우에는, 그에게 조치가 취해져야 한다.

② 14세 미만의 자, 금치산자, 후견을 받고 있는 자의 행위에 대해서는 그에 대한 감독의무를 지는 자에 대해서도 조치를 취할 수 있다.

③ 업무처리를 위하여 고용된 자가 업무수행 중에 위험을 야기한 경우에는, 그를 고용한 자에 대해서도 조치를 취할 수 있다.

제 5 조(상태책임) ① 물건으로부터 위험이 발생한 경우에는, 그 물건에 대한 사실상의 지배권자에 대해 조치가 취해져야 한다.

② 조치는 소유권자 또는 다른 정당한 권원을 가진 자에 대해서도 취해질 수 있다. 사실상의 지배권자가 소유권자 또는 다른 정당한 권원을 가진 자의 의사에 반하여 그를 행사한 경우에는 그러하지 아니한다.

③ 위험이 무주물로부터 발생한 경우에는 그 물건에 대한 소유권을 포기한 자에 대해서 조치가 취해질 수 있다.

제 5 조의a(조치의 직접시행) ① 경찰은 그 조치의 목적이 제 4 조 또는 제 5 조에 따른 책임자에 대한 조치에 의하여서는 달성될 수 없거나 적시에 달성될 수 없는 경우에는, 스스로 또는 위임을 통하여 그 조치를 직접시행할 수 있다. 그 조치의 관계인에게는 지체없이 통지하여야 한다.

② 조치의 직접시행에 소요된 비용에 대하여는 제 4 조 또는 제 5 조에 따른 책임자가 상환할 의무를 진다. 비용은 행정강제절차에 의하여 강제징수될 수

있다.

제 6 조(비책임자에 대한 조치) ① 경찰은 다음 각호의 경우에는 제 4 조 또는 제 5 조에 따른 책임자 이외의 다른 자에 대해서도 조치를 취할 수 있다.

1. 현재의 중대한 위험을 방지하여야 하는 경우
2. 제 4 조 또는 제 5 조에 따른 책임자에 대한 조치가 불가능하거나 적시에 행해질 수 없는 경우 및 목적을 달성할 수 없는 경우
3. 경찰이 스스로 또는 위임을 통하여 위험을 방지할 수 없거나 적시에 방지할 수 없는 경우
4. 그 자가 자신에 대한 현저한 위험없이 그리고 보다 높은 가치를 지닌 의무를 해침이 없이 조치의 대상이 될 수 있는 경우

② 제 1 항에 따른 조치는 위험의 방지가 다른 방법으로는 불가능한 경우에만 유지된다.

제 7 조(기본권의 제한) 이 법률에 근거하여 생명과 신체의 불가침성에 대한 기본권(기본법 제 2 조 제 2 항 제 1 문), 개인의 자유(기본법 제 2 조 제 2 항 제 2 문)와 주거의 불가침성(기본법 제13조)이 제한될 수 있다.

제 2 절 경찰의 권한

제 8 조(일반적 권한) ① 경찰은 제 9 조부터 제24조까지가 경찰의 권한을 특별히 규율하지 않는 한, 구체적인 경우에 존재하는 공공의 안녕 또는 질서에 대한 위험을 방지하기 위하여 필요한 조치를 취할 수 있다.

② 다른 법률에 의하여 경찰에게 부여된 직무의 수행을 위하여(제 1 조 제 4 항) 경찰은 그 곳에 규정된 권한을 갖는다. 그러한 법규가 경찰의 권한을 규율하지 않는 한, 경찰은 이 법률에 따라 그에게 귀속되는 권한을 갖는다.

제 8 조의a(정보수집)

(1) 경찰은 위험의 방지 또는 제 1 조 제 2 항 및 제 3 항에서 부여된 임무를 위한 개별조치에 필요한 경우에는, 다음 각호에 관한 개인관련정보를 수집할 수 있다.

1. 제 4 조 또는 제 5 조 및 제 6 조의 요건하에서 그 규정에 해당하는 자
2. 피해자, 무의탁자 또는 실종자 및 그의 친족, 법정대리인 또는 신뢰인
3. 위험에 직면한 자
4. 증인, 단서제공자 또는 기타 정보제공자

(2) 경찰은 사실적 근거에 의거하여 경험칙상 범죄행위의 예방에 필요한 경우에는, 다음 각호에 관한 개인관련정보를 수집할 수 있다.

1. 구체적 정황에 비추어 볼 때 장차 범죄행위를 범할 것으로 의심되는 자
2. 제 1 호에서 해당하는 자와 접촉하거나 동반하는 자
3. 구체적 정황에 비추어 볼 때 범죄의 피해자가 될 것으로 의심하는 자
4. 증인, 단서제공자 또는 기타 정보제공자

제 8 조의b(공개행사, 집회 및 다중집합에 대한 정보수집)

(1) 경찰은 공공의 안녕과 질서에 대한 위험이 발생하리라고 인정할 만한 사실상의 근거가 있는 때에는, 집회법이 적용되지 않는 공개행사 또는 다중집합이 진행되는 동안 또는 그와 관련하여 개인관련정보를 수집할 수 있다.

(2) 경찰은 공공의 안녕과 질서에 현저한 위험이 발생하리라고 인정할 만한 사실상의 근거가 있는 때에는, 공개행사가 진행되는 동안 또는 그와 관련하여 개인관련정보를 수집할 수 있다. 공공의 안녕과 질서가 교란되지 않은 때에는 그 수집결과 작성된 서류를 집회가 종료된 후 지체없이 소멸시켜야 한다.

(3) 제10조의a 제 6 항 및 제10조의g 제 4 항은 본조에 영향을 받지 않는다.

제 8 조의c(특별한 정보수집방식)

(1) 경찰은 정보수집이 다음 각호를 위해 필요하고, 다른 수단으로는 업무수행에 지장을 초래하지 않고서는 정보수집이 불가능하며, 그 조치가 조사대상 사실과 전혀 무관하지 않은 경우, 제 8 조의a 제 1 항 제 1 호와 제 2 항 제 1 호에 규정된 자, 그와 접촉한 자 및 동반자에 관한 개인관련정보를 제 2 항에 의한 방법으로 수집할 수 있다.

1. 현저한 위험의 방지를 위한 경우
2. 다음의 예방을 위한 경우
   (a) 형사소송법 제100조의a 또는 형법 제176조부터 제181조의a까지, 제243조, 제244조, 제260조, 제263조부터 제265조까지, 제266조, 제324조부터 330조a까지가 규정하는 범죄행위 중 하나가 행해질 것이라고 인정할 만한 사실상의 근거가 있는 경우, 당해 범죄
   (b) 그 밖의 범죄로서 그 범죄행위가 직업적, 상습적으로 또는 집단적으로 행해질 것이라고 인정할 만한 사실상의 근거가 있는 경우, 다만 위의 정보수집에도 불구하고 서신, 우편, 통화의 비밀은 영향을 받

지 않는다. 정보수집이 지체될 우려가 있을 때에는 경찰관청의 장·경찰관서의 장 또는 그에 의해 위임을 받은 공무원이 정보수집을 위한 조치를 명한다.

(2) 제1항에 따른 방법은 다음과 같다.

1. 장기간의 관찰
2. 기술적 수단의 비밀 투입, 특히 사진촬영 또는 사진기록 및 증인신문 또는 화자에 대한 음색의 기록
3. 신분을 위장한 경찰집행공무원의 투입(신분위장수사관)
4. 경찰과의 협력이 제3자에게 알려지지 않은 자의 투입

(3) 경찰은 주거(제19조 제1항 제2문) 내외에서는, 개인의 신체, 생명, 자유에 대한 현재의 위험 또는 유가물, 재산의 가치에 대하여 불가피한 경우에 한하여 제2항에 규정된 방법으로 개인관련정보를 수집할 수 있다. 기술적 수단이 동반되고 기록이 행해지지 않는 경우, 제2항 제2호에 의한 정보수집은 주거 내외에 있어서는, 주거에의 경찰적 개입이 개인이 신체, 생명에 대한 위험을 궁극적으로 방지하는 것이 아니라면 위험이 있는 경우 외에는 판사에 의하여만 지시될 수 있다. 절차에는 제20조 제1항이 준용된다.

(4) 관찰에 있어 독자적인 기록장치에 설치되어 있는 경우에는 제1항에 규정된 자 이외의 다른 자에 대한 기록은 즉시 폐기되어야 한다.

(5) 제1항과 제3항에 규정된 조치가 종결된 후에는 조치의 목적을 저해하지 않고 행해질 수 있는 한 즉시 당사자에게 통지되어야 한다. 이러한 통지는 개인관련정보에 대한 기록이 행해지지 않았거나 기록이 조치의 종결 후에 즉시 폐기된 경우에는 필요하지 않다. 제1문에 의한 통지는 발생된 상황에 당사자에 대한 형법상 수사절차에 관련되어 있는 경우에는 행해지지 않는다

제8조의d(경찰감시)

(1) 경찰은 범죄행위의 예방을 위한 목적으로, 다음 각호의 1에 해당하는 경우 다른 경찰관청·경찰관서들이 다른 단서에 의한 조사시 알게 된 사람이나 차량의 출현을 보고하도록 하기 위하여(경찰감시의 통고), 제8조의a 제2항 제1호에 규정된 자의 행장 또는 그가 사용하거나 동원한 차량의 등록번호를 경찰감시자료에 저장할 수 있다.

1. 개인에 대한 총체적 평가 및 이전의 범죄행위로부터 장래의 현저히 중요한 범죄행위의 발생이 예견되는 경우
2. 제 8 조의c 제 1 항 제 1 문 2a호 또는 외국인법 제47조의a에 의한 중요한 범위내의 범죄행위를 행했다고 볼 수 있는 사실상의 근거가 존재하는 경우

(2) 경찰감시에 대한 통고명령은, 통고의 근거해서 신고된 그러한 자와 기타의 동반자 및 그들이 지닌 물건 또는 차량에 대한 인지가 제 1 항이 의미하는 범죄행위의 예방을 위하여 필요하다는 것이 사실관계에 의하여 정당화되는 경우에만 허용된다. 조치의 명령은 주무행정청·주재공무원·그 상위직의 공무원을 통하여 행해지며, 문서에 의하여 행해져야 한다.

(3) 명령은 최장 1년을 기간으로 한다. 늦어도 6개월의 경과 후에는 명령의 요건이 존재하는지의 여부가 심사되어야 한다; 심사의 결과는 문서에 의해 나타나야 한다. 진행기간을 연장하기 위하여는 새로운 명령이 있어야 한다.

(4) 명령의 요건이 더 이상 존재하지 않는 경우 또는 조치의 목적이 달성되거나 또는 달성이 불가능하게 된 경우에는 지체없이 경찰감시의 통고를 해제하여야 한다.

제 9 조(신원확인과 신분증명서의 심사) ① 경찰은 다음 각호의 경우에 신원을 확인할 수 있다.

1. 위험의 방지를 위하여 필요한 때
2. 사람이 다음과 같은 장소에 체류하고 있을 때
   a) 사실상의 근거에 기초하여 경험칙상 판단에 따를 때 그 곳에서 다음과 같은 것이 인정될 수 있는 경우
      aa) 범죄의 음모, 예비, 착수가 행해질 염려가 있는 경우
      bb) 체류를 위하여 필요한 허가없이 체류하고 있는 경우
      cc) 범인을 은닉하려는 경우
   b) 매춘을 하려고 하는 경우
3. 사람이 교통·공급시설이나 설비·공중교통수단·청사 또는 다른 특히 위험한 시설내에 있거나 그에 인접하여 있을 때, 이 같은 시설내부 또는 그 시설 주위에서 그 같은 시설 내에 있거나 주위에 있는 자에 의해 범죄행위가 행해질 것이라는 사실이 인정될 수 있을 때 또는 그 시설 자체가 직접적으

로 위험에 처하게 될 때

4. 경찰에 의해 설치된 검문소에서 형사소송법 제100조의a 또는 집회및시위에 관한법률 제27조에 규정된 범죄를 저지를 목적으로 할 때

② 경찰은 신원확인을 위하여 필요한 조치를 취할 수 있다. 경찰은 특히 관계인을 정지시키고, 그의 인적사항을 심문하고 심사를 위하여 소지하고 있는 신분증명서의 제시를 요구할 수 있다. 신원확인이 다른 방법으로는 불가능하거나 현저히 곤란한 경우에는 그를 구금할 수 있다. 3항의 요건이 충족되는 한도에서는 관계인이 소지하고 있는 물건에 대해서도 수색을 행할 수 있다.

③ 경찰은 관계인이 신분증명서를 휴대하여야 할 의무가 법규에 규정되어 있는 경우에는, 심사를 위하여 신분증명서의 제시를 요구할 수 있다.

제10조(감식조치) ① 경찰은 다음 각호의 경우에 감식조치를 행할 수 있다.

1. 제9조에 따른 신원확인이 다른 방법으로는 불가능하거나 현저히 곤란할 때
2. 관계인이 형벌의 부과가 규정되어 있는 범죄를 행하였다는 혐의를 받고 있고, 행위의 성질이나 시행상 반복될 위험이 존재하기 때문에 범죄행위의 예방을 위하여 필요할 때

② 제1항의 조건이 소멸된 경우에는 관계자는 감식자료의 폐기를 요구할 수 있다.

③ 감식조치로는 특히 다음과 같은 것이 있다.

1. 지문과 장문(掌紋)의 채취
2. 사진촬영
3. 신체적 특성의 확인
4. 신장이나 체중의 측정

제10조의a(정보의 보관, 변경, 이용)

(1) 경찰은 그 임무를 수행하기 위하여 필요한 경우, 개인관련정보를 문서 또는 화일에 보관하거나 변경하고 그 밖의 방법으로 이용할 수 있다.

(2) 제8조의a 제1항 제1호 및 제2항 제1호에 규정된 자 이외의 자에 대한 개인관련정보의 이용은 경찰이 정보를 입수한 목적과 동일한 목적을 위하여만 허용된다. 그 밖의 경찰상의 목적을 위하여는 경찰이 그러한 목적을 위하여 정보를 수집하는 것이 허용되는 경우에 한하여 당해 정보를 이용할 수 있다.

(3) 경찰은 범죄행위의 예방을 위하여 필요한 경우, 범죄에 대한 혐의자의 형사조사절차 중에 획득한 개인관련정보를 화일에 보관하거나 변경하고 그 밖의 방법으로 이용할 수 있다.

(4) 경찰은 형법 제138조에 규정된 범죄 및 형법 제84조부터 제89조까지 또는 제129조에 의한 범죄행위 또는 다음 각호에 의한 영업범 또는 조직범죄행위를 예방하기 위하여 불가피한 경우에는, 범죄행위를 예방하기 위한 범위내에서 제 8 조의a 제 2 항 제 2 호부터 제 4 호까지에 규정된 자에 대한 개인관련정보를 화일로 보관하거나 변경하고 그 밖의 방법으로 이용할 수 있다.

1. 형법 제243조, 제244조, 제260조, 제264조 또는 제324조부터 330조a까지
2. 무기법 제52조a 또는 제53조 제 1 항 제 1 문 제 1 호 또는 제 2 호
3. 전쟁무기의통제에관한법률 제16조 제 1 항부터 제 4 항까지
4. 마취제법 제29조 제 3 항 제 1 호 또는 제 4 호, 또는 제30조 제 1 항 제 1 호, 제 2 호, 제 4 호 또는
5. 외국인법 제47조a

보관기관은 3년을 초과할 수 없다. 경찰은 최후의 보관시점으로부터 매 1년 경과시마다 제 1 문에 의한 요건이 존재하는지의 여부를 심사하여야 한다; 이에 대하여는 경찰관청의 장/경찰관서의 장 또는 그에 의해 수임된 공무원이 결정한다.

(5) 화일에 저장된 사항이 가치평가를 내용을 하는 것인 경우에는, 평가의 기초가 되는 근거들이 어떤 경찰관서에 의해 작성되었는지를 확인할 수 있어야 한다.

(6) 경찰은 저장된 개인관련정보를 경찰교육 또는 계속교육을 위하여 이용하거나 통계상의 목적을 위하여 활용할 수 있다. 제 2 항부터 제 4 항까지는 그 한도 내에서 적용이 없다.

제10조의b(선례관리와 문서보관)

경찰은 경찰적용의 선례관리 또는 기한부 문서보관의 목적으로 개인관련정보를 저장할 수 있으며 오로지 이러한 목적을 위하여 이용할 수 있다. 그 한도내에서 제10조a는 적용이 없다.

제10조의c(정보교부)

(1) 경찰관청·경찰관서들은 서로 경찰임무의 수행을 위하여 필요한 경우 개

인관련정보를 교부할 수 있다. 이에 대하여는 제10조의a 제2항이 준용된다.

(2) 다른 행정기관 또는 공공기관이 위험방지를 위한 권한을 가지는 경우, 경찰은 이들 기관에게, 자신이 보유하고 있는 개인관련정보를 인지하는 것이 그 수령인의 임무수행을 위하여 필요하다고 인정되는 한, 당해 개인관련정보를 교부할 수 있다.

(3) 경찰은 다음 각호의 1에 해당하는 경우 그 밖의 행정기관 또는 공공기관에게 개인관련정보를 교부할 수 있다.

1. 경찰임무의 수행을 위하여 필요한 경우
2. 수령인이 위험을 방지하는데 필요한 경우
3. 공공복리 또는 개인의 보호가치있는 이익에 대한 현저한 불이익의 방시 또는 제거를 위하여 필요한 경우

경찰은 제1문 제1호 또는 제3호의 요건하에서 공공기관이 아닌 자 또는 개인에게 개인관련정보를 교부할 수 있다.

(4) 경찰은 다음 각호의 1에 해당하는 경우, 외국의 공공기관 및 초국가적 기관 또는 국가간에 설립된 기관에게 개인관련정보를 전달할 수 있다.

1. 전달하는 경찰관청·경찰관서의 임무수행을 위하여 필요한 경우 또는
2. 수령인이 현저한 위험을 방지하는데 필요한 경우

개인관련정보의 교부는 이로 인해 독일 법률의 목적에 위반되거나 당사자의 보호가치있는 이해가 침해될 것이라고 볼 수 있는 근거가 있는 때에는 허용되지 않는다. 수령인에게는 교부되는 정보가 교부된 목적을 위해서만 사용될 수 있다는 것을 알려야 한다.

(5) 제2항부터 제4항까지에 의한 개인관련정보는, 경찰이 정보를 수집하거나 저장하게 된 목적을 위해서만 교부될 수 있다. 제1문에 대한 예외로, 수령인을 통한 임무의 수행이 불가피하고 수령인이 다른 방법으로는 정보를 얻는 것이 불가능하거나 시기에 늦거나 과다한 비용이 요구되는 경우에는 그러하지 아니하다. 이 경찰은 범죄예방을 위하여 제8조의a 제2항 제1호에 의하여 수집되거나 제10조의a 제3항에 의하여 저장된 개인관련정보를 제2항부터 제4항까지가 규정하는 바에 따라 교부할 수 있다. 다만, 제1문에도 불구하고 경찰은 제10조의a 제4항에 의하여 저장된 개인관련정보를 단순히 다른 경찰관청·경찰관서에게 교부할 수 있다.

(6) 경찰에 의해 교부되는 정보가 영업상 또는 특히 공무상 비밀에 의하여 보호되는 것인 때에는, 경찰은 자신이 당해 정보를 수집했거나 수집할 수 있었을 목적과 동일한 목적을 달성하기 위하여 수령인이 당해 정보를 필요로 하는 경우에만 그 정보를 수령인에게 교부할 수 있다.

(7) 경찰의 임무수행을 위하여 필요하다고 인정하는 경우 다른 행정기관 및 기타 공공기관은 개인관련정보를 경찰에 교부할 수 있다. 정보는 경찰의 요청이 있을 때 교부될 수 있다. 경찰은 정보수집의 요건이 존재하는 경우에 한하여 그에 상응하는 교부를 요청할 수 있다.

(8) 정보를 교부하는 경찰관청·경찰관서는 당해 정보의 교부가 적법한 것인지 여부를 심사한다. 수령인의 요청에 의하여 정보가 교부되는 경우에는 교부기관은 단지 교부요청이 수령인의 임부의 범위에 속하는지 여부만을 심사한다. 그 밖의 경우 교부기관은 개별적인 경우 특별한 사유가 존재하는 때에만 교부의 적법성을 심사한다. 수령인은 교부기관에게 심사에 필요한 보고를 할 의무를 진다.

(9) 수령인은 법률에 특별한 규정이 없는 한, 교부된 개인관련정보를 교부된 목적으로만 이용하여야 한다.

(10) 정보교부에 대한 그 밖의 특별한 법규정들은 그 효력에 영향을 받지 않는다.

제10조의d(자동정보검색절차)

(1) 정보검색을 통하여 개인관련정보를 교부할 수 있도록 해 주는 자동화된 절차를 개설하는 것은 당사자의 보호가치있는 이익과 경찰임무의 수행을 고려하여 그러한 정보교부의 방식이 적절하다고 인정되는 경우에 허용된다. 경찰관청·경찰관서 이외의 다른 기관에 의한 검색은 금지된다.

(2) 연방정보보호법 제 6 조·주정보보호법의 관련 규정에 의하여 요구되는 기술적, 조직적 조치들은 이를 서면으로 확정하여야 한다. 제10조의h는 그 효력에 영향을 받지 않는다.

(3) 검색절차를 개설하기 위하여는 내무부장관의 동의를 받아야 한다. 내무부장관등은 개설명령을 포함하여 제 2 항에 의한 확정을 통지함으로써 연방정보보호담당관·주정보보호담당관에게 그 사실을 통고한다.

제10조의e(정보대조)

(1) 경찰은 제 8 조의a 제 1 항 제 1 호 및 제 2 항 제 1 호에 규정된 자에 대한

개인관련정보를 경찰화일의 내용과 대조할 수 있다. 경찰은 그 이외의 자에 대한 개인관련정보를, 그것을 대조하는 것이 사실상의 근거에 비추어 경찰임무의 수행을 위해 필요하다고 인정되는 때에는 대조할 수 있다. 경찰은 나아가 임무수행의 범위내에서 획득된 개인관련정보를 수사자료와 대조할 수 있다.

(2) 그 밖의 경우 정보대조에 대한 법규정은 그 효력에 영향을 받지 않는다.

제10조의f(특수한 정보대조방식)

(1) 경찰은 사실상 근거에 비추어 볼 때 위험방지를 위하여 필요하다고 인정되는 경우에는, 연방 또는 주의 존립과 안전에 대한 또는 개인의 신체, 생명, 자유에 대한 현존하는 위험을 방지하기 위하여, 공공기관 또는 비공공기관에 대하여 자신이 보유하고 있는 다른 정보자료와의 대조를 목적으로 특정한 인적 집단의 개인관련정보의 교부를 요구할 수 있다. 영업상 또는 특히 공무상 비밀에 관한 규정은 그 효력에 영향을 받지 않는다.

(2) 교부요구는 성명, 주소, 생년월일, 출생지 및 개별적 사안과 관련하여 확인될 수 있는 요소에 대하여서만 할 수 있다. 적정한 시간이나 비용의 지출로 해소될 수 없는 기술적 난점이 있다는 이유로 그 이상의 정보가 교부되는 경우에는 이를 사용할 수 없다.

(3) 제 1 항의 규정에 의한 조치의 목적이 달성되거나 달성이 불가능한 것으로 판명되는 경우, 교부된 정보 및 당해 조치와 관련하여 추가적으로 제공된 정보들은 정보저장매체에서 이를 삭제하여야 하며, 당해 정보가 그 사안과 관련된 절차를 위하여 필요하지 않는 경우에는 그 문서도 폐기하여야 한다. 어떠한 조치들이 행해졌는지에 대하여는 그 사실을 조서에 기록하여야 한다. 이 조서는 특히 기술적, 조직적 조치를 통하여 안전하게 보관되어야 하며 제 1 문에 의하여 문서가 폐기된 시점의 다음 연도말에 폐기되어야 한다.

(4) 당해 조치에 대한 명령은 경찰관청의 장이 이를 행한다. 그는 내부무상관의 동의를 받아야 한다.

제10조의g(정보의 정정, 삭제, 차단)

(1) 화일로 저장된 개인관련정보가 정확하지 않을 때에는 이를 정정할 수 있다. 문서에 저장된 개인관련정보가 정확하지 않다는 것이 확인된 경우에는 이를 당해 문서에 기재하거나 그 밖의 방법으로 확인해야 한다.

(2) 다음 각호의 1에 해당하는 경우, 파일로 저장된 개인관련정보는 이를 삭제하고 그에 속하는 문서들을 폐기하여야 한다.

1. 저장이 허용되지 않는 경우
2. 일정기간이 경과한 후 행해지도록 되어 있는 재심사(제10조의h 제1항 제1문 제8호)에 의한 경우 또는 개별적 사무처리를 계기로 당해 정보를 인지하는 것이 저장기관의 권한범위에 속하는 임무의 수행을 위하여 더 이상 필요하지 않다고 확인되는 경우

재심사의 기간은 내무부장관이 행정규칙을 통하여 정한다.

(3) 경찰이 부정확하거나 제2항 제1호에 의해 삭제되어야 할 개인관련정보가 교부된 것을 확인하고 또한 수령인을 알고 있는 경우에는, 수령인에게 그 정정 또는 삭제의 사실을 통지하여야 하며, 다만, 이를 통지하는 것이 당해인이나 사안을 평가하는데 중요하지 않거나 더 이상 중요하지 않게 된 경우에는 그러하지 아니하다.

(4) 정보는 다음 각호의 1에 해당하는 경우에는 삭제 또는 폐기될 수 없다.

1. 당사자의 보호가치있는 이익이 침해되어질 것이라는 근거가 존재하는 경우
2. 현존하는 증거의 곤란을 극복하기 위하여 정보가 불가피한 경우 또는
3. 정보의 이용이 학문적 목적을 위하여 필요한 경우. 이 경우에는 정보를 차단하고 그 차단되었다는 뜻을 기입하여야 한다. 정보는 제1문에 규정된 목적으로만 또는 그 밖에 당사자의 동의가 있는 경우에 한하여 이용될 수 있다.

(5) 정보저장매체는 문서보관법이 이를 규정하는 경우에는 제2항 제1문 제2호에 의하여 당해 정보를 삭제, 폐기하는 대신에 국가공문서실에 이관될 수 있다.

제10조의h(등재대상의 작성)

(1) 경찰집행업무의 모든 자동화된 화일에 대해서는 등재대장을 작성하여 적어도 다음 각호의 사항을 확정적으로 등재하여야 한다.

1. 화일의 명칭
2. 화일의 법적 근거와 목적
3. 개인관련정보가 파일에 저장되는 대상의 인적 범위
4. 저장되는 개인관련정보의 종류

5. 화일의 해명에 유용한 개인관련정보의 종류
6. 저장될 개인관련정보의 공급 또는 제출
7. 화일에 저장된 정보를 교부할 경우 그 수령인 및 절차에 관한 요건
8. 화일에 대한 저장기간의 연장이 임무수행을 위하여 필요한지 여부를 심사할 수 있는 시점, 이 경우 사안의 종류, 중요성 및 당사자의 연령에 따라 개별적으로 정해지는 기한

이에 관하여 세부적인 사항은 내무부장관이 행정규칙으로 정한다. 내무부장관은 연방 및 수의 정보보호담당관에게 등재대장을 송부한다.

(2) 개인관련정보의 보호는 필요하다고 인정되는 정도로 제한될 수 있다. 상당한 시간적 간격을 두고 화일의 계속보유 또는 변경의 필요성여부가 심사되어야 한다.

제11조(소환) ① 경찰은 다음 각호의 경우에 서면 또는 구두로 사람을 소환할 수 있다.

1. 어떤 자가 특정한 경찰과제의 수행을 위하여 필요한 적절한 진술을 할 수 있다는 것을 인정할 정당성이 있는 경우
2. 감식조치의 시행을 위하여 필요한 경우

② 소환을 행함에 있어서는 그 이유를 상대방에게 알려주어야 한다. 시간의 확정에 있어서는 관계인의 직업과 그 밖의 생활관계를 고려하여야 한다.

③ 관계인이 충분한 근거없이 소환에 응하지 않으면, 다음 각호의 경우에 소환은 강제적으로 행해질 수 있다.

1. 예견되는 진술이 개인의 신체, 생명 및 자유에 대한 위험의 방지를 위하여 필요한 경우
2. 감식조치의 수행을 위하여 필요한 경우

④ 소환과 관련하여서는 형사소송법 제136조의a가 준용된다.

⑤ 증인 또는 감정인으로 소환된 자에 대한 손실보상에 대해서는 증인과감정인에대한손실보상에관한법률이 준용된다.

제12조(퇴거명령) 경찰은 위험방지를 위하여 어떤 장소로부터의 퇴거를 명하거나 어떤 장소에의 출입을 금지시킬 수 있다. 소방대 또는 응급구조대의 출입에 장해가 되는 자에 대해서도 동일한 조치가 행해질 수 있다.

제13조(보호조치) ① 경찰은 다음 각호의 경우에 보호조치를 취할 수 있다.

1. 특히 자유로운 의사결정이 배제되어 있거나 또는 타인의 원조를 필요로 하

는 상태에 있는 자를 생명 또는 신체에 대한 위험으로부터 보호하기 위하여 필요한 때

2. 범죄행위나 중대한 위험을 초래하는 질서위반행위가 목전에 행해지거나 계속되는 것을 저지하기 위하여 필요한 때

② 경찰은 보호자의 보호를 벗어난 미성년자를 보호자 또는 청소년 보호시설에 인계하기 위하여 보호조치를 취할 수 있다.

③ 미결구금, 자유형 또는 자유를 박탈하는 조치의 집행을 면한 자 또는 허가없이 행형시설 밖에 거주하는 자를 보호하여 다시 그 시설에 인계할 수 있다.

제14조(법관의 결정) ① 제9조 제2항 제3문, 제11조 제3항 또는 제13조에 근거하여 사람을 구금한 경우에 지체없이 자유박탈의 허용성과 계속성에 대한 법관의 결정을 받아야 한다. 법관의 결정이 경찰조치의 근거가 소멸된 이후에야 비로소 행해질 것이라는 것이 인정될 수 있는 경우에는 법관의 결정을 요하지 않는다.

② 제①항에 따른 결정권한은 그 사람을 구금한 지역을 관할하는 지방법원지원이 갖는다. 절차는 자유박탈에있어서의사법절차에관한법률의 규정에 따라 행해진다.

제15조(구금된 자에 대한 조치) ① 제9조 제2항 제3문, 제11조 제3항 또는 제13조에 근거하여 사람을 구금한 경우에는 지체없이 그 이유를 고지하여야 한다.

② 그에 의하여 자유박탈의 목적이 위협을 받지 않는 한 구금된 자에게는 그의 친족이나 친지에게 알릴 기회를 부여하여야 한다. 사법적 자유박탈의 경우에도 고지의무는 영향을 받지 않는다. 구금된 자가 제1항에 정한 권리를 행사할 수 없고 고지가 그의 추정적 의사에 반하지 않는 경우에는 경찰이 고지의무를 승계한다. 구금된 자가 미성년자, 금치산자, 피후견자인 경우에는 모든 경우에 그에 대한 보호의무자에게 고지하여야 한다.

③ 구금된 자는 그의 동의없이 수형자 또는 미결구금자와 동일한 공간에 수용되어서는 아니된다. 남자와 여자는 분리수용되어야 한다. 구금자에게는 자유박탈의 목적 또는 보호질서를 위하여 요구되는 한도에서 제한이 부과될 수 있다.

제16조(자유박탈의 기간) 다음 각호의 경우 구금된 자는 석방되어야 한다.

1. 경찰의 보호조치의 근거가 소멸한 경우

2. 계속적인 자유박탈의 법관의 결정에 의하여 허용되지 않는 것으로 판명된 경우
3. 어떠한 경우에도 법관이 다른 법률에 근거하여 그의 계속을 사전에 명하지 않는 한 늦어도 다음날 자정까지는 석방되어야 한다.

제17조(신체의 수색) ① 경찰은 제9조 제2항 제4문의 경우 이외에 다음 각호의 경우에 신체에 대한 수색을 행할 수 있다.

1. 이 법률 또는 다른 법규에 의하여 사람을 구금할 수 있는 경우
2. 주변정황으로 미루어보건대 영치될 수 있는 물건을 휴대하고 있다는 것이 인정될 수 있는 경우
3. 자유로운 의사결정이 배제되어 있거나 타인의 조력이 필요한 상태에 있다는 것이 인정될 수 있는 경우
4. 제9조 제1항 제2호에 열거한 장소에 체재하는 경우
5. 제9조 제1항 제3호상의 시설 내에 있거나 인접해 있는 경우 또는 그러한 종류의 시설내 또는 인근에서 범죄가 행하여질 것이라는 것이 정당화되는 경우

② 경찰은 사정상 경찰공무원 또는 제3자의 신체나 생명에 대한 위험을 보호하기 위하여 필요한 경우에는 이 법률 또는 다른 법규에 따라서 신원확인을 받아야 할 사람이 무기, 기타 위험물 또는 폭발물을 소지하고 있는지 여부를 수색할 수 있다.

③ 신체에 대한 수색은 同性 또는 의사에 의하여서만 행해질 수 있다. 이것은 생명 또는 신체에 대한 위험을 보호하기 위하여 즉시수색이 필요한 경우에도 적용된다.

제18조(물건의 수색) ① 경찰은 제9조 제2항 제4문의 경우 이외에도 다음 각호의 경우 물건에 대한 수색을 행할 수 있다.

1. 제17조에 따라 수색을 받는 자가 휴대하고 있는 경우
2. 주변정황으로 미루어보건대 다음의 사실이 인정될 때
   a) 보호조치를 받고 있는 자가 그 안에 있거나
   b) 사람이 부당하게 구금되어 있거나
   c) 사람이 타인의 조력이 필요한 상태에 놓여 있는 경우
3. 그 안에 영치될 수 있는 다른 물건이 존재한다는 사실이 인정될 때
4. 제9조 제1항 제3호에 열거된 장소에 있는 경우

5. 제 9 조 제 1 항 제 3 호의 물건 내에 있거나 그와 인접해 있고 그 물건내 또는 주위에서 범죄행위가 행해질 것이라는 사실이 인정될 때
6. 제 9 조 제 1 항 제 4 문에 따른 신원확인이 행해질 수 있는 자가 있는 자동차, 선박, 항공기가 문제되는 경우: 수색은 자동차내에 있는 물건에 대해서까지도 행해질 수 있다.

② 물건의 수색에 있어 사실상의 지배권자는 그에 참석할 권리를 가진다. 그가 부재중인 경우에는 대리인 또는 다른 증인이 참석하여야 한다. 요구가 있는 경우에는 사실상의 지배권자에게 수색과 그의 근거에 대한 증명서가 발급되어야 한다.

제19조(가택출입과 수색) ① 경찰은 다음 각호의 경우에 소유자의 동의없이 가택에 출입하여 수색을 행할 수 있다.

1. 제11조 제 3 항에 따라 구인될 수 있거나 또는 제13조에 따라 보호조치가 취해질 수 있는 자가 그 안에 있다는 사실이 인정될 수 있을 때
2. 제21조 제 1 호에 따라 영치될 수 있는 물건이 그 안에 있다는 사실이 인정될 수 있을 때
3. 사람의 생명, 신체 또는 자유 또는 중요한 가치있는 물건에 대한 현재의 위험의 방지를 위하여 필요한 경우. 여기서 주거란 거실, 그 밖의 공간, 작업실, 사무실 및 그 밖에 평온이 보장되어야 할 소유물을 포함한다.

② 야간에는 (형사소송법 제104조 제 3 항) 사람의 생명, 신체 또는 자유 또는 중요한 가치있는 물건에 대한 현재의 위험의 방지를 위하여 필요한 경우에만 제 1 항에 따른 가택의 출입과 수색이 허용된다.

③ 다음 각호의 경우에는 급박한 위험의 방지를 위하여 가택에 출입할 수 있다.

1. 사실에 근거하여 경험칙에 따라 판단하건대, 그 곳에서 다음의 행위가 행해질 것이라고 인정되는 경우
   a) 범죄의 예비, 음모, 착수
   b) 필요한 체류허가가 없는 경우
   c) 범인의 은닉
2. 매춘의 장소로 제공되는 경우

④ 공중에게 개방되어 있거나 있었고 체재하는 사람들이 더 머무를 수 있는 작업실, 사무실 및 다른 토지와 공간에 대해서는 작업시간 및 체재시간 중에

는 위험방지(제 1 조 제 1 항)를 위하여 출입할 수 있다.

제20조(가택수색의 절차) ① 가택의 수색은 임박한 위험이 있는 경우외에는 단지 법관에 의하여서만 행해질 수 있다. 가택의 소재지를 관할구역으로 하는 지방법원지원이 관할권을 갖는다. 자유로이재판을받을기회에관한법률의 규정이 이 절차에 준용된다.

② 가택수색의 경우 가택의 소유자는 그에 참여할 권리가 있다. 그가 부재중인 경우에는 가능하다면 그의 대리인, 성년인 친척, 동거인 또는 이웃이 참석하여야 한다.

③ 가택의 소유자 또는 그의 대리인에게는 그로 인하여 수색의 목적달성이 현저히 곤란해지지 않는 한, 수색의 이유가 지체없이 통지되어야 한다.

④ 수색에 관하여는 조서가 작성되어야 한다. 조서에는 책임있는 부서, 수색의 근거, 시간, 장소와 결과가 기재되어야 한다. 조서에는 수색을 행한 공무원, 가택소유자 또는 기타 참여인이 서명하여야 한다. 서명을 거부하는 경우에는 그에 관한 이의를 부기하여야 한다. 가택의 소유자 또는 대리인의 요구가 있는 경우에는 조서의 사본이 교부되어야 한다.

⑤ 조서의 작성 또는 사본의 교부가 특별한 사정으로 인하여 불가능하거나 수색의 목적을 위협하는 경우에는 관계인은 책임있는 부서의 진술하에 서면으로 수색의 시기와 장소를 확인할 수 있어야 한다.

제21조(영치) 경찰은 다음 각호의 경우에 물건을 영치할 수 있다.

1. 현재의 위험을 방지해야 할 때
2. 소유권자 또는 적법한 점유자를 물건의 망실 또는 훼손으로부터 보호하기 위하여
3. 이 법률 또는 다른 법규에 의하여 구금된 자가 휴대하고 있는 물건이 다음의 목적으로 사용될 수 있을 때, 즉
   a) 자실 또는 자상
   b) 타인의 생명 또는 건강의 훼손
   c) 타인의 물건에 대한 손상
   d) 도주를 가능 또는 용이케 할 목적으로 사용

제22조(임치) ① 영치된 물건은 임치되어야만 한다. 물건의 성질상 임치할 수 없거나 경찰이 임치하는 것이 적당하지 않은 경우에는 다른 적당한 방법으로 영치하거나 보존할 수 있다. 이 경우 제 3 자에 의한 임치도 가능하다.

② 관계인에게는 영치의 이유와 보관된 물건을 표시한 증명서를 교부하여야 한다. 사정상 증명서를 교부할 수 없는 경우에는 증명서를 교부하지 못하는 이유를 밝힌 영치조서를 작성하여, 그 물건의 소유권자 또는 정당한 사실상의 지배권자에게 지체없이 통지하여야 한다.

③ 영치된 물건이 임치된 경우에는 경찰은 가능한 한 그 물건의 가치가 감소되지 않도록 하여야 한다. 권리자의 요구에 따라 제 3 자가 물건을 임치한 때에는 그러하지 아니하다.

④ 임치된 물건에 대해서는 목록을 작성하고 혼동을 방지하기 위한 표시가 행해져야 한다.

제23조(환가, 폐기) ① 다음 각호의 1에 해당하는 경우에는 영치된 물건의 환가가 허용된다.

1. 물건이 망실되거나 가치가 현저히 저하될 염려가 있는 경우
2. 물건의 임치, 보존 또는 유지에 과도한 비용이 들거나 그것이 곤란한 경우
3. 물건의 사실상 그를 영치하여도 공공의 안녕 또는 질서에 대한 위험을 제거할 수 없는 경우
4. 영치의 요건이 새로이 발생함이 없이 1년이 경과한 후에도 권리자에게 반환할 수 없는 경우
5. 일정한 기한을 정하여 그 기한내에 그 물건을 찾아가지 않으면 환가를 하겠다는 취지를 권리자에게 통지하였음에도 불구하고 상당한 기간 내에 이를 찾아가지 않은 경우

② 환가에 앞서 그 물건의 소유자, 그 밖의 권리자 및 관계당사자의 의견을 들어야 한다. 환가조치의 사정과 목적이 허용하는 한, 환가명령 및 환가의 시기와 장소가 통지되어야 한다.

③ 환가는 공매 방식에 의하여야 한다. 이에는 민법 제979조 제 1 항이 준용된다. 경매가 성립되지 않거나 처음부터 성립가능성이 없다고 생각되는 경우 또는 경매비용이 매각예정가격을 초과함이 명백한 경우에는 수의계약을 통하여 매각할 수 있다. 매각대금은 환가된 물건의 대용물이 된다. 상당한 기간내에 매수인이 나타나지 않는 경우에는 그 물건은 공공의 목적에 제공될 수 있다.

④ 다음 각호의 경우에는 영치된 물건을 그 용법대로 사용할 수 없게 하거나 폐기할 수 있다.

1. 환가시에 영치의 사유가 존속하고 있거나 새로이 발생한 경우

2. 환가가 다른 사유로 인해 불가능한 경우

제24조(영치된 물건 또는 경락대금의 환부, 비용) ① 영치의 전제조건이 소멸한 경우에는, 영치된 물건을 피영치자에게 반환하여야 한다. 피영치자에게 반환할 수 없는 경우에는 그 물건에 대한 권리를 갖고 있다고 믿을 만한 자에게 반환할 수 있다. 반환에 의하여 새로이 영치의 요건이 성립되는 경우에는 반환하지 못한다.

② 물건이 환가된 경우에는 그 경락대금을 교부하여야 한다. 정당한 권리자가 없거나 소재가 불분명한 경우에는 민법의 규정에 따라 경락대금은 공탁되어야 한다. 경락대금의 교부청구권은 그 물건의 환가된 때로부터 3년이 경과하면 소멸한다.

③ 영치와 임치의 비용은 제 4 조 또는 제 5 조에 따른 경찰책임자의 부담으로 한다. 다수의 경찰책임자가 존재하는 경우에는, 그들은 연대채무자로서 책임을 부담한다. 물건의 교부는 비용의 지급을 조건으로 할 수 있다. 물건이 환가된 경우에는 비용은 경락대금에서 충당할 수 있다. 비용은 행정상 강제징수절차에 의해 징수될 수 있다.

④ 민법 제938조의 규정은 이에 영향을 받지 아니한다.

제 3 절 집행원조

제25조(집행원조) ① 경찰은 직접강제가 행하여져야 하고 다른 행정청은 그를 위하여 필요한 실력을 갖고 있지 못하거나 그의 조치를 다른 방법으로는 스스로 시행할 수 없는 경우에 있어서 다른 행정청의 요청에 의하여 집행원조를 행한다.

② 경찰은 단지 시행의 종류와 방법에 대해서만 책임을 진다. 그 밖의 것에 대해서는 행정응원에 관한 원칙이 준용된다

③ 행정응원에 관한 의무는 이와 관련없다.

제26조(절차) ① 집행원조의 요구는 서면으로 하여야 한다. 그에는 조치의 이유와 법적 근거가 명기되어 있어야 한다.

② 급박한 경우에는 요청은 일정한 형식을 갖추지 않아도 된다. 그러나 요구가 있는 경우에는 지체없이 문서로 확인되어야 한다.

③ 요구를 하는 행정청은 요구의 시행에 관하여 통지를 받아야 한다.

제27조(자유박탈에 있어서의 집행원조) ① 집행원조의 요구가 자유의 박탈을 내용

으로 하는 경우에는 자유박탈의 허용성에 대한 법원의 결정이 제시되거나, 요구서에 표시되어야 한다.

② 법원의 결정이 사전적으로 행해지지 않은 경우에는, 요구를 하는 행정청이 그를 받지 못하거나 사후적으로 법원의 결정을 지체없이 신청하지 않는 경우에는 경찰은 구금된 자를 석방하여야 한다.

③ 제15조와 제16조는 이에 준용된다.

제4절 강 제

제1관 작위, 수인, 부작위의 강제

제28조(행정강제의 허용성) ① 작위, 수인 또는 부작위를 내용으로 하는 행정행위는 그것이 불가쟁력을 발생하거나 그에 대한 쟁송이 집행정지효를 갖지 못할 때에 강제수단에 의해 시행될 수 있다.

② 특히 제4조에 따른 자에 대한 조치가 불가능하거나 적시에 행하여질 수 없거나 또는 아무런 효과도 가져오지 못할 것으로 예견되기 때문에 행정강제가 위험방지를 위하여 필요하고 이 경우 경찰이 그의 권한 내에서 행위를 하는 경우에는, 선행 행정행위를 전제함이 없이 행정강제가 행해질 수 있다.

제29조(강제수단) ① 강제수단은 다음과 같다.

1. 대집행(제30조)
2. 강제금(제31조)
3. 직접강제(제33조)

② 강제수단은 제34조와 제39조가 정하는 바에 따라 사전에 고지되어야 한다.

③ 강제수단은 형벌 또는 과태료와 병과될 수 있고, 행정행위가 이행될 때까지 또는 다른 방법으로 소멸될 때까지 반복되고 변경될 수 있다.

제30조(대집행) ① 타인에 의해 대행될 수 있는 작위(대체적 작위)의무를 이행하지 않는 경우에는, 경찰은 관계인의 비용부담으로 그 작위를 스스로 행하거나 그 시행을 타인에게 위탁할 수 있다.

② 관계인으로 하여금 대집행비용의 개산액을 사전에 납부하도록 정할 수 있다. 관계자가 대집행의 비용 또는 예상되는 비용을 기한 내에 지불하지 않은 경우에는 행정상 강제징수절차에 따라 이를 강제징수할 수 있다. 관계인이 요구된 작위의무를 이행하는 즉시 예상비용의 징수는 중지된다.

제31조(강제금) ① 강제금은 10부터 5,000마르크까지 사이에서 문서로 정해진다.

② 강제금을 확정함에 있어서는 관계인에게 상당한 납부기한이 허여되어야 한다.

③ 관계인이 강제금을 기한 내에 납부하지 않을 때에는 행정상 강제징수절차에 따라 이를 강제징수할 수 있다. 관계인이 요구된 작위의무를 이행하거나 수인되어야 할 조치를 수인한 경우에는 징수가 중지된다.

第32조(대체강제구류) ① 관계인이 강제금을 납부할 수 없는 경우 강제금의 부과시에 그에 대한 고지가 있었다면, 행정법원은 경찰의 요청에 의하여 대체강제구류를 명할 수 있다. 이 경우 대체강제구류의 기간은 1일 이상 2주 이하로 한다.

② 대체강제구류는 경찰의 요청에 의하여 민사소송법 제904조부터 제910조까지에 따라 사법행정기관이 집행한다.

第33조(직접강제) ① 경찰은 다른 강제수단이 없거나, 다른 강제수단으로는 강제의 효과를 기대할 수 없는 경우 또는 다른 강제수단이 합목적적이지 못한 경우에 직접강제를 행할 수 있다. 직접강제의 종류와 방법에 대하여는 제35조 이하의 규정이 적용된다.

② 진술의 청취를 위한 직접강제는 허용되지 않는다.

第34조(강제수단의 계고) ① 강제수단은 가능한 한 문서에 의해 계고되어야 한다. 계고의 내용에는 관계인이 의무를 이행하기 위한 상당한 기간이 포함되어 있어야 한다. 그러나 수인의무 또는 부작위의무가 강제되는 경우에는 기간을 정하지 않아도 무방하나. 시정상 계고를 할 수 없을 때, 특히 위험방지를 위하여 강제수단을 즉시 취하는 것이 불가피할 경우에는 계고는 생략될 수 있다.

② 계고는 작위, 수인 또는 부작위의무를 과하는 행정행위와 결합되어 행해질 수 있다. 권리구제수단이 집행정지효를 갖지 못하는 경우에는, 계고는 가능한 한 행정행위와 결합하여 행해져야 한다.

③ 계고를 통해 특정한 강제수단이 확정되어야 한다. 다수의 강제수단을 계고하는 경우에는, 강제가 행해지는 순서가 저시되어야 한다.

④ 대집행이 계고되는 경우에는, 비용의 개산액이 고지되어야 한다.

⑤ 강제금은 정액으로 고지되어야 한다.

⑥ 계고는 송달되어야 한다. 계고가 그 근거가 되는 행정행위와 결합되어 행해지고, 그 행정행위에 대해서는 송달에 관한 규정이 없는 경우에도 또한 같다.

제2관 직접강제의 시행

제35조(법적 근거) ① 경찰이 기본법 또는 다른 법규에 따라 직접강제를 행할 권한을 갖는 경우 그의 종류와 방법에 대해서는 제36조부터 제44조까지가 적용되며, 이들 규정이 달리 규정하고 있지 않는 한, 본법의 다른 규정들도 적용된다.

② 정당방위와 긴급피난에 관한 규정에 따른 민법, 형법상의 효과는 이에 영향을 받지 아니한다.

제36조(개념의 정의) ① 직접강제란 신체적 실력, 그의 보조수단과 무기를 통하여 사람 또는 물건에 영향을 미치는 것을 말한다.

② 신체적 실력이란 사람 또는 물건에 대한 일체의 직접적인 신체적 작용을 말한다.

③ 신체적 실력의 보조수단이란 특히 수갑, 살수기, 기술저거 차단기, 警察馱馬, 관용차, 최루탄, 마취제 및 폭발물을 말한다.

④ 무기로서는 경찰봉, 권총, 연발권총, 소총, 기관총, 기관소총과 수류탄이 허용된다.

제37조(명령에 따른 행위) ① 경찰공무원은 지휘권을 가진 자가 명령한 직접강제를 행할 의무가 있다. 다만 그 명령이 인간의 존엄을 해하거나 직무상의 목적을 위해 발하여진 것이 아닌 경우에는 그러하지 아니하다.

② 범죄를 명하는 경우에는 명령에 복종하여서는 아니된다. 그럼에도 불구하고 경찰관이 명령에 따른 경우에는 경찰공무원이 그로 인하여 범죄가 성립한다는 사실을 인식했거나, 그가 알고 있는 사정에 비추어 볼 때 범죄가 성립한다는 사실이 명백한 경우에만 책임을 진다.

③ 경찰공무원은 명령의 적법성에 의문이 있는 경우, 이의제기가 허용되어 있다면 그에 대한 이의를 명령자에게 제기하여야 한다.

④ 해당 공무원법상의 이의신청권에 관한 규정은 적용되지 아니한다.

제38조(부상자에 대한 구조) ① 직접강제를 행하는 경우, 그것이 필요하고 또한 사정이 허락하는 한 부상자에 대해서는 구조와 의사의 진찰이 행해져야 한다.

제39조(직접강제의 계고) ① 직접강제는 그의 시행에 앞서 계고가 있어야만 한다. 사정상 계고를 할 수 없는 경우, 특히 강제수단을 즉시 사용하는 것이 위험방지를 위하여 불가피한 경우에는 계고를 생략할 수 있다. 경고사격 또한

총기사용에 대한 계고로 간주된다.

② 총기와 수류탄은 생명 또는 신체에 대한 현재의 위험을 방지하기 위하여 필요한 경우에 한하여 계고없이 사용될 수 있다.

③ 다중에 대한 직접강제를 행함에 있어서는 비관여인이 이탈할 수 있도록 가능한 한 적시에 계고가 행해져야 한다. 특히 다중에 대하여 총기를 사용하는 경우에는 언제나 계고가 행하여져야만 한다. 기술적인 차단기와 警察馬의 사용시에는 계고가 생략될 수 있다.

제40조(수갑의 사용) 다음 각호의 사항이 인정될 경우에는 본법 또는 다른 법령에 의하여 구금된 자에 대하여 수갑을 사용할 수 있다.

1. 경찰공무원이나 제3자를 공격하거나, 그에 저항하거나 또는 물건을 손상시킬 때
2. 도주하거나 또는 도주시키려고 하는 경우
3. 자살 또는 자해를 하려는 경우

제41조(총기사용에 관한 일반규정) ① 총기는 직접강제의 다른 수단으로는 목적을 달성할 수 없거나 달성할 수 없음이 명백히 예견되는 경우에 한하여 사용할 수 있다. 사람에 대한 총기의 사용은 물건에 대한 총기의 사용에 의하여서는 목적을 달성할 수 없는 경우에 한하여 허용된다.

② 사람에 대한 총기의 사용은 공격 또는 도주를 못하게 하도록 하기 위하여서만 허용된다. 사망의 결과를 가져올 개연성이 높은 총기의 사용은, 그것이 생명 또는 신체의 불가침성에 대한 중대한 침해에 대한 현재의 위험을 방지하기 위한 유일한 수단인 경우에 한하여 허용된다.

③ 외견상 14세 미만으로 보이는 자에 대한 총기의 사용은 허용되지 아니한다. 총기의 사용이 생명 또는 신체에 대한 현재의 위험을 방지하기 위한 유일한 수단인 경우에는 그러하지 아니하다.

④ 경찰공무원이 인식할 수 있는 비관여인이 위험에 처할 고도의 개연성이 있는 경우에는 총기의 사용이 허용되지 아니한다. 총기의 사용이 생명에 대한 현재의 위험을 방지하기 위한 유일한 수단인 경우에는 그러하지 아니하다.

제42조(사람에 대한 총기사용) ① 사람에 대한 총기의 사용은 다음 각호의 1에 해당하는 경우에만 허용된다.

1. 생명 또는 신체에 대한 현재의 위험을 방지하기 위한 경우

2. 총기 또는 폭발물의 사용, 휴대를 수단으로 하는 중죄(Verbrechen) 또는 경죄(Vergehen)가 행해지려고 하거나 계속 행하여지는 것을 저지하기 위한 경우
3. 도주함으로써 체포 또는 신원확인을 피하려고 하는 자를 체포하기 위한 경우(다음 각호의 1에 해당하는 경우에 그러하다)
   a) 중죄를 범하였다고 의심할 만한 충분한 이유가 있거나
   b) 경죄를 범하였다고 의심할 만한 충분한 이유가 있고, 그가 총기 또는 폭발물을 소지하고 있다고 인정되는 사정이 있는 경우
4. 다음 각호의 사유에 근거하여 구금중인 자 또는 연행중인 자의 도주방지 또는 체포를 위한 경우
   a) 중죄를 범하였다는 법관의 결정 또는 중죄를 범하였다는 충분한 혐의가 있는 경우
   b) 경죄를 범하였다는 법관의 결정이 있거나 경죄를 범하였다는 충분한 혐의가 있고 그가 총기나 폭발물을 소지하고 있다고 인정될 만한 사정이 있는 경우
5. 구금중인 자를 폭력을 사용하여 도주시키려고 하는 것을 저지하기 위한 경우

② 소년구금이나 형벌구금을 집행하는 경우 또는 개방시설로부터의 도주를 방지하기 위한 경우에는 제1항 제4호에 따른 총기의 사용은 허용되지 아니한다.

제43조(다중속에 있는 사람에 대한 총기사용) ① 경찰공무원이 비관여인이 위험에 처할 고도의 개연성이 있다는 것을 인식할 수 있는 경우에는 다중속에 있는 사람에 대한 총기사용은 허용되지 아니한다. 총기의 사용이 생명에 대한 현재의 위험을 방지하기 위한 유일한 수단인 경우에는 그러하지 아니하다.

② 다중속에 있지만 폭력을 행사하거나 그를 용인 또는 방조하는 자는, 그가 제39조 제3항에 따른 반복적인 경고에도 불구하고 집단을 이탈하지 않는 경우에는 비관여인이라고 볼 수 없다.

제44조(특수무기, 폭발물) ① 기관총과 수류탄은 제42조 제1항 제1호, 제2호 및 제5호의 경우에 한하여, 내무부장관 또는 구체적인 경우에 있어 그에 의하여 위임을 받을 자의 동의하에 다음 각호의 1에 해당하는 경우 사용할 수 있다.

1. 총기 또는 수류탄 또는 그와 유사한 폭발물을 사용한 자에 대하여
2. 사전에 다른 총기를 사용했으나 효과가 없는 경우

② 기관총과 수류탄은 공격을 못하게 하기 위하여서만 사용할 수 있다. 수류탄은 다중에 대하여는 사용할 수 없다.

③ 총기사용에 관한 다른 규정은 이에 의하여 영향을 받지 않는다.

④ 폭발물은 사람에 대하여 사용할 수 없다.

제 5 절 손실보상, 구상, 배상청구

第45조(손해전보의무의 요건) ① 제 6 조에 따른 적법한 조치의 결과 손실을 입은 자에 대해서는 정당한 보상이 행해져야 한다. 경찰의 위법한 조치로 인해 손해를 입은 경우에도 또한 같다.

② 경찰의 동의를 얻어 경찰업무의 수행에 자발적으로 협조하거나 물건을 제공함으로 인하여 손해를 입은 자에 대해서도 손해전보가 행해져야 한다.

③ 그 밖의 손해배상청구, 특히 직무의무위반을 이유로 하는 손해배상청구는 이에 영향을 받지 아니한다.

第46조(손해전보의 내용, 종류, 범위) ① 제45조에 따른 손해전보는 원칙적으로 재산상의 손해에 대해서만 행해진다. 통상의 임금 또는 이용대가를 넘어서는 기대이익과 경찰의 조치와 직접 관계없는 불이익에 대해서는, 불합리한 손해를 방지하기 위하여 손해전보가 필요하다고 인정되는 경우에 한하여 손해전보가 행해질 수 있다

② 신체 또는 건강에 대한 침해 또는 자유박탈의 경우에는 비재산적 손해에 대해서도 상당한 보상이 행해져야 한다. 이 청구권은 그것이 소송에 계속되거나 계약에 의해 인정되는 경우가 아니라면 양도 또는 상속될 수 없다.

③ 손해전보는 금전으로 행한다. 손해전보를 요하게 만든 조치가 생계능력의 소멸 또는 감소, 생활에 필요한 수요의 증가, 부양청구권의 상실 또는 침해를 가져오는 경우에는 손해전보는 정기금지불의 방식으로 행해져야 한다. 민법 제760조가 이에 적용된다. 중대한 사유가 존재하는 경우에는 정기금에 대신하여 일시불로 지급해 줄 것을 요구할 수 있다. 피해자에 대하여 부양의무를 갖는 자가 존재하는 경우에도 이 청구권은 부인되지 아니한다.

④ 피해자에게 제 3 자에 대한 청구권이 존재하는 경우에는, 그것이 그의 내용과 범위에 있어 손해전보청구권과 합치하는 한, 제 3 자에 대한 청구권을

포기한 경우에만 손해전보가 행해진다.

⑤ 손해전보액의 산정에 있어서는 제반사정, 특히 손해의 종류와 예견가능성과 피해자와 그의 재산이 경찰의 조치에 의하여 보호되었는지의 여부가 고려되어야 한다. 피해자가 책임져야 할 사정이 손해의 발생 또는 악화에 영향을 미친 경우에는, 손해전보의 의무 및 손해전보의 범위는 피해자에 의해 야기된 손해의 정도와 경찰에 의해 야기된 손해의 정도에 따라 결정된다.

제47조(간접적 피해자의 청구권) ① 살해의 경우에는 매장비용을 부담할 의무를 가진 자에게 제46조 제5항의 범위 내에서 매장비용을 전보해주어야 한다.

② 살해시에 피살해자가 제3자에 대하여 법률에 의하여 부양의무를 지고 있거나 지게 될 수 있는 관계에 있었고 제3자는 살해의 결과 부양청구권을 상실하게 된 경우에는, 제3자는 피살해자가 추정생존기간동안 부담하였을 부양의무를 한도로 제46조 제5항의 범위 내에서 상당한 손해전보를 청구할 수 있다. 제46조 제3항부터 제5항까지가 이에 준용된다. 손해발생시에 태아였던 자도 손해전보를 청구할 수 있다.

제48조(손해전보청구권의 시효) 손해전보청구권은 피해자(제47조의 경우에는 청구권자)가 손해와 손해전보의무자를 안 때로부터 3년, 이를 알지 못하는 경우에는 손해가 발생한 때로부터 30년간 행사하지 않으면 시효로 인하여 소멸한다.

제49조(손해전보의무자, 구상권) ① 당해 조치를 위한 경찰공무원이 근무하는 단체가 손해전보의무를 진다.

② 경찰공무원이 다른 단체를 위하여 활동한 경우에는, 다른 단체도 손해전보의무를 진다.

③ 제2항의 경우 그 조치의 실시방법만을 이유로 손해전보를 하여야 하는 경우에는, 손해전보의무를 부담하는 단체는 그 스스로 그 실시방법에 대하여 책임을 지는 경우를 제외하고는 경찰공무원이 근무하는 단체에 대하여 구상권을 행사할 수 있다.

제50조(경찰책임자에 대한 구상) ① 제49조에 따라 손해전보의무를 지는 단체가 제45조 제1항 제1문 또는 제2항에 근거하여 손해전보를 행한 경우에는 제4조 또는 제5조에 의한 경찰책임자에 대하여 구상권을 행사할 수 있다.

② 다수인이 함께 책임을 부담하는 경우에는, 그들은 연대채무자로서 책임을 부담한다.

第51조(쟁송수단) 손해전보청구권에 대해서는 통상법원이, 제49조 제3항 또는 제50조에 따른 구상권에 대해서는 행정법원이 관할권을 갖는다.

제6절 종결규정

第52조(다른 주와 연방의 경찰공무원의 직무행위) ① 다음 각호의 1에 해당하는 경우에는 주의 경찰공무원은 다른 주에서 직무를 행할 수 있다.

1. 다른 행정청의 요청 또는 동의가 있는 경우
2. 기본법 제35조 제2항과 제3항, 제91조 제1항의 경우
3. 권한있는 행정청이 필요한 조치를 적시에 취할 수 없을 때에 현재의 중요한 위험방지, 현행범의 수사 및 도주자에 대한 수사와 재체포를 위한 경우
4. 죄수호송에 있어 경찰업무를 수행하기 위한 경우
5. 범죄와 질서위반행위에 대한 수사 및 다른 주와의 행정협정이 규정하고 있는 경우에 있어서의 위험방지를 위한 경우

제3부터 5호까지의 경우에 있어서는 권한있는 행정청에게 지체없이 통지하여야 한다.

② 다른 주의 경찰공무원이 제1항에 따라 활동하는 경우에는 그들은 당해 주의 경찰공무원과 동일한 권한을 갖는다. 그들의 조치는 토지관할 및 사물관할 내에서 활동하는 경찰행정청의 조치로 간주된다. 그들은 관할권을 가진 경찰행정청의 지시에 복종하여야 한다.

③ 제1항과 제2항은 연방의 경찰집행공무원에게도 적용된다.

第53조(주의 권한영역 밖의 경찰집행공무원의 직무행위) ① 주의 경찰집행공무원은 본법 제52조 제1항 제1문과 기본법 제91조 제2항의 경우에만, 그것도 당해 주법과 기본법이 그를 규정하고 있는 때에만 다른 주나 연방의 관할구역 내에서 활동할 수 있다.

② 자신의 주에서의 경찰행정청이 다른 주의 경찰에 대한 응원보다 급박하지 않은 한, 다른 주에 의한 경찰집행공무원의 출동요청에 응하여야 한다. 그 같은 요청은 동 결정에 중요한 출동요청의 요소를 포함하고 있어야 한다.

Ⅳ. 미국의 경찰관직무집행법

1. 미국의 1942년 통일체포법(Uniform Arrest Act)

제 1 조(정의) 이 법률의 정의는 다음과 같다.

체포는 범죄의 책임에 직접적으로 관련된 사람을 구금하는 것을 말한다.

중죄는 사형 또는 1년 이상의 징역 또는 금고에 처할 범죄를 말한다.

그 밖의 범죄 및 지방자치의 법규위반은 경죄이다.

경찰관은 법률에 의해 범죄사건에서 체포를 위한 권한을 가진 공무원을 말한다.

제 2 조(불심검문과 피의자의 신체구속) ① 경찰관은 집 밖에서 현재 범죄를 범하고 있거나, 범하였거나 또는 범하려 하고 있다고 의심함에 충분한 합리적인 이유가 있을 때에는 그 자를 정지시켜 성명, 주소, 밖에 있는 이유 및 행선지를 물을 수 있다.

② 이 질문을 받은 자가 신원을 명백히 하지 않거나 또는 자기의 행위에 대해 경찰관이 납득하는 해명을 하지 못한 때에는 신체를 구속하고 나아가 질문·조사할 수 있다.

③ 본 조에서 규정하는 신체구속은 전부 합쳐서 2시간을 초과해서는 안된다. 구속기간의 종료 후 피구속자는 체포된 범죄로 소추를 받지 않는 한 석방되어야만 한다.

제 3 조(무기의 수색) 경찰관은 제 2 조의 규정에 의하여 정지시키거나 또는 구속하고 있는 자가 위험한 무기를 가지고 위해를 가할 우려가 있다고 하는 믿음에 충분한 합리적인 이유가 있는 때에는 이러한 무기를 수색할 수 있다. 무기

를 발견한 경우에는 질문의 종료시까지 이것을 영치·보관할 수 있다. 그 후 체포하지 않는 한 이것을 반환해야만 한다. 또 이 경우에 무기의 불법소지를 이유로 체포할 수 있다.

제 4 조(체포 – 허용되는 무력) ① 사람을 유치하거나 또는 체포함에는 그의 집행(자유의 제한)에 부당한 무력 또는 수단을 사용하여서는 아니된다.

② 체포하는 경찰관은 체포하는 자의 저항 또는 저항의 위하로 인해 그 수행을 그만두거나 중지할 필요는 없다. 또는 체포를 수행하기 위해 합리적인 무력을 사용함으로써 공격자로 간주되거나 정당방위의 권리를 잃는 것은 아니다.

③ 체포당한 자가 중죄를 범하였다고 믿을만한 합리적인 근거를 가진 경찰관은 체포를 수행하기 위하여 그의 도망을 막거나 저항을 제압하기 위해 필요한 무력을 사용할 수 있다. 단, 그것은 다음의 경우에 한한다.

(a) 체포를 하거나 도망을 방지하기 위해 다른 가능한 수단이 없는 것이 명백한 경우

(b) 경찰관이 상대방에 자기가 경찰관이라는 것 또는 체포한다는 것을 알린 상당한 노력을 한 경우

제 5 조(체포에 대한 저항) 만일 자기가 경찰관에 의해 체포되지 않으리라고 믿을 만한 합리적인 근거가 있는 경우는 어느 누구도 그 체포에 법적 근거의 유무에 구속받지 않고, 그 체포에 저항하여 무력 또는 무기의 사용을 하여야 할 의무가 있다.

제 6 조(영장없는 체포) ① 경죄에 대한 경찰관의 영장에 의하지 않는 체포는 다음의 경우에는 적법하다.

a) 체포되는 자가 경찰관의 면전에서 경죄를 범하였다고 믿을 만한 합리적인 근거가 있는 자

b) 체포되는 자가 그 주의 내외를 묻지 않고 경찰관의 면전에서 경죄를 범하고, 그 죄를 범한 곳의 법률집행관이 체포를 요구하거나 또 즉시 체포하지 않고 포박될 수 없다고 믿을만한 상당한 근거가 있는 경우

② 주내 또는 주외의 어떠한 곳에서 범죄를 하였는지 묻지 않고 중죄에 있어서는 경찰관의 영장에 의한 체포는 다음의 경우에는 적법하다.

a) 중죄가 사실상 행해졌는지 여부를 불문하고 체포되는 자가 중죄를 범하였다고 믿을만한 합리적인 근거가 있는 경우

b) 체포되기 전에는 그 자가 중죄를 범하였다고 믿을 만한 합리적인 근거가

없었으나 이미 그 자가 중죄를 범한 경우

제 7 조(부당한 근거에 기한 체포) 적법한 체포이유가 있는 경우는 가령 경찰관이 잘못된 죄상에 의해 소추하거나 그의 체포를 정당하다고 납득하지 못할 이유를 제시하여도 그 체포는 적법하다.

제 8 조(경찰관이 영장을 소지하지 않은 경우에 영장에 의한 체포) 영장에 의해 행동하는 경찰관이 행하는 체포시에 경찰관이 영장을 소지하지 않아도 적법하다. 다만 피체포자가 요구하는 경우는 가능한 한 그 영장을 제시하지 않으면 안 된다.

제 9 조(체포를 대신한 호출) ① 경죄에 의해 영장없이 체포된 것이 적법한 경우는 경찰관은 항상 다음의 서식에 의한 호출장을 그 자에게 줄 수 있다.

② 만일 당인이 호출에 응하여 출두한 경우 또는 출두하리라고 믿을만한 상당의 이유가 있는 경우에는 그 자의 체포영장을 발한다. 고의로 호출에 응하지 않는 것은 100달러 이하의 벌금 또는 30일 이내의 금고에 처할 수 있다.

제10조(피체포자의 석방) ① 경찰부의 주임경찰관 및 그 위임을 받은 경찰관은 다음의 경우에는 그 경찰부의 경찰관이 영장없이 체포한 자를 치안판사에게 인도하여 석방시킬 수 있다.

a) 그 자를 형사소추해야 하는 근거가 없는 것 또는 그 자는 주취에 의해 체포된 것으로서, 그 이상의 절차는 바라지 않는다는 결론을 얻은 경우

b) 당인이 경죄로 체포되어, 지정된 시일에 법정에 출두한다는 계약서에 서명한 자가 州내의 거주자이고, 한편 당해 시일에 법정에 출두할 것을 확신시킨 경우

② 본조의 규정에 의해 석방된 자는 치안판사 앞에 송치하여 석방할 수 있다는 근거에 기해 보상을 요구할 권리는 없다.

제11조(치안판사에 송치가 허용된 유예기간) 석방되지 않는 한 모든 피체포자는, 부당하게 연기됨이 없이 또한 여하한 경우에 있어서도, 가능한 한 일요일 및 휴일을 제외한 검거 후 24시간 이내에 치안판사에 송치된다. 다만, 체포지 또는 범죄지의 (지방)재판소의 판사가 충분한 이유를 제시하고 48시간 이내에 그 구류를 명하는 것은 제한되지 아니한다.

제12조(증인의 신원조사) 경찰관은 범죄가 있다고 믿을 만한 합리적인 근거가 있는 경우, 그 현장에 있는 자라고 믿을 만한 합리적인 근거있는 자를 정지시켜 그의 성명을 물을 수 있다. 만약 그 자가 해당 경찰관을 납득시키지 못하여

신원증명을 하는 것이 가능한 경우에는 경찰관은 그를 치안판사에게로 연행할 수 있다. 만일 그 자가 치안판사를 납득시키지 못하면 신원증명을 해야 하는 경우는 치안판사는 그에게 출두서약서의 제출을 요구하거나 신원증명을 한 후에 그를 투옥시킬 수 있다.

第13조(효력의 분할) 이 법률에 있는 조항 또는 혹인 및 사건에 있어서 이 법률의 어느 조항의 적용이 무효로 결정되더라도 관련 무효는 이 법률의 다른 조항 또는 이 법률의 무효인 조항 또는 무효인 작용을 제외하여 행한 다른 적용에 영향을 미치지 않는다. 이를 위해서 법률조항은 분할되는 것으로 선언한다.

2. 미국 법률협회 모범법전

(A Model Code of Pre-Arraignment Procedure)[1]

제110조(경찰관에 의한 체포전 접촉(pre-arrest contact))

제 1 항 법집행관에 의한 협력의 요청

(1) 협력요청권

법집행권은 본 법전이나 다른 법률에 따라 누구에게라도 정보를 제공하거나 그밖의 방법으로서 범죄수사 또는 억지에 대하여 협력할 것을 요청할 수 있다. 경찰관은 질문에 대답하거나 경찰서로 출두하거나 또는 그 밖의 합리적인 요구에 따를 것을 요구할 수 있다. 본항에 따라 요창할 때 정보를 제공하거나 협력할 법적 의무가 없음에도 불구하고 이러한 의무가 있다고 시사해서는 안된다. 본항에 근거해서 이루어진 정보제공이나 그 밖의 협력요청에 따를 때 이러한 요청이 법집행관에 의해 이루어졌다는 인식만을 이유로 임의성을 흠결하거나 또는 강제된 것이라고 간주해서는 안된다.

(2) 피의자의 질문과 권리고지의 요건

본항에 따라 법집행관이 활동 중 범죄를 범하였다고 의심하거나 또는 의심함에 충분한 합리적 이유가 있는 경우에는 당해 사정하에서 합리적으로 생각해서 가장 빠른 시기에 또는 어떠한 경우에도 질문을 계속하기 전에 당해 사정하에서 질문에 대답할 법률상 의무가 없다는 것을 명백히 함에 충분한 합리적인 수단을 강구해야만 한다. 경찰청, 검찰청 및 이와 유사한 장소에서 질문하는 경우에는 먼저 피질문자에게 변호인, 친척 또는 친구에게 즉시 연락할 수 있고, 변호인, 친척 또는 친구는 제140조 제 7 항의 규정에 의해 면회할 수 있다는 것을 고지해야만 한다.

---

1) 모범법전의 번역은 강동욱, 앞의 책, 98~101면과 홍준형 외, 앞의 보고서, 76~79면을 참조하여 옮긴 것이다.

(3) 경찰서에 출두요청을 받은 자에 대한 권리고지

본항에 따라 법집행관이 활동 중 경찰청, 검찰청 및 이와 유사한 장소에 출두하거나 또는 머물 것을 요구하는 때에는 당해 사정하에서 이러한 요청에 따를 법적 의무가 없다는 것을 명백히 함에 충분한 합리적인 수단을 강구해야만 한다.

제2항 정 지

(1) 정지를 인정할 수 있는 요건

법집행관은 직법하게 현재 있는 장소에서 이하의 사정이 있는 때에는 다음의 각호가 정하는 목적을 달성함에 합리적으로 필요한 시간 동안 그 장소부근에서 집행관의 면전에 머물 것을 명할 수 있다. 단 어떠한 경우에도 20분을 초과해서는 안된다.

a) 특정한 범죄 또는 중죄에 관해 의심스러운 사정이 인정되는 자

(ⅰ) 법집행관이 신체에 대한 상해 또는 재산의 절취나 손해야기의 우려가 있는 경죄 또는 중죄를 범하였거나 범하고 있거나 또는 범하려고 하고 있다고 합리적으로 의심함에 충분한 사정이 있다고 인정되는 자이고, 동시에,

(ⅱ) 그 자의 신원에 관한 정보를 입수하거나 또는 명백히 하고, 그 자가 그 장소에 있는 이유 또는 행동에 관한 해명을 얻거나 또는 이것을 맹백히 하기 위해 또는 그 자의 체포여부를 판단함에 합리적으로 필요한 경우

b) 특정한 경죄 또는 중죄의 범행장소 부근에 있는 목격자

(ⅰ) 법집행관이 신체에 대한 상해 또는 재산의 질취나 손해야기의 우려가 있는 경죄 또는 중죄가 범하여진 직후라는 믿음에 충분한 합리적 이유가 있고, 그 장소부근에서 발견한 지로서, 동시에

(ⅱ) 법집행관이 당해 범죄의 수사상 중요한 단서가 될 지식을 가지고 있는 자라는 믿음에 충분한 합리적 이유를 가지고 있는 때로,

(ⅲ) 그 자의 신원을 명백히 하거나 또는 당해 범죄의 정보를 얻기 위해 합리적으로 필요한 경우

c) 이미 범하여진 특정한 범죄에 관해 수배되어 있는 피의자

(ⅰ) 법집행관이 신체에 대한 상해 또는 재산의 절취나 손해야기의 우려가

있는 중죄가 범하여졌다는 믿음에 충분한 합리적 이유가 있고,

(ii) 합리적으로 생각해서 그 자가 위 범죄를 범했다는 의심이 있는 때,

(iii) 그 자를 당해 중죄로 체포할 것인가를 판단할 목적으로서 그 신원에 관한 정보를 입수하거나 또는 이것을 명백히 하기 위해 합리적으로 필요한 경우

(2) 도로검문시 자동차의 정지

a) 중죄가 범하여졌다는 믿음에 충분한 합리적 이유가 있고, b) 특정 방향으로 달리는 자동차, 트럭, 버스 및 그 밖의 차량 전부 또는 대부분을 정지하는 것이 당해 범죄의 중대성 및 특별한 사정에 비추어 범인 또는 피해자를 발견함에 합리적이고 필요한 경우에는 이러한 차량의 운전자에게 정지를 명령하고, 이러한 목적을 달성함에 필요한 범위 내에서 차량을 수색할 수 있다. 이러한 처분은 당해 사정하에서 가능한 한 신속하게 이루어져야만 한다.

(3) 실력행사

법집행관은 본항 제 1 호, 제 2 호에서 규정하는 권한을 행사할 목적으로 사람 또는 차량을 정지시키거나 집행관의 면전에 머물도록 하기 위해 합리적으로 필요한 실력을 행사할 수 있다. 단, 상대방을 죽음에 이르게 하는 실력행사는 제외한다.

(4) 위험한 무기의 수검

본항에 의해 사람을 정지시킨 법집행관이 자기의 안전 또는 현재 그 장소에 있는 다른 사람의 안전상 필요하다고 합리적으로 판단되는 경우에는 정지시킨 자가 입고 있는 옷의 외부를 손으로 두드려 위험한 무기를 수색할 수 있다. 이러한 수색 중에 위험한 무기라고 합리적으로 판단되는 물건을 감지한 때에는 이것을 점검함에 필요한 처분을 할 수 있다.

(5) 피의자의 심문

a) 권리고지

법집행관이 범죄를 범했다고 의심하거나 또는 의심함에 충분한 합리적 이유를 가지고 있는 자를 정지시킨 경우에 당해 사정하에 합리적으로 생각하더라도 가장 빠른 시기에 또 어떠한 경우에도 질문을 계속하기 전에 다음의 경고를 해야 한다.

(ⅰ) 아무것도 진술할 의무는 없고, 진술한 것은 불리한 증거로 이용될 수 있다는 것, (ⅱ) 체포되는 경우를 제외하고 20분 이내에 석방된다는 것, (ⅲ) 체포된 경우에는 경찰서로 연행되지만 즉시 변호인, 친척 또는 친구에게 전화로써 연락할 수 있다는 것, (ⅳ) 그 뜻에 반해서 질문되지 않는다는 것, 변호인과의 상담 또는 질문 중에 변호인의 입회를 요구한 때에는 그 시점에서 질문은 행해지지 않는다는 것, 경찰서로 연행한 후 질문에 앞서 스스로 변호인을 고용할 수 없는 때에는 변호인이 선임되는 것

b) 질문의 제한

법십행관이 범죄를 범했다고 의심하거나 또는 의심함에 충분한 합리적 이유를 가지고 있는 자로서 본항의 권한에 근거하여 신체를 구속당하고 있는 자가 질문을 받고 싶지 않다거나 또는 질문에 앞서서 변호인과 상담하고 싶다는 것을 어떠한 형태로든지 나타낸 경우에는 질문을 해서는 안된다.

(6) 정지기간의 종료 후의 조치

본항 제 1 호, 제 1 호에 의해 자기의 면전에 정지할 것을 요구할 수 있는 기간 내에 법집행관이 체포하는 경우를 제외하고는 위 기간이 종료한 때에 그 자에 대해 자유로이 퇴거할 수 있다는 것을 고지해야만 한다.

(7) 정지시킨 자에 관한 기록

본항에 따라 자기의 면전에 정지하도록 명령한 법집행관은 제10조 제 3 항에 의해 발령된 규칙에 따라 합리적으로 생각해서 가장 빠른 시기에 정지의 정황과 목적에 관한 기록을 작성해야만 한다.

찾아보기

[ㄱ]

가족·친지 그 밖의 연고자 83
가택수색 95
가택수색의 절차 282
가택출입 95
가택출입과 수색 280
간접적 피해자의 청구권 305
감식조치(Erkennungsdienstiliche Maßnahmen) 271, 316
강제금 293
강제수단 292
강제수단의 계고 295
강제조사설 69
개별적 결정설 64
개인 위치정보 33
검색 93
경고 185, 186
경비 32
경찰감시 315
경찰공공의 원칙 53
경찰권의 한계 48
경찰상 긴급상태 63
경찰의 직무 253, 310
경찰작용 14
경찰작용법 5
경찰장비 101
경찰조직법 5
경찰책임 55
경찰책임의 원칙 55, 260
경찰책임자에 대한 구상 307
계고 296
공·사의 모든 단체 176
공개된 장소 132
공개행사, 집회 및 다중집합에 대한 정보수집 313
공공구호기관 174
공공의 안녕 34, 254
공공의 안녕이나 공공의 질서에 대한

장애 44
공공의 질서 35, 254
공무집행 117
공용화기 125
교통의 단속 34
구금된 자에 대한 조치 276
구금시의 법관의 결정 275
국민에게 사실상의 불이익을 부과할 수 있는 임의활동 14
권력적인 행정조사설 70
긍정설(제한적 긍정설) 57
긍정설 62
기본권 266
기본권의 제한 265

[ㄷ]
다른 주와 연방의 경찰공무원의 직무행위 309
다른 행정청과 관계 311
다수자책임 61
다수자책임의 문제 56
다중 속에 있는 사람에 대한 총기의 사용 302
대간첩작전수행 32
대집행 292
대체강제구류 294
도주의 방지 117
등재대상의 작성 325

[ㅁ]
만취 235
명령의 성질을 가진 권한 14
무기 115, 242
물건의 수색(Durchsuchung von Sachen) 279
미아 174
민사관계불간섭(民事關係不干涉)의 원칙 54
범인 116
범죄 30
범죄의 예방 239
범죄의 제지 99, 239
범죄의 진압 30
법률유보의 원칙상의 수권 39
법률이 정한 절차에 따라 구속된 사람 187
법률이 정한 절차에 따라 신체의 자유를 제한하는 판결을 받은 사람 187
보건의료기관 78, 174
보충성이라고 47
보호실 86
보호조치(Ingewahrsamnahme von Personen) 75, 274
부상자 174
부상자에 대한 구조 298
부정설 57, 62
불심검문 135
비례의 원칙 49, 256
비상경찰 25
비책임자에 대한 조치 264

[ㅅ]
사람에 대한 총기사용 301
사생활불가침(私生活不可侵)의 원칙 53

사생활자유의 원칙 53
사실조회 176
사전배려의 원칙(사전예방의 원칙) 44
사주소불간섭(私住所不干涉)의 원칙 54
상당인과관계설 59
상태책임 60, 262
선례관리와 문서보관 318
성질상의 흉기 69
소극목적의 원칙 52
소지품검사 66
소환(Vorladung) 272
손해전보의 내용, 종류, 범위 305
손해전보의무의 요건 303
손해전보의무자, 구상권 306
손해전보청구권에 대한 쟁송수단 308
손해전보청구권의 시효 306
수갑의 사용 299
수권규범 26
수사 30
수상한 거동 142
수색부정설 69
수색설 69
술 취한 상태에 있는 자 77
승계규범필요설 64
신원확인과 신분증명서의 심사 269
신체의 수색(Durchsuchung) 277
신체의 수색 72
신체적 실력 297
신체적 실력의 보조수단 297
실질적 경찰책임 56
실질적 의미의 경찰 21

[ㅇ]
억류(抑留) 88
억제 118
영치 283
영치된 물건 또는 경락대금의 환부, 비용 287
예방경찰 24
오상위험 43
외관상 위험 44
요인 32
요인경호 32
용법상의 흉기 69
위치정보 33
위해 43
위험발생의 방지조치 87
위험방지를 담당하는 여러 행정청 간의 활동영역의 구분 256
의무위반 192
일반수권조항 위헌설 40
일반수권조항 합헌설 40
일반적 권한 267
임시영치 80
임치 284

[ㅈ]
자동정보검색절차 321
자살을 기도하는 자 78
자유박탈에 있어서의 집행원조 290
자유박탈의 기간 276
잠재적 위험 44
재량, 수단의 선택 258

재량 258
적당한 공중보건 의료기관이나 공공구호기관 84
적당한 장소 79, 174
적당한 조치 79
적합성의 원칙 50
정당한 이유 80, 175
정보(intelligence) 177
정보경찰 177
정보교부 320
정보대조 322
정보수집 312
정보의 보관, 변경, 이용 318
정보의 정정, 삭제, 차단 324
정신착란 234
정신착란자 76
제지 100, 240
조건설 59
조치의 직접시행 264
주거수색 94
주거출입 94
주위의 사정 143
주의 권한영역 밖의 경찰집행공무원의 직무행위 310
즉시강제설 69
즉시강제에 해당하는 것 13
직무규범 26
직접강제 294, 297
직접강제의 개념의 정의 297
직접강제의 계고 298
직접강제의 시행의 명령에 따른 행위 297
직접강제의 시행의 법적 근거 296
직접원인설 59
직접확인 176
진압경찰 24
집합적 법익 34
집행원조(Vollzughilfe) 289
집행원조의 절차 290

[ㅊ]
채증촬영 31
채증활동 31
체포 116
총기사용에 관한 일반규정 300
출입 91
치안정보 33
치안정보의 수집·작성 및 배포 33

[ㅌ]
퇴거명령 273
특별사법경찰권 22
특별한 정보수집방식 314
특수무기, 폭발물 302
특수한 정보대조방식 323

[ㅍ]
평시경찰 25
피난(避難) 88
피난강제 88, 238
필요성의 원칙(최소침해의 원칙) 50

[ㅎ]
항거 117
해를 끼친 193

행위책임 58, 260
행정강제 291
행정강제의 허용성 291
행정권의 수권 39
협의의 비례원칙(상당성의 원칙) 50
형식상 경찰책임 56
형식적 의미의 경찰 20
환가와 폐기 286
흉기 69

저자약력

김 재 광

경희대학교 및 同 대학원 졸업(법학박사－행정법)
서울대학교 행정대학원 특별과정 수료
일본 나고야대학 visiting scholar
경희대학교 법과대학·법과대학원, 숙명여대 법과대학, 한양대 지방자치대학원 강사 및 청와 대비서실, 사법연수원, 경찰청 경찰수사연수원, 서울시 공무원교육원, 중앙소방학교, 충청소방학교 특강강사 역임
국무총리 산하 한국법제연구원 연구위원 역임
경찰청 교통관리관실 평가위원 역임
지식경제부·교육과학기술부 자문위원 역임
경찰공무원 승진시험 등 각종 국가시험 위원 역임
한국공법학회 학술장려상 수상(2010. 6)
한국공법학회 출판이사·홍보이사 역임
한국조세연구포럼 총무이사·학술이사 역임
현재) 한국공법학회 상임이사, 한국지방자치법학회 감사, 입법이론실무학회 기획이사, 한국토지공법학회 기획이사, 한국원자력법학회 총무이사, 한국비교공법학회 국제이사, 한국행정법학회 상임이사, 한국토지보상법연구회 상임이사, 한국조세연구포럼 상임이사 등
경찰청 평가위원회 위원, 행정안전부 자문위원, 국민권익위원회 규제개혁위원회 위원 등
선문대 법과대학 교수

[주요저서]
법학, 동림사, 2004
경찰법각론, 한국법제연구원, 2007
유비쿼터스시대의 법학이야기, 한국학술정보, 2007
전자정부법, 한국법제연구원, 2010
경찰행정법(제 2 판)(공저), 박영사, 2011
현대법학의 이해(제 2 판)(공저), 법문사, 2011
사회갈등시설법론(제 2 판), 한국학술정보, 2011
관광법규론(공저), 학림, 2012
도로교통법 전문개정방안연구, 한국법제연구원, 2002
경찰관직무집행법의 개선방안 연구, 한국법제연구원, 2003
민간경비 관련법제의 개선방안 연구, 한국법제연구원, 2004
도로교통법 시행령·시행규칙 전문개정방안연구, 한국법제연구원, 2005
경범죄처벌법 전문개정방안연구, 한국법제연구원, 2006
교통사고처리특례법 개정방안 연구, 국회, 2006
유럽 10개국 성매매 관련법제 비교연구, 한국법제연구원, 2006
총포·도검·화약류등 단속법 전문개정방안 연구, 한국법제연구원, 2007
교통안전법·제도 개선방안 연구, 손해보험협회, 2009 외 다수

경찰관직무집행법

2012년 2월 25일 초판 인쇄
2012년 2월 28일 초판 발행

저 자 김재광
발행인 이원일
발행처 學林

136-101 서울시 성북구 정릉 1동 16-69
등 록 2009년 8월 17일 / 제25100-2009-000026호
전 화 02)941-7898 FAX 02)931-7868

ISBN 978-89-968437-0-2
정가 30,000원